大展好書　好書大展

品嘗好書　冠群可期

大展好書　好書大展
品嘗好書・冠群可期

「隨曲就伸」系列之

中國太極拳名家對話錄

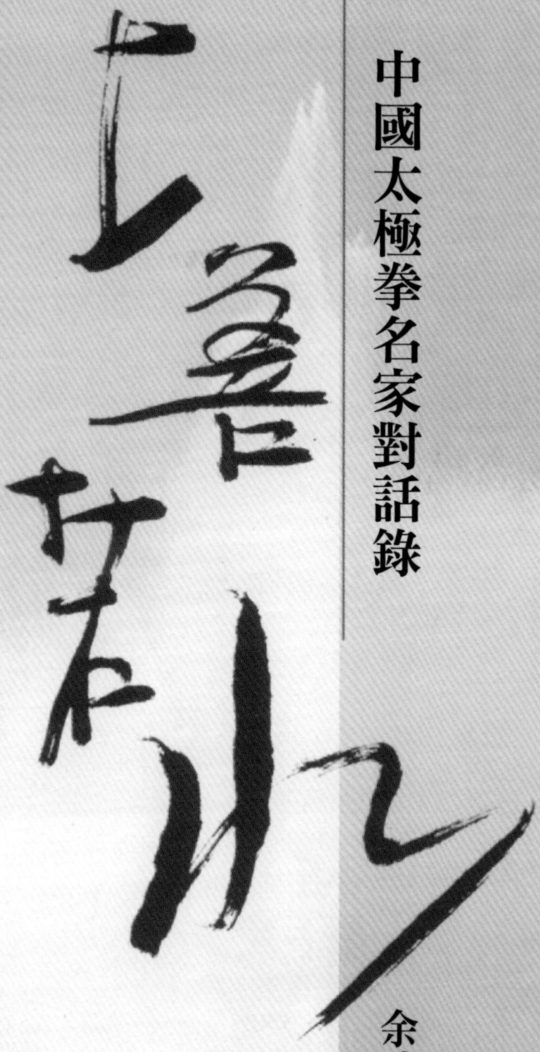

上善若水

余功保　編著

楊禹廷太極劍勢

王培生太極拳勢　　　　　劉峻驤太極拳勢

阮紀正太極拳勢

意守丹田練習太極內功

趙斌表演太極拳

趙幼斌太極拳勢

陳小旺太極拳照

鄭曼青太極拳勢

徐憶中太極拳勢

孔祥東太極劍勢

孔祥東太極拳勢——單鞭

王海洲太極雙刀

王海洲太極拳勢

胡鳳鳴太極拳勢

張文廣太極拳勢

張文廣教授日本人練習廣播太極拳

白玉璽太極拳勢

賈樸太極拳勢

郝宏偉太極刀勢

郝宏偉太極拳勢

王二平太極拳勢

李士信太極拳勢　　　　　　　李士信太極劍勢

和有祿太極拳勢　　　　和有祿在太極拳名家大講堂上講課

徐偉軍太極拳勢

徐偉軍太極劍勢

洪均生太極拳勢

蔣家駿演示太極拳摟膝拗步

高壯飛太極拳勢

周世勤太極劍勢

周世勤太極拳勢

祝大彤太極拳勢

翟維傳太極拳勢

田秋田太極拳勢

田秀臣太極拳勢

田秋信太極刀勢　　　　　　田秋茂太極拳勢

武術特輯
112

上善若水

——中國太極拳名家對話錄

余功保　編著

大展出版社有限公司

【卷首語】

有一種勇氣叫放棄，
有一種力量叫柔和，
有一種自尊叫包容，
有一種平衡叫太極，
有一種物質叫——水。
水無形，
隨物賦形。
水有情，無情怎能滋養萬物？
拳到深處拳有情，與人和，與萬物和。
因爲有愛，所以有太極，
以愛心研武、衍武、延武，才盡得太極拳之眞髓，
才得太極取之四海、頤養天下之中道遑遑。
源於中國，屬於世界。屬於世界的應是勃發於人類心靈最深處的
善與智，那種營造了星球文明的愛與創造力。

白駒過隙，千年一回，

子在川上，逝者如斯，來者可追。

捲起千堆雪，捲不起不動心底空明如也。

人到無欲自剛強，雲到無心自逍遙，拳呢？

拳到無法爲雲手，

得雲手者得太極。

載舟覆舟，

只在轉換之間。

機與勢，從來急，

順勢，造勢，運勢，上兵伐謀，上工若拙，上善若水。

柔和是一種力量。

那是「波撼岳陽城」不動聲色的吞含，那是「柔情似水」的溶

化，比它更加寬厚，然後你能面對世界的龐雜。

對於太極拳的渴求，應是發自內心深處的音律勃動，

如同生命對水的渴望。

水是隨意的，隨心田之意，隨自然之意。

因爲隨意，所以適應，無處不在，只在自然狀態。

如果你要改變世界，

首先要改變你的世界。

讓你的世界成爲自然，讓你的力量來源於自然。

余功保

心海雲花開

——訪著名太極拳研究家余功保
（代前言）

2007 年 8 月，《人民日報》、新華社、《北京週報》、中央電視臺、中國國際廣播電臺、《中華武術》、博武國際武術網、世界太極拳網等傳媒機構聯合對余功保先生進行了採訪，對於太極拳的文化、理法、技術、發展、研究等方面進行了探討。

記　者

「隨曲就伸」系列現在全部完成了，這套書是當代太極拳研究中很有特色的作品，不僅在武術界引起了強烈反響，也得到文化界的廣泛關注，首先對您表示祝賀。

余功保

「隨曲就伸」中國太極拳名家對話錄系列圖書一共三部，即《隨曲就伸》《盈虛有象》《上善若水》。這套書如果說受到大家的喜愛，首先應該歸功於各位太極拳名家。這套書透過和他們對話的這一形式，全面介紹、探討太極拳的方方面面，有了他們在太極拳上數十年的習練、研究以及無私的奉獻，才會有這套書的精彩內容。他們對書

余功保接受採訪談太極拳

的寫作也給予了大力的支持。由這幾本書的寫作，我深切感受到他們對於太極拳的傾力、傾心，對中國優秀傳統文化的孜孜追求，這讓我很感動。

記　者

書中也融入了很多您對於太極拳的研究成果。

余功保

太極拳是一個立方體，每個人根據自身的學識、體驗、分析方法等因素條件，都會有一些自己的認識。在對話中，我也談到許多自己的觀點和看法，我感到這些討論都是很流暢、很坦率的。

記　者

「隨曲就伸」三部曲一共百萬字左右，還有大量的圖片，聽說大部分都是您自己親自拍攝的，您為此付出了很多辛勞，這是對當代太極拳研究的一大貢獻。一共寫了多長時間？

余功保

這三本書從準備到完成總共歷時約五年吧，它的問世是各方面支持的結果。太極拳是一種很有意思的學問，在寫的很多時候都是靜下來細細品味的時候，所以寫這些書對我自身也是享受。

記　者

在書中我們發現您很多次涉及到對太極拳的認識、概念問題，對這一點您好像很強調？

余功保

我覺得這是一個基礎問題，解決了「太極拳是什麼」的問題，對於習練者、研究者來說，會影響到他鍛鍊和研究的起點、方式、境界等方面。眼有多高，手才能有多高。

記　者

那您覺得太極拳是什麼？

余功保

我以為太極拳是人們追求、得到身心自由的一種方式。在日常的生活、工作中，由於種種原因，我們的身體內外形成了很多的緊張點，心靈、精神上也有很多緊張點甚至障礙，造成了我們身心的壓迫、壓抑、消耗，給身心帶來不和諧。由練習太極拳，甚至學習太極拳的思維方法，來逐步緩解、減輕乃至消除這些緊張因素，得到放鬆，實現和諧。作為一種武術，這種身心自由的思維和實踐方法也貫徹在太極拳的技擊中，最大程度地實現了自身的和諧、自由，消除了緊張點，就會使對方無可乘之機，而能夠有效、從容地打擊對方。

記　者

您認為練好太極拳的標準是什麼？

余功保

你明白了什麼是太極拳，它是怎樣的，練好的標準也就自然有了。

記　者

具體來說呢？

余功保

氣度、智慧、方法，這三點很主要。

練拳講究勢，那勢一出來，就有了氣度。透過練拳，有了不動如山的沉著，高山流水的縱橫，清風明月的空靈，那是人內心境界的反映。所以，練拳人沒有很好的氣度，就不能算練好拳。一個人行為猥瑣甚至猥褻就不會是練好了太極拳。

智慧，練好太極拳的人應該是體悟了陰陽平衡變化以及和諧狀態的，這是大智慧，不是小聰明。這種智慧不是具體的條文，是心靈對自然規律的感悟與領會。這種智慧對於人生有著莫大的幫助。

方法，也很重要，是處理事情的思維方式以及採取的行為準則。方法是落實智慧的過程。太極拳從頭到尾講的就是方法，處理各類問題的方法，如何更有效，如何更簡捷，如何化險為夷，如何以小勝大等等。

當然，除此之外，拳架的端正、勁力的收放等技術條件也是判斷好壞的標準。

記　者

您的「隨曲就伸」三部曲書名都取的是傳統拳論中的話，這出於什麼考慮？

余功保

我不認為還有其他的詞語作為書名更能貼切表達書的主旨意思。

中國古典太極拳論是凝聚了中國傳統文化的智慧的精品，不僅對於練拳、研拳有作用，對人的修養、工作、事業都有啟發意義，具有言簡意賅、微言大義的特點。

以傳統太極拳論詞句作為書名也有強調這種功能的含義在裏面。

記　者

關於太極拳史的研究是太極拳學術中的一個敏感話題，爭論也比較大，您如何看待這一問題？

余功保

說它敏感，主要是與一些現實利益相關聯。

學術的東西應該純粹一些，歷史研究以最大限度接近事實為目標。太極拳歷史的研究，要拋棄功利主義的立場。以一種客觀的、平和的心態面對。

記　者

如何看待太極拳的流行與傳統？

余功保

流行不是一件壞事，大雅不忌俗。毛主席善於把很高深的哲學道理用最淺顯的語言表達出來，就是了不起的本事。

太極拳現階段要做的主要工作不是要顯出它的高深莫測，而還是要拉近它和廣大群眾的距離，現在的距離不是近了，還是有點遠。

流行的東西為什麼流行？要有流行的元素，流行的土壤、環境。應該想辦法讓太極拳更流行一些。現在全世界知道太極拳的人很多，但親身實踐的、比知道的要少很多，長期堅持下來的又少一些。所以我覺得太極拳還不夠流行，特別是在青少年當中。

為什麼在一些人的腦子裏太極拳還是有「老人拳」「弱人拳」的誤解，說明太極拳的概念普及還不夠。

記　者

但有的老拳師擔心一流行起來，很多傳統的東西會丟失。

余功保

這種擔心是有道理的，這是對傳統文化責任心的體現。

但我們也不能因為有擔心而放棄讓太極拳流行起來的努力。我們每天都會擔心交通事故，但不能因此就不發展交通。

這裏面有一個方法問題。對於傳統的核心的東西，要堅定不移地保持，心裏要清楚哪些是流行的元素，哪些是傳統的精髓。流行的東西總是在飄移的，傳統的精髓越沉澱越厚重。流行的時裝元素總在變，但傳統的旗袍依然經典。

所以我們應該大膽地進行一些太極拳流行化的嘗試，比如對傳統套路的簡化、對練拳程式的改進等。

其實這都是形式上的變化，只要符合陰陽平衡和諧的原則，太極拳的核心就沒有變。

記　者

您接觸了當代許多優秀的太極拳家，您對他們的總體感覺是什麼？

余功保

這是一群學問家，他們以自己的身心作為研究、實踐對象，探索生命的發展、運動規律。

每個太極拳家心中都有一片海，裏面容納著春夏秋冬與回環往復。在一些紛繁與浮躁囂動的時候，他們仍然靜固地守候著精神的花園，培育人類的智慧之花。

禪無處不在，拳在心內心外。

記　者

我們在很多場合聽到您講演太極拳的時候都提到了「禪」，說練太極拳最好研究一點禪，這種必要性大嗎？

余功保

練太極拳要講悟性，我認為沒有悟性是練不好拳的。

禪是什麼？禪就是生活的悟性。禪不是一種學說，不是一種理論，它只是簡簡單單的自然。研究禪就是對心性的磨煉，這對練太極拳是非常必要和重要的。有很多時候，我們要放下拳架子，放下開合進退。開合進退是什麼？是我們把自己身體在宇宙空間的一種「擺放」。這種「擺放」合適不合適？除了用一些約束性的要領去對照外，還可以用一種非約束性的感悟去體驗，這就是禪──拳禪。這時候，我們的心靈越自由，感

悟力就越強，「定位」就越發精準。

其實禪也不用專門去修的，練好拳，禪就有了，拳如水，禪如花。心海雲花開，拳禪自然生。

記　者

要領悟到這種境界還是要下一定的工夫。

余功保

「隨曲就伸」系列也力圖在這方面做一點工作。所以在書中的一些地方，我還是有意識強調了有關內容。當然，我將來計畫專門寫一本《太極拳與禪》，詳細討論這一專題。

記　者

「隨曲就伸」系列圖書已經成為當代最具影響力的武術圖書之一，其中集中了眾多當代傑出的太極拳家。很多讀者關心的一個問題是，您是如何選取這些拳家的，有什麼標準沒有？

余功保

沒有絕對的尺度，但參考標準還是有一些的，力圖集中當代最優秀的太極拳家。作為一部學術著作，對話的太極拳家應該在武功、武學上有精深的造詣，在武德上有很好的修養。另外，還考慮到代表性、地域性、流派性、特色性、廣泛性等方面的因素，儘量比較全面地反映中國太極拳的最高水準。所以，有各太極拳流派的代表人物，也有研究太極拳的學者；有傳統太極拳的老師，也有競技太極拳的精英；有老者，也有年輕人。

記　者

您本人是學物理的，長期以來從事太極拳文化的研究，您認為太極拳研究和其他學科的研究有什麼不同，有什麼應該特別注意的？

余功保

學科研究的根本點是相同的，就是要講究科學的態度和方法。我覺得研究武術，包括研究太極拳，都應該注意以下四種原則、方法：

1. 要以客觀的態度進行武術學術研究。學術是一種很純的東西，它不應該受到非學術因素的干擾，不能帶有功利色彩，不把功利心放在研究當中。在當代，隨著武術的不斷發展，武術產業化程度也得到提高，這對於提升武術價值、促進武術繁榮是有益處的，但另一方面，也容易造成一些利益的因素摻雜在研究中，這是要排出的。

2. 要以開放的胸懷進行武術學術研究。武術的研究相對其他學科還是很薄弱的，許多結構性的東西還沒有完善，還處於一種動態的發展當中。在這個階段，可能是一個多種觀點紛紛湧現的時候，所有的觀點都應該以事實為依據，以科學方法為手段。在進行武術學術研究中，不能妄自尊大，唯我獨尊，唯本門獨尊，不要排擠別人的方法和觀點，而是要善於吸收、容納別人的不同觀點。

3. 要以整體的思維進行武術學術研究。武術的研究是一種立體化、綜合性的工程，它涉及多學科、多層面、多領域，有自然科學，也有社會科學。中國的傳統科學哲學觀就是一種整

體的思維，不局限於一點一面。只有這樣，才能把握武術研究的全貌，避免「一葉障目，不見泰山」。我們要在研究中自覺接納一切方法和知識，包括中國的、外國的，傳統的和現代的。

4. 要以實證、實作的方法開展研究。武術是一門實踐性很強的學科。沒有親身的體驗，沒有透徹的體悟，難以把握其精髓。體悟，首先要「體」，就是親身去練，去實際操作，再與科學、理論相結合。不親身練習一下，很難開展研究。

記　者

很多太極拳愛好者看書也好，觀摩也好，最關心的一個問題可能是如何練好太極拳，什麼方法最有效。您接觸了大量的太極拳家，從他們成功的經驗中，您給太極拳愛好者的學習建議是什麼？

余功保

這一點在我與名家的對話中也是一個重點討論的題目，讀者可以仔細閱讀體會。在這裏我只強調最基本也是最重要的三種方法：準確模仿；活讀拳論；變中求恆，恆中求變。

準確模仿，這是所有學習者都要經歷的過程。不僅是關注動作外形，更關鍵的是關注動作要領，要在外形中看出要領。內行看門道的「門道」就是要領。這是學拳從「技」上下工夫。

活讀拳論，包括古今拳論，這是從學拳從「理」上下工夫。讀拳論，通古今。把拳論要讀活，不能死讀，死讀不如不讀。這是提高太極拳修養的重要步驟，特別是對一些經典的優秀拳論，更是要反覆讀，反覆揣摩。

太極拳初學求變，深修求恆。要在變中求恆，太極為變，「生生不已謂之動」。太極拳理是「變」的哲學，太極拳功為

「變」的技術，每一個動作都在變化，都有無窮的變化，勢勢相連，如同無數的排列組合，變化多端，所謂循環往復。

但「變」非莫測，變中有恆，如同水形在變，水質不變。太極拳哪些是不變的？陰陽相合的基本結構不變，每個動作都有其自身陰陽相合的結構，都在「和」的前提下安排動作。

拳不變，道亦不變，等你掌握了太極拳的「恒」，就得到了太極拳的「道」。這是學拳從「法」上用工夫。

記　者

如何看待太極拳的發展？有人認為現在的太極拳與過去相比，技擊作用降低了，技術上退步了，就是缺少「功夫」了，您如何看待這一問題？

余功保

太極拳總的發展趨勢是進步的。這一點大的認識要清晰。如何評判太極拳的「功夫」？技擊不是唯一的指標。楊露蟬是一位技擊家，威震京城，那時候沒有高深的技擊功夫是站不住腳的。但他對太極拳的革新改造是太極拳發展的一大進步，因為他讓太極拳有了廣泛推廣的技術條件。24 式簡化太極拳的推出，讓廣大群眾更方便地學練太極拳，讓太極拳發揮巨大的社會價值，這就是進步。傳統的技擊特性要保持，不能丟，但對太極拳的認識也要隨社會的發展有嶄新的思維。太極拳的國際化推廣給中國文化增加了多少影響力！這就需要有全球化思維。

記　者

您編著的《中國太極拳辭典》一書在太極拳界影響也很

大，內容非常豐富。您認為《中國太極拳辭典》和「隨曲就伸」三部曲有什麼區別？

余功保

《中國太極拳辭典》是工具書，是客觀的記錄、陳述，要全面、準確。「隨曲就伸」系列是研究、深入，要挖掘、提高。儘管它也適合那些初練太極甚至沒練太極的人閱讀，但要做的是，儘量讓大家對太極拳的認識有所深化。當然，其中也有大量的知識成分。

記　者

完成這三部曲後，有什麼感受？

余功保

《上善若水》是隨曲就伸系列的第三部。

完成這三部對話錄，如同經過一次洗滌，清泉洗心，太極之境。

太極拳如大海，遠看浩淼無際，置身其中才感覺它的真實與博大，柔柔地包圍著你，蘊藏著無窮的力量。

由每一位老師的語言、動作，我能深切感受到他們的心靈，他們內心深處對太極拳的熱愛、追求、情感和修為。學習、研究太極拳不僅僅是技術上的不斷進步，也是在人生態度、境界上的不斷感悟。

如此，拳莫大焉，善莫大焉。

目　錄

心海雲花開（代前言）……………………………………… 5

國學根脈 ………………………………………………… 23
　　——與著名學者、太極拳研究家劉峻驤的對話

風骨氣概 ………………………………………………… 51
　　——與太極拳研究家阮紀正的對話

簡樸出繁華 ……………………………………………… 104
　　——與楊式太極拳名家趙幼斌的對話

大方無寓 ………………………………………………… 159
　　——與陳式太極拳名家陳小旺的對話

拳在三尺外 ……………………………………………… 208
　　——與楊式太極拳名家徐憶中的對話

健康並快樂著 …………………………………………… 232
　　——與太極拳世界冠軍孔祥東的對話

大音希聲 ⋯⋯⋯⋯⋯⋯⋯⋯⋯⋯⋯⋯⋯⋯ 256

　　——與趙堡太極拳名家王海洲的對話

點與線 ⋯⋯⋯⋯⋯⋯⋯⋯⋯⋯⋯⋯⋯⋯ 273

　　——與武式太極拳名家胡鳳鳴的對話

靜水深流 ⋯⋯⋯⋯⋯⋯⋯⋯⋯⋯⋯⋯⋯⋯ 293

　　——與著名武術家張文廣的對話

出入無方 ⋯⋯⋯⋯⋯⋯⋯⋯⋯⋯⋯⋯⋯⋯ 303

　　——與太極拳名家白玉璽的對話

信有今人出古人 ⋯⋯⋯⋯⋯⋯⋯⋯⋯⋯ 315

　　——與武式太極拳名家賈朴的對話

八勁互通 ⋯⋯⋯⋯⋯⋯⋯⋯⋯⋯⋯⋯⋯⋯ 327

　　——與楊式太極拳名家郝金祥、郝宏偉的對話

古意新詩拳作吟 ⋯⋯⋯⋯⋯⋯⋯⋯⋯⋯ 340

　　——與太極拳世界冠軍、優秀教練王二平的對話

靜以致動境自高 ⋯⋯⋯⋯⋯⋯⋯⋯⋯⋯ 363

　　——與北大教授、太極拳研究家李士信的對話

優雅的力量 ················· 381
　　——與和式太極拳名家和有祿的對話

眞實我聞 ················· 400
　　——與武術博士生導師、太極拳研究家徐偉軍的對話

大象無極 ················· 419
　　——與陳式太極拳名家蔣家駿的對話

給你我的自由 ················· 451
　　——與吳式太極拳名家、醫學家高壯飛的對話

心底陽光 ················· 485
　　——與太極拳名家周世勤的對話

藏見識玄 ················· 509
　　——與太極拳研究家祝大彤的對話

我武維揚 ················· 538
　　——與武式太極拳名家翟維傳的對話

起承轉合勢必然 ················· 565
　　——與陳式太極拳名家田秋田、田秋信、田秋茂的對話

附錄一　極拳是一種狀態《中華武術》專訪余功保 ··· 619

附錄二　兼收並蓄　海納百川 ………………………………… 623
　　——評《隨曲就伸——中國太極拳名家對話錄》

附錄三　太極拳網路交流研討實錄 …………………… 627

劉峻驤簡介

　　劉峻驤，1937年生，山東安丘人。著名學者，太極拳研究家。為中國藝術研究院研究員、教授、博士生導師，東方人體文化學科創建者。

　　少年開始習武，太極拳從師於著名太極拳家王培生。1960年畢業於北京師範大學中文系，留校任教，後調入北京藝術學院，同時開始發表文學創作與研究文字。1961在《光明日報》發表的《武術與表演》《論表情》《情、景、形、神》《試手式》等文章，頗有影響。

　　1980年調入中國藝術研究院舞蹈研究所任《舞蹈藝術》叢刊副主編。1987年任舞蹈研究所副所長兼中國舞蹈史研究室主任。1988年創辦《中華舞史研究》季刊，任主編。1992年中國俗文學學會、當代文壇報、青島文聯等八單位主辦「劉峻驤學術思想與文藝創作研討會」，《人民日報》發表董錫玖、《文藝報》發表管樺《惜今齋裏的學者──劉峻驤》等評價文章。同年被授予國家文化部優秀專家稱號，1993年起以文化藝術方面的突出貢獻享受國務院特殊津貼。同年創建東方人體文化研究中

心，任主任。完成五卷本《東方人體文化》，由上海文藝出版社出版。

1994 年作為副主席主持國際舞蹈學術座談會，會前主持編輯出版了論文集，同年主辦了首屆中華民間武藝表演賽。赴日本擔任花柳千代創編的日本舞劇《大敦煌》的學術顧問、武術指導。

1995 年任第二屆世界太極修練大會學術委員會常務副主任，並編導大會開幕式文體表演《太極之舟》，主持了「如何爭取活到百歲國際研討會」，主編了論文集《健康百歲之路》。《太極之舟》由中央電視臺透過衛星直播，影響深遠。1997 年由國家文化部批准舉辦「首屆東方人體文化國際研修大會」，任組委會主席。

40 年來在文學藝術多領域進行探索，先後出版長篇小說《峽谷芳蹤》、中篇小說《伍豪之劍》、電影劇本《誘捕之後》等 40 餘部文學作品，200 多萬字；並著有《中國雜技史》《中國武術文化與藝術》《東方人體文化》《戲曲舞蹈的源流與特色》等。

在武術和中國傳統養生方面研究成果突出，1987 年獲首屆全國武術論文一等獎。應邀擔任國家體育總局健身氣功評判專家，2002 年獲得國家體育總局創編健身氣功貢獻獎。曾擔任北京吳式太極拳研究會會長。

國學根脈

——與著名學者、太極拳研究家劉峻驤的對話

　　有人把中國傳統文化的學問統稱爲「國學」。武學是國學中的國學，太極拳則是武學中的武學。

　　原國家體委主任李夢華在論述武術的重要性時曾經比喻說，「武術是中國體育的一半」。那麼能不能說「太極拳是中國武術的一半」？

　　仁者見仁，智者見智。

　　以國學的角度來看待太極拳，就不會把它視爲雕蟲小技。「技進乎道」，這也是國學的一個法則。以小處見大，知微見著，從具體的技術層面上升到大的學問，人生的境界，對世界的認知方法，這便是「內聖外王」的國學修養了。

　　國學的根，就是能夠提供養料，以保持學術之樹能夠茂盛、蓬勃生長的土壤。它凝聚了中國傳統文化、科技的精髓，使文明之光代代傳承，並在主幹上不斷衍生出新的嫩芽、枝幹、分枝，形成參天的風景，萬古長青。

　　國學的脈，就是大樹的主要內瓤主脈，是國學文化殿堂的棟樑支柱，是國學體系的主要資訊通道，將微觀和宏觀貫通起來，

使內外如一，活力四射。

太極拳學既是國學的根，也是國學的脈。太極拳中凝聚了中華文明最精粹的文化營養，從早期的易學到成熟的中醫學、兵法學等，無不在太極拳中找到大展身手的用武之地。太極拳也傳遞了中國文化的生動資訊，稱爲國學的重要載體。習練太極拳，就能觸及中國傳統文化的根，也能濾清中國傳統文化的脈。

太極拳的一個式子，並不是簡單的動作路線，關鍵之處在於有了意念，有了思維方式，使簡單的招式變活，變得豐富，有了「山外青山樓外樓」的層疊魅力。太極拳的式子是全息的，肢體語言蘊含了思想內容。由「拳是拳」的修練，到達「拳非拳」的境地。治大國若烹小鮮，習太極若誦經文，理同一貫。如此便能循脈歸根。

劉峻驤先生是一位學者，他以研究中國傳統文化、藝術爲主要著眼點，同時兼習中國武術，拜名師，究明理，以國學的大視角考察中國太極拳，強調內功，並能與其他的中國傳統藝術融會貫通，又強調提出國學養生的概念，形成了獨特的研究和實踐風格。

余功保

一、詩書萬卷有俠氣

余功保

您是一位著名的作家，20 世紀 80 年代第一個在《人民日報》上發表連載武俠小說，被譽為「內地的金庸」。又是一位藝術研究家，擔任過中國藝術研究院舞蹈研究所的負責人、博士生導師，同時在吳式太極拳的研究上也取得很大成就，這樣的多重身份在武術界並不多見。您是如何與太極拳結緣的？

劉峻驤

我學功夫很早，首先是跟山東螳螂名家孫文斌先生學習的。他曾經對我說：「練武不練功，到老一場空。」我就記住了，要練真正的內功。

我學太極拳是從 1956 年開始的。

武術是功夫，我沒有那麼多功夫，但是我有幸得到了名師。我開始學的時候是在大學。我是青島保送的，當時我有嚴重的神經衰弱，輔仁大學八卦名師郭古民先生給我們上保健班。郭古民先生是八卦名家，他是梁振蒲的弟子，跟楊禹廷師爺同歲。他當時教太極拳，來回的左右抱球。我們上課學的就是他教的太極拳。我很感興趣，覺得裏面有趣味，能健

武術名家郭古民

身，有文化。不是那麼簡單的事情。

余功保

這算太極拳啟蒙了。郭先生是傳統功夫的一位名家。

劉峻驤

劉峻驤（左）與太極老師
王培生

後來我遇到了王培生老師，當時他 37 歲。是我們工會請的王培生老師。我就跟他學。這對我很重要。

我當時神經衰弱相當嚴重，而且有風濕性心臟病，不得不在 1957 年休學。當時我身體那麼不好，但考試成績還是全優。人家都問我，你學習這麼好還休學？我說，我的心臟不行，大夫讓我休學休息。這促使我開始研究養生術。對太極拳的早期興趣應該是養生的實用目的。後來開展了對吳式太極拳的全面研究。

我跟王培生老師學了 24 式，還學了傳統的吳式太極拳。

余功保

您曾經擔任過北京吳式太極拳研究會會長。北京吳式太極拳研究會是北京重要的武術社團，在全國太極拳界也有很大的影響。研究會中名家雲集，幾任會長均為太極拳的傑出人物。

劉峻驤

北京吳式太極拳研究會是成立比較早的武術機構，對吳式太極拳的發展是有重要貢獻的，裏面人才濟濟。大家讓我當會長是對我的抬愛，很慚愧我沒能發揮更大作用。我也是盡我所

能為中國優秀的傳統文化做點事情。

【鏈接】

北京吳式太極拳研究會四屆主要負責人

（一）1984 年 1 月 15 日，北京吳式太極拳研究會成立
曹幼甫先生爲名譽會長

會長：劉晚蒼

副會長：王培生、李秉慈

秘書長：翁福麒

（二）1989 年 11 月 5 日，在東城武術館舉行了研究會第二屆換屆改選

會長：王培生

副會長：戴雨三、李秉慈、翁福麒

秘書長：翁福麒（兼）

（三）1994 年 8 月 5 日，研究會第三屆換屆改選

名譽會長：鄭時敏、王培生、果毅、李秉慈、翁福麒

會長：劉峻驤

秘書長：翁福麒（兼）

第一任會長劉晚蒼　　　第二任會長王培生　　　第三任會長劉峻驤

（四）1998 年 3 月 28 日，研究會第四屆換屆改選

名譽會長：佘偉傳、楊志群、陳錦璿、嚴義松、馮士英、柳恩久、孫鏡清、王培生、果　毅、李益春、徐裕才

會長：李秉慈

常務副會長：翁福麒、高壯飛、何潤賢、魏東振、張全亮、周世勤

第四任會長李秉慈

副會長：張偉一、范立志、張寶聲、金練、關振軍、宋長立、盛曉梅、王磐林、高　彤

秘書長：翁福麒（兼）

余功保

太極拳如同一個立體魔方，能幻化出無窮的文化景象。不同學識、修養、造詣的人都可以從不同的角度得出自己對太極拳的概念、看法來。

在您看來，太極拳是什麼？

劉峻驤

太極拳是中國武術發展的最高境界。中國武術是多功能的人體文化，是自衛本能和攻防技術的昇華。東方人特別重視人體，無論儒、釋、道各家都很講究，通過自身之氣而求宇宙之氣。

余功保

是「天人合一」的一種實踐方法。

劉峻驤

技擊需要力量，以強力攻擊，看誰力量大。但是太極拳逐漸提煉出的是根本的東西，也是兵學思想、道家、儒家等諸多思想的本質，就是以自我為本質，講究如何發掘出人的更大的智能、潛能。所以太極拳的修練達到了中國武術的最高境界，牽動四兩撥千斤，捨己從人。

劉峻驤縱論太極文化

余功保

太極拳勁力的根本是講「捨」與「得」的辯證。

劉峻驤

太極拳強調懂勁，懂誰的勁？是要懂對方的勁。

余功保

不是孤立地考慮我，把對方拿進來，形成一個「敵」「我」共處的系統。這就是整體觀。

劉峻驤

太極拳講技擊，善於利用別人的力量。還把內功結合進來。這使太極拳遠遠超越了形式。

我曾經提出了「三論、二說、一圖、五理」的觀點，來闡發太極拳。

余功保

請您詳細解說一下。

劉峻驤

所謂「三論」，就是「天人合一論」，這是理論基礎，還有「身形一體論」「元氣自然論」，講元氣，講自然。

「二說」，就是經絡學說和陰陽學說。

「一圖」是太極圖。

「五理」：生理、心理、情理、倫理、哲理。

我在臺灣發表過「東方人體文化體系圖」，《聯合報》也報導過。如果不修練太極拳，只練別的武術，我想體會不了這麼深。

舞蹈學院成立 50 周年紀念的時候，我是特邀嘉賓。曾經發表過一篇論文，談了中國古典舞在元文化中的地位，談到了它的流失。武術中就是太極拳全面體現了，別的武術拳種也有，但是可能不像太極拳體現得這麼清楚。

余功保

中國傳統文化的各個門類，在它的最核心部分，都能發現陰陽平衡和諧思想在其中的體現，作為形體語言的舞蹈、武術等更形象一些。

劉峻驤縱論太極之道

劉峻驤

太極拳很符合中國傳統文化的主導思想。我們可以看到，周敦頤的太極拳論、太極圖說中闡述的許多哲學的東西，在太極拳中都用形體實踐了。

太極拳為什麼可以成為武術的最高境界？就在於它把哲學的根本道理融進去了。打拳格物致知，革「身體」這個物，就能達到最高的水準，體外的東西不是打拳的根本。

余功保

過去我們說格物，多是指體外的「物」，其是應該包括我們自身這個「物」，就是更好地認識我們自身，認識我們的生理、心理特徵、規律，由自身也瞭解自然。太極拳是一種很好的「格物」的方式。

劉峻驤

我個人很喜歡毛主席的兩句詩：「坐地日行八萬里，巡天遙看一千河。」這就表達了人和自然的一種境界。

太極拳最大的技擊效力就是掌握了中國文化的根本。我跟有的博士生講了，他們不能理解，因為他不練太極拳。

太極拳的技擊，首先講「知」，知己知彼，知道別人，這就需要聽勁，所以這個功夫必須練，不練是不行的。楊禹廷學過八卦掌、長拳，王培生老師也學過很多，觸類旁通，各方面的武學都是相通的。

余功保

就中國文化的大境界來說，詩、書、拳是一脈貫通的，能夠領悟到貫通層次的氣脈，就站的高了。

劉峻驤

很多人喜歡看武俠小說，俠在中國文化中有特殊地位。俠是什麼？俠之大者，就是修身為國、為民，不是局限於一己、一拳、一劍，是文化的境界。

余功保

談到武俠小說，您是大陸最早創作武俠小說的作家。您對武俠小說怎麼看？

劉峻驤

武俠文學是在獨特的人體文化武術影響下而產生的源遠流長的民族文學，是中華民族特有的文學形式。它將與中華民族共存亡。

余功保

我覺得它是中國人情懷寄託的一個浪漫空間。只要激情在，就有武俠小說在。

劉峻驤

自古以來，人們就對傳統神奇武技充滿崇拜之情，對俠者精神充滿嚮往，這種崇拜和嚮往形成了獨特的民族文化心理。

同時武術和文學發展幾乎是同步繁盛的，隨著詩詞、散文發展為小說、戲曲多種文學形式，武術的門派也日益繁多，枝繁葉茂的武林，又產生種種神奇的傳說，這些自然而然地被文人墨客引入他們的著作，被藝人吸收到戲棚書場。反過來，這些文藝又潛移默化地鑄造著我們民族豪邁仗義、鋤強扶弱、尚武內向、輕財重諾的健康的民族氣質，作為民族心靈的共性，產生了一種海內外炎黃子孫溝通的對武俠小說欣賞的美學趣味。這種趣味隨著現代物質文明的發展，恐怕只會盛而不會衰。

余功保

武俠小說創作的數量很大，良莠不齊。怎麼才算是好的武俠小說？

劉峻驤

好的武俠小說大多有三個特徵。第一，有深刻的主題，豐富的思想內含。第二，新武俠小說多數作品都有廣闊的歷史背景、追求描繪中國山川風物和人情，而在人物的性格教養中，貫注著傳統文化和古典哲學的智慧，儒、道、佛各家的思想在不同的人物身上，都入情入理地交融著。讀這些作品，只要留心就會獲得有益的知識。第三，新武俠小說在美學上大都有各自的追求，不管是敘事的方法、詩詞的運用和描繪武林時恣縱的想像，都有許多值得學習之處。

余功保

武俠小說作為中國人喜愛的文學形式，總會在不同階段以不同形式發展下去。最近我看了一些網路武俠小說，思路獨

特，寫法另闢蹊徑，有另外的味道。

劉峻驤

事物總是在發展。

二、行氣自在品味高

余功保

吳式太極拳在北京是有傳統的。北京對於吳式太極拳有特殊的意義，也產生了許多大家。

劉峻驤

吳式太極拳可以說是在北京創立的。全佑是根本，是祖師，是關鍵人物。

有幾個重要的人物應該提一下。

上個世紀，在普及武術、普及國術方面貢獻比較大的還有許禹生。他是楊派太極拳的弟子，山東人，主張在學校推廣國術。他當時在教育部。民國初年的時候，他主張改變人們印象中「東亞病夫」的面貌。太極拳原來只是在上層、內部傳播，沒有推廣到大眾，他推廣太極拳下了很大工夫，聘請了楊少侯、吳鑒泉等人教學，主張武術、太極拳進入學校。

許禹生像

【鏈接】

太極拳之意義

許禹生

太極拳者，形而上之學也。法易中陰陽動靜之理，而運勁作勢，純任自然，無中生有，所謂無極而太極也。至其運用圓活，如環無端，莫知所止，則又所謂太極本無極也。勢勢之中，招招之內，均含一圓形，故假借太極之理以說明之，而以陰陽、動靜、剛柔、進退等喻其作用焉，非如世俗卜筮迷信者所謂太極也。現在科學昌明，後之學者，若以幾何重學等理說明之，而不沾於易象，則所深望也。

余功保

許禹生本人在太極拳研究上也很有成果，他著的《太極拳勢圖解》也是太極拳的一本重要著作。

劉峻驤

北方吳式太極拳傳播最重要的一位，是楊禹廷老先生。

余功保

那是武術界武功、武德俱佳的典範。

劉峻驤

吳式太極拳從吳鑒泉、王茂齋傳下來，到楊禹廷，他有一

個大的貢獻，就是把太極拳的空間方位
突出出來。講腳步的圓周，用圓周率把
五行、左右前後都說明了，有一個分動
的概念。這不僅是細分的問題，這使得
拳更科學化，更容易準確地把握。

太極大家楊禹廷

余功保

楊禹廷先生應該是比較早在太極拳教
學中運用量化概念的人。在這一點上來
說，老先生是有開放性思維的人。

劉峻驤

楊禹廷的貢獻是多方面的。有的人有些誤解，覺得楊禹廷
重視養生，不太重視技擊，這是不瞭解情況。楊禹廷是很強調
打的，他培養的太極五虎將，都是打出來的。

楊禹廷有很多傑出弟子，還有一些文化藝術界的名人跟他
學，如戴愛蓮就是跟楊禹廷學的太極拳。楊禹廷在中山公園教
拳最久，20 歲開始教，一直到去世。他活到 95 歲，一共教了
75 年。我很佩服楊禹廷。

我這裏重點說一下楊禹廷的弟子王培生，因為他是我的老
師，我瞭解的多一些。

吳式太極拳到了王培生，又突出了一個「竅」，竅位，把
經絡說與拳的關係說得很透，這也是很大的貢獻。他把拳的一
些內涵具體化了，可感可知了。《黃帝內經》主要講經絡，講
陰陽，如何在太極拳中體現，王培生研究了很多，並有了成
果，他真正把經絡學說、陰陽學說運用到實際中。

武術的至高境界是以靜寓動，這也是世界上一切技擊術的最高境界。王老師在楊老師的基礎上不斷發展，包括晚年他教 81 式而不教楊禹廷 83 式。

王培生老師的吳式拳發展到了一個很高的境界。他絕頂聰明，練拳注重身體感覺。他最大的特點就是肯接受新的東西。

王培生太極拳勢

余功保

在他講的拳理中有很多當時很新的科學概念，如「三論」等。

劉峻驤

王老師最大的特點是對武術的癡迷，師兄弟們說他是「武呆子」。他不抽菸不喝酒，不說別的閒話，愛看、願意說武俠小說。

王老師在高校教學傳授吳式太極拳，對它的推廣很有好處。他還善於把

王培生演示太極內功

好多武術結合在一起，他說「天下把式是一家」，在武學上他主張融會貫通。他具備了一位傑出武術家應該具備的很多素質。

在北京，還有一位太極拳家要重點講一下，就是劉晚蒼先生。他是北京吳式太極拳研究會第一任會長，功力非常好，也學八卦。文武全才。培養了許多弟子。

【鏈接】

太極拳家劉晚蒼簡介

劉晚蒼（1904—1990），吳式太極拳名家。原名劉培松，山東蓬萊人。

年幼喪父母，家境貧寒。14歲到北京跟隨叔祖父謀生。後拜劉光斗爲師，先後學習了譚腿、長拳、八卦、太極拳以及太極拳推手等。一生酷愛武術，淡泊名利，獻身國粹。於太極推手有極深造詣。其大槍技法爲一絕。

劉晚蒼太極拳勢

1932年隨劉光斗赴西安，習武、教學一個時期，在陝西國術館任教，主要傳授譚腿、長拳和器械等。曾參加陝西的國術比賽，獲大槍第一名，被譽爲「大槍劉」。長期在北京多所公園義務傳授太極拳，廣交武林好友，增進同行友誼，切磋拳術技藝，培養了一大批太極拳高手，弟子遍佈北京、上海、南京、陝西、山東、遼寧、港澳臺等各地。曾應邀與北京體育大學合作，開展太極拳的科學研究。20世紀80年代擔任電影《武林志》特別顧問，擔任武術指導。著有《太極拳及太極推手》一書。生前曾任北京市吳式太極拳研究會會長。在北方太極拳界具有廣泛影響。

余功保

吳式太極拳家有很多高壽的人，所以它的健身效果也格外

受人關注。您認為吳式太極拳的健身作用為什麼好？

劉峻驤

有造詣的太極拳家在練拳的時候真正做到心平氣和，以心行氣，氣貫四肢。各派太極拳的要求都應如此，楊澄甫在太極拳論中也這樣強調。

我跟王培生老師學拳的時候，他格外注重練拳時候的行氣，沒有行氣的成分，沒有意念的引導，就達不到很好的效果。

舉個例子，比如說起勢，它是太極拳的第一個動作，說它很簡單，其實最關鍵。

余功保

如同書法的起筆，在這一勢上，要奠定全篇的基調。這個動作沒定好調，以下就容易走形了。

劉峻驤

所以王培生老師教的起勢就賦予了很豐富的內容。

一般地練，很多人就是手抬起、落下，再加個呼吸就完了，沒有體內的動作。王老師講的真的就是起勢，從無到有。首先靜下來，真正地靜，體靜，心靜。用鼻子尖找右腳大趾，這樣一下子感到坐腿就鬆了，右手插地，腳趾頭，小趾、大趾逐漸起來。手起的時候，兩

太極起勢

手腕前掤，以十宣穴找勞宮，意想掌心，慢慢就起來了，然後一想外勞宮，手臂就逐漸下來了，很自然的。然後尾閭找腳跟，會陰這時候就對了照海穴位，然後起，過渡到了抱七星。

抱七星身體各個部分也是互相照應的，如同北斗環衛，左右交合的，一團整體。擠出去的時候，用勞宮找肩井，在擠中又有合。這樣的練習，形不散，神也不散。

王培生老師很細緻，把手指頭、腳趾頭在練拳中的感受都給出來。以前沒有人這樣細。

余功保

把每個動作與穴位聯繫起來，開始練會有一定的難度。

劉峻驤

這說起來複雜，實際上在練的時候，成自然了，保持那種整體狀態，就很簡單了。

余功保

在練拳中能始終保持一種良好的狀態很重要。

劉峻驤

在練拳中對每一種身體的空間位置，以及內在的體味細細體察，就有了狀態。你向那裏一站，就要將百會穴、會陰穴相照，上下貫通，感覺就不一樣了。這樣練拳，就是行氣，健身效果自

劉峻驤太極拳勢

然就好。王茂齋活了 78 歲。楊禹廷 95 歲。吳圖南、王培生、馬岳梁、吳英華他們也都很長壽，這本身就說明吳式太極拳在健身方面的作用。

三、千古易變歸一體

余功保

這些年您大力宣導國學養生的整體概念，把武術也作為國學養生的重要主幹，同時結合其他中國傳統養生方法，引起很大關注。請您介紹一下有關內容。

劉峻驤

國學是什麼？是中華民族的根本文化，最具有民族特色的，我們自己最有價值的文化。外來的好的東西要吸收，但自己的也要發揚。

中國傳統的人體文化，包括傳統的舞蹈，包括太極拳，其中蘊含了豐富的哲學思想，都是國學的精粹。經由練太極拳，可以對國學有深刻瞭解。比如經絡我們講了很多，是不是真正認識了它？它的奧妙在哪裏？練太極拳就可以深刻領悟到，甚至感受到經絡的奧秘。所以說，太極拳是一個學習認識國學的途徑。

《東方人體文化》圖書

余功保

我記得在 1987 年第一次全國武術學術研討會上，您的一篇獲獎論文就是談東方人體文化的，也是把武術放在國學的大範疇中來考察。後來還寫了一本書《東方人體文化》。

劉峻驤

1987 年的全國武術研討會是有歷史意義的。那是第一次以國家體委的名義發文進行組織徵集論文。

余功保

很多領域的專家都參與進來，對武術開展綜合性的研究。這開了一個很好的風氣。

劉峻驤

我記得咱們倆還是在那次研討會上首次相識。當時我在藝術研究院工作，您是大學老師。從事物理教學、研究。

余功保

是的。

劉峻驤

還有南開大學、北京航空航太大學、北京大學、清華大學、社會科學院、湖南中醫學院等很多高校和科研機構的學者、

《武術科學探秘》圖書

專家。為什麼？因為武術具有全方位的研究價值。

余功保

研討會的一些優秀論文還出版了一本《武術科學探秘》的書。研究太極拳內容的占了相當大的比重。

劉峻驤

國學是一個體系，各個門類之間是相通的。國學養生是國學的一個核心，其中的道理其實遠遠不局限於養生的範疇。武術是這個體系中的主幹之一，而太極拳又最能體現國學的文化精髓。

我曾經將中華武術民族特徵概括為「五性一體」，這是我幾十年研究的體會。

余功保

「五性一體」的具體內容是什麼？

劉峻驤

第一，技擊科學性。中華武術的技擊講究力學與心理學，講究以巧取勝，以靜馭動，後發先至與先發制人互補，剛柔互補。

第二，修身養生性。自古以武修身養生，從聞雞起舞到太極晨練，武術的技擊與養生結合在太極拳、八卦掌和意拳等內家拳法中達到了完美極致的境地。

第三，哲理倫理性。在全世界各民族的武技中，像中華武術這樣強調哲理與倫理的武術還是不多的。把陰陽、剛柔、動靜這些哲學觀念運用在拳法技擊上可謂中華武學的出色創造，

而重人倫、尊師重道的俠義精神，更是中華武術倫理的中心。

第四，審美藝術性。中華武術不只在套路演練中有藝術表演的特色，而且演練者本身在陶然忘我地進入境界時，也可以達到一種獨特的審美境界。各拳派的樁功，在真正入靜體悟到內氣與大化同流的境界，更是一種至美至樂的審美感受。中華文化是一種體悟樂感文化，武術最典型地體現了這種體悟樂感文化的特徵。

第五，傳承多樣性。流派繁多、師承多樣是中華武術有別於世界一切武技和體育運動的特性。各派拳法都講究師承，尊重師承。我自幼從孫臏拳名師孫文賓先生，至今臺灣的孫臏拳傳人都以師兄來稱呼我。我大學時代跟八卦掌第三代傳人郭古民先生和太極拳名家王培生先生習武，這兩派傳人也都與我有著深厚友誼。以武會友成為我生命中的至樂。

中華武術的五性一體是指一切真正的武學修持者都要將自己從事的功夫以五性的要求規範、提升其境界，否則就成了拼死鬥狠的莽夫粗人。而中華武術，不管是散打格鬥還是套路演練，都要把五性一體之道充分體現出來，才能真正立於世界武林。正由於此，在我接受中央電視臺的請托，為散打王爭霸賽做文化設計時，一看到那個六角形賽台，立刻就想到用一個立體八卦的形象來展示其文化內涵。觀天察地，遠取諸物、近取諸身，以八個符號狀摹宇宙萬物，正是中華先民整體悟道的大創造，而頭頂太極、懷抱八卦、腳踏五行正是一切武學大家的根本追求。

劉峻驤太極拳勢

余功保

您進行的武術文化研究是從什麼時候開始的？

劉峻驤

我著手武術文化課題的研究、開始發表研究文章，有四十多年了，一直沒有間斷。從 1961 年在《北京日報》《光明日報》發表《武術與藝術》《武術與表演》，到 1987 年在首屆全國武術學術研討會上發表《中華民族獨特的人體文化》和 1988 年在深圳中國國際武術節學術報告會上演講「中國武術與中國文化」，可以說近半個世紀以來，我一直在孜孜以求地探索中國武術的精魂——或如臺灣學者所說的「武學的奧秘」。我在臺灣訪問講學，在大學進行演講，講的主題也是武術文化。

我在臺灣中國文化大學大恩館國際會議廳演講之後，與聽眾互動時，曾有聽眾給我遞條子說：「國術現在在社會上不被重視，如何提高國術的地位和我們的前途，請劉教授指教。」當時我就說：「自信、自強、自立，不斷發揚中華武術的文化內涵，開發其『五性一體』的價值，才是武術發展的根本道路。」

余功保

過多地關注形式，忽視太極拳等武術的文化內涵，是武術發展的一個問題。這個問題不解決，武術的真正社會價值就不能被充分發揮。武術是一種生命文化，應該從整個生命價值的思維高度來認識、解析武術。

劉峻驤

東方人體文化學認為，人類在經歷了漫長的「生殖文化時代」，也就是原始時代，目前正處在物質文明高度發展的「物質文化時代」。隨著人類對自身生命的認識深入，必將進入一個「生命文化時代」。「非典」的肆虐，又是一次意外的對關心人類自身的康泰和生命權利的「生命文化」的強制性呼喚。面對無孔不入的病毒，最好的防禦是自身免疫力的提高，而提高免疫力的最好途徑之一，就是內外兼修的中華武術。「五性一體」是中華武術最突出的民族特色，可惜的是我們不少武者卻不能全面理解。

余功保

您曾經組織舉辦過多次東方人體文化的交流、研修活動。

劉峻驤

是的。我想透過這些活動能促進大家，特別是國際學術界對東方人體文化有更深入、全面的瞭解。

比如 1997 年 10 月，由中國藝術研究院東方人體研究中心主辦了一屆「東方人體文化國際研修大會」，是在北京辦的。有來自韓國、日本、澳洲、加拿大、美國、法國、德國及中國大陸各省市、臺灣、香港等十幾個國家和地區的教授、專家、學者、藝術家、武術家、養生學家、各界代表 200 餘人參會。這是一個促進東西方文化交流的盛會。大會以溝通自然科學、人文科學和東方各國藝術精神內涵為目的，以培養、推廣、完善現代人生修練，達到「人與自然宇宙高度和諧統一」為己

任，以拓寬海內外廣大學者的學術思路、
培養跨世紀新人和普及東方人體文化實用
知識技能，使之走向世界、造福人類為目
的，影響很大。

　　我認為，人體文化是人類文明的母體
和先聲，也將成為人類文明的必然歸宿。
21 世紀是人體文化全面復興和走向輝煌
的世紀。東方人體文化是一條惠澤眾生、
造福社會的智慧之路。人類的文明，由於

劉峻驤太極拳勢

載體和傳媒的不同，基本可以分為兩大
類：一類是以語言文字為載體傳承的文明，稱之為「典籍文
化」；另一類則是早在語言文字之前人類依靠四肢身體創造和
積累的人體文化。人體文化是以人體自身為物件的社會實踐活
動，包括舞蹈、雜技等表演藝術，以及體育和追求人體生命與
自然諧和的武術等生命文化。東方人體文化則是以中國為代
表，包括印度、日本等古老的東方國家所創造和保存的人體文
化。

余功保

在您眼裏，太極拳似乎成了人體藝術的符號。

劉峻驤

　　我覺得太極拳就是一種藝術。我以前就提出過，我們的舞
蹈藝術家，特別是民族舞蹈藝術家，為什麼不能從太極拳動作
中大膽吸收一些動作，一些動態的意念，融入到舞蹈中去？

余功保

楊麗萍的「雀之靈」是仿生舞蹈的精品。太極拳中這種仿生的動作、意念很多，也很精彩。

劉峻驤

藝術的形式可以有很多種。東方的藝術，從古至今有很多種變化，但無論怎樣變，都符合陰陽和諧的大綱，歸於一體。所以是能夠互相借鑒的。

余功保

我聽說您在國學養生上也形成了自身的技術體系，在傳統太極拳、導引術等的基礎上，創立了「九脈修身」的練習方法。

劉峻驤

這是我長期學習、研究的一點感悟。「九脈修身」主要提取了太極拳、八卦掌等功夫中溝通氣脈的鍛鍊方法，融合了儒、釋、道養生學說中的理法，由自我鍛鍊，來提高自身的健康水準。已經出版了《九脈修身》一書，這也算是我不斷研究諸般變化，歸於一體的一個成果吧。

阮紀正簡介

　　阮紀正，1944年生，廣東省中山市人。著名太極拳研究家、社會科學學者。

　　1968年畢業於北京大學哲學系。曾在湖南工作，後在廣東省社會科學院從事社會科學研究工作。主要研究內容包括當前中國社會變革方面研究、武術文化學研究等。為廣東省社會科學院研究員。退休後受聘為廣州體育學院武術系教授。

　　擔任廣東省系統工程學會理事、廣東省辯證唯物主義研究會常務理事、廣東省哲學學會理事、廣東省老子文化研究會副會長、廣東省易學研究會副會長、廣東省儒學學會理事、當代改革發展理論研究中心特邀研究員、珠江三角洲城市文化研究所特約研究員、《當代中國人才庫》名譽主編等職。

　　長期致力於武術文化學研究，被認為是國內武術文化學研究領域最早的開拓者之一。在報刊上發表各類論文一百多篇，其中有大量太極拳研究著作。武術論文曾獲全國武術科學研討會一等獎。應邀擔任第一屆世界武術錦標賽、中日第二屆太極拳交流大會等重要國際武術活動學術報告人。

自幼習武，就學於多位名家。習練過少林拳、南拳、彈腿、端拳、龍行劍、形意拳等功夫，於太極拳尤其用功研練。分別問藝求教於楊禹廷、徐致一、顧留馨、吳英華、馬岳梁、楊振鐸、李天驥、陳小旺、李秉慈等。尤其關注太極拳推手技術。曾擔任廣州武術館教練、廣州太極拳研究會顧問、廣州太極推手會顧問、香港柔靜太極拳研藝社永遠顧問、廣州精武體育會太極拳總教練、中國武術學會委員、廣東省武術文化研究會會長、廣州體育科學學會體育史分會顧問、暨南大學歷史系武術史碩士研究生論文答辯委員會委員等。

　　主要武術研究論文有《中國武術與中國文化》、《太極拳系統文化論綱》、《試論太極拳的文化學研究》、《武術——中國人的存在方式》、《陰陽相濟，以柔克剛》、《太極拳技擊形態簡論》、《廣東精武體育會的文化精神》、《武以觀德——試論武術文化的倫理道德結構》、《試論太極拳的道家取向》、《太極拳與中醫原理》、《太極拳與古代兵法》、《太極拳與周易原理》、《太極拳的文化內涵》等。撰寫有《王宗岳太極拳譜的文化學研究》等太極拳專著。其一系列太極拳研究成果在海內外產生廣泛影響，被收錄在多種武術書籍、雜誌、文集中，是當代太極拳文化研究的重要人物。

風骨氣概
——與太極拳研究家阮紀正的對話

太極拳是要有風骨的。

風就是風格、風範。骨就是骨骼、骨架、骨氣。

拳為心畫，拳的風格就是人心的外展，腹有詩書氣自華，腹有經綸拳自華。若腹內空空，則為浮萍飄絮，任他雨打風吹去，風吹雲散，拳練千遍，也是「拳奴」，終究沒有自己的風格，在拳中感受不到「自我」的實在，拳始終是別人的。

風範是風格形成後，並與拳道規矩高度吻合，舉手投足皆是文章大氣。

拳架正，骨架正。氣順，骨氣乃生。練拳若無骨氣，則失之於「弱」，骨氣錚錚，氣概必大，心胸必闊。風範與骨氣相融合，拳法必然剛柔相濟。故看拳家高低，不必看拳，舉手投足間高下立判。關鍵就在「風骨」二字。

在當今研究太極拳的專家當中，阮紀正先生是稱得上具有風骨氣概的一位。

　　我和阮先生的初識是 20 世紀 80 年代的全國武術科學研討會上。因爲是北大校友，談話自然就多些。阮先生是學哲學的，其時系統地以哲學方法和知識來研究武術，並且達到相當的高度，是不多見的。阮先生身兼哲學、武術兩個領域的專家於一身，長期研、練堅持不輟，達到自然、精純境地。

　　2006 年春，在廣州阮先生家中相見，四壁圖書，一把長髯，有飄灑之勢，魏晉之風，談吐間天人縱橫，風骨獨具。不由感歎，天地有雅氣，斯人獨太極。

余功保

一、訪師問拳

余功保

您本人是社會科學研究的專家，但一直在太極拳等武術研究領域有很多論文問世，從文章中看得出來，您對於武術技術、理論方面也很有造詣。請您介紹一下習武的經歷。

阮紀正

我出生於抗戰的「走難」時期，個人體質極為虛弱，學習領悟能力也不高，平時走路經常暈倒。再加上母親很早去世，常受別的小孩欺負，從小就萌生強身自衛的心理。初中時學校辦武術班，測試後被認為「素質實在太差，根本不是學武的料子」，終於不予錄取。於是大大激發個人自尊和自學熱情。原先是跟同學練習顧汝章傳下來的十路北少林，也接觸一點洪拳的基本功法。經過努力，1959 年初終於正式進入廣州市青少年業餘體校，跟黃嘯俠學習彈腿，跟賴忠學六路短拳、龍行劍和南派大棒；夏天又到廣州沙面網球場跟鄧錦濤學習 24 式和 88 式太極拳，同年秋又跟楊新倫學習傳統楊式太極拳架和推手，還以通信方式向徐致一問拳。

給學生講拳

1963 年到北京大學哲學系讀書，

加入校武術隊。在北京讀書期間，經常到各公園向名師「偷拳」，還跟楊禹廷學過推手，還跟其他（例如大成拳、形意拳、八卦掌、太虛拳、詠春拳、查拳等）一些拳種的人推過手和問過勁。1968 年畢業後長期在湖南城步的苗族山村勞動鍛鍊，當過農村基層幹部、五七幹校教員，從事過水稻雜交工作，受過「莫須有」審查，直到 1980 年 7 月解除審查分配教中學。1980 年底從湖南調回廣東從事建材技工培訓工作，開始依託廣州市太極拳研究會

向太極拳名家李天驥
請教

和廣州太極推手研究組研習太極功夫，又分別向楊振鐸、顧留馨、李天驥、吳英華、馬岳梁、孫劍雲、陳小旺、沈壽、林墨根、于志鈞等名家問拳、交流、學拳和推手。

1984 年還受命組建廣州太極推手研究組，任組長。1985 年受聘為廣州武術館兼職教練，1989 年受聘為廣州精武體育會太極拳總教練。此外，還給海內外來訪拳友提供諮詢和參加過若干大型的武術活動。2004 年從原單位退休，又受聘為廣州體育學院武術系教授。

余功保

有沒有過拜師？

阮紀正

沒有。我是長期向一些不同的老師和拳友學拳和問拳，但不是某一門派的弟子。我是無門無派。

余功保

那是轉益多師了。

阮紀正

向孫劍雲老師請教

應該說是興趣廣泛，但卻淺嘗輒止。我一生與武術特別是與太極拳結下不解之緣，在學習過程中儘管有不少跟各家嫡傳大師直接接觸和交往的機會，但並無成為這些大師入室弟子的緣分。

余功保

這種與名師「接觸」是一種很寶貴的經歷，您上面提到的許多老師都是太極拳的大家，已經故去，其人風範，為後學仰止，能親耳、親身感觸其功技理法當為幸事。

阮紀正

這使我收益良多。我較重視自身的修為體驗，而不計較身外的名份。這是我的人生態度，也是我對太極拳的態度。在太極拳方面我不算專業、正統，是業餘吧。

余功保

太極拳其實是沒有「專業」「非專業」「正統」「非正統」之分的。什麼是專業？什麼又是正統？練得好，悟得透，見解精，理法明就是專業，就是正統。太極拳的正統就是能夠充分反映出中國文化的根脈。

阮紀正

中國文化的根脈是太極拳的大統。

余功保

您接觸的這些老師都給您留下了什麼突出印象？

向顧留馨請教

阮紀正

可以說每個人的特點不一樣。那些老師各有各的特點，並且都很鮮明。

余功保

老一輩的拳家都是很生動的。

阮紀正

比如顧留馨先生，就是見多識廣，思路很開闊，很清晰，推手很細膩。我和他搭過手，手上的東西感覺很清楚。馬岳梁先生，很渾厚，他的架式一出來，不一定多麼劍拔弩張，但你感覺到形體之外的氣勢。

二、應物自然　體驗生命

余功保

您在武術文化方面好像下的工夫比較大。太極拳是中國武

術發展到很成熟階段出現的，它對中國傳統文化的融會已經到了水乳交融的地步。如何從文化角度認識和理解太極拳？

阮紀正

我以為，太極拳的社會屬性，是中國式的包括身體發展、身體教化、身體應對、身體娛樂以及體現在日常生活中的身體文化和手工操作上的身體技術等等在內的「綜合實用技術」，而不是西方式追求人體極限那單項技能的「高水準競技（Top Level Sport）」。

余功保

一種是整體觀，一種是量化性的思維方式。

阮紀正

「綜合實用技術」尚沒有從生產和生活中分化出來，其技術可以用來應付挑水、砍柴、推車、鋤地、挖泥等生產勞動，也可以用於個人強身、禦敵，或者用於修心、養性等生活技巧；它更多地是個體的（廣東人把練武術稱之為「玩拳」或「打功夫」，強調的是內向的體驗和修為）；而「競技體育運動」則已經從生產和生活中分化出來，並作為單項的體能技術的較量而從屬於政治、經濟或文化；它更多地是群體的（這裏人們看到的更多是外向的商業廣告和商業炫耀）。作為一種尚未從生產和生活中完全分化出來的「綜合實用技術」，太極拳的社會功能是多方面和多層次的。作為一種肢體活動，太極拳不僅具有防身禦敵、制人取勝的技擊功能，具有強身健體、袪病延年的醫療效果，而且還導致修心養性、悟道怡情的精神超越。它綜合

了儒家不偏不倚、變理陰陽的「中庸之道」，道家返璞歸真、應物自然的「無為之道」，佛家諸行無常、諸法無我的「涅槃之道」。當代以來，它還吸收了西方文化直面對象、弘揚個性的「自由精神」。事實證明，太極拳的開放相容能力極強，可以成為當代人體活動的一個生長點。

逍遙在太極拳的王國中

余功保

太極拳是一種文化的「複合體」，從單一層面上可以得到詮釋，但不是它的全貌。

阮紀正

這裏強調一點：就是很多人都把「綜合實用技術」中的「技擊」跟「體育運動項目」中的「競技」混為一談。把傳統技擊說成是現代競技，結果什麼東西都說不清楚。「技擊」操作出發點是「不能選擇敵人」，追求目標是「不管黑貓白貓，抓住老鼠就是好貓」，屬綜合素質的較量；而「競技」的操作出發點是「公平競爭」，追求目標是「更快、更高、更強」，為單項技能的比試。

這不同社會屬性背後所依託的生物本能，前者是覓食求生中的攻擊和自衛本能，而後者則是延續後代的性選擇。

余功保

原國家體委主任伍紹祖先生曾說：「武術屬於體育，但高

於體育。」論述了中國武術和現代競技體育之間的關係。就是中國武術包括太極拳，比單純的體育競技有更加豐富的內涵和更高的層次。

阮紀正

我想以極簡要的觀點談一下太極拳產生和發展的狀況，這對我們認識和理解太極拳文化是必要的。太極拳在中國武術史上出現是個重大事件，把它放在人類體育史中來看，同樣是一個重大事件。這裏我完全同意您在《精選太極拳辭典》前言所說的一些觀點，並對此做點補充和發揮。

首先，太極拳是中國武術演化的邏輯結果，儘管出現較晚，但發展卻極為迅速。開始時它從社會邊緣群體那裏被引入王室，大批高級知識份子參與介入，在短時期內又回過頭來普及至社會的各個層面，並被世界各國廣泛引進，目前已經有一百多個國家的上億人口在學練太極拳，不分貧富貴賤，具有極大的普適性。

第二，太極拳作為中國武術的精華之一，卻又在一般意義上具有某種「反武」的性質。它把「對力的迷信」轉換為「對力的運用」，應對方式是「捨己從人」的。它用文明約束野蠻，還有從相互關係（即「勢」）中去研究人體潛能的充分發揮等等，都對當代科學發展提供極大的啟發和參照，由此成為「武至極為文」的「文拳」。它那隨機就勢、借力打力、陰陽相濟、以柔克剛、曲中求直、後發先至的基本戰略，在被動的形式中包含了極為主動的內容，這對怎樣走出工業化時代資源枯竭、生態危機和人類「自我中心」的困境，具有極大的啟發意義。

第三，傳統武術大都只有拳法而缺少拳論，但太極拳卻最大限度地吸收了中國古典文化的養料，甚至出現了「純哲學化」的拳論。其中蘊含的哲學思想確是令人眩目，並在身體實踐中可以找到對應。太極拳不但用理論引導操作，而且還以一種體驗的方式去闡述自然規律，即以肢體語言講述中國古人對宇宙、對生命、對運動的理解，這種方式顯然是激動人心的。把打太極拳說成是「跟空氣作戰」，這是不理解太極拳背後的文化含義。

　　第四，太極拳的發展史頗有點「從群眾中來、到群眾中去」的味道；從草野走入宮廷，又從宮廷回到草野。它為適應社會而不斷自我更新的舉措，反覆改革、修訂架式、套路以及訓練方法，一方面用科學思考去破除各種神秘主義，另一方面又保留了傳統特有的有價值訓練方法，用某種「神秘感」去征服群眾，與此同時還形成各種個性化的風格和流派；由此不但成了真正的廣泛普及的「平民拳術」，而且還在當代世界「後現代」關於「怯魅」和「返魅」的兩級張力中面對未知而探究未來。

　　第五，太極拳有堅定而且明確的「以武養生」的方向，並自覺地將技擊傷身與頤養保身的矛盾（軍事上表現為「消滅敵人」跟「保存自己」的關係）推到「拳學」理論的第一線；尊重生命、崇尚自由、止戈為武、至武為文，讓技擊為養生服務，把練武作為強身護體的手段並讓生命意義由此得到昇華，由

1973 年在湖南城步五七幹校授拳

此實現中國傳統武術的最佳定位。

余功保

您從什麼時候開始比較側重武術的文化研究的？

阮紀正

從文化方面研究武術是從 20 世紀 80 年代中期開始的。我在

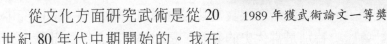
1989 年獲武術論文一等獎

1984 年底基於同武術有關的一個偶然機會，調入廣東省社科院從事理論工作。

1986—1987 年間，在一些雜誌上發現有關於體育文化和比較文化的討論，看後頗感興趣。正好當時我在中國文化書院比較文化函授班進修，於是確定以《太極拳系統文化論》作為畢業論文的題目，陸續發表了《中國武術與中國文化》《太極拳系統文化論綱》《試談太極拳的文化學研究》《中國武術的本體和載體》《中國武術的文化學內涵》《武術——中國人的存在方式》《太極拳技擊形態簡論》《武以觀德——中國武術的倫理道德結構》《太極拳與現代發展戰略》等二三十篇有關文章，最近又為廣州體育學院武術系撰寫了《王宗岳太極拳譜的文化學研究》書稿，此外《武林春秋》《太極拳系統文化論》等手稿也在撰寫之中。

為了促進這個研究，我特意自學了系統論和文化學，參與組建廣東省系統工程學會和廣東省文化傳播學會，並跟同事合作出版了《科學探索和辯證方法》《比較哲學概論》等七本學術專著，出版了《改革中的哲學文化思考》《中國：探究一個

辯證的社會存在》兩本個人學術專著，發表了《試論改革中宏觀和微觀的關係》《儒家文化傳統和當代道德建構》等一百多篇學術論文，當過《廣東百科全書》文教分篇編委兼體育編輯和《新編廣東百科全書》文化藝術分篇副主編等等。

我的這些工作和研究，目的是想把武術作為一個《人體文化符號》，並通過這樣一個操作技術載體，去瞭解中國人到底是如何提出問題和如何解決問題的，由此企圖從文化上把握什麼是中國人。這個研究跟我當時從哲學方法論的層面去研究中國社會歷史特別是當代史的發展，是對應互補的。由此我的學術研究、學術思想和學術風格，都明顯是屬於太極拳式的。

三、不知文　不爲武

余功保

太極拳的發展應該是先有理論，後成拳法，至於比較成熟的套路和技術規範是後來的事。它的相關理論在很早就已出現，如何看待這一現象？

阮紀正

一般說來，任何「人為事物」都或多或少存在這個情況。我們說「實踐可以出真知」，而不是說「物件就是真知」。任何實踐創造都需要理論，而不是不要理論，只有動物式的本能衝動，

1994 年在溫縣太極拳年會上表演太極拳

才是不要理論的。有人把經過長期訓練而形成的活動定勢稱之為「回到本能」，這恐怕是搞錯了。

文化的真諦在於有目的之「改造創作」，而不在於無目的之「因應趨避」，借用太極拳的話就是「太極之道，首在用意」。列寧說：「沒有革命的理論就沒有革命的運動。」講的也是這個道理。

具體地說，技術形態可以劃分為經驗性技術和科學性技術這樣兩大類。前者以經驗為前提，沒有相關經驗就沒有相應的技術，例如沒有跟泥土、水和火打交道的經驗，就不可能產生陶瓷技術，由此被稱之為「後生技術」。後者則是在理論指導下形成的，例如原子能技術、基因重組技術等等，都是先有理論後有技術的，由此被稱之為「前生技術」。在中國武術史上，幾乎所有的拳種都屬於「後生技術」，但太極拳卻是屬於「前生技術」，它當是在太極理論的指導下成型的。

太極拳的形成充分體現了人類實踐「意念為先」這個品格，它自覺而充分地利用了已經存在的文化資源，使自己的產生和發展建立在該起點上。

余功保

太極拳的產生是中國文化綜合性孕育的產物，是水到渠成的天然。單一性地考察太極拳的產生、發展都是片面的，也難以理解太極拳的真正內涵。要瞭解太極拳等武術，首先要瞭解中國文化，研究中國文化的核心、根脈、主幹、枝節等結構。

阮紀正

我把包括太極拳在內的中國武術分成這麼幾個階段：

一、前史

這是包括理論在內的相關要素形成和積累史。所謂「拳起於易而理成於醫」，易理和醫理是拳理的主要構成要素，自然要早於拳法而出現。

二、形成史

這是相關要素構成體系的歷史，其核心則是技術的演化。離開技術演化孤立地講師承源流是說不清楚的。中國武術完成於宋元明清幾代。例如「太極」概念，在先秦只是個一般性的普通概

講解太極原理

念，後來到了宋明理學中，才變成一個哲學本體論的範疇，由此深入人心並用以解釋一切。把太極拳形成的時間大體定位於明清之際是有一定道理的。這時氣功跟武術實現了真正的融合。

作為一個晚起的拳種，不但需要不同拳種歷史發展的支撐，而且還需要一定社會歷史背景來展開。明末清初是中國武術發展的高峰，可以為太極拳產生提供社會背景。至於太極拳的流派分化史，也可以納入這個時期。因為這是發展中的百花齊放，表現一種繁榮景象。

三、發輾轉型史

這是有關社會屬性和功能的變遷史。從民國以來特別是新中國成立以後，基於社會環境的演化和社會需求的變遷，中國武術逐步從統一的綜合實用技術逐步發輾轉型為競技運動和群眾體育這樣兩個分叉，原先的一些社會功能逐步衰退，而新的社會功能則不斷出現，太極拳同樣也經歷了這個歷史的宿命。

余功保

在研究太極拳的發展中會發現一個有意思的現象，即它本身雖然是一個富於濃郁文化色彩的拳種流派，有著豐富的文化內涵，但主要的太極拳流派如陳式、楊式都發源於山村，您認為是什麼原因？

阮紀正

中國文化是一個「全息映照」的有機整體，它的任何一個組成部分都包含有這個整體文化的所有特質；這就像肌體上任何一個細胞都包含有整個肌體的全部遺傳基因，或全息照片任何一個碎片也包含有整個照片的全部資訊的道理一樣。所謂「禮失求諸野」，山野農村是中國農業社會文化的誕生地。又謂「以農為本」，古代的農村是整個社會的經濟重心（城市則是政治統治的中心）。「朝為田舍郎，暮登天子堂」，中國古代「山野田舍」跟「宮廷殿堂」更是相通的。

從前的農村，是有很多傳承文化的「耕讀世家」的。即使是目不識丁的普通農民，在這樣的社會文化氛圍下，對古典文化也是能夠耳熟能詳。

就社會環境而言，中國的農耕文化經歷的時期特別漫長，這為基於農耕文化的各種文化樣式的充分發展提供了條件。就中國農業社會內部階級分化來說，大致形成的固定的人群是「士農工商」，而「武」這一社會階層自秦漢之際從「士」分化出來後，便「文化下移」進入草野。再加上古代統治者強兵禁武，一方面加強國家軍事力量，另一方面卻嚴禁民間習武。在政治統治中心的城市，統治者對那些「有佛有道、非佛非

道，遇佛反佛、遇道反道，妖言惑眾、聚眾鬧事」的武術團體嚴格控制和打壓，由此城市武術只能沿著江湖賣藝那觀賞娛樂的方向發展；而作為社會經濟重心的農村，其守家護院、宗族械鬥的客觀需求，卻給技擊武功的發展提供了真正的平臺。

寄情自然

就太極拳本身來說，它在自己的旗幟上寫下的是「以柔克剛、以弱勝強」，這是山野陰性文化的旗幟，是母系文明的精髓。作為道家取向的拳種，太極拳不僅與農耕文化有密切的關係，還與更為原始的母系文明有著密切的聯繫。在中國傳統社會，文化的陽面是由儒家支撐，而文化的陰面則主要由道家和釋家支撐，道家的文化源頭似乎更為久遠，它在社會底層有著更為深遠的影響。這恐怕是太極拳主要在山野孕育和產生的幕後社會背景。

就個人生活條件來說，山野農村生活結構簡單，節奏運行緩慢，人們心無旁騖，從而有利於人們靜下來潛心修練；而城市則是一個花花世界，人們心神容易外騖，這對創拳來說也是非常不利的。

前面說到，近代以來依託市場的城市生活方式是人類生物基因安排的異化，它跟太極拳「返璞歸真」的取向是完全相反的。精神超越和武功修為規律跟市場經濟商品交換規律具有完全不同的性質；中國武術反對好勇鬥狠的張狂表現，而自身修為和操作體驗也都不是簡單地用錢就可以購買得來的。

四、太極拳的生態智慧

余功保

太極拳的傳播動力在不同時期著力點有所不同。在過去，它獨特的技擊效能是一大亮點。在當代社會，它的健身性受到廣泛推崇。其實我覺得，太極拳廣泛流行的文化意義是最需要我們重點研究和關注的。

阮紀正

作為一種人體文化符號和身體哲學思考（不是時下放縱情慾的「用身體寫作」），太極拳廣泛流傳的文化意義顯然是多樣的，面對當代環境變遷，我把它的核心定位於「借鑒古人生態智慧以探究發展的生態道路，同時也提高自己的生命品質和活動能力」。太極拳本來是產生於農業社會的一項身體技術，在工業社會背景下很多方面確實顯得頗為「過時」。但是保留在它裏面的一些基本元素，對於人體發展恐怕永遠也不會過時。

余功保

「生態智慧」是文化中最精粹的部分，是關於人體自身、自然環境、變化趨勢、系統關係的綜合體驗、思考與結晶。它的根本規律是適用於任何時候的。

阮紀正

我們知道，跟農業社會依託生物（包括植物和動物）新陳

代謝的「流量技術」來維持生活的生存方式不同，工業社會是依託不可更新的地下資源和非生物能源的「存量技術」去發展生產的。

隨著人類工業化的大規模經濟活動全面展開和加速運行，不僅惡化甚至毒化了人類生存環境，而且也影響了人類基因規定的原有生活習性，由此人體活動能力日益退化，人體功能性生理疾患日漸增加，人們抗病能力越來越弱，人類整體生存狀況全面異化。

樂在其中

西方現代化模式所造成的資源、環境、生態、文化危機，已將西方那孤立主體、自我中心的「現代人文精神」的缺陷暴露無遺。

我們知道，發展的物理學涵義當是「熵」的減少而不是增加；一種造成環境惡化、「熵」值增加並破壞人跟自然平衡的社會運行方式不但無法長久地持續下去，而且當下也變得越來越難以承受。

健康問題還不僅僅是個單純的個人生理問題，它同時還是個社會狀況問題，其產生背景是社會生活環境條件和相應的生活方式；國民健康狀況是社會穩定的一個基本要素。在當代全球化條件下，它也不單純是個國家性的問題，而且還是個人類性問題，涉及當今整個人類的生存狀況和人際關係。

我們在享受現代化成果的同時，還得關注現代化所帶來的問題。隨著生產力的提高和社會歷史的發展，人們的健康水準和預期壽命確實是在不斷提高，然而由於不合理的生產方式和

生活方式的客觀存在，人類的生存本身又遇到了極大的挑戰。

在這樣的背景下，思考太極拳所具有的生態智慧，玩味太極拳應對環境的基本方式，體驗太極拳運行的個人樂趣，獲得太極拳鍛鍊所激發的活動能力，這對於怎樣建構一個新的生態社會，恐怕是不無啟發的吧？

余功保

由於太極拳具有的獨特練習方法和行為原則，太極拳對人的精神境界和生活層次有重要的提升作用。

阮紀正

太極拳運行可以看作人的生命昇華，這是對現存狀態的超越，具有某種相當深刻的生態型智慧；它從天地人「三才貫通」那「參天地、贊化育、奪造化、通大道」的大系統提問題，由此生命、生活、生態三個層面是有機統一的。太極拳那捨己從人、就勢借力、避實擊虛、因應自然的行為方式，更多的是從「自我」跟「非我」之主客體關係上進行思考，它那節約能源和利用環境的基本思路，可以看作是中國人關於可持續發展探究的濫觴，對目前建構循環經濟和節約型和諧社會頗有啟發。在現代社會中，人們用太極拳來表達生命的感受、反思生命的狀況、優化生命的品質、挖掘生命的潛能、提高生命的價值；它那遊戲式的創造方式，也是當代人類自由全面發展的一個方面和途徑。

在當代體育項目中，太極拳是唯一能同時滿足「有氧運動」「終身運動」和「休閒運動」三大潮流的項目，可以同時發展人類的生理適應、心理適應和社會適應的能力。面對各種

環境異化和身心失調的現代病，太極拳的現代價值表現得特別矚目。太極拳由「捨己從人」進到「從心所欲」，表現了一種對個體生命尊重、對潛在可能探究和對自由發展追求的品格。其方法論特徵，就是《莊子》所說的「物物而不物於物」和《孫子》所說的「致人而不致於人」。

太極拳所體現的操作戰略，是一種「人是根本」的內源多向有機應變的戰略，它以人的生命、生活、生態三大層面的統一為核心，以環境應對為基本手段，著眼於每個社會成員的共同參與和平等對話。

余功保

太極拳本質上講，就是一種生存、生活的方式，這種生活方式的最高原則是「和諧」。各種因素在同一系統中如何和諧相處，達到系統的整體平衡。

所以，我們在宣傳太極拳、推廣太極拳中應當把握住它的文化價值，要敢於、善於從單純的技術範疇中跳出來，這是對當今乃至將來社會具有特殊意義的。這樣才能夠最大程度地發揮太極拳的作用。這種跳出來是要站在更高的臺階上極目遠望，並不是背棄技術規範。

阮紀正

我同意您的這一觀點。作為一種文化現象和文化活動，發展和推廣太極拳並不能單純把目光放在操作技術的層面上。發展和推廣太極拳，要滿足太極拳文化內涵的所有層面；在不同的層面上，要適應不同的接受人群，採取有針對性的並且是兼顧普及與提高的活動方式。

這裏面會涉及對以前太極拳運動中一些現象的評價問題。對於這些問題不會有一致的看法；時間長了，經過實踐的驗證，大家的看法也可能會趨於接近。這正是文化存在和發展的基本方式。

2005 年在上海華東
政法學院講授太極拳

但是，有一條我是比較擔心和困惑的，這就是太極拳運動與市場經濟的關係。我的看法是，透過市場管道去推廣和發展太極拳，一定範圍內應該是可行的；目前社會大環境是市場經濟，而大多數人也都能夠接受有償服務。但無論政府主導公共領域的全民健身，或者個人主導私人空間的自我修練，本質上又都不是個什麼市場交換的問題。所以我對太極拳的「產業化發展」一直都在深深思考。

余功保

太極拳的產業化發展是一個複雜的問題，不僅是經濟學方面的，也是社會學上的。這些年，許多傳統文化都做了產業化。應該說，傳統文化在現代社會中具有價值，經濟價值指標是其中的一個方面。

從經濟學上來說，有需求就有市場，但文化的產業化又不是一個簡單地把文化變成產品進行推銷的過程，其中包含了文化特色的保留，精髓的東西不被商業所污染，在「流通」中的不走樣，在商業環境中保持獨立性等問題。太極拳的產業化是一門科學，不是一種簡單的「生意」。不能因為產業化而損害

了太極拳本身的內涵。

阮紀正

我以為，儘管當代生產力條件下市場經濟確實別無選擇，但市場自身也有其內部容量和外部邊界的限制，並客觀存在大量的「外部性問題」。推廣太極拳過程中有的東西（例如面向已知的技術）可以透過市場，有的東西（例如面向未知的科研）卻無法透過市場。文化確實需要建立在一定的經濟基礎上面，但其本身卻具有某種超越功利的性質。

五、太極「三昧」

余功保

談太極拳，離不開它的練習方式方法，您自幼習武，對太極拳更是投入了主要精力。您認為太極拳最重要的鍛鍊原則是什麼？

阮紀正

這個問題從不同的角度可以有不同的答案。人們追求的目標不同，他們所處環境以及自身具有的條件不同，由此訓練的重點也就不同；這和中醫看病是一個道理。

我這裏只是就大文化的角度，談談自己對太極拳基本原則和相應的操作特點的看法。

就文化的意義來說，太極拳是在太極文化直接指導下的人體活動，「雖變化萬端，而理唯一貫」。「鬆靜為本」「陰陽

相濟」「以柔克剛」這三大原理和相應的操作原則，也就是太極拳最重要的鍛鍊原則。

余功保

請您具體解說一下。

阮紀正

首先是鬆靜為本。這是太極拳的基本價值參照系。作為獨具特色的一個成熟武術流派，太極拳屬於內家拳類柔性武術，其鬆靜為本、方中求圓的身體活動集中反映了中國式的「主靜文化」特色。不少學者指出，「西方文明是動的文明，中國文明是靜的文明」。而太極拳是建立在中國文化基礎上的民俗活動和身體訓練，由身體的文化符號體現了中國文化的獨特性質。其基本的身體活動理念，便是鬆靜為本、動靜相兼、以靜禦動、動中求靜、中正安舒、柔和圓活、螺旋圓道、方中求圓。由此一方面區別於外家拳術和西式體操等「以動求動」追求外壯運動量的動力型運動；另一方面又區別於靜坐、樁功等「靜中求動」、強調內壯功夫的靜力型運動。

太極拳以自身鬆靜自然和「動中求靜」的身體符號和肢體語言，鮮明地體現出中國文化的基本特徵和主體訴求。

余功保

「靜」的練習方式和思維方法的確是中國文化的一個特色。有的人甚至極端提出了「生命在於靜止」的說法來進行強調。

阮紀正

「鬆靜為本」屬於「無極」，它是太極拳運動的一個「原點」或曰「基本出發點」，哲學上可視作「正題」。就基本狀態而言，「鬆」的含義是虛而不實，與緊相對。太極拳所說的鬆，更多的是指活動中減少身心各個方面一切不必要的緊張，不要形成刻板僵化的行為定勢，由此進入更為自由靈活的有序運行狀態。而「靜」的含義則是安靜專注，與動相對，這裏更多的是指一種精神控制下舒緩持續的穩態運行方式，並透過協調平衡形成某種可承受和可持續的活動機制。「為本」的「本」字則是「木下之根」，亦即區別於西方所謂「本體」的「本根」或「根本」，由此產生本末、根枝、源流、體用等一系列操作上的關係。

總起來說，「鬆靜為本」就是在「鬆」和「靜」的基礎上形成含而不露、沉著穩重而又飄逸瀟灑、行雲流水般的應對行為風格。體現出身體活動的輕靈、柔韌、圓活、暢達、順遂，以及冷靜、清醒、沉穩、和緩、均勻。在這裏，放鬆是變化的前提，而靜止則是運動的參照系。「鬆靜為本」強調的是作為運動前提的某種「混沌」狀態。

從理論上說，「鬆靜為本」的基本考慮在於面對生命的有限性、著眼變換的靈活性、落腳運行的穩定性。

我們知道，人是無限宇宙中的一個有限的存在，包括生命過程在內的任何運動過程都有自身的起點和終點，而這所有過程的展開又都是要耗費能量的。人的生命活動具有自己的起點、終點和能量消耗，並且還表現為一定程度和一定範圍的緊張和鬆弛的交替活動。

「物質不滅、能量守恆」，由於地球的存量資源和能源都頗為有限，與此相應，人體所擁有的物質和能量則更為有限，無論環境和人體都不可能無限地持續緊張和消耗下去。就個體活動的當下而言，全身肌肉不鬆弛，身體無法變換形態進入下一個動作。骨骼關節不鬆開，任何動作都無法進一步展開。

精神狀態不鬆靜，思想僵化，原有定勢適應不了外界新變化。而全身儲備能源和有效補充資源都消耗完了，亦即古人所說的「油盡燈枯」，死亡於是也就隨之到來，生命也就因而結束。所以「鬆靜為本」並不是不要活動，而是「儘量減少那些不必要的緊張和消耗，充分利用現有資源並努力提高其有效利用率，由此尋找新變化」的一個基本前提。

這就是說，太極拳「鬆靜為本」的出發點是無限發展中的具體過程有限性、人的生命有限性和肌體能量有限性。而其落腳點則是具體過程的合理展開、人的生命保養延續和肌體能量的有效利用。

余功保

「靜」是將自己的心境放得無限大，來彌補自身「體」的有限和不足。

阮紀正

其次是陰陽相濟。這是太極拳的基本結構原則，也是基本操作原則，還是太極拳「鬆靜為本」價值參照的本質要求。我們知道，「陰陽相濟」是中國文化對宇宙萬物運行規律性的理論解釋，又是中國人待人、接物、處事、應世的「統籌兼顧」「協調平衡」之系統論方法。其核心的精神，則是整合相關所

有事物對立統一的兩個方面，使之成為達到自身某種既定目標的有機整體。陰陽相濟的外部表現是中正和圓活，其內部狀態則是平衡與變換。

太極拳的陰陽相濟是全方位的，它不但貫徹始終，而且滲透在操作的所有方面。就身體活動的層面而言，它講究「心身一體」，由「氣」的運行整合，「身」的動靜、開合和「心」的形神、體用，表現一種動靜有序、行雲流水狀態；就社會功能的層面而言，它講究「體用一如」，由「勢」的利用整合「體」的虛實、剛柔和「用」的攻守、進退，形成隨機就勢、借力打力的功能；就精神走向的層面而言，它講究「天人合一」，由「神」的追求整合「天」的有無、陰陽和「人」的性情、志趣，由此達到「參天地、贊化育、奪造化、大自在」。而這一系列東西，都要求陰陽相濟，強調其互補配合的性質。

再重複一句，陰陽相濟的操作原則要求全面協調面臨的種種關係，例如人體的身心、動作的開合、功能的內外、關係的主客、行為的進退、力量的剛柔、變化的虛實、狀態的有無、屬性的陰陽，還有人格的性情、態度的志趣，如此等等。就身體活動來看，太極拳主張內外兼修、開合有致、形神兼備、體用兩全，把自身的方方面面都照顧到了，然而又有輕有重、有主有從，並不平均使用力量。

就應敵防身來說，太極拳又隨曲就伸、捨己從人、以退為進、以守為攻、引進落空、後發先至，在保存自己的同時，有理、有利、有節地反擊敵人，這是在主客關係上充分尊重現實、面對矛盾、利用條件、運用規律。就精神發展而言，太極拳更是由捨己從人、隨機就勢而走出「自我中心」那一廂情願的困境，利用陰陽有無、性情志趣等等符號系統去把握和建構

一個新的生活世界,由此從必然中獲得自由。當然,太極拳這一切都不是絕對的,然而卻確實是有個性的。

作為一種環境應對的操作技術,相濟互補並不是折中主義的和稀泥,更不是回避矛盾的不變論或放棄原則的依附論,而是在「有進有退、有來有往」的矛盾應對過程中,時刻注意和協調矛盾對立的兩個方面。它不但是在資訊不平衡條件下迅速把握物件特徵的方法,而且還是在應對複雜環境時防止偏差的方法。太極拳不偏不倚、中正安舒的守中、用中,是由陰陽相濟的動態平衡來達到的。

太極拳主張「服人」而不是「傷人」,是和平主義的;但和平的實質不外是博弈過程中各種力量的平衡,而不是自我主體的消解。它不是簡單維護原有兩極的繼續存在,而是在運動中把握兩極的陰陽變換。它不是事先設定一個絕對平衡,而是在不平衡中找平衡。它講究「捨己從人」走出自我中心,但又「順人而不失己」地「借力打力」。

在多種力量博弈過程中,弱者希望強者能寬容,而強者則希望弱者被吞併。「有壓迫就有反抗」,博弈中單邊霸權的「大一統」,恰恰是當今社會紛爭的根源。而自我調控的「有理、有利、有節」,則是以自力更生為基礎的。借用佛家語言來說,一方面是「諸法無我」,另一方面則要「依自不依他」。模糊目標、消解自我、放棄原則、依附外力,不可能達到新的平衡。西方哲人有云:「上帝死了之後,任何

給學生講推手

情況都可以發生。」面對當代「風險社會」，我們隨時都得要有「陰陽相濟」的兩手準備。

余功保

陰陽相濟的本質是追求一種大的「中和」的狀態。在這種狀態中，人的體能、智慧得到最佳的頤養和運行。

阮紀正

第三是以柔克剛。這是太極拳運行的一個類型特徵，這是太極拳「鬆靜為本」價值參照的必然選擇；其基本精神是在力量不均衡條件下的博弈中追求自身消耗最少而效用最大。我們知道，事物中陰陽屬性或狀態無不在一定條件下向自己的對立方面轉化，問題在於到底怎樣讓這些轉化於己有利。從哲學上看，如果說「鬆靜為本」的「無極」是「正題」，「陰陽相濟」的「太極」是「反題」，那「以柔克剛」的「神妙」則屬於二者綜合的「合題」。

以柔克剛的前提是以弱對強。陰陽變換大體可以劃分為「陽剛」的「勇者戰略」和「陰柔」的「弱者戰略」這樣兩種類型，操作時到底應用哪種類型，則要由操作主體的性質以及其所處的環境條件決定。

就哲學上說，「以柔克剛」的可能性在於老子所云：「反者道之動，弱者道之用」的辯證法，亦即事物無不在一定條件下向其反面轉化。由此「天下之至柔，馳騁天下之至堅」，「弱之勝強，柔之勝剛，天下莫不知，莫能行。」這種思維方式包含有高度的主體智慧和創造的無限可能。

余功保

太極拳的技擊技術全面徹底貫徹了這一原則。

阮紀正

就物理機制而言，我們必須要把力量跟力量的運用區別開來。「有力打無力，手慢讓手快」本是「先天自然之能」，這是別無選擇的「客觀規律性」，但現在問題在於「力」是個「向量」而不是「標量」，它不僅有個數量上的「絕對值」，而且還有個非數量的方向和力點。方向不對，作用不到點子上，力量再大也沒有意義。而且，應對環境和抗擊敵人也不是個自身力量的顯示問題，它要處理不同力量的相互關係和有關力量的運行機制。孤立討論單個力量其實沒有實質意義。

太極拳以「柔」為體，以「不爭」為用，突出崇虛、尚柔、貴化、善走、用反、守弱，反對好勇、鬥狠、誇強、爭勝、持力、頂抗，表現出「反者道之動，弱者道之用」和「無為而無不為」的哲學信念，巧妙地利用「矛盾統一和轉化」的規律，「欲取先予、欲抑先揚」地從反面入手去達到正面的目的。

它考慮問題的基本思路，首先是改變自己以適應環境，其次才是進一步的改變環境發展自己；其核心追求則始終是隨遇而安和動態平衡以維持自身的存在和發展。

余功保

「以柔克剛」給出了每個人都能成為強者的可能性。它是一種讓人性得到充分放鬆與自由的思維方式與操作模式。這種

強弱、剛柔的轉化模式是一種「運動」的世界觀的體現。

阮紀正

對太極拳來說，「以柔克剛」是價值取向上「鬆靜為本」和運行狀態上「隨曲就伸」的外部展開，又是操作原則上「捨己從人」和技擊效應上「借力打力」的功能表現。它那「因應趨避」的運行方式，發展出把審敵和制敵融為一體的「走化」和「粘發」兩大應對技巧，表現出跟「逃避」或「妥協」表像相反的內容。其文化內涵在於充分利用環境資訊和走出自我中心困境，因應整個大化流行，奪取天地造化。

六、萬變歸宗成「哲拳」

余功保

「虛」和「實」是陰陽表現的一對最為典型的形態之一，在太極拳中處處可見，我在「隨曲就伸」系列的第二部就是以「盈虛有象」來作為書名，就是強調「虛實」在太極拳中的重要地位。太極拳的研究中有很多關於「虛」的和「實」的內容，您怎麼看待這個問題？

阮紀正

太極拳特別重視「虛」與「實」的關係，太極拳理論研究也應該特別重視「虛」和「實」的關係。這也是「虛實相生，陰陽相濟」，「一處自有一虛實，處處總此一虛實」。

人類所有的活動都可以歸納為認識世界和改造世界這樣兩

個方面。前者是物質變精神形成認識的「由實到虛」（物質內化），後者則是精神變物質付諸實行的「由虛到實」（精神外化）。由此人類實踐便有了「務虛」和「務實」這樣兩種活動方式。人類實踐活動總是由理論指導的，這就是太極拳所說的「意在勁先」。研究方式應當跟研究物件同構。

我以為，太極拳中關於「鬆靜為本」「以意領先」「虛實相生」「陰陽相濟」等一系列說法，都是我們處理太極拳虛實的理論問題上的重要指導原則。

現在的問題，恐怕是對於「虛」的問題，如「本」的問題、「先」的問題，重視得還不太夠，研究得還不夠充分，不夠深入，而對於「實」的問題，如技術問題、枝葉問題，倒是強調得多了。這是當前的傾向，是值得太極拳理論界關注和思考的傾向。

余功保

相對於「實」來說，「虛」的元素更難以確定和把握一些。

阮紀正

太極拳處理物質與精神的關係、主客體關係、敵我關係、人與大環境的關係，它依託的文化背景是十分淵博和凝重的，也是非常有特色而且是非常成功的。這是人們鍾情於太極拳及太極拳文化的主

在中日太極拳交流會上作學術報告

要原因。

　　我們的太極拳研究絕不應不重視這一方面的研究。這裏面最有文化價值同樣也最有實用價值的東西是什麼？太極拳理論工作者應該回答這個問題。這個問題搞清楚了，技術層面的問題才有了切實的依據。太極拳的歷史上出現過不少有重大貢獻的人物，他們不僅是太極拳術的實踐家，而且在太極拳理論方面也卓有創見。但是相對說來，他們大致還停留在他們那個時代的水準上，基本上還是以總結個人經驗為主，還不能形成具有現代形式的理論體系。

余功保

　　如何把傳統的理論與現代的科學理論有機對接，這也是「虛實轉化」的一個課題。

阮紀正

　　人們一直對於太極拳理論懷有大的理論預期。舉例來說，太極拳使人著迷的內容之一是它的「內勁」，講「引進落空」和「借力打力」，運用現代力學知識，人們就可以理解了。說是「巧勁」，經過一定程式的訓練，人們也可以達到。但在太極拳經典的理論，卻只孤立地講「無形無象，全體透空，應物自然，西山懸磬」。古典拳論並非沒有道理，問題是人們在理解中卻把結果、狀態跟原因、條件混淆起來了。

　　沒有「內勁」所有技巧都會落空，離開操作技巧而一味追求實力也同樣是有問題，太極拳的「內勁發揮」跟「就勢借力」「輕靈巧妙」與「沉著穩重」本來是一個問題的兩個方面，這一切都得有理論上的認識。

我以為，太極拳所有的身體「實證」，都是以超越自我的精神昇華為前提的；由此其理論研究也應該一樣，做不到透體的「鬆、通、空」，那是把握不住太極拳基本精神的。這正是需要我們理論界下工夫的地方。

余功保

很多人都在談太極拳文化，但認識的角度、範圍和程度都不一樣。作為對太極拳文化長期關注並進行不懈研究的學者，您認為太極拳的主要文化內涵是什麼？

阮紀正

我把太極拳看做是標誌中國人的一個人體文化符號，由此太極拳的主要文化內涵就是整個中國文化的主要文化內涵，並分別地體現在太極拳內部的不同層面上。

余功保

太極拳是中國文化的一個縮影，一個濃縮。有的人把太極拳翻譯作「影子拳」（shadow boxing），倒是可以稱之為「中國文化的影子」。太極拳雖然變化萬端，最終都歸根於中國文化的土壤中。

阮紀正

我們知道，太極拳是個非常複雜的動態建構系統，人們可以根據不同的實踐目的，從不同的方面或角度去對這個內涵進行分析。我這裏把它分析為拳理闡釋、應敵原則、演練功法三個層次，用宋明理學的理論框架來處理，也就是所謂「理、

氣、象」問題。現在再按「唯物主義」原則把順序倒回來變成操作發生學上的邏輯層次，並把它物件化為體育、技擊、哲學三大領域來加以研究。

第一是體育層次

作為一種身體訓練，這裏解決的是人體內部的心身關係，系統論上稱之為系統內部基本要素的關係，哲學上則屬於精神和物質的關係，文化學上便是人跟自我的關係。一個活人不僅有身，而且還有心；身心互動則表現為生命。從客體方面考察，它呈現為動靜開合；從主體方面考察，它表現為形神體用。這是人體一種特殊的心身運動，講究鬆靜為本、身心合一、形神兼備、體用兩全、自然順達、返璞歸真，由肌肉的舒張收縮活動和意念的興奮抑制活動來調節人體生命過程。

它把人的形體訓練跟心理訓練結合起來，特別強調心理意念的作用，亦即所謂「以心行氣、以氣運身」，「意到、氣到、勁到」。這心身運動的仲介環節是「氣」，由升降出入的「真氣運行」去推動身心兩個方面的活動，在身的一端表現為勁的發揮，在心的一端表現為意的流行。這時的「氣」是生理功能的一個範疇，尚未擺脫生命活動的具體機能狀態。這個層次的基本功能，主要是強身、健體、祛病、延年。最後，它由「體用」關係物件化上升為技擊領域。

第二是技擊層次

作為一種技擊技術，這裏解決的是人體外部的敵我關係，系統論上稱之為系統間的相互關係，哲學上則屬於客體和主體的關係，文化學上涉及人與社會的關係。

人生不僅要處理自我的心身關係，而且還要處理自我跟非我的主客體關係（主要是社會性的人我關係），生命在應對環

上善若水——中國太極拳名家對話錄

境過程中表現為現實人的生活，由此才有生命過程的展開和生命意義的形成。這是「人的自然化」和「自然的人化」雙互作用和雙向生成。

第三是哲學層次

作為一種精神追求，這裏解決的是人與宇宙的天人關係，系統論上稱之為整個大系統與周圍大環境或大背景的關係，哲學上屬於必然和自由的關係，文化學上則較多地涉及人與自然的關係，亦即表現為生命運行中一定的生態關係。

人生天地之間，是頂天立地「三才貫通」的整體性存在。考察它的基本範疇，在天道的一端是有無和陰陽、在人道的一端是性情和志趣。太極拳在處理這個問題時表現出來的文化精神，就是中國傳統中「萬物一體、天人合一」的天人融和。它的基本傾向則是客觀感受的「虛無」「空靈」和主觀體驗的「虛靜」「空明」的統一。這天人融和的中心環節是「神」，由「陰陽相濟」復歸「自然之道」，呈現出應物無方、陰陽不測、窮神知化、知幾其神的特性。在這裏，個人的心理活動變成一種精神和智慧，個人的身體活動則變成有社會內容的主體能動性，強調人的精神生命在運動中的作用與功能。它是前兩個層次「氣」和「勢」的融合與昇華。

余功保

可貴的是，在太極拳中這幾個層面是完整一氣的。交融成一個整體，彷彿是一個透明的立方體，透過任一角度都可以隱約看到另外的存在。

阮紀正

　　由此可見，太極拳三個層面的主題分別是生命、生活、生態，其目標則相應是健康、功業、自由。這些都是人類文化的共同主題。但其中的「氣」「勢」「神」，卻與源於古希臘的西方文化大異其趣。它和源於中國的其他文化形式一樣，具有所謂「輕實體、重關係」的「元氣論」特徵。這是一個不同於西方文化的特殊價值系統，但卻同樣是人類生存和發展的一個可供選擇的文化模式。特別是在工業化後的當代社會中，它對解決「技術異化」而形成的「現代病」，則至少可從個體發育角度提供一條頗有啟發的思路。

　　就一定意義上說，太極拳確有所謂「慢節奏、低效率，超穩定」的嚴重「缺陷」，但優劣本來就是相對的，只要轉變一下觀察角度情況便會完全改觀。太極拳考慮和處理問題的一些方式，在某種意義上確有超越時代的永恆意義，並與現代社會的發展戰略相通。就太極拳理論的抽象層面來看，它確實是既不能證實又不能證偽的。

　　但問題在於太極拳並不是一個純抽象的理論體系，而是一個具體的實踐方式，它是用來組織經驗和實施操作的，因而既可證實又可證偽，並能在實踐中不斷地豐富和發展。

余功保

　　從某種意義上來說，習練太極拳是學習研究中國哲學的一個有效途徑。一種生動化的渠道。一些抽象的哲學概念，在太極拳實踐中可以具體化。

　　太極拳可以說是中國哲學的通俗讀本、運動讀本。透過太

極拳也可以更深刻地理解中國哲學內涵。

阮紀正

太極拳的本質規定是身體訓練而不是理論說教，是技術操作而不是邏輯推演。如果只是簡單引證古代經典來比附太極拳，離開社會歷史背景和現實生活應對，僅就概念名詞去空談心性，此路恐怕走不通。

所以，正確做法是由太極拳實踐去印證中國哲學觀念，而不是反過來用古典哲學觀念去推演太極拳操作。

余功保

由「拳」到「理」是從自然到自覺的過程。

阮紀正

被人們稱之為「哲拳」的太極拳是個「大器晚成」的拳種。基於中國文化的「全息映照」，其理論實際上是反映了一部完整的中國哲學史。我以為，研究太極拳的理論基礎和淵源，實際上也就是要把整個中國哲學史梳理一遍。作為一種武術，太極拳拳理的基本骨架跟其他所有的武術都是一樣的。

首先是易理、兵法和中醫三大支柱，還有道家和道教哲學的發展走向。而前述三大支柱也明顯地帶著某種哲學的性質：周易本身就是哲學，兵法是軍事哲學，中醫則是人體哲學。在太極拳中，易理是其拳理闡釋，兵法是其應敵原則，中醫為其提供一個人體操作模型，道家則是其基本價值取向。由此練太極拳、讀中國哲學，確實可以做到古人所說的「相互發明」和現代人所說的「相互促進」。

余功保

易理構成了太極拳「變」的結構，中醫構成了「養」的結構，兵學構成了「術」的結構。

阮紀正

拳諺云：「拳起於易。」易理是拳理的第一個支柱，它給武術活動提供最基本的解釋框架。古語云：「兵武同源。」兵法為拳理的第二個支柱，它給武術活動提供技術支撐和戰術指導。俗云：「拳起於易，而理成於醫。」它說明了中國古代拳術與中醫的密切關係。中醫為拳理的第三個支柱，它給武術活動提供了人體活動的身體機理模型。

余功保

太極拳的「哲學素養」是全方位的。中國古代哲學的各種體系在其中都有不同程度的映射。從儒、釋、道乃至先秦諸子百家，都有跡可尋。

阮紀正

太極拳的基本價值取向是道家的。太極拳是種「內家」武術。作為內家拳術典型代表的太極拳，在自身發展過程中特別突出道家取向。

中國文化的各種因素對太極拳的產生和成熟，都直接或間接地起過作用和起著作用。在這錯綜複雜的各種因素相互作用當中，道家取向則是其主要線索和基本底色。「萬物負陰而抱陽，沖氣以為和」和「道生一，一生二，二生三，三生萬物」

的「道本論」，給它提供了本體論支撐。而「反者道之動」「弱者道之用」「無為而無不為」的陰柔方式，給它提供了方法論原則。「返璞歸真」「自然無為」的發展走向，則成了它的價值座標。

此外，道家的「虛己順物」「人取我予」和「虛心實腹」「緣督為經」，也在技擊技術和養生方法上給它奠定了堅實的理論基礎。在道家文化的滋養下面，太極拳逐步發展出一整套師法自然（仿生）、參贊化育（參與）、利用環境（就勢）、借助對手（借力）、契合規律（體道）、寄託精神（歸真）的藝術和技巧。由此，人們往往把太極拳稱之為「道家武術」，以突出其道家取向。

作為一門成熟的「哲拳」，太極拳的學理淵源並不限於易理術數和道家取向，大凡中國思想史上的一些積極的東西，都被它在兼收並蓄的前提下有選擇地加以借鑒、融匯和發揮，呈現出一種開放而不封閉的不斷完善和發展狀態。由此，太極拳的學理淵源史，一定意義上也可以看作是一部濃縮了的中國學術思想史。

太極拳除了上面所說的基本東西以外，還有諸說精華、理學框架和新學參與這樣三個方面。例如諸說精華，就包含有先秦諸子中的儒家學說、墨家學說、法家學說以及陰陽家、縱橫家等等諸子學說，包含有漢代經學、魏晉玄學以及隋唐佛教理論和道教理論。它的理論框架主要是宋明理學，包括其分化出來的心學、氣學和實學。

余功保

一些經典的太極拳論，受到宋明理學的影響很大。從思維

到文字可以看出端倪。

阮紀正

宋明理學把先秦宇宙演化論的「太極」觀念發展為哲學本體論範疇，使其具有普遍的解釋能力。正是這個哲學本體論的「太極」理念後來成了太極拳的真正靈魂。

近代以來還有新學（即西方近、現代理論學術的中國版）滲入。這又表明太極拳理論是個不斷發展的開放系統。在這裏，我還注意到中國的傳統理論主要是給太極拳提供一個操作模型，而引進的西方科學給太極拳提供的則主要是一種解釋框架，二者的重點其實並不一致。我們現在極需在中、西文化對比的基礎上進行新的綜合，從而把一種身體發展、身體教育、身體技能和身體娛樂提高上升到現代學術的殿堂。

七、身心一體練太極

余功保

太極拳是中國傳統養生技術的一大門類。研究中國古典養生體系離不開太極拳。在當今的中醫學院、中醫藥大學中，太極拳都是主要的技術專修課。從傳統養生文化的角度如何認識太極拳的養生原理？

阮紀正

太極拳是中國傳統文化的一個組成部分，也是中國傳統養生文化的一個組成部分。中國傳統養生文化主要由中醫理論提

供的人體生命機制原理，而對於這一原理的運用，則分為兩大派別：「順」者主要以中醫為代表，「逆」者主要則以道教人體修練為代表。這就是所謂「順則生人、逆則修仙」。

余功保

道教典籍中有許多關於養生的著作。一部《道藏》，關於養生的論述比比皆是，占了很大的比重。也有人認為，太極拳的產生與道教養生有密切關係。

阮紀正

太極拳在養生以及人體修練上，主要採用的是「順」的中醫方法，但它可以成為「逆」的修道入門工夫。所謂「順」的養生方法，簡單地說，就是動中求靜、精神內守、順用陰陽，在這個過程中，實現「陰陽變換」，包括習太極拳者從身體體質到精神氣質的根本轉換，讓生命進入更高境界。

在這裏，太極拳全面吸收了中醫關於經絡、腧穴、氣血、導引、藏象等理論，並由程式化的人體活動方式，去挖掘自身各種適應環境、養護身心和自我發展的潛能；特別是根據中醫的陰陽、五行和經絡臟腑學說以及相應的導引、行氣、存思技術，建立起一整套極有效率的協調身心的演練功法。

太極拳的健身養生機理可以概括為這樣幾句話：活動筋骨、疏通經絡；調和氣血、充實腑臟；養精凝神、平秘陰陽；舒暢情志、涵養智慧。

余功保

這幾個方面是有內有外、由表及裏、身心一體的。

阮紀正

第一，舒筋通絡。

中醫談人體活動，講究活動筋骨、疏通經絡，並由此達到內外一體、整體操作。這是從外動引導內壯，是古中醫導引術的進一步發展。太極拳是一項以自己獨特的運動方法去通經活絡的經絡疏通法。它主張「鬆靜為本」「形正氣順」，強調全身心放鬆的運動，講究「鬆而後能活，活而後能通」的機理，因而特別有助於「通經活絡」；它那「一動無有不動」的整體性、全面性、協調性的肢體活動，極為有利於「脈氣」在全身上下、表裏的經絡系統中運行。

太極拳緩慢、輕柔、舒展的招式動作，適應經絡的傳導速度；而它那特有的在放鬆基礎上圓潤旋轉、陰陽交錯的大小動作，又能使經絡的多層次、多功能、多形態的立體結構和經脈循行路線上三百多個腧穴，得到廣泛的、深層的觸動按摩，並且由此形成一種類似針灸的良性刺激，用以疏通經絡和調整失衡。太極拳「虛靈頂勁、氣沉丹田」和「主宰於腰」的要領，是鍛鍊任脈、督脈、帶脈、沖脈的重要方法。它那「尾閭中正」的要求，不但是穩定重心幫助發勁的方式，而且還是擠壓「長強穴」、通調任督二脈的一個措施。特別是它那反覆折疊、圓弧旋轉、動貫四梢的纏繞運動，運行中「往復須有折疊，進退須有轉換」，就更使肌肉纖維、韌帶和關節在均勻、連貫的反覆旋轉的活動中，去打通經絡以及調和氣血，並由此達到上下相隨、內外相合、周身一家、全面發展。

余功保

太極拳套路也是一種系統的導引術，結合了呼吸吐納。

阮紀正

第二，調氣實內。

中醫談強身健體，講究調和氣血、充實臟腑，並由此得到真氣運行、貫達四梢。這是從內動獲得的生理效應，並由此進一步壯內以強外。太極拳走架行

意守丹田

功中，「以心行氣，以氣運身」，強調「心為令，氣為旗，神為主帥，腰為驅使」，讓不同的肢體、不同的動作、不同的勁路、不同的意念以至不同的聲音，都可對應不同的經絡和臟腑，並使其在運動中得到一定的鍛鍊、加強和協調。

太極拳操作要領裏，要求虛靈頂勁、氣沉丹田、虛胸實腹、腳踩湧泉、腎水隨神往上升、心火跟氣往下沉，由此使體內心腎相交、水火交泰，又由「外形正」「內氣順」，讓動作上下相隨、內外相合、前後相連、連綿不斷、讓真氣升降出入、吐納補瀉、反覆纏絲，從而使氣血得到調和、臟腑得到充實，並由此達到身心合一、勁路完整、動作輕靈、效能顯著。

余功保

太極拳動作練習講究「內功」，要有「氣感」，在「氣感」的狀態下動作，可以達到外動牽涉內動。

阮紀正

第三，陰陽平衡。

中醫談生命修養，強調養精凝神、平秘陰陽，並由此達到形神兼備、性命雙修。這是人體活動的自我保養、自我修復和自我平衡，是宇宙間「天人一體、內外合一」總體性原則的要求。《內經·素問》說：「提挈天地，把握陰陽，呼吸精氣、獨立守神，肌肉若一，故能壽敝天地。」太極拳之所以能夠養生、康復，道理也正在這裏。在這基礎上，中國武術功理於是形成了「惜精」「養氣」「凝神」三大觀念和「陰陽相濟」自我平衡的操作方式。

根據這點，太極拳跟氣功一樣，在自身鬆、穩、慢、圓、勻、柔的身體活動中特別講究調身、調息、調心；它吸取了「存思」和「內丹」的基本經驗，在操作上突出「以心行氣、以氣運身」那養氣調神和斂氣凝神的「意氣運動」，並且強調活動中對立雙方的相濟協調；以至被稱之為區別於一般體育運動的一種獨特「心理體操」，充分發揮人體身心雙向調節的良性互動，讓精、氣、神三個方面的陰陽平衡，都在自我修練中都得到充實和提高。這是一種生命資訊運動「自組織」的「穩態效應」，講究自然秩序和動態平衡。其理論基礎明顯區別於建立在解剖學和生理學基礎上的近代西方醫學那機械的實體還原理論，並可跟現代科學系統理論的發展在精神上相通。

我以為，中醫學說給太極拳提供的不僅是一種強身健體、祛病延年的養生技術，而且還是一種待人接物、經世處事、應對環境的人生智慧和生活技巧。流傳的《張三豐太極行功說》有云：「太極行功，功在調和陰陽，交合神氣。」由此太極拳

在演練時，便特別強調「內外兼修」和「形神兼備」，十分講究身體怎樣「從無極進入太極」和「從太極復歸無極」。這裏的「無極」是指「陰陽未判」，而「太極」則指「陰陽已分」。太極起勢先是進入「無極」狀態，「寂然不動、感而遂通」，丹田內轉、分出陰陽；由此神向上升、氣往下沉，陰陽交匯、乾坤交泰；根據太極機理「動之則分，靜之則合，無過不及，隨曲就伸」地逐步演化，最後又「氣沉丹田」地回到「無極」狀態。

在這裏，「太極」指派生萬物的本原和機理，包含了動靜、開合等一系列陰陽的狀態；並具有動而生陽，靜而生陰，既對立、又統一，相互消長、轉換、變化的功能。太極拳正是依據這個理論，講求動靜、開合、收放、進退的陰陽相濟；形體外動，意識內靜；拳路整體以渾圓為本，招式皆由各種圓弧動作構成；形體外動時要求意守於內，以靜禦動，用意識引導氣血運行於全身，如環無端，周而復始，從而使人保持陰陽平衡，達到「陰平陽秘」的健康狀態。

余功保

太極拳的一招一式，練的就是陰陽，所有動作都是圍繞陰陽元素來設置的。太極拳論，說的就是陰陽關係的理論，太極拳勢，就是陰陽變化的結構。

阮紀正

第四，凝神養智。

人是身心的統一體，中醫養生內容大致可從心、身兩方面加以概括。太極拳不僅是一種身心自我修練的良好手段，而且

還是應付環境、發展智慧的重要手段。太極拳的以柔克剛、以慢禦快、以小制大、以靜禦動、以退為進、以守為攻、後發先至、曲中求直，極為鮮明地體現了人類智慧的主題。《壽世保元·攝養》概括的養生綱要云：薄滋味、省思慮、節嗜欲、戒喜怒、惜元氣、簡言語、輕得失、破憂沮、除妄想、遠好惡、收視聽。其中薄滋味(飲食有節)等可以說是一種生理機能方面的調養，而省思慮等側重於心理調養。

任何心理活動，都是人體內的神經系統跟人體外的環境變遷相互作用的結果。離開環境應對特別是社會環境應對的心理調整和自我化解，恐怕只能是「吃不到葡萄便說葡萄酸」的自我欺騙，無法從根本上解決人的心理問題。

余功保

解決人的精神層面的問題，是太極拳練習的特色和高境界。透過形體運動，達到增進智慧，改善身心健康水準，是太極拳的養生根本。

阮紀正

中國武術歷來講究「養練結合」，它不但講究個「練」字，亦即由學習和訓練提高身體活動應對環境的技能，而且還要講究個「養」字，亦即由休息和養護擴展生命能量的效能。這裏所謂的養生功能，是指對人體生命能量的養護和調適，其基本內涵是益壽延年，著眼於生命本身的有效持續和生命能量的有效利用。應該指出，強身跟養生是人的生命活動中既有聯繫又有區別的兩個不同層面，我們不僅需要有即時的健康身體，而且還需要有持續有效的生命活動。

所謂「光練不養無法持久，光養不練難以發揮，又練又養相益得彰」。「養」就有精神和智慧的內容。

余功保

由練太極拳，真正獲得人生的感悟，是練拳之「大成」。

阮紀正

我們對待生命的態度，不能僅僅局限於「保命」的層次，應該有更高的生命體驗要求。

八、研究是發展的基礎

余功保

就太極拳發展的整體而言，研究還是一個相對薄弱的環節。在科技文化高度發達的今天，研究尤其顯得格外重要，特別是要突破過去的只知其然的局限，實現還要知其所以然的程度，研究是絕對不可忽視的。這是我們自身完善的需要，也是太極拳國際化交流、發展的基礎。今天我們不重視或者不下大力氣開展多種形式、多種程度、層次的研究，將來就會影響甚至嚴重影響太極拳的發展。

研究就要講究方法，講究科學，不是單憑下工夫就行的。比如研究的方向、方法，輕重緩急的順序，課題的設置，研究成果的推廣、轉化等需要有合理的定位。就您自身的體會，您認為應該如何開展太極拳的研究？

阮紀正

我覺得，研究首先必須明確研究物件本身的性質和狀況，同時還必須符合科研自身的規律。研究者心目中的太極拳到底是個什麼東西呢？這點如果弄不清楚，那是無法展開太極拳研究的。

由於多年的工作，太極拳運動現在在國內外都廣受歡迎。這是很好的社會背景。但在這種背景下，也很容易產生一種潛在的危險，就是大家的心浮在表面上，被現象所迷惑；更有些人會利用這種社會情勢，利用人們對太極拳的熱情，而去圖謀個人的名利，從而造成對太極拳運動的傷害。

余功保

如果單純從經濟利益的角度出發從事太極拳，必然會損壞它的整體架構。

阮紀正

現在太極拳自封「大師」的也不少，缺乏依據和說服力。我以為，如果要真正開展太極拳研究，就必須明確太極拳本身的內涵界定和相關的科學研究規律。在一個商業社會中，完全排除商業考慮顯然不夠現實，但如果僅僅依託市場規律，那就絕對不可能有真正的科研成果。

余功保

現在一些太極拳的「大師」封的太隨便，不具備權威性。大師不是封來的，它是在歷史的時間核對總和廣大群眾的長期

認同中自然形成的地位和造詣。必須有精深的功夫、理論修養和拳學境界。

在第一屆世界武術錦標賽上作學術報告

阮紀正

現在滿天飛的「大師」，盛名之下有多少是名副其實的？含金量有多少？出於膚淺的自封和出於商業意圖的贈送可能會搞亂了人們的視聽。

余功保

從歷史上看，太極拳的發展中還存在什麼問題？

阮紀正

發展總是社會性的，是相對於一定的價值目標而言的；離開社會性的價值目標，只能說是「演化」而不是「發展」。

首先是在太極拳的多種功能中，要明確到底「以什麼為主」的問題。而這裏不同的性質定位，則會產生不同的發展方向。

其次是由上一問題派生出來的問題，例如太極拳的「技擊」功能和「養生」功能，兩者如何兼顧。在實踐中，有人偏重於養生，忽視對於環境、人物的應對；有人熱衷於技擊，而偏於技擊往往傷身。

余功保

太極拳中養生和技擊是高度統一的。在理論上統一，在練

法上也統一。這是它的精妙處。

阮紀正

生命不僅要「養」而且還要「護」。「人不犯我、我不犯人」，太極拳從來都反對主動的進攻。但如何解決好矛盾是形成「和諧」的關鍵。

余功保

「和諧」不是沒有矛盾因素，而是讓各種矛盾進行化解、轉化，使整體系統保持動態平衡。

阮紀正

中國人所說的「養生」，是包含有社會內容的「大養生」；練武本身就是養生的基本手段，而武術本身姓武，缺乏技擊內涵的身體活動也無法稱之為武術。就社會的角度來說，技擊具有強大的身體保護作用，從這方面說，技擊也有利於養生。

太極拳不是思辨哲學，它的每一個理論都需要身體操作來實證。然而這種實證又必須要以環境應對狀況來判斷。一廂情願、沒有對手的自我陶醉和自我迷狂，恐怕也不是陰陽相濟的太極拳藝。

余功保

太極拳的所有傳統理論都應該在實踐中能得到檢驗、驗證，不能驗證的理論就是空泛的，不具有經典意義。所以對所有的傳統拳論都應從實踐的角度來解讀。

阮紀正

當然，「兵者兇器，備而不用」。現在不少人對太極拳的「技擊」和「養生」功能各執一端，把手段和目的對立起來，由此把自己弄得無所適從。

我覺得，不能「唯技擊論」，也不能「唯套路論」。套路規則參照競技體操，這是用「競技運動」取代「綜合實用技術」的發展路向。作為身體技能的展示和人體極限的追求，競技的核心是個外向的「耗」字，其結果是「努力鍛鍊來把身體搞垮」；而作為防身護體以及生活應對，技擊技術的核心卻仍然是個內向的「養」字，其意義在於保護生命不受傷害。

由此看來，技擊應用仍是傳統養生內部的平衡，而走向競技則是傳統養生的異化。

余功保

應該說，競技武術是當代武術的一個重要組成部分，對於武術的宣傳、推廣，技術的發展都發揮了很大的作用。當然，單純強調競技而忽視了傳統武術、武術文化就片面了。

阮紀正

還有一個通常稱之為「效率」的問題。太極拳就個體而言，叫做「太極十年不出門，形意三年打死人」，就群體而言，則是「學拳者如牛毛，得道者如麟角」，顯然不那麼符合現代社會「多快好省」的要求。這裏技術傳授的方式確有值得人們反思的地方。社會在發展，太極拳的傳授方式確實也應有所改進。

余功保

您認為當前太極拳研究中，最迫切、值得研究的重要課題有哪些？

阮紀正

我對整體的研究狀況不大熟悉，僅就我個人的體會，感到的一些需要重點研究的大問題有以下幾方面，有些大問題可能需要集體協作來完成，單靠愛好者個人力量恐怕是難以支持的。

1. 的生理機制及人類潛能開發研究；

2. 的運勁方式特別是其力學原理研究；

3. 拳的文化內涵包括相應的比較文化研究；

4. 拳技術作業系統的形成及其歷史變遷研究；

5. 拳史（前史、形成史和流派分化史、轉型發展史，而不僅局限於師承源流史）研究；

6. 太極拳（內部流派、外部拳種、不同專案）的比較研究；

7. 太極拳特有的訓練方式和訓練內容研究；

8. 太極拳練功過程以及不同練功階段的比較研究；

9. 太極拳經典文獻研究；

10. 太極拳的哲學和社會學研究。

太極拳的研究歸根到底，是以技術為基石的。脫離技術的研究是空洞的。所以，研究者自身要在太極拳技術上多下些工夫，這一點十分關鍵。

趙幼斌簡介

　　趙幼斌，1950年生，河北永年人。楊式太極拳名家。趙斌次子。

　　7歲開始隨父親及姑父傅鍾文學練太極拳，並得到楊振基、楊振鐸指點。全面系統繼承了楊式太極拳、械功夫。行拳端莊、典雅，大方、自然。16歲開始在西安授拳，數十年往來於北京、深圳、新疆、天津、香港等地教學，學生遍佈美國、德國、荷蘭、西班牙、日本，在海內外具有廣泛影響。

　　為西安永年楊氏太極拳學會會長，並兼任海內外多個太極拳組織的教練或名譽會長。西北地方楊式太極拳的代表人物之一。著有《楊式太極拳真傳》《楊氏28式太極拳》《楊式51式太極劍》等著作，在各類武術雜誌發表數十篇論文，與趙斌、路迪民合著有《楊氏太極拳正宗》，影響廣泛。

簡樸出繁華

——與楊式太極拳名家趙幼斌的對話

傳統太極拳講究純正。

太極拳傳遞範圍廣，加之各地、各家傳承的方式、思路不同，使得太極拳在傳遞過程中也難免摻和了一些雜質。

雜質之一：花哨的小動作。套路越來越繁複，單純追求視覺上的美觀，將直截了當的實效動作扭曲變形。

雜質之二：華而不實、脫離實際的附會理論。為了眩人視聽，將本來純樸的太極拳理法隨意發揮，將華麗的辭藻與天馬行空的想像與太極拳動作組合起來，使練者出現愈練愈複雜的感受。

雜質之三：表面化的嫁接。打著創新的名義，進行形式的拼湊，使拳法拳功脫離了太極的基本要義。

如此等等，「雜質」化的太極拳表現林林總總。

當太極不成為太極時，所造成的損害是巨大的，使許多人對

太極拳的認識出現偏差，已是「花非花」，如何「花又是花」？

對於傳統來說，純淨難得。「純淨」是最好的營養，促進生命力的旺盛，勝過一切的「複合」物。

純淨的東西，一定簡樸。

真正好的東西，不一定需要眩目的形式，因爲它有奪人心魄的內涵。

趙幼斌先生幼承家學，拳架純正自然，於簡樸中透露陰陽玄機，自有繁華消息。

余功保

一、文武自從容

余功保

我在若干年前一次研究楊式太極拳的活動中，聽到一位武林前輩講：「現在要看傳統的比較規範的楊式太極拳，可以看西安趙斌先生的拳架，那是嫡傳，比較到位的。」可見趙斌先生在當代楊式太極拳界的影響力和地位。

趙斌先生長期在西安傳拳，是西部地區最為重要的太極拳家之一。請您介紹一下他的有關情況。

趙幼斌

我的父親趙斌老師，生於 1906 年 4 月 2 日，逝於 1999 年 2 月 6 日，享年 93 歲。他出生在河北省永年縣廣府鎮，逝於西安寓所。原名趙武，字海元，號信心。我父親的生母楊聰是楊兆元之長女（次女叫楊敏）。因楊兆元過世較早，我奶奶楊聰他們均由楊健侯夫婦照料。後來有了我父親，因為他是楊家的第一個外孫，所以他的大外祖父楊少侯和三外祖父楊澄甫都把他視若親孫。我父親小時候多在三外祖父楊澄甫家住，可以說是在楊家的太極拳環境中長大的。聽說他 9 歲之前就跟著大人們比比劃劃。上小學時，郝為真是他的老師，還把太極拳作為課程學習。1917—1918 年，到北京住過

趙斌像

一年（我父親的叔父在北京），一邊上學，一邊跟楊澄甫學拳。

父親清楚地記得，那時第一個三姥娘（楊振銘之母）還在，她對我父親說：「你以後就在這裏，跟你三姥爺學拳教拳。」我父親說：「我要學班超，投筆從戎。」回家上完永年師範，16歲（1921年）就離家從軍投李明揚部，後由李明揚介紹到黃埔軍校六期學習。

趙斌參加重修
楊露禪故居工程揭幕典禮

永年縣政府在1991年計畫復建楊露禪故居時，專門請我父親回憶了他小時候在楊家居住的地址，並以他畫的一幅草圖為參考，修建了現在的楊露禪故居。那時，我父親在經濟還不算富裕的情況下，出資一萬元來支援這項工程。

余功保

我看過趙斌先生畫的那幅草圖。很詳細具體。

趙幼斌

我父親是黃埔軍校第六期炮科畢業。當時黃埔軍校的教務長是著名的張治中將軍，我父親改名趙斌還是他給改的。我父親以前叫趙武，名如其人，脾氣好鬥，在永年時就喜歡打架。到了黃埔軍校後，有一次不知什麼原因，他跟一個馬夫打了起來，當時軍校給他關了三天禁閉。後來教務長張治中將軍就讓我父親把名字中的「武」字旁邊加個「文」字，就變成了

「斌」，意思就是希望他既學武又要學文，從此，我父親就改名叫趙斌了。但他自己在講到這段歷史時，總是開玩笑說自己是「不文不武」。

趙斌與楊澄甫、張慶麟

余功保

他其後的發展道路倒是「亦文亦武」了。

趙幼斌

1928 年前後，我父親從黃埔軍校畢業，到江浙滬地區，是某迫擊炮連連長。1929 年，楊澄甫到杭州任浙江省國術館教務長，並透過浙江省政府主席張靜江（兼國術館館長）為我父親在浙江省政府謀了個閒職。有了這個便利條件，我父親便與楊澄甫朝夕相處，繼續學習拳藝，同學的還有楊澄甫的內侄張慶麟。父親和張慶麟與楊澄甫同住一室，每日在西湖邊一起練拳、推手。

這段時間，工作清閒，我父親可以集中精力習拳，由於功夫紮實，有時還幫著教拳。我父親後來曾對我回憶過那段日子，他說：「那時三姥爺常說一句順口溜『一遍不忘兩遍熟，三遍四遍長功夫』，要我們每天至少連著練三遍，有時四遍。其實我們經常早三四遍，晚三四遍。開始腿痛，受不了，時間長了，習慣了，就好了。」在此期間，楊澄甫的夫人還在杭州為我父親介紹了第一個夫人（就是我哥哥小賓的母親）。1934年，父親離開浙江，到西北軍楊虎城將軍的第十七路軍西安綏

靖公署步兵訓練班任戰術教官，又在馮玉祥將軍麾下獨立第五旅任上校參謀長等職。抗戰勝利後，父親因不滿國民黨政府發動內戰，退出軍界，定居西安。

余功保

這段戎馬生涯也是趙斌先生獨特的經歷。

趙幼斌

新中國成立後，政府安排我父親做稅務工作。1958 年，父親為集中精力傳播楊式太極拳，便辭去公職，專事授拳，還擔任了西安武術協會委員。他數十年如一日地堅持早上四點起床，一路小跑至拳場授徒，從學者成千累萬。西安永年楊氏太極拳學會就是他親手創建的。那是在 1984 年，當時的西安市武術協會主席劉俠僧曾是我父親當年所在楊虎城部隊培訓班的學生，當時正跟他學習太極拳，兩人關係很好。

有一次在洗澡堂子裏兩個人聊起來，我正好在旁邊，聽劉俠僧說：「趙老，您教了這麼多學生了，楊式太極拳這麼好，現在國家形勢好了，改革開放，你也成立一個協會，把太極拳進一步推廣起來吧。」我父親認為這個想法很好，就在當年 11 月正式成立了「西安永年楊氏太極學會」，並親任會長。後來還兼任我姑丈創辦的上海永年太極拳社名譽會長和我老舅楊振鐸創辦的山西省楊氏太極拳協會榮譽會長。

趙斌和傅鍾元推手

余功保

西安永年楊氏太極學會在全國來看也是成立比較早，也開展了很多活動的太極拳機構。20世紀80年代，武術剛剛開始復甦。

趙幼斌

儘管從學者眾多，但我父親1992年（時年82歲）才開門收徒，共有弟子34人，現在他們的名字都在趙斌太極網上（www.zhaobintj.com），大部分是老學員，也有後來全國各地慕名而來的學生。雖然是師徒、師生關係，但我父親對他們完全是以摯友相待。因此，他的門生與我父親的感情都很深，十分敬重我父親的才藝和人品。

父親在傳拳過程中，對學生是鼓勵與嚴格要求相結合，特別是對他早期的學生弟子，如王廣麟、崔鴻培、張全安、路迪民等。他教導弟子說：

第一，對楊澄甫先師的太極拳必須老老實實地學，不得隨意更改。

余功保

這一點很多老拳師們都很看重，反映出他們對於傳統的恪守。現在有些拳師對於傳統拳架的修改顯得有些隨意。

《楊氏太極拳正宗》圖書

趙幼斌

第二點，強調對學太極拳要有患『相思病』的精神；第三，要注重理論研究，鑽研太極拳理拳法；第四，不要出風頭、好鬥逞強。說到患『相思病』的精神，他經常引用國學大師王國維的話來打比方：古今之成大事業、大學問者，必經過三種境界——昨夜西風凋碧樹，獨上高樓，望盡天涯路。此第一境。衣帶漸寬終不悔，為伊消得人憔悴。此第二境。眾裏尋他千百度，驀然回首，那人卻在燈火闌珊處。此第三境也。」父親的教誨，深深地影響著他的弟子和學生們，他們也以自己的優異成績向我父親交出了令人欣慰的答卷。如崔鴻培、張全安等人，幾十年學練不輟，多次代表省市參加全國比賽，獲得許多拳、械、推手一至三名的好成績，近年也晉升至中國武術六段。路迪民則在太極拳拳理拳法研究及太極拳源流探討等方面卓有建樹，1991 年還參與了我父親主筆的《楊氏太極拳正宗》一書的編寫工作。

余功保

這本書我看過，是一本比較系統介紹楊式太極拳技術、理法的著作。

趙幼斌

我父親不僅將楊澄甫先師傳授的太極拳毫無保留地傳授給門生，還為人們帶來了健康。經由太極拳健身療疾，以至治癒垂危不治之症者，不勝枚舉。最典型的例子就是藏族女弟子紮西的故事。紮西曾是全國勞動模範，後患有肺癌，來西安就醫

做了切除手術後身體很不好，不能返回青藏高原工作，甚至對自己的生存都不抱希望了。當時正好我的一個學生叫王銀鈴的住在她隔壁，就建議她找我學學太極拳，看看效果怎樣。記得那是在 1974 年前後，當時她 40 多歲，拄著拐杖找到我家學拳。當時我在外幹臨時工，白天不在家，是我父親接待的她。我父親瞭解情況後就問她：「你是藏族人，會唱『二郎山』嗎？不會唱不要緊，來，跟我一起唱！」說著，我父親就腳踏著地，手打著拍子，高亢地唱了起來。唱完後就對她說：「有病不要緊，只要不放在心上就好。醫生該看就看，該吃就吃，該唱就唱，練太極拳對你只有好處，有百益而無一害，只要有信心就行。」我父親這種豁達的思想、開朗的性格、樂觀的處世態度，使紮西在精神上立即變得愉快起來，甚至深深影響了紮西的後半生。

後來我父親就開始耐心教她，她也以無比的毅力堅持努力地學，幾年下來，她的身體不僅逐漸康復，而且拳藝水準提高很快，並在 1986 年國家體委舉辦的全國首屆太極拳劍比賽上取得了楊式太極拳銀牌。後來她在咸陽成立了一個「咸陽楊氏太極拳學會」，也從事太極拳的傳播工作，弟子眾多，成績卓

趙斌太極拳勢

著。到今年，她已經 74 歲，卻健康依舊。

余功保

我在香港楊式太極拳國際邀請賽上看到過縈西的表演，也聽過她講述自己的「太極經歷」。太極拳的健康作用為許多生動例子所證明。承德的趙廷銘先生也是一個例證，都是重病後練太極得到很好的恢復，並成為了太極拳的積極推廣者。

趙幼斌

我父親 16 歲離開家鄉永年後再未回去過，但他心裏對家鄉一直懷有特殊的感情。1991 年，永年召開了第一屆國際太極拳聯誼會，父親因故沒能參加，讓我代表他出席。1993 年第二屆召開時，我父親以貴賓身份參加，並出席了楊露禪故居落成剪綵儀式。這時他已 87 歲高齡，闊別家鄉整整 71 年。

1994 年，他受弟子崔彥彬（河北永年國際太極拳聯誼會副秘書長）的邀請，在楊露禪故居裏專門為家鄉人義務教拳半年多，深受鄉親們的歡迎和愛戴。他自己心情也十分輕鬆和愉快，自書詩一首，來表達他的心情：「少小立志離永年，半生戎馬半教拳；老來還是故鄉好，兩袖清風歸田園。」後來，他被河北永年中國國際太極拳聯誼會評為「太極拳特級大師」，並授予「太極功勳」的榮譽稱號。

回顧我父親一生的學拳和傳拳經歷，可以說，他的拳藝基礎主要是青少年時期打下的，以後就主要是戎馬生涯了。新中國成立後，特別是從 1958 年起又專事授拳，直到 1999 年仙逝，這一教就是四十多個年頭，從未停歇，可謂桃李滿天下。

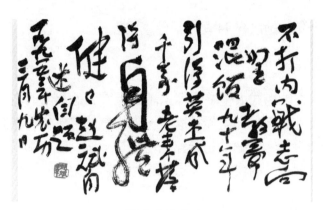

趙斌書法手跡

余功保

趙斌先生人如其名,不僅武功出眾,還十分注重文化修養,喜歡作詩,寫書法。對於一個拳家來說,文化是提升其功夫境界的一個積極因素。「功夫在拳外」,只有做到了,才能領會這句話的真正含義。

趙幼斌

他留下了不少詩作,有記述國家大事的,有關於日常生活的,也有對於太極拳體悟的。如他寫的《拳詩》:「意趣環生味無窮,恰似楊柳擺春風,練到柔和優美處,行雲流水一般同。」有些詩作他還用書法寫下來。

余功保

趙斌先生在太極拳上的貢獻是多方面的,他在太極拳上做了很多工作,包括太極拳體系建設上,太極拳教學推廣以及社

會活動、交流等方面。如果概括起來說，您認為趙斌先生在當代太極拳發展中的地位和主要貢獻有哪幾方面？

趙幼斌

父親趙斌老師的前半生為抗日救亡而奮戰沙場，後半生又為弘揚國粹而奔走辛勞，直至以 93 歲的高齡離開我們。我認為，他在楊式太極拳發展史上的貢獻主要體現在以下四個方面：

一是繼承了楊澄甫宗師所傳楊式太極拳的打法和練法，為楊澄甫式太極拳的正脈承傳做出了貢獻。

父親和楊家既有親緣關係，又有常年的密切來往。他與妹夫傅鍾文及其胞弟傅宗元等前輩以及楊家後人經常在一起切磋、交流拳藝，還共同探討如何將楊式太極拳更完整、準確地承傳下去等問題。楊澄甫宗師晚年所定型的拳架，主要就是由他的幾個兒子以及上海的傅鍾文和西安的我父親等人傳播下來的。他晚年還著書立說，用他一生學習研究太極拳的心得體悟寫出了《楊氏太極拳正宗》一書，還把他從三外祖父楊澄甫那得來的《太極拳用法歌訣》手抄本首次收錄於該書，使之成為一部傳世之作（此書修訂版《楊氏太極拳真傳》2005 年由台北大展出版社出版）。他晚年還想繼續寫作《楊氏 51 式太極劍》一書，但由於年事已高，沒有完成便離我們而去，只留下了部分遺

趙斌、趙幼斌演示太極拳用法

稿（這部書稿後來最終由我完成出版。2006年台北大展出版社出版）。

二是以西北地方為基地，使楊式太極拳得到了廣泛傳播。父親一生對太極拳有著執著的追求，他將從楊澄甫宗師那裏學到的太極拳藝盡心傳播，並著書傳世，毫無保留地傳授給大家。他數十年如一日，無論嚴寒酷暑，風雨霜露，都堅持教拳，從學者成千上萬，使楊式太極拳在西北地方得到了發揚光大。特別是1984年，他創辦了西安永年楊氏太極拳學會，使西安成為楊式太極拳在西北地方傳播的一個重要基地。這個基地又為全國各地甚至海外培養了眾多傑出的楊式太極拳師資人才，使楊式太極拳得以廣泛傳播。

我父親還經常鼓勵弟子和學生們不僅要學好拳、練好拳，還要傳好拳。西安交通大學太極拳協會、西安建築科技大學楊氏太極拳學會、南開大學太極拳研究會，以及蚌埠、永年、石家莊等地的太極拳組織，都是這些弟子和學生在我父親的鼓勵之下、經過自己的努力而創建發展起來的。

三是為海峽兩岸的太極拳交流做出了開創性的貢獻。我父親是黃埔軍校六期畢業的，他當時的許多朋友和同學在1949年

海峽兩岸太極拳交流大會

都到臺灣去了，有的後來還當了空軍司令，大部分都是很有地位的。父親便以出身黃埔的有利條件，為海峽兩岸的太極拳交流和中國統一做了很多工作。他生前任陝西省黃埔同學會顧問和陝西省文史館館員。他經常跟臺灣的同學故友互通信件，介紹大陸改革開放的成就。1991年，他在西安成功舉辦了首屆海峽兩岸楊式太極拳交流大會，當時有500多人參加，在當時規模算是很大的了，陝西省的很多政要也參加了大會。這次大會有意定在中秋節，由民間的拳藝交流，也促進了中國的和平統一大業。

四是他一生不僅將精湛的拳藝傳遍了中國的大江南北，而且以他高潔的品格為我們樹立了做人的榜樣，留下了寶貴的精神財富。我父親當年為西安永年楊氏太極拳學會親手書寫了「恒專不驕」的四字箴言，這也是他一生學拳、傳拳和為人處事的真實寫照。

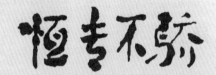

趙斌手書「恒專不驕」

二、家學　國學　科學

余功保

作為趙斌先生之子，他的重要傳人，您秉承家學，也是當今活躍在國際太極拳壇上具有廣泛影響力的人物。您也始終在堅持太極拳教學活動嗎？

趙幼斌

我覺得對於一位太極拳家來說，習練、研究、教學、交流是多位一體的。不堅持練習，功夫不進則退，不進行思考、研究，就難以深化。教學一方面是要傳播傳統太極拳，這是我們的責任，另一方面在教學中能夠進一步發掘、發現、發揮太極拳的社會價值，還能促進自己的研究，所謂教學相長。

交流也是必不可少的，除了應邀在全國各地和國外進行太極拳教學外，我每年都要參加一些楊式太極拳同門之間的交流、研討活動。

所有這些活動都給了我很多有益的啟示。

【鏈接】

趙幼斌日記一則
——泰國水燈節隨感

今天是 2006 年農曆九月十五，也是泰國的水燈節。記得去年就是這天從曼谷教拳來到北欖坡（在曼谷以北大約 300 公里的一個城市，它的含義是「天上人間」，因它是四水相匯的湄南河源頭，故又稱小「武漢」）的，算起來也有五個年頭在泰國度過了這個節日。

水燈節是泰國的一個重要節日，據說也是佛教的一個節日。每年這天晚上，月上樹梢時（今天月亮特別大，特別圓，特別亮，也顯得特別高興），有許多大人小孩，特別是青年男女們，都成群結對地去河邊湖旁。他們將自己用紙或稻草，或用麵包做的小船（魚兒可以吃），再用鮮花綠葉裝扮一下，然後在上面插

上許多小蠟燭點燃，輕輕放在水中，讓它順水飄去；有的則用大而輕的塑膠袋，開口一端用十字小棍撐開，中間固定一根蠟燭點燃，利用熱氣球的原理使它升空。這時放燈火的人們都要雙手合十，在心裏默默祝願他們對未來的美好祈願能夠跟隨著燈火的遠去而得以實現。

　　月上三竿時，湄南河的燈已成群結隊順流而下，源遠流長，與天際的星空匯連在一起；湖上的燈也已成片，閃爍的燭光與天上的星相映成輝；升空的燈也點點相銜冉冉隨風而縹緲，似乎又與天上的群星鑲在一起。這時人們已置身於美麗而神秘的星空之間，覺得自己已經進入一個深邃無窮而又遐想彌深的世界……

　　我們就在北欖坡這個江邊湖畔練太極拳，幾年下來已有七八十人了。想到在泰國的都城曼谷，到泰南的合艾、歌樂、勿洞、素拉、童頌、普吉等都有我和唐老師去過的地方，那裏的學生少則二十幾人，多則上百人，至今朝夕之間還在堅持練習太極拳，我不禁在異國感慨萬千。練太極拳的人們已經在泰國星羅棋佈，成爲當地一道靚麗的風景線。只是這幾年泰國南疆不太安寧，時有恐怖事件發生，他們不放心我去。電話中他們講：以前早晨天不亮就出去打拳，現在要等天亮了再出去，下午不等天黑也要結隊早早回家。雖然這樣，拳一天也沒停過，也時常想念老師能早早再來。聽到這些我心十分感動。這時我心在想，也在祝願，也點上一枚水燈船，順流飄向泰國南疆，帶去我對泰國人民的良好祝願——

向外國學生傳授太極刀

願邊疆安寧，國家昌盛，人民安居樂
業，也願太極拳在泰國更多地傳開，讓
這朵中華國粹的奇葩給世人們帶來一份
更多的健康和溫馨。

此時我想起多年前填寫的一首《沁
園春》，詞中有這麼一段仍記憶猶新：
　「屈指五十鬢染，月素星繁。
　志繼祖業，卻無欲，
　唯念眾人永年。」

趙幼斌太極拳勢

余功保

楊式太極拳傳人每年都舉辦一次第五代傳人的交流會，世
界各地的傳人及其學生、弟子會聚一堂，交流心得、切磋功
夫，體現了團結進步的和諧氛圍，促進了楊式太極拳的發展。
我曾經應邀參加過這一交流活動，很受啟發。

趙幼斌

2005 年我們西安也承辦過一次這種交流活動。

余功保

太極拳雖然流行很廣，但對它的認識還是有千差萬別的。
不同的人學識、經歷、悟性、功夫不一樣，對太極拳的理解也
不一樣。如果給太極拳下一個定義，您認為如何下？

趙幼斌

「太極者，無極而生，陰陽之母也。動之則分，靜之則

合。」這是太極拳古典經論賦予太極拳哲學意義上的理論基礎。

很早，有學生問我什麼是太極拳，我說太極拳就是「折疊」。——折疊就是兩點的相反運動，相反運動就構成陰陽運動，而陰陽的折疊轉換正是太極拳的運動特點和技術特點。

趙幼斌與趙斌、傅鍾文在一起

余功保

往復折疊，循環無端。太極拳的這一特點給人以「無窮」的感覺。

趙幼斌

後來，有朋友問我什麼是太極拳，我戲說太極拳就是「圈套」。——在圓的運動裏處處含有往復折疊，陰陽轉換。虛虛實實、動靜剛柔、快慢拙巧，兩人對陣，就看誰落誰的「圈套」裏了。

余功保

這是從「思維」的層面看待太極拳了。

趙幼斌

現在，給太極拳也確實難下一個完整翔實而簡潔明快的結論。不過試著推敲：太極拳以陰陽對立統一、生息消長互寓的哲學內涵，形成了一種特殊的運動形式。以這個內涵和形式概

括給太極拳下個定義，是否可用五個字——協調運動術。協調是太極的實質，拳是太極拳的運動術。

協調是基礎，生存發展是根本。太極拳運動本身是益壽延年的最佳健身協調；太極拳剛柔相濟、動靜相間、化打互寓、以弱制強的競技取勝方法是協調；太極拳在意識修練上人生自我和諧生存的思維方式與社會和諧共存發展規律相匹配也是協調。

余功保

太極拳在發展中，有一以貫之的東西，就是它的理論基礎、文化內涵和核心技術。也有不斷變化的東西，在不同的歷史時期，它發展的重點、社會功能與價值都體現出不同的結構特徵。這是一種客觀存在。當代太極拳的發展，我們既要保持太極拳的固有本色，也要善於核準它的當代定位，使其發揮出更大的社會價值。這就需要我們對太極拳有比較全面、科學、深刻的認識。

趙幼斌

太極拳在國內越來越普及，對外國人的吸引力也越來越大，說太極拳已經風靡了全世界，這是毫不誇張的。我想，這種現象的出現不是偶然的，這是由它的特點所決定的。世界人民要和平、要健康、要文化、要交流、要和諧，太極拳的內涵就具備了這些社會的共性，這就是太極拳的特點，因而是中國的特產。

余功保

您認為太極拳的主要特點是什麼？

趙幼斌

說到太極拳的特點，就要明確什麼叫「特點」。人無我有才叫特點，大家都有就不是特點了。有人說，太極拳的特點就是技擊，我認為這種觀點是片面的。眾所周知，太極拳是中華武術的一個重要流派，它像少林拳、南拳等流派一樣，都具有技擊功能。因此，技擊是各個武術流派所共有的功能，而不是太極拳區別於其他流派的特點。

說技擊是武術的特點，我還是贊同的，因為體操等運動項目就沒有這個特點。確切的說法應該是：技擊是太極拳的功能，而且是首要的功能，但不能說它就是太極拳的特點。

所謂太極拳的特點，是指它區別於其他武術流派和其他體育運動項目的獨特之處，正是因為這個獨特之處，使太極拳在全世界範圍越來越受歡迎，越來越流行。

余功保

對於太極拳來說，僅有技擊是不夠的。

趙幼斌

我認為，太極拳的獨特之處（或者是說獨特的魅力）在於三個方面。

首先，太極拳是一種動作柔和舒緩的武術運動項目，過去就叫「綿拳」。作為武術，技擊是其最初和最根本的出發點，但它的技擊功能不像少林拳等武術流派那樣由以快制快、以力勝力來體現的，而是由以靜制動、以柔克剛來體現的。這就要從柔和緩慢的功架練習開始入手。當然，並不是動作慢練就是

太極拳，慢的原因是要求你的動作和意識綿長不斷，這是一個逐漸消化的過程，目的是為了更有效地增加功力和更有效地達到快速反應能力，同時達到內外兼修，動作快了就做不到這些了。隨著科學技術的不斷進步，人們逐漸發現太極拳的這種獨特修練方法具有極高的健身價值。太極拳動而不過、靜而不滯，這種內外兼修、形神兼備、動作柔和舒緩的運動項目，不僅對中老年人祛病健身、延年益壽效果明顯，並且日益受到工作壓力越來越重的青年白領們的歡迎。可以說，生命在於運動，運動莫過太極拳。健康在於運動，運動不一定帶來健康，適合你體質需求的運動才能得到健康，太極拳是最好的選擇。

余功保

太極拳「柔化」的特點是陰陽理論在運動上的成功運用。只有深刻理解了陰陽轉換關係，才能把柔緩運用得如此精妙。

在香港與楊式太極拳
名家楊振鐸等在一起

趙幼斌

其二，太極拳融入了中華傳統文化的獨特魅力。太極拳術本身，就是依據中國古典哲學思想而創立的，它是在「陰陽相濟則長，逆之則損」「五行互補則生，逆之則亡」等思想指導下，融武術技擊與健身養心為一體的獨特運動項目。太極拳的運動原則以及歷代宗師所闡發的經論，都體現了以自然為本的運動規律。它的運動特點完全不同於西方競技體育的那種追求更快、更高、更強、超前透支人體機能的運動形式，而是體現

出追求自然和諧、天人合一的中華傳統文化精神境界。因此，將太極拳作為中華民族的國粹列入世界非物質文化遺產，是當之無愧的！

2000 年，我帶了一批學太極拳的美國旅遊團到北京、邯鄲、武當山進行旅遊。在火車上，團隊裏一位 30 歲左右的美國黑人朋友竟然拿出一本老子的《道德經》在學習，這令我十分吃驚，可見他們是把太極拳和老子文化聯繫在一起了。太極和中國傳統文化也確實把洋人融進來了。

余功保

沒有文化則沒有太極。沒有文化的太極拳是空洞的，沒有生命力的，所以說太極拳是國學。

趙幼斌

其三，太極拳還為人們構建起一個共同追求健康和諧的交往平臺。在國內，太極拳的流行，主要是由於它能夠提高人們的心身健康水準，太極拳是一門科學，有突出的健身效果。

我們在公園和社區都可以見到這樣的情景：許多原本素不相識、來自各行各業、年齡各異的人，由練習太極拳走到了一起，融為了一個共同追求健康和諧的鍛鍊群體。這在中老年人中尤其明顯。社會交往的增加，常常使他們在精神上也煥發了青春。在外國朋友中，這種對文化健康和諧的追求也是占了絕大多數。就我教過的一些國家的學生而言，我發現，外國人學太極拳更注重健身、養性，他們中有相當多的人是由學習太極拳來瞭解中國的文化和功夫的。基礎較好、已有較高層次的，像一些日本、馬來西亞、泰國的學生，也學推手，但相當一部

分人還是為了由推手達到更好的健康效果和體味太極文化內涵，才選擇學習太極拳的。可以說，人們不分國界、不分職業、不分年齡，都是為了一個健康和諧的目標走到了一起，這就是太極拳的獨特魅力。

三、陰陽消息總十要

余功保

楊澄甫的《太極拳術十要》是太極拳的重要文獻，被眾多太極拳家視為楊式太極拳練習所遵循的技術準繩。由於它言簡意賅，對其解讀也比較多，您怎麼理解這「十要」？

趙幼斌

楊澄甫的《太極拳術十要》是太極拳愛好者不可或缺的學習指南。它不僅成為拳理、拳法研究者的討論課題，而且無論是對太極拳的初學者，還是對經年習拳者甚至學有所成的拳師，都被引為判定拳架是否工整、拳藝是否成熟的鑒別寶鏡。

楊澄甫的《太極拳術十要》論述其實已很清楚，這裏我談一些感悟，僅供參考。

「十要」之一是「虛靈頂勁」。

張三豐太極拳經的起句即是「順項貫頂兩膀鬆」，這裏的「順項貫頂」指

趙幼斌太極拳勢

的就是「虛靈頂勁」。把「虛靈頂勁」作為「十要」中的首句，由此可見它在太極拳修練中具有提綱挈領的作用。

余功保

總一身狀態之綱。

趙幼斌

「虛靈頂勁」說的是頭部要領狀態。楊澄甫說「頂勁者，頭容正直，神貫於頂也。」它的做法是喉頭微後收，下頜微收提，同時頭頂或說百會穴上提，使頸椎拔起，讓頭部自然端正，隨即產生周身虛活、精神凝提的感覺。它的功用是主精神、生氣勢，起到提攜周身作用，使之達到「滿身輕利」「勁力專注一方」之功效。太極拳是武術，武術是競技，競技首先是精神，精神首先反映在頭部狀態。兩物相爭，比如貓捕老鼠，在將捕未捕之際，它四肢是屈的、身是俯的、頭是伸的、眼是專注的、全身勁勢也專注一方，這種神態，或者說它頭部的狀態，就似「虛靈頂勁」。人在競技中，比如推手中得遵循這樣的規則。行功走架雖不是爭鬥，但它的技術內含卻始終存在，因此「虛靈頂勁」的要領是首要的，也是要貫穿始終的。

余功保

沒有「虛領頂勁」這一要領，太極拳就不會有「神」，也就沒有「韻」。

趙幼斌

我認為「虛靈頂勁」首先是要做到「頂勁」，「虛靈」是對

頂勁的進一步要求。「頂勁」的意思，按現在的說法就是頸椎骨節上拔，使其與胸椎、腰椎、尾椎各骨節連成一體而拔開，形成周身一個整勁。我們老家有句土話，把「頂勁」形象地比作「馬梗子」，是說馬在拉車的時候，特別是在將重車啟動那一瞬間，馬頭、馬脖子一定要向前「頂」，加上它的四肢用力，周身一個勁兒向前。

余功保

有的人在做頂勁的時候用力過大，或者過於著意，使得全身的緊張點彙集於頸部，造成脖子的僵硬。

趙幼斌

所以在「頂勁」的同時還要做到「虛靈」，即「不可用力，用力則項強，氣血不能流通，須有虛靈自然之意」。比如做「雲手」動作，兩手左右雲轉，頭部也要自然地隨手隨身向左右轉動，不能頭不轉光動眼睛就失去和諧。

「項強」是脖子用力的表現，其部位骨間肌肉自鎖，不僅影響氣血勁力的順達，也容易失去自身平衡；也不能軟，軟則無力，也談不上領起精神。比如做向前按的動作，注意頭部不要主動前伸，向前則力瀉，也容易使勁力前仆。所以「非有虛靈頂勁，則精神不能提起也」。

余功保

所以，太極拳的要領要隨時注意理解矛盾的雙方平衡、互動的關係。

趙幼斌

怎樣把握既「虛靈」，又同時保持「頂勁」的感覺呢？我認為可將這四個字歸結為一個字：「懸」，即「頂頭懸」。

「頂勁」有頸椎主動向上挺的意思，反過來也可理解為就是頭頂主動向上領起，也就是說在意識上要讓頭主動「懸」起，使頸椎骨節間拔開且鬆豎而產生「虛靈」之感，謂之「頂頭懸」。它就好像掛衣服的架子，鉤子掛在上邊，衣服才能下墜，一派自然。

當然，在行功走架中它不是一成不變的，隨著勁力與動作的開合，項上骨間亦有張弛之感，「虛靈」與「頂勁」同時存在，以「懸」當頭，不失精神、靈活，以自然為要。

余功保

「十要」之二是「含胸拔背」。

趙幼斌

楊澄甫對「含胸拔背」的論述是：「含胸者，胸略內涵，使氣沉於丹田也。胸忌挺出，挺出則氣湧胸際，上重下輕，腳跟易於浮起。拔背者，氣貼於背也。能含胸，則自能拔背，能拔背，則能力由脊發，所向無敵也。」

太極拳術本身就是依據中國古典哲學思想——陰陽相濟則長，逆之則損；五行互補則生，逆之則亡等理論思想指

趙幼斌太極拳勢

導下融武技與健身合一的獨特產物。太極拳的運動規則，以及歷代所闡發的經論，包括楊澄甫對太極拳「十要」的論述，都完全而忠實地體現了這一大自然的運動規律和這一規律在人體自身中的運用。它的運動特性完全不同於西方體育和技擊那種剛猛硬浮，超前支配人體機能的運動形式。故太極拳成為中華民族的國粹選為世界文化遺產是當之無愧的！

對這段「含胸拔背」要領的理解，我認為，第一，它首先指明了其利和弊的辯證關係。其利在於「含胸者」能「使氣沉於丹田也」，且「能含胸，則自能拔背，能拔背，則能力由脊發，所向無敵也」；相反，「胸忌挺出，挺出則氣湧胸際，上重下輕，腳跟易於浮起」，自立不穩，亦反被人所制也。

余功保

很多人對這一要領的理解多注意前半部分，忽視後半部分。

趙幼斌

此段的關鍵句是「含胸」能「使氣沉於丹田」。丹田為人體之中，率周身四肢運動者腰為主宰，而丹田實為核心。太極拳經論中有「拿住丹田練內功」「拿住丹田之氣」、氣要「意守丹田」等之說，故能使氣沉於丹田者實為其前提。

余功保

楊式太極拳還是主張練習丹田的。

趙幼斌

第二，指出了「含胸拔背」的做法和要點。做法有「含胸

者，胸略內涵」和「拔背者，氣貼於背也」，要點用三個具體而形象的動詞指出，即「胸略內涵」的「涵」，「拔背者」的「拔」，和「氣貼於背」的「貼」。

　　這裏的「涵」是對「含」的這個動作限定。「涵」字有涵養包容之意，只要胸不挺，做到平，有「含胸」之意即可。「含」得多了不行，會出現另一弊端，即窩心——氣不順，拱背——勁不暢，故曰「胸略內涵」；「拔背」是將背拔直，使胸椎襯平，骨節有拔長鬆豎之意。不是將背拔成拱形為拔背。以脊不前頂、背部平直或微後撐為宜；「氣貼於背」的「貼」字是個十分微妙的標量表動詞，它與「涵」在使用上有異曲同工之妙。一個「涵」字將「含胸」的量形容得十分鬆空海涵，一個「貼」字則將「氣貼於背」的量說的十分拿得起放得下。

　　它似乎可以這樣感覺：粘而輕，動而隨是「貼」字的直譯；氣貼於背守於形而存於無，有無之間純以意行，此為意會；氣貼於背意在蓄神，不在聚氣，聚氣則僵滯，又不能無氣，無氣則散漫；氣貼於背，外示安逸而內固精神，動靜開合無所不在；氣貼於背而斂入脊骨，守之能蓄發之能放無往不利。如此之妙各在自心。

　　概括起來「含胸拔背」的功用是避免氣與力上浮，氣下沉能使腰胯鬆沉，腳下有力有根。在使用上蓄勢能發，勁力飽滿。

在南開大學輔導教師習練太極功法

簡樸出繁華——與楊式太極拳名家趙幼斌的對話

余功保

這一要領是太極拳對於人體中部最核心的要求，有貫通上下的作用。

趙幼斌

這裏要強調的是，「十要」中的每個要領都不能割裂開來孤立地看待，每個要領都相互關聯相互影響。比如「含胸拔背」動作品質的好壞直接受到「虛靈頂勁」動作品質好壞的制約，頭「懸」不起來則「背」拔不起來，「含胸」也難做好。另外，還要注意這些要領在行功走架動態中的保持性和連續性，避免時有時無、時好時壞的現象。

余功保

「十要」之三是「鬆腰」。

趙幼斌

腰在太極拳要領中佔有十分重要的地位。對腰的功用、腰部的做法，不僅古典拳經中論述很多，也是現代太極拳家們談論居多的話題。

「腰為一身之主宰」，楊澄甫第一句就道出了「腰」在人體中和拳術中的統領地位。不過，首先要弄清楚太極拳的「腰」在那裏，才好討論腰如何來「主宰」。

就一般概念，腰指勒皮帶的那一圈，專家多指腰在兩腎之間命門的位置。此外，太極拳的腰，應包括人體的中部肋下胯上的部位。這裏強調一個「轉腰」的概念。一般習拳者都知道

練拳時要轉腰，但容易忽略轉腰實際上是兩胯在轉，腰轉是在兩胯轉動下的主動延伸或加深，以此起到腰頂、腰撐、腰拉的用腰效果，腰、胯聯動才能產生「腰脊為第一主宰」的完整作用。在動作中只轉腰不轉胯，這種動作叫「扭腰」「扭身」，不僅形象不好看，勁勢不順，也容易將腰扭傷。這是用腰應注意的一個方面。

余功保

腰胯齊動、共轉，是一種立體化的綜合運動，不是單一平面的動腰，體現太極拳的「立圓」特點。只單純動腰不動胯的現象還是很普遍的。

趙幼斌

腰作為全身主宰的功能必須先能靈活，要靈活就得先「能鬆腰，然後兩足有力，下盤穩固」。太極拳的要領都是相互關聯、相互制約、相互影響的關係，一個地方做不到位就會影響到整體運動品質。反過來一個地方做到了其他地方也會自然做好。「其根在腳，發於腿，主宰於腰，形於手指」，就是相互貫穿而使勁勢形成一個整體的典型經論。就是說，要使兩足有力下盤穩固，就得先能鬆腰，然後才能使腰更好地「主宰」全身上下前後。所以「鬆腰」的作用尤顯重要。

那麼如何做到鬆腰？簡單地說，它就好像撤解後的放鬆，長長地舒口氣的感覺。這只是比喻，具體鬆腰做法，先使頂頭懸，接著配合呼氣，沉肩胛、鬆落胸背肌肉、鬆腹、氣落丹田，沉於骶髖，再貫於兩腳心。其間就有脊椎拔長、腰部鬆弛、兩足有力、腰腿之力相連、下盤穩固之感。

最後，楊澄甫進一步強調了用腰的重要性：「虛實變化，皆由腰轉動，固曰：『命意源頭在腰隙』。有不得力，必於腰腿求之也。」

這一段話至關重要，實際是強調了在行功走架、前進後退、高低起落、虛實轉換時處處要用腰，並且只要有不「得勁」（不順，不舒服）時，就一定是和腰腿配合不當有關係。

前面已經提到過「轉腰胯」的概念和方法，這只是一種平面轉腰的方法。在實際的前進後退、虛實轉換中，還包括腰脊處的豎向屈捲開合。兩胯與腰脊處（命門至尾閭間）的平面和豎向的立體聯合性的運用，才是基本完整的用腰方法；若兩腰眼再能主動進行抽換折疊的運用，則用腰效果更佳。

腰脊處的豎向屈捲開合，是指命門向後頂和尾閭向前收的一種有意識的運動狀態，使人體主幹 S 形曲線在自然狀態下得到適當的彈性開合，就像一張弓的中間部位一樣能前後開合伸收。這種調整腰脊的動作叫「腰頂」，是太極拳術中重要觀點。

總之，「轉腰」「腰頂」和腰胯間的折疊抽換，統稱為「用腰」。用腰的品質，決定了在行功走架中，保持和協調身形勁勢靈活性、穩定性、整體性，以及勁力的方向、大小和速度的運動品質，故稱「命意源頭在腰隙」，以及「有不得力，必於腰腿求之」之定義。

余功保

「十要」之四是「分虛實」。這是一個比較原則性的要領，首先對虛實要有正確理解。

趙幼斌

關於分虛實，楊澄甫說：「太極拳術，以分虛實為第一要義。如全身皆坐在右腿，則右腿為實，左腿為虛；」同樣：「全身坐在左腿，則左腿為實，右腿為虛。」進而說明：「虛實能分，而後轉動輕靈，毫不費力。如不能分，則邁步重滯，自立不穩，而易為人所牽動。」

這段話意思從字面上好理解，是說在前進後退動作中，如果虛實分不清，動作就會僵硬滯笨，能分得清，則轉動變化能輕靈圓活而不易被人所制。做到「分虛實」這一點不僅是步法身法的問題，也是勁法技法的需要。王宗岳拳經論中有「偏沉則隨，雙重則滯。每見數年純功，不能運化者，率自為人所制，雙重之病未悟而。欲避此病，須知陰陽。」

這裏有個「雙重」的詞，說雙重是病，何謂雙重？我認為它在拳術中主要體現在兩個方面：一是從太極競技來講，比如推手，對方推你時你不可出現滯笨的頂勁，你勁出在人後反被人所制叫「雙重之病」，也是虛實不能分不能自變之故。何謂分？何為變？我們從拳論中可吸收這樣的營養：「查四兩撥千斤之句，顯非力勝。」比如「觀耄耋能禦眾之形，快能何為」，要「立如秤準，活似車輪」「左重則左虛，右重則右杳」，粘黏靈活得好像「一羽不能加，蠅蟲不能落」，才能不易為人所牽動。

第二就是克服行功架中的「雙

趙幼斌太極拳勢

重」。是說在行拳架時虛實變換得不乾淨，該實的一側未能做到十分鬆實，還帶有強實的感覺；該虛的一側不能做到全虛，而帶有強虛的感覺。身體某部位產生多餘的力，使局部關節肌肉僵滯，以致影響自身整體動作的協調性、靈活性和穩定性，是「雙重」的另一表現。如「倒攆猴」動作出現撤退之步未落地，身體重心過早後移的現象；如蹬腳分腿動作出現腰胯不收住就出腿，身體後仰出腿無力的現象；又如推出去的掌不鬆淨，肩起、肘抬、腰塌、胯凸等，均屬於「雙重」之病。這些都應在實踐中注意體察糾正。

余功保

「十要」之五是「沉肩墜肘」。

趙幼斌

沉肩墜肘，楊澄甫解釋說「沉肩者，肩鬆開下垂也。若不能鬆垂，兩肩端起，則氣亦隨之而上，全身皆不得力矣。」又說：「墜肘者，肘往下鬆墜之意。肘若懸起，則肩不能沉，放人不遠，近於外家之斷勁矣。」

要墜肘首先要沉肩，沉肩首先要鬆肩，沉是建立在鬆的基礎上。能鬆然後能沉，能沉然後能墜，能墜然後有力。能鬆、能沉、能墜，則力能貫。

不能鬆沉肩肘，最重要的弊端是手臂的力與身體持僵，其勁浮而遲，連帶腳下無根，不僅不能發人，反而容易被人所制。能沉肩墜肘，發人時則能將手臂的力與腰腿連成整體形成整勁發出，如離弦之箭；能沉肩墜肘，接人勁時則能將對方來力引落在腰腿間，如水澎舟。

余功保

肩不鬆沉氣就不會鬆沉，產生「浮」的感覺。影響全身的整體協調性。

趙幼斌

習拳者最易困惑者，肩肘鬆了反覺手軟身無力，哪來的勁？其實，鬆的目的是為了更好地將氣血勁力貫注於周身四肢，使兩腿足有活根，兩臂手有綿勁。這裏有個「引」字需要體味。比如，在兩肩鬆的同時，兩肘尖同時向下「引」而產生肩「沉」肘「墜」的感覺，接著再將兩掌心微張，五指骨間微開，將肘尖沉勁「引」向五指，這時就有勁貫指梢的感覺（王宗岳在解張三豐太極拳經「順項貫頂兩膀鬆」句有：「虛靈頂勁，氣沉丹田。兩背鬆，然後窒。」說的就是這個道理。但這裏要注意「窒」這個字意，它不是指將「勁或氣」憋起來成僵滯的勁，而是指上面說的這種「貫勁」，它跟下一句「束肋下氣把襠撐」是遞進關係）。

這個過程叫做「換勁」，沒這個過程叫「洩勁」；這個「換勁」過程久久練之則自能存身，就叫「內勁」；能達到用時則有，去時則無，純以意行，這叫「活勁」。

余功保

怎樣才能達到更好的沉肩墜肘的效果？有什麼具體方法？

趙幼斌

一是用反證法，二是照鏡子，三是別人看，四是試勁。別

人幫著看效果比較好，練拳架時只要肩一起就可以敲一下，感覺比較快；照鏡子可以用反證法來自查，意思是你可以對著鏡子，下意識將肩端起再下落來對比起和落的狀態和感覺。比如起勢，兩手平舉時容易起肩，可先將肩端起再下落（實際在舉手時，兩肩同時要下意識地沉住），下落時要感覺到胸背部、兩肋下的肌肉群也在下落，氣也隨著落於丹田，腹部感到鬆實圓滿，兩腿足下也感到穩固有力即可，這也叫節節貫穿。

墜肘關鍵是不翻肘，或叫不亮肘。亮肘容易引起抬肩。比如起勢兩手下落後肘尖不過背，過背叫亮肘。又如做「白鶴亮翅」，右手上舉時容易翻肘，翻肘容易連帶肩起，肋部、背膀部肌肉上提，力就上浮。要避免這個問題，在右手上舉時要同時收住肩窩，特別是身體右邊，肋部肌肉放鬆，將腰胯收住沉坐，根於足下，此時右手與右足下這條線猶如放起風箏一樣感覺，上有拔勁，下有牽勁，中間有襯勁。

沉肩墜肘還可以由兩人相互托肘的方法來訓練找感覺。托的人兩手托住被托人的兩肘尖隨意撫動，被托人將兩肘貼於對方手心，感應對方的勁而向下沉肩墜肘，並隨對方的撫動而隨動化解。若被托人的肩肘稍浮，則會感到根不穩而勢背。

化解對方來勁的關鍵在於：以兩肩作為活的支點，兩肘尖找腰眼走圈，兩腰眼配合兩肘開合抽換，使兩肘兩肩沒有死點僵勁即可。

余功保

「十要」的前五要著重說的是身體形態，當然也涉及到一些內在的感覺。

趙幼斌

這前五要是按照太極拳術要義,從人體頭部、軀幹、四肢論述和規範了太極拳的做法,這是基礎,也是根本。

余功保

形態的正確與否決定了能不能給內在元素有一個流暢的、和諧的運行環境。形態好比是容器,內在要領是容器中的物質,如果形態歪斜,內容就難以純正。

趙幼斌

「十要」的後五句「用意不用力、上下相隨、內外相合、相連不斷、動中求靜」,是指在練拳過程中對心——心意、體——體內體外、形——運動形態這幾方面,整體協調一致要求。它與前五句要領不能截然分開,是相互影響相互滲透的關係。

余功保

「十要」之六是「用意不用力」。

趙幼斌

所謂「用意不用力」,是指用心意去指揮周身內外上下運動,不要用拙力。拙力的表現是筋骨不放鬆或身體某些部位凸凹不順,使勁力變換僵持滯浮而被人所制。太極拳並非不用力,其勁似鬆非鬆,將展未展,用時則緩應急隨,忽隱忽現。比如出拳動作,拳在腰間未出之前要虛握,及至伸出虛擬接觸點時,瞬間握實而產生鬆彈勁。而且其意有兩點要注意:一是

拳發力時無論是寸勁還是長勁都要有穿透之意，如隔山打牛狀。二是拳力隨伸就屈，無過不及，方能招法連成，變化得靈。

這裏談個看法，就是行拳走架時，在意識上不要有「武術就是打人逞強」這樣一個先入為主的念頭，可把武術動作看成散步，在情緒上首先做到放鬆，就較容易將武術動作和技術內容融入自然狀態，而不刻意為之。

趙幼斌太極拳勢

余功保

「十要」之七是「上下相隨」。

趙幼斌

「上下相隨」的概念是節節貫串，強調在動作中要上下呼應、左右顧盼、前後照應，突出手、眼、身、步的整體協調運動，一處動處處都動，一處靜處處都靜。

余功保

真正做到了「上下相隨」，太極拳在風格方面就沒有大問題了。

趙幼斌

這裏有幾個細節需留意：

一是貫串與整體的關係。如文中敘述「其根在腳，發於腿，主宰於腰，行於手指，由腳而腿而腰，總需完整一氣」。比如後坐向前按推，有的人容易一節一節向前伸展，反而機械失之貫串，失之勁整。應在腳未發力之前，掌上著力點已暗入對方之骨，一經身形動展，對方已被跌出。張三豐太極拳經「莫叫斷續一氣研」句，即指此意。

余功保

整體是效果，貫穿是方法。

趙幼斌

二是勢與勁的關係。仍依上例，由後坐向前弓步，後腿膝關節部應主動向後繃起而產生向前之蹬力，稱之為「蹬之於足，行之與腿，縱之於膝」。若無此動作，腿部就無力，只是形似地向前位移；同理，前進之中，若肘關節不同時沉展、腰部不同時後頂，仍然達不到姿勢與勁力的統一貫串，放人不遠不脆，這叫虛架子。

余功保

沒有勁力就難以形成真正的勢。

趙幼斌

三是局部與整體的關係。行拳架中，一處動，周身骨節處處俱動，特別應注意腳部與手部。比如手掌，前推時手心要微開，五指要微揚，掌骨要微漲，如呼出之狀，使氣貫五指，勁滿掌緣；反之，虛守時則掌心微吸，手掌微合。無論是開是

合，均以自然為度。腳下也如此，弓步時後腿腳下掌與跟要互碾，虛步前腳跟或腳掌總要落實入地三分。如此腳手配合才能較好地達到「上下相隨」，勁、勢匹配，通身貫串的效果。

余功保

「十要」之八是「內外相合」。

趙幼斌

「內外相合」講的是意識與動作統一。「內」主神，神即意識；「外」主體，體即身體動作。

余功保

內外相合不應是簡單的對應，而應是渾然一體。

趙幼斌

太極拳有個修練過程，「由招熟而漸悟懂勁，由懂勁而階及神明」。要達到「內外相合」意識與動作的統一性，須經「先求形似」的數年磨煉過程，動作純熟純正後才能漸至「神似」，進而階及到「外之所形，無非內之所發」意識為先的「神明」層次。它好比騎自行車，初學時不穩，熟練之後則人車一體，身形動作雖似無心而能隨心所欲。

趙幼斌太極拳勢

「內外相合」包括內三合和外三合。內三合指「心與意合、意與氣合、氣與勁合」；外三合指「肩與胯合、肘與膝合、手與足合」。「內外相合」是心意身形一開俱開、一合俱合。

「外三合」在動作中不能機械的理解肩要與胯對齊，肘要與膝對齊，手要與足對齊，是指在勁、勢上的相合呼應，做到勁勢合四方，周身得勁即可。

余功保

「十要」之九是「相連不斷」。

趙幼斌

「相連不斷」從形和勁兩個方面理解。

練太極拳要練單式，練單式又叫拆架子。拆架子既有單式獨立的打化技術意義，又有幾招連用的組合變化技術意義。比如對方推來，我掤接捋化將對方捋倒制勝。但對方隨按即擠靠，我反而被動，我則不能盡捋，就要在捋中含回擠按推，再次用招來遏制化發對方。這種勁勢相聯運動戰的技術變化動作，就形成了典型的「相連不斷」的推手動作。

技擊是武術運動形式的基礎，武術運動是技擊的表現形式，兩者缺一不可，相互襯托。拓展開講，太極拳套路就是由多個單式和組合技術動作相連而成，其勢「如長江大海，滔滔不絕也」，故又稱長拳。

這就提示了我們，在行拳走架時不能單追求「相連不斷」的外在運動形式，「相連不斷」的運動形式處處要體現它們的技術內涵。由這種內涵和形式修練出來「相連不斷」的太極拳運動要領就是：勢斷勁不斷，勁斷意不斷；一處虛則另一處

實，虛實互依；舊力雖去，新力已生；周而復始，循環綿綿，行雲流水一般同。

余功保

「十要」的最後一條是「動中有靜」。

趙幼斌

太極拳「動」和「靜」的關係是統一的，動是絕對的，靜是相對的。在運動中求鬆靜不僅是技術要求問題，也是個意志修養問題。能靜則能心甯，能寧則能致鬆，能鬆則能致微，致微才能致靈，致靈才能致變，致變才能致動。故有「彼不動，己不動，彼微動，己先動」之說，且能達到以少勝多、四兩撥千斤之戰術效果。這種勁在人先更為快速的反應能力，是在「動中有靜」中求得。

余功保

對於太極拳的「靜」是尤其需要下工夫深入領會的。只有真正領會了「靜」，太極拳才算入道。

趙幼斌

楊澄甫提出「練架子愈慢愈好」是對呼吸深長、氣血暢通、有利於功力增長、品味太極真諦而言，並包含著慢中寓快之靈機。若因為慢失去靈機而成滯、若因為快失去內容而成浮，都不可取。其實，練太極拳所追求的是從有意到無意，從有象到無象，從有快慢到無快慢，能從心所欲而不失其內涵，順達自然為好。

余功保

要消除「太極拳就是慢」這一表像化的理解。

趙幼斌

楊澄甫的「太極拳術十要」及歷代太極拳的經典理論，在楊澄甫晚年定型的拳架演練中得到充分的體現，並達到了爐火純青的境界，可以說脫離了一般武術運動形式的意義，是融合了技擊、健身、藝術、哲理等為一體高級形式的武術運動成果。他的拳架已廣泛成為後人效仿的典範，我們步其後塵者，唯循實踐——理論——再實踐——再提高之道為要。

余功保

太極拳的核心理論是陰陽學說，太極拳的運動就是演繹陰陽的變化規律。楊澄甫的「十要」是將陰陽理論更加具體化為拳法的技術規範，萬般消息總領為十條，有定性，也有量化，「學者不可不詳察焉」。

四、太極之道

余功保

當代的太極拳家是幸福的，因為我們欣逢盛世，當今太極拳的發展可以說是歷史上最好的時期。在最近一百多年裏，太極拳經歷了由鄉村走向城市，由庭院走向社會，由中國走向世界的全面興旺。太極拳作為中國最優秀的文化成果，受到全世

界的共用，它也是世界文明史上最傑出的成就之一。但我們還應清醒地看到，在太極拳的發展中，還有很多需要進一步解決的問題，太極拳的發展是一個大課題，是一個科學的課題，需要認真研究，認真思考。我曾經在我主編的《當代太極拳精論集》中撰寫了一篇題為《太極拳的全面科學發展觀》的文章，就是強調這一方面。您對太極拳的發展有什麼看法和意見？

向外國弟子講授太極推手

趙幼斌

對於太極拳今後的發展，我認為無論是傳承還是研究，都應當走向系統化、科學化、多樣化和專業化。

所謂系統化，就是要將太極拳看作一個由拳理、哲理、醫理等理論與拳架、技擊、養生等功用緊密結合的完整體系，要作為一個系統來傳承和研究。

余功保

不能孤立地看待某一方面問題，這需要大思維。

趙幼斌

現在太極拳日益普及，走向了大眾化，這固然是好事，但也出現了兩個不理想的趨向：一個就是只為了健身、豐富生活，大家在一起練練拳、運動運動，往往只是學會了動作外形，不追求內涵。作為一般物件要求，這倒也無關緊要，但是

把它看作就是太極拳，甚至隨意編改動作套路，將庸俗化的太極拳再推廣，這是個不良趨向。

余功保

這種行為還不是個別現象。

趙幼斌

第二個就是只為了表演和競賽，片面追求外形好看，以致架子過低、動作誇張、刻意為之，甚至出現片面追求高難動作，而違背太極拳和順的基本運動原則，這些都不符合太極拳的拳理，也影響了太極拳健康的繼承和發展。

另外，作為太極拳內容系列，它還有推手技擊和修練內功這兩個重要而基本的方面，是一個完整的體系。因此，在太極拳的普及推廣上，可以側重其健身、表演和競賽方面，而要完整繼承並深入提高，還必須在推手技擊和修練內功這兩個方面多下工夫。特別是推手比賽，要研究和規範能體現推手這一太極拳特殊方法的競技形式，以便推向世界舞臺。把推手變得如同散打還有特點嗎？

總之，對太極拳的系統性的研究與發展，決定了其傳承發展中的層次性，普及與提高並重，提高更重要。

余功保

太極拳功能的多樣性是它的一大長處。但作為其中一種功能運用時，應該很清楚它的定位。在太極拳進行表演性的展示時，可以對動作有適當的美化處理，但不能由此代替傳統太極拳的動作規範。

太極拳的內功修練是一項根本性的功能。失去了內功基礎，太極拳將失去活力。

趙幼斌

所謂科學化，就是運用現代科學技術的理論方法來分析論證太極拳拳理要求的科學合理性。太極拳動作的要領，一些是來自拳理，一些則是來自實戰，在太極拳的傳承過程中，都遵循了這些前人規定的要領。但是，在太極拳的發展過程中，我們不能僅停留在前人怎麼說我們就怎麼做的層次上，還要對其進行深入的科學論證和研究，使太極拳不斷提高發展。

例如在一百多年的傳播過程中，其健身的價值逐漸為人們所認識，但這主要還是來自人們的親身體會，是由經驗所證明的，還缺乏科學的論證。現代科學技術的發展，特別是運動醫學、運動生理學、生物力學等的發展，使得人們可以運用現代科技的理論和方法對太極拳的健身價值進行科學的研究證明。這樣，才能使太極拳的科學性不斷提高，才更有發展前途。

余功保

科學的一大特點就是不斷發展。

趙幼斌

所謂多樣化，是指太極拳的發展途徑要多樣化，特別是不能忽視民間傳承對太極拳發展的重要作用。過去太極拳是在家族、師徒之間傳承的，而且是最主要的傳承途徑。20世紀30年代以來，特別是新中國成立以來，在政府部門的大力扶持下，國術館、體育學院、武術研究院所、武術運動隊等官方教

學、科研和競賽單位逐漸成為太極拳的重要傳播者，而在傳統的傳承關係中屬於正脈傳人的太極拳師，由於職業、學歷等原因，還被排斥在這個官方體系之外，這就逐漸出現了所謂「民間派」與「學院派」的分立。應當說，這兩派傳承各有特色，「民間派」在完整繼承傳統太極拳方面具有得天獨厚的優勢，「學院派」在太極拳的規範化、科學化方面具有科技和人才優勢。最好在體育大學設立專業太極拳學院，專門從事民間太極拳的學習、訓練和研究發展。這兩種力量應當互相學習，取長補短，共同提高，才能使太極拳在完整繼承的基礎上，走向更有希望的發展道路。

余功保

24 式簡化太極拳對於楊式太極拳的發展具有特殊的意義，因為它是以傳統楊式太極拳的主要動作為依據創編而成的。但對於簡化太極拳，歷來也存在不同的認知。您怎麼看待這個問題？

趙幼斌

凝固不變是不符合事物發展的客觀規律的。其實，從太極拳產生之日起，套路就在不斷演化的過程中。

楊式太極拳也是這樣，從楊露禪到楊班侯、楊健侯，再到楊澄甫最後定型楊式太極拳，這三代宗師在一百多年間所研練、習傳的太極拳，動作數量、快慢、長短等就表現出多種練法和多種變化。如果認為楊澄甫所練的和他祖父楊露禪所傳完全一樣，這恐怕不是事實。

余功保

固定下來就成了傳統，在成為傳統之前更多的是變化。

趙幼斌

所以簡化太極拳是太極拳推廣的自然需要，對整個太極拳的發展，對楊式太極拳的發展都是有推動作用的。

自 1956 年簡化太極拳出現以來，如何看待當代人對傳統太極拳套路的簡化和創編，就成為太極拳界議論較多的一個問題。特別是對於流傳最廣的簡化 24 式太極拳，更是毀譽參半，甚至出現了兩個極端：有的人對簡化 24 式太極拳給予了高度評價，認為它大膽跨越了傳統與現代的時空距離，智慧詮釋了繼承與創新的辯證關係；但也有人對它持批評態度，認為這個重新創編的簡化套路丟掉了傳統太極拳的技術內涵和風格特點，形成了片面追求表演和競賽效果的藝術化、體操化傾向。除了由原國家體委、中國武術研究院等官方組織出於推廣和競賽需要而創編的一些「國家套路」之外（如 42 式綜合太極拳等），近年來，各式太極拳流派中的一些傳人也親自著手對傳統太極拳套路進行簡化，推出了一些「精簡套路」。於是，關於如何看待對太極拳套路進行簡化問題的爭論，焦點也由官方的「國家套路」延伸到民間的「精簡套路」。

總的看來，批評的聲音比較多些，認為打傳統太極拳的人將先師定型的套路改編為簡化套路，就不是傳統太極拳了，甚至公開批評這些對傳統套路進行精簡的人是媚俗跟風、嘩眾取寵。這些不同的看法，仁者見仁，智者見智，看待問題的角度不同，自然調子也就不盡相同。

我認為，太極拳套路的刪繁就簡、精煉簡化，實際上是時代發展的必然要求。特別是在現代人類文明高速發展的今天，人們在工作和生活節奏日益加快的同時，對工作效率和生活品質的需求也不斷提高，各國之間以傳統文化（包括民族傳統體育）為載體的對外文化交流也越來越頻繁，這些都要求官方武術工作者和太極拳傳人從簡便易學、易於推廣的目的出發，在盡可能保留傳統太極拳精華的基礎上，對傳統套路進行適當的、合理的精簡。可以說，無論是官方機構的簡化套路，還是民間傳人的精簡套路，其出發點都是為了使古老的太極拳能夠在現代社會更好地傳播推廣和發揚光大，是與時俱進的產物，體現著時代的創新，其願望和動機都是無可厚非的。

　　可喜的是，在太極拳套路的簡化和創編方面，長期以來國家規定套路一枝獨秀的格局在近些年來已經大為改觀，民間的各式太極拳傳人也開始解放思想、轉變觀念，相繼精簡組編了各自傳統太極拳套路，從而出現了百花齊放的局面。我本人也從1996年開始，先後組編了傳統楊式太極拳精簡37式和28式，在國內外楊式太極拳愛好者中頗受歡迎。

余功保

　　很多人學太極拳都是從簡化的入手，易於掌握。

趙幼斌

　　在新的時代變化和社會需求之下，要更好地推廣和傳播太極拳，

趙幼斌太極拳勢

就必須適應時代的變化和社會的需求，固步自封反而不利於對傳統太極拳的承傳發展，這是大勢所趨。

因此，我認為，問題並不在於該不該對傳統太極拳進行簡化，關鍵在於如何對傳統太極拳進行簡化。不是「該不該做」的問題，而是「怎樣去做」的問題。這裏就涉及兩個方面：一是態度，二是方法。

首先，我們應本著什麼樣的態度去簡化傳統太極拳套路。是輕視傳統，對歷代先師定型的套路進行主觀任意的、缺乏科學依據的改編，甚至對傳統知之甚少，一味追求名利，不負責任地隨意編來改去？還是尊重傳統，在完整、準確地保留傳統套路精華的基礎上進行創新。

其次，我們要對傳統套路的哪些內容進行簡化，是僅簡化動作的數量，還是對動作的要求也「打折扣」。我認為，在對傳統太極拳套路進行簡化時，要想完整、準確地保留傳統套路的精華，最好的方法應當是：只減少套路中的重複動作，也就是將不重複的動作按照原有套路結構進行合理的組合，不要降低動作的難度或改變動作的要求。這樣做，是對傳統套路進行「組編」，而不是「創編」，就可以盡可能完整、準確地保留傳統套路的精華。因此，這樣組編出來的「簡化」太極拳，其實是濃縮了傳統套路精華的一個「精簡」套路，它是傳統套路的一個縮影、縮編。這就像文學名著的縮寫本一樣，精簡的只是文字的數量，而不改變原著的中心思想和篇章結構。縮寫本是為了在短時間內吸引住讀者，使讀者儘快地瞭解原著的精華所在，從而對進一步閱讀原著發生濃厚的興趣，它是讀者瞭解原著的一個捷徑，但卻不能代替原著。我們的太極拳精簡套路也一樣，是一個便於普及推廣的精編版本，並不能代替完整的

傳統套路。對於要在太極拳領域再深入提高的拳友來說，還必須研練完整的傳統套路，這一點是不能「打折扣」的。

當然，需要說明的是，不同的太極拳傳人所組編的「精簡」套路，在動作數量和順序編排上也不盡相同，這正說明各自都在按照不同的承傳來集中展現太極拳的傳統風貌，雖有不同，但都「和」於太極拳的傳統和精華，正所謂「和而不同」。這是在尊重傳統、繼承傳統、保留傳統這一前提之下的「和」，有了這一「和」的基礎，我們就可以理性、寬容地看待各家在精簡中的「不同」，而不應該「去和取同」，強求一致，更不應該將自己所承傳的套路或精簡的方法作為唯一標準，去衡量、評判甚至非議他人。對此，古人早就提醒我們——「君子和而不同」。

余功保

練習太極拳從開始到精純，是一個不斷糾正錯誤、領悟真髓的過程。每一個人在學習過程中都會遇到各種問題，都會犯各種錯誤，因為人們在練拳之前，在後天的運動、勞作就產生了不少習慣性的不良動作、習慣，違背自然的東西，練太極拳就是要返回自然。

您作為一位長期從事太極拳教學的名師，可能也會經常幫助學員糾正錯誤。根據您的看法，您認為練習太極拳最容易犯的錯誤是什麼？應如何避免？

趙幼斌

關於練習太極拳最容易犯哪些錯誤，我認為要從兩個方面來分析：一是思想認識上的易犯錯誤，二是技術動作上的易犯

錯誤。

先談談第一點。目前，人們對習拳者技術動作上的易犯錯誤談論得較多，卻往往忽視了對習拳者思想認識上錯誤觀念的糾正。

余功保

可能這是一個更為根本的錯誤。

趙幼斌

我認為，習拳者首先要端正習練太極拳的態度，這個學習態度往往就決定了一個人拳藝的修練程度。自古以來，中國武術界就強調「武以德為先」。這個「德」就包括了學習態度和思想認識問題。在我看來，妨礙人們拳藝水準提高的錯誤觀念主要有以下幾點：

1. 對太極拳藝的追求本來就不高，習拳的目的就是掌握套路、活動健身，而不再向內涵發展；

2. 學拳求多不求專，以能打好幾套拳為榮，而不追求動作質量的純正；

3. 習拳略有小成便自滿起來，不求精進；

4. 急於求成，不循序漸進，不能下數年苦功，不能日積月累，功夫自然難於存身。即使小有成就，也會因恒心不足而難有大的長進；

5. 門戶成見較深，往往唯我獨尊，難於吸收借鑒他人有益的東西；

趙幼斌太極拳勢

6. 小有成就便自以為是、不思進取，這樣固步自封，不僅是自欺、欺人，而且對於那些好為人師者來說，也是自誤、誤人。

上面這幾點，是影響太極拳藝水準進一步提高的幾個思想認識誤區。要避免或減少上述誤區，就要加強武德修養，提高認識水準，千萬不要急功近利，要虛心求實，永不滿足。即使當了別人的先生，也要活到老、學到老，不可驕傲自滿。

余功保

糾正這個錯誤就要多「養性」。

趙幼斌

下面再重點談談第二點——技術動作方面的易犯錯誤及糾正方法：

1. 不會放鬆

一個極端是不知道放鬆，動作僵硬；另一個極端是錯誤理解放鬆，動作走軟；還有一種中間狀態，就是放鬆得不徹底，在運動過程把握不均衡。糾正方法是要經由一些功法練習，如靜功、站樁、放鬆功、單式行功、試勁法、反證法等進行針對性、經常性的訓練和悉心體會。

2. 不會用腰

也就是對腰部的運用認識不足，特別是對腰脊的縱向捲曲和腰眼（命門、腎俞）的抽換不敏感，不能較好地發揮腰為主宰的作用。這就要在練拳中抽出一段時間專門加強用腰動作的訓練，如進行站樁、發勁及腰脊功法等針對性練習。

3. 忽視手形

手掌和五指的運用是習拳者最容易忽視的技術動作。常見

的錯誤做法是掌無開合，指無屈伸，食指翹，虎口癟（楊式太極拳要求虎口圓撐），過軟過硬，手中空洞無物等等。正確的動作要求是以意領指，以指領勁，勁連周身。比如起勢時，中指要領勁，拇指、小指要撐開，食指、無名指也要隨之襯開；又如推出的掌在伸出時，先以小指領勁，再經掌緣延至拇指，同時中指向上搓伸，食指、無名指也要隨之貼伸；再如海底針右肘抽回時，拇指領勁，掌心不能縮，小指也不能軟，掌勁要在微開中帶回。總之，「虛實變化掌中竅」「運之於掌，通之於指」，都要求意存掌中、有物為要。

4. 腿易軟

一是弓步時前腿膝過腳尖，後腿膝向前趨，或在步子大、動作低的情況下，做上步動作時後腿膝關節向下跪，使腰部的勁力無法傳遞到腿上，這種現象還容易使膝關節受損；

二是腳底無根，主要是對腳底為根、力由根發的認識不夠，弓步時容易出現後腳跟隨意移動、後腳跟及外緣浮起等現象；

三是重心後移時後腿膝關節向下跪，前腿膝關節伸得太直；

四是虛步時重心坐得太過後、過實，使虛腿的腳尖或腳跟落地太輕浮；等等。這些可由弓步和虛步的定勢練習來檢查糾正，也可由弓步發勁練習和後坐發勁練習來體會兩腿足部勁力整合的過程和感覺。

5. 身易浮

主要表現為上身搖浮不定、前俯後仰、高低起伏、拙僵滯緩，其原因往往與運用腰胯不當、過於追求用意、過分誇張外形動作有關。糾正時，可由連續進步和退步動作的練習，體會腰、胯、腿部的開合折疊、屈捲伸舒等身形的協調配合關係。若每一勢能穩定姿勢在 30 秒左右，則效果更佳。

另外，對太極拳外型的表現，要從其內在的意識引導和外在的動作要領上去展現太極拳的獨特韻味和魅力，而不能為追求表演效果而去刻意用意或誇張動作。

6. 勁不整

主要表現為勁與勢不整，也就是勁力和動作配合不協調。比如，前按時，看似手、身、腿都在協調向前，但實際上勁力還在背上，並未隨之發出，此時勁力遲緩或斷續，導致手上空洞無物。其原因是對勁與勢「節節貫串」的要領體悟不夠。糾正的重點是加強雙人推手試勁訓練。

7. 心意不專

這是指一邊打拳一邊心想別處，導致神形分離，難於使心意集中。這種現象往往是在套路熟練以後、缺乏老師經常性的指導或拳友提醒的情況下出現。其主要原因是行拳時不知該想些什麼，腦中空洞無物，動作缺少內涵，長此以往，就會失去練拳的興趣。這時，老師應根據習練者掌握的程度，及時補充新的練習內容，如正手腳，講技術，找勁路，明要領等等。這樣經過不斷深入的教學指導，逐漸培養出習練者意趣環生的演練情趣，從而使其達到心意專注的理想效果。

總之，習拳者要從態度和技術兩個方面入手，不斷提高認識、改進動作，才能避免或走出誤區，早日步入「階及神明」的太極拳神聖殿堂。

陳小旺簡介

陳小旺，1946 生，河南溫縣陳家溝人。陳發科之孫。陳式太極拳名家。

自幼開始系統的太極拳訓練，全面繼承了陳式太極拳的理法功技。1980 年被河南省體委調入從事專職武術訓練和教學工作。參加過多次武術大賽，獲得優勝，其中 1980—1982 年參加全國武術太極拳比賽，連續三年獲金牌。1985 年代表中國隊在西安首屆國際武術邀請賽中獲太極拳冠軍。1988 年獲得國家體委武術研究院頒發的武術貢獻獎。參加過《太極神功》《神丐》《陳氏太極拳》等影片的拍攝工作。應邀出國開展廣泛的教學活動。20 世紀 90 年代後，長期在世界各國推廣、傳播太極拳。

曾擔任河南省武術館副館長、河南省武術協會副主席和省陳式太極拳協會主席、中國武術高級教練、第七屆全國人大代表、河南省第七屆政協委員、中國書法文學社理事、河南省對外文化交流理事、河南省中醫藥研究院特邀研究員、張仲景國醫大學名譽教授。多所國際、國內大學及地區太極拳協會、研究會的名譽會長及技術顧問等職。

發表《論陳氏太極拳的五層功夫》《陳氏太極拳的發勁》《陳氏太極拳的抖杆》等論文多篇。著有《世傳陳氏太極拳》《陳氏三十八式太極拳》等書。為當代享譽海內外的著名太極拳家。

大方無寓
—— 與陳式太極拳名家陳小旺的對話

大有大的好處，

氣勢恢宏，開展灑脫。

大也有大的難處，

難以控制，難以緊湊，難以收放由心。

收住了「大」，就變成了力量，收不住「大」，就是渙散、瓦解。處處是漏洞。

如能在大中得圓潤之妙，則爲自如。否則爲散，神不聚，氣不順，大則大矣，潰然不成軍。

歷來練拳者，得大易，得緊湊舒身難。「務令順遂」，其關鍵在於大中見圓。

故要大氣、大方，不能大而無當。

練陳式太極拳的要旨在於，能放得開，能收得住。放開心胸，放鬆形體，舒展四肢；收住心神，凝住真氣，抱元守一。

「大」中之妙，心性尤不能僵，無礙無滯。太極拳每個階段的大發展，都是眾多大家突破藩籬的心性解放，有容乃大，無私無寓，如此方能體驗道生一、一生二、二生三、三生萬物的拳學境界。

陳小旺先生拳功聞名天下，成名於20世紀80年代，後激蕩世界太極風雲。近觀其拳，於雷霆萬鈞之中，又見潛龍在淵之沉著。其流暢處，如鷹過雁行；其轉合處，如回柳舞風。浩蕩天馬行空，沉雄淵停岳峙。

是爲大方無寓。

余功保

一、名家出故里

余功保

陳家溝現在已經是名聞天下的太極拳之鄉，太極故里。可以說，您是上世紀 80 年代後最早從陳家溝出來，走向全國、走向世界的當代太極名家。您出生在武術世家，您的爺爺陳發科是 20 世紀最傑出的太極拳家之一，為陳式太極拳的推廣、普及發揮了重要作用。您父親陳照旭也是一代名手。請您談一談您自己的學拳的經歷。

陳小旺

在我們小的時候，我們的生活是非常艱苦的，但是我一直覺得苦難的經歷會磨礪一個人的意志。長大後，我無論做什麼事都有一種百折不撓的韌勁兒，或許和童年的苦難有關。

太極拳發源於陳家溝，在我們那裏祖祖輩輩都保持著練拳的風氣。我從小跟父親練拳，學老架，開始的時候我學的很被動，不太喜歡練。

有一次，我的一個練拳的族兄從外地回來，邀我父親去他家玩。這位族兄與我父親同歲，身材魁梧，體重 160 餘斤，我父親當時體重只有 110 餘斤。我父親一進屋門，他突然用雙手從背後抓住我父親的右胳膊，一邊用力反關節下採，一邊問我父親：「九叔，這採勁該怎麼破？」只見我父親輕輕一抖，我那個族兄便頭朝下、腳朝上，離地一米多高。從那一刻開始，我就被太極拳的奇妙深深打動了。可惜父親去世過早，父親去

陳發科像

陳照丕像

陳照奎像

世後，我一直跟隨伯父陳照丕、叔父陳照奎習練太極拳。

　　我那時候學太極拳很刻苦，陳家溝的東溝、村南的小邙河、黃河灘上……經常一個人從早到晚的練拳，好像在全身心投入練拳的時候，就能夠把生活中的很多煩惱都忘掉。

陳家溝村景

陳小旺在陳家溝宗祠練拳

【鏈接】

陳照旭簡介

　　陳照旭（1912—1959），陳發科次子。其性情雅致，聰慧異常，好遊獵、擅胡琴、喜繪畫，多才多藝。自幼秉承家傳，日

練拳達 30 餘遍，曾隨父至京，學練敎多年，參以諸藝之理，功夫達高級之境，爲一代之佼佼者，拳法精微奧妙之處，往往爲同道所稱頌。

後尊父命，回鄉持家興業，曾任民校敎師，敎村中子弟學文識字。惜生不逢時，幾經動盪、數遭迫害而英年早逝。其子陳小旺，承其嚴敎，又得照丕、照奎二老指導，終成一門代表，聞達四方。三子小星，拳藝同樣出衆，辛苦持家，時任陳家溝太極拳學校校長，村中子弟，免費培養，家學門風，永惠鄉里。

陳照丕簡介

陳照丕（1883—1972），字績甫，陳氏太極拳第十代傳人。培養衆多優秀太極人才。幼承家訓，隨陳登科學習祖傳太極拳。陳登科早故，乃從延熙、發科諸先輩繼續學習。後又從陳品三學習、研討太極拳理論。1928 年受北京同仁堂東家樂佑申之聘，到北京敎拳，兼任中央國術館名譽敎授。1942 年應黃河水利委員會委員長張含英之請到西安敎拳；抗日戰爭勝利後，1946 年隨「黃委會」到開封敎拳。1948 年開封解放，邊工作邊敎拳。爲太極事業後繼有人，晚年毅然放棄舒適的都市生活返回家鄉陳家溝，免費敎授一幫弟子。享譽四海的陳小旺、陳正雷、王西安、朱天才等人，均受業於照丕公。

1960 年參加全國武術大會，被授予太極拳名家稱號，1964 年當選爲全國武術協會委員。著有《陳氏太極拳匯宗》《太極拳入門》《陳氏太極拳圖解》《陳氏太極拳理論十三篇》等書。1972 年 12 月 30 日照丕公溘然長逝，享年 80 歲。其於太極拳發展的豐功偉績，後人不忘其大德，建造陵園，以示悼念。

陳照奎簡介

陳照奎（1928—1981），祖籍溫縣陳家溝，陳發科幼子。4歲隨父赴北京，7歲從父學習傳拳術。他學拳刻苦，拳走低架，胸腰折疊，手法多變。拳架中正、流暢，精於閃、戰、彈、抖，推手、擒拿。1942年，陳照奎應其父陳發科的弟子、上海市體育宮主任顧留馨之邀，前往上海市傳授陳式太極拳術，以後辭去公職，先後在北京、上海、鄭州、石家莊、南京、焦作、開封等地專心授拳。20世紀70年代，多次回陳家溝教拳，培養了眾多人才。

陳照奎示範太極推手

余功保

太極拳給您的最初始印象是怎樣的？

陳小旺

剛解放的時候，國家不太提倡太極拳。經歷了多年戰亂的人們沒有安全感，人心惶惶的，做什麼事都謹小慎微。當時有

幾個人跟我爺爺陳發科學拳，也是偷偷地練，這是我對打太極拳的最初印象，感覺氣氛挺緊張的。

後來，人們的生活逐漸安定了，氣氛寬鬆了許多，也沒什麼人反對練拳了。

余功保

應該說是您的父親把您引領進太極拳之門的。

陳小旺

是的。7 歲的時候，父親開始教我學拳。開始教我的時候，我並不是特別上心地好好練，有時候放學回來困了倒下就睡著了，父親就會把我叫起來，我迷迷糊糊地練。但我也不是特別調皮，挺聽話的。

過去練拳沒有纏絲功，也沒有站樁，上來就是老架一路，所以我從 7 歲開始一直到 10 歲父親離開，都是在練習老架一路。

余功保

對父親練拳的印象是怎樣的？

陳小旺

小時候父親每天早晨都一個人在我家的空地上練拳，我母親做好早飯就會讓我叫父親回來吃飯。每次我去叫他的時候，他都還沒有練完。我就會在一邊靜靜地等著他練完，然後對他說：「爸爸吃飯。」每天早晨都是這樣，所以我不是看他練拳，而是等他練拳。

父親練拳的影像給我留下了深刻的印象，那是一種感覺，

非常紮實、渾厚。

所以一直到今天，每當我練習老架一路的時候，都會想起父親的樣子。後來成立互助組，父親擔任互助組組長，「文革」期間含冤入獄。

余功保

除了和您父親之外，還和哪些長輩練過拳？

陳小旺

8 歲那年，爺爺曾經回來過。那是 1953 年，他回來住了幾個月，有時候看看我練拳。

1958 年，我 13 歲。五伯陳照奎退休回來，我便開始跟隨他練拳。那時候有很多人跟五伯練拳，我就在後邊跟著練。我那時候會老架，給五伯打了金剛搗錐、懶紮衣，他覺得我這個小小子挺有意思。那是五伯第一次看我打拳。

後來老架二路、器械都是跟他學的。

1972 年，我已經有了大兒子小軍。五伯對我說：「小旺，你這拳還要再提高，等你叔叔回來讓他看看。」所以後來我又跟叔叔學了一段時間，一直到 1981 年叔叔過世。

余功保

有名師的指導，再加上您自己的刻苦練習，上個世紀 70 年代末，您就在武林中嶄露頭角。中國的改革開放，給各行各業都帶來了活力，也給武術帶來了前所未有的發展機遇。80 年代後，陳家溝出現了一批在國內外很有影響的拳家，應該說，當時您是其中最為著名者。

陳小旺

當時中國開始撥亂反正，改革開放，我父親終於平反昭雪，我的心情也舒暢了。也是在那個時候，中央新聞電影製片廠拍攝了一部影片叫做《陳式太極拳》，我在影片中展示了陳式太極拳的風采。那部影片的播放，使很多人認識了剛柔相濟的陳式太極拳，也記住了我。

余功保

我看過那部影片。中央電視臺多次播放，那部片子很多人都看過，影響廣泛。估計那是第一次有那麼多的人第一次對陳式太極拳有了直觀的感性印象，而且印象不錯。這就是現代傳媒的力量。

陳小旺

在接下來的幾年中，我參加了很多次全國武術太極拳比賽和國際武術邀請賽，從 1980 年到 1982 年，連續三次獲得全國武術比賽的太極拳冠軍，1985 年，代表中國隊在西安首屆國際武術邀請賽中獲得太極拳冠軍。

余功保

僅僅是對太極拳的興趣就讓您堅持在這條繼承傳播的路上走了這麼久嗎？

陳小旺

當然，只憑興趣是無法堅持下來的，後來，太極拳變成了

我的責任。

十五、六歲的時候，有一次我一個人去河北，當時交通並不發達，要坐公共汽車。半路上，車上有人問我：「小孩你是哪兒的？」我說：「我是陳家溝的。」他說：「陳家溝？那你知不知道陳發科呀？」我說：「陳發科是我爺爺。」

當時，嘈雜的公共汽車立刻安靜了下來，整個車上人的目光都投向了我。這件事對我的刺激很大，我第一次感受到了自己身上有責任的。太極拳不能在我這一代失傳，我要把它繼承下來。

余功保

責任就意味著有壓力，這種壓力也會轉變成練拳的動力。

陳小旺

父親走了以後，家中一貧如洗，生活更加困難。我從來沒有想到以太極拳作為職業，我小時候的夢想是當一名醫生。

但是，得把太極拳繼承下來這個想法一直重重地壓在我的心頭，這個責任一直像重擔一樣壓在我的肩頭。所以練拳非常刻苦。

現在有很多人練拳，但是總是覺得沒時間，或者有特殊原因沒有堅持下來，如果你把練拳放在首位，其他的一切問題就自然不是問題了。

練功期間，排除一切客觀原因。無論如何，都要保證完成自己每天給自己定下的練拳任務。

我有一段時間在工廠做推銷員，經常到外地出差，有時候坐火車得坐一天，進旅館已經晚上 12 點了，那今天還怎麼練？

今天練不夠，就明天補夠，自己的要求只能增加不能減少。比如我定好每天練 20 遍，今天沒時間，明天練 25 遍，後天練 25 遍，直到四天後補齊今天沒有練的 20 遍。到省裏以後，我要求自己每天練新架 25 遍。

余功保

我知道您從小就很出名，不僅是因為爺爺和父親的名氣大，您自己訓練也很刻苦，剛才也說到獲得很多次冠軍。其中 1985 年西安首屆國際武術邀請賽獲太極拳冠軍那一次，您的表現給人們留下了深刻的印象，至今人們還會津津樂道。

陳小旺

我也對 1985 年全國國際武術首屆邀請賽的印象非常深刻。當時美國加州國術總會帶了十幾個人來參賽，在東方賓館找到我，希望可以和我切磋技藝，交手之後副會長讚不絕口，佩服得五體投地，連連說：「那功夫還是在中國。」說了不下十聲。

還有一個日本人被我摔倒在地上後，自己寫文章說「他感覺整個大地都在震盪……」

這些故事把我的名氣托起來了。

余功保

您曾經多次代表中國到日本、美國、新加坡等多個國家和地區交流訪問，據說還受到過挑戰。

陳小旺

1985 年的時候，我隨中日友好代表團出訪日本，當時受到

日本天皇的親切接見。有一次為日本武士進行太極拳表演，當我走下臺的時候，突然感到背後有人，我本能地轉身出招，把從背後向我偷襲的日本武士甩出了幾米遠。周圍有很多日本人都看到了，都很讚歎中國太極拳功夫的精妙。第二年，那個武士也帶著他的弟子來找我學習太極拳。

余功保

從開始教學以來，您大概教過多少學生？

陳小旺

直接傳授加上輔導、聽過課的，應該在幾十萬人以上。

余功保

其中比較突出的有多少？

陳小旺

我的學生中很多人練得都很好。有不少人在國內外各種大賽中取得過突出成績，或者在太極拳推廣中發揮了很大的作用。比如多次國內、國際太極拳大賽冠軍得主丁傑；全國傳統太極拳、劍、推手比賽 65 公斤級推手亞軍毋乃秋；全國武術觀摩交流大會太極拳冠軍單偉；全國煤礦武術運動會太極拳冠軍彭楊鎖；上海中日太極拳、劍比賽太極拳冠軍、日本女選手中村朱杏；武漢國際太極拳、劍比賽一等獎獲得者、日本選手遠騰清彥；日本全國太極拳冠軍及川真；馬來西亞全國太極拳冠軍王春清，亞軍趙漢源；全美國太極拳、劍、推手比賽三項冠軍得主任廣義等。

余功保

您 1980 年調入河南省體委，先後任河南省武術館副館長、河南省武協副主席、河南省陳式太極拳協會主席、全國第七屆人大代表、河南省第七屆政協委員、河南省對外文化交流理事，多所國際、國內大學及地區太極拳協會、研究會名譽會長及技術顧問等職。正當您在國內的太極拳事業如日中天的時候，1990 年，忽然拋下國內已經擁有的一切，孤身一人前往澳洲謀求發展。現在來看，感覺如何？

輔導學員

陳小旺

年輕的時候到處走一走，看一看，很辛苦，但這是人生的

陳小旺在國外傳拳

幸運。我很欣慰的是，這些年來在國外推廣太極拳我盡了自己的力。

二、太極行天下

余功保

中國文化中真正走出去並產生重大影響的不多，太極拳是其中之一。

陳小旺

太極拳在國際上的推廣，需要很多人去做工作。否則別人難以理解。

余功保

工作做不好，就會讓人理解產生偏差。這是更糟糕的事。

陳小旺

開始的工作不是很好做的。

剛到國外那些年，語言不通、生活不慣、沒有親人朋友……這些都不可怕，我面臨的最大困難是外國人對太極拳的不瞭解、不接受。

要傳播太極拳，首先要讓人們接受太極拳。

余功保

您認為太極拳在當今社會的突出價值在哪裏？

陳小旺

我們每一個人的身體裏，無論是有形的身體運作，還是無形的大腦運動，都是無形的太極圖，而太極拳是一種習練之後能保持身體和心理的平衡、老少皆宜的運動。身體如果哪一部分不疏通了，就會產生不同的疾病，而習練太極拳則像將水流加大，能對有障礙的身體產生一定的疏通作用，健身健腦。

參加太極拳名家講堂授課

現在世界上練習太極拳的人越來越多，層次也由普通百姓增至中高層人士，慢慢被所有的人接受。無論是用於修身養性還是用於技擊，太極拳這一武術奇葩的魅力已被越來越多的外國人認可。所以，每當我看到外國人對太極拳的癡迷，就覺得自己身上的責任越來越重，作為一名傳播者，我有責任讓這一古老而神奇的拳種走向全世界，讓人們都為之受益。

余功保

您是如何讓那些對太極拳完全不瞭解的外國人接受太極拳的呢？

陳小旺

我採用現場表演的方式將太極拳生動形象地展現在外國人面前。透過對各種功法和套路的表演，讓大家對太極拳有一個直觀的認識。我希望由表演，讓大家瞭解太極拳，產生興趣，

親身參與。

余功保

在國外傳播太極拳
感到和在中國最大的不
同是什麼？

陳小旺

國外有很多地方和

陳小旺和外國學員在一起

國內不一樣。比如人們的法律意識很強，如果在比試武藝的時
候不小心將對方致傷，會很麻煩。所以，我儘量只進行拳技表
演。當然必須有一定的技擊功夫展示，否則人家對中國武術的
作用不能夠完全瞭解。

對於各種挑戰，我也總是讓對方攻擊，自己輕易不出手。

2002 年 3 月的時候，我曾經受邀到臺灣傳授太極拳。我當
時用定步功夫抵擋跆拳道 6 段高手和八個彪形大漢的推搡，自
己始終保持紋絲不動，觀眾和學生們看得非常興奮。我希望在
這樣的輕鬆的氣氛裏，讓原本不瞭解太極拳的人領略到太極拳
的真正魅力。

余功保

這些年，為了傳播太極拳，您一直在世界各地奔波，您主
要在哪些國家開展陳式太極拳的教學？

陳小旺

這十幾年，我先後在世界 60 多個國家傳授太極拳，參加聽

課人次不下 20 萬。目前，陳式太極拳在澳洲已經落地生根了，成立了「世界陳小旺太極拳總會」，我任會長。目前這個太極拳總會已經遍佈世界三十多個國家，有五十多個分會，會員達十萬餘人。

余功保

工作量還是很大的，比較辛苦。

陳小旺

但我還是很愉快的。不願意幹的事才會覺得辛苦，願意幹的事就不覺得辛苦。

我今天在美洲，明天飛歐洲，不停地走，一年的總行程要繞地球好幾圈。看到太極拳日益在世界各地普及，世界太極拳的人口快速增長壯大，我心裏非常高興。

余功保

根據您在國外許多年的感覺，目前太極拳在國外的發展情況是什麼樣的？

陳小旺

現在世界上練習太極拳的人越來越多，層次也由普通百姓增至中高層人士，慢慢被所有的人接受。無論是用於修身養性還是用於技擊，太極拳這一武術奇葩的魅力已被越來越多的外國人認可。所以，每當我看到外國人對太極拳的癡迷，就覺得自己身上的責任越來越重，作為一名傳播者，我有責任讓這一古老而神奇的拳種走向全世界，讓人們都為之受益。作為一名

太極傳人，傳播太極拳是我一生的使命。

這些年我在國外就是為了傳播太極拳，擴大太極拳在世界上的影響。現在，在國家的大力支持推廣下，太極拳在世界上得到了前所未有的普及發展，我感到很欣慰。

在國外帶領弟子練拳

余功保

您覺得在太極拳的推廣中，最重要的是什麼？

陳小旺

應該有一種寬廣的胸懷和開放的思路。

比如，我一直反對把陳式太極拳分成大小架，我覺得都是陳家溝的拳。

1980 年，我到省體委工作後，有一次和陳伯先談話，我說大小架的觀點我不贊成，都是陳家溝老人留下的，都是好的，只是誰練得好不好的問題。我覺得咱們應該關起門練兵，出去不欺負別人，共同發展。他也贊成我的觀點。我們談了一個晚上，取得了很大的共識。

一直到現在我的想法都沒變，武術是中國人的，太極拳是中國人的，要想發展，就必須擁有開放的思路。

我的學校培養骨幹、樹立骨幹，我的學生可以學其他拳種、教其他拳種。我從來不評價別人練的如何，別的拳種，別

的流派如何，也不認為練別的拳不好。

余功保

陳家溝可以說是中國在世界上最為著名的村莊之一。這是因為中國不斷的發展、進步，國家逐步強盛，中國文化也在世界上受到更多的重視。此外，當地各級政府注重推廣宣傳中原文化也發揮了重要作用。另一個積極因素就是陳家溝的許多太極拳家熱心、辛勤地在世界各地傳播太極拳，使更多人直接認識瞭解太極拳。

陳小旺

我們總有一種使命感，要把中國的太極拳這個優秀的文化更加發揚光大。

余功保

據說這十幾年來，您每年都要回家鄉過年。

陳小旺

越是遠離故土，越是懷念家鄉。很奇怪，在國外，我常常回憶起從前燒磚、幹木工的那些往事，腦海裏也不自覺浮現出小時候的情景。

每次回陳家溝，我都要到之前曾經住過的地方看一看，到年輕時曾經種過的自留地轉一轉，到父老鄉親家坐一坐、聊一聊。看到家鄉的發展變化，看到家鄉人民的日子越來越好，我非常高興。

對於家鄉的事情，我也願意、儘量付出，幫忙，只要我能做

的，再忙、再累，只要家鄉一
聲召喚，我一定馬上飛回來。

余功保

聽說您還為家鄉捐贈了一
些錢支持家鄉陳家溝的開發。

陳小旺

陳小旺回家鄉

錢無論多少總是有限的，
更重要的是我們的心，要把家鄉的發展建設放在心上。

2005年，溫縣縣委、縣政府邀請我參加了針對陳家溝建設
召開的太極拳名流座談會，縣政府對陳家溝建設開發的高度重視
讓我很感動。於是我就決定和弟弟小星一起為陳家溝建設募捐。

在去年春天的捐資儀式上，縣委副書記送給我一副匾額，
上書「情繫故里，弘揚太極」。我很開心。當時我就說，我要
號召我所有的學生都來建設陳家溝，也希望更多的拳師擰成一
股繩。儀式上，和我一起回國的三個外國弟子，也當場主動捐
款用於陳家溝的建設。我對我的弟子們說：「希望你們都能為
陳家溝的開發建設，為焦作的旅遊貢獻一些力量。」

余功保

中華民族是有歸根的傳統的，家鄉是根。血脈所繫，精神
所繫。

陳小旺

我是中國培養出來的，我所獲得的榮譽也是中國給的。我

這身太極拳功夫就是在陳家溝練出來的，是陳照丕、陳照奎兩位老師口授身傳、一招一式傳授給我的。中國是我的根，陳家溝是我的根，無論走到哪裏，我都不會忘記我的中國，不會忘記我的家鄉，不會忘記我的老師的。

去年，溫縣政府對我說：「家鄉太極拳的發展需要你。」就為了這一句話，我決定結束在海外十餘年的生活，決定回國發展。溫縣特地為我召開了歡迎會，領導說只要我提出條件，一定儘量滿足。我說什麼條件都不要，只要能夠帶動起太極拳的產業，只要能為家鄉起到作用，我就沒白回來。

三、意氣運乾坤

余功保

您研究、練習太極拳很多年，又長期開展太極拳的推廣教學工作，在太極拳上不僅形成了自己獨特的風格，也有很多體會、感悟，在傳授太極拳上也擁有與別人不同的特色。如何入門、如何提高是所有深研太極拳人都需要面對的課題。您自己覺得在教學上有什麼獨到之處嗎？

陳小旺

科學發展是永無止境的，太極拳的鍛鍊也是一樣，終身不可盡其妙。

學習太極拳和學習文化知識是同樣的道理。從小學到大學，逐步掌握越來越高的文化知識。沒有小學到高中這段文化知識的基礎，也就接受不了大學的課程。同樣，練習太極拳必

須循序漸進，一層一層由淺入深。如果違背了這個規律，小學生硬要學習大學的課程，無異於揠苗助長，結果是欲速則不達。

在陳式太極拳的一些著作中，著重高級技擊方法的介紹，要求嚴密的身法，對初級和中級階段的介紹比較缺乏，只有讀者擁有一定的太極拳水準，才能夠理解，也才可以對照自己在練拳當中的不足之處尋找出差距。

而對於初學者，一般來講難以理解和接受，如果盲目閱讀，只會感到無從下手，與自己的實踐練習結合不上。這就跟讓小學生讀大學課本的道理一樣，不僅不能正常練習，反而會受到束縛，越來越糊塗，喪失信心。只有對自己現階段的水準有正確和全面的認識，找到適合自己水準承受能力的習練方法，才能夠一步一步達到最終的成功。

我在教學中總結出一套「自然第一，循序漸進，疲倦練高架，充沛練低架，大腦一半思考，一半放鬆」的科學練拳方法。我經常和學生討論拳法，循循善誘地啟發學生掌握拳理。

余功保

太極拳的健身性是大家最為關切的一個問題，您是如何看待太極拳對健康的作用的？

陳小旺

太極拳崇尚中國古老的陰陽哲學思想，是中國幾千年的文化精髓，是中國人文化的核心。我們每一個人的身體裏，無論是有形的身體運作，還是無形的大腦運動，都是一幅無形的太極圖。

太極拳的作用可以歸納為健身和健心兩大方面。

太極拳是一種習練之後能保持身體和心理平衡、老少皆宜的運動。身體如果哪一部分不疏通了，就會產生不同的疾病，而習練太極拳則像將水流加大，能對有障礙的身體產生一定的疏通作用，健身、健心。

遊歷多國後，我發現，越是發達的國家，人們心理上的不平衡越趨於明顯。長期的心理不平衡會引起身體上的疾病，相反，身體上長期的不健康也會導致心理上的疾病，長此以往，會形成身體和心理不健康的惡性循環。

余功保

有時候心理上的疾病給人帶來的副作用甚於形體上的疾病。

陳小旺

太極拳可以使人們保持開心的心態投入到生活和工作中，就不會產生心理疾病。

人們都知道，人的整個身體的循環系統正常了，就是健康的。太極拳創始在陰陽學說理論和中醫經絡學說的根據之上，一舉一動都圍繞著丹田。過去講「氣沉丹田」，我覺得說「以丹田為核心」更為恰當，每個關節都要支援丹田，目的都是形成以丹田為核心。丹田充實，胸部輕鬆，頭腦安定，腳底生根，貫通全體。

陳小旺太極拳勢

余功保

丹田是太極拳鍛鍊中一個很關鍵的部位，或者說是概念。但對其構造、部位、作用、練法也有不同的看法，甚至有很激烈的爭論。

陳小旺太極槍法

陳小旺

我在教學中是會反覆強調「丹田」在太極拳中的重要性，各個部位和丹田相輔相成，關節做得不準確會影響丹田為核心，丹田又可以影響全體。

太極拳千變萬化，招式層出不窮，如果死記硬背，一輩子也記不住、學不完，即使記住了，也是無源之水、無本之木。萬法歸一，太極拳雖然千變萬化，但是始終以丹田為核心，一動俱動、節節貫穿。

余功保

萬事從頭起。學拳的初始階段，有哪些注意事項？

陳小旺

初學陳式太極拳，可以從一路拳架入手，從學習一路拳架的第一個式子開始的，每一招、每一式都要依照拳套的外形姿勢與動作進行練習，按照動作要求的方向、角度、位置，包括

手腳的運行，練到感覺到有內氣的活動為止。

余功保

練習太極拳需要重點掌握哪些要領？

陳小旺

練習太極拳要求立身中正、虛領頂勁、鬆肩沉肘、含胸塌腰、開髖屈膝，達到心氣下降、氣沉丹田的目的。

對剛開始練習太極拳的人要求比較簡單，比如虛領頂勁只要求頭自然正；含胸塌腰只要立身中正不前俯後仰、不左歪右斜就可以了。這和寫字一樣，只要筆劃對就行。在練拳當中難免帶一些僵硬動作和一些凹凸缺陷之處，屬於正常現象。這些問題，在一開始不必過於計較，要求過多反被束縛。

余功保

太極拳論中處處不離「陰陽」，如何理解太極拳的「陰陽」？

陳小旺

按太極拳來說：虛為陰，實為陽；合為陰，開為陽；柔為陰，剛為陽；陰與陽，是對立統一，缺一不可的，二者又可以相互轉化。練習太極拳按十份計算，練到陰陽相等，就是五陰五陽，是練習太極拳成功的標準。

余功保

太極拳講究「行氣」，對一些練拳者來說，學會動作不太

難，至少是由反覆鍛鍊能逐步規範，但能真切感受到內氣的貫通卻不容易做到。如何理解太極拳的內氣？

陳小旺

人體的內氣在經絡中運行，好比灌溉田地，人身的經絡就好像是農田的溝渠，經絡不閉則氣通，溝渠不塞而水行。在練拳當中，肢體帶有僵勁和拙力，使某一部位動作較快，過了，就會產生頂勁；某個部位動作較慢，不及，就會產生丟勁，凡是在運動過程中，動作不協調而產生偏倚、凹凸、缺陷之處，就產生了矛盾。練拳時如果肢體產生了矛盾，內氣就會受阻而中斷，行不到手足梢節，只有經過練習，使周身各部位符合拳架的要求，就能解決矛盾，達到節節貫串，恰如疏通了被堵塞的水渠，使內氣暢通，發於丹田，達到梢節。因此，練拳時要力求順便，動作協調。

余功保

陳式太極拳講究纏絲勁，這是它的關鍵性技術，如何練好纏絲勁？

陳小旺

陳式太極拳要求一舉一動都不離纏絲勁。拳論中說：「纏絲勁發源於腎，處處皆有，無時不然。」陳式太極拳要求在運動中嚴格掌握纏絲法，也就是纏繞螺

陳小旺拳照

旋的運動方法以及纏絲勁，這是陳式太極拳中的精華所在。

纏絲法要求鬆肩沉肘、含胸塌腰、開髖屈膝，以腰為軸、一動全動，掌心內外翻轉，手往裏轉，以手領肘，以肘領肩，以肩領腰；手往外轉，以腰催肩，以肩催肘，以肘催手。表現在上肢是旋腕轉膀，表現在下肢是旋踝轉腿，表現在身軀則是旋腰轉背，三者結合起來，形成一條根在腳、主宰於腰而形於手指的空間旋轉曲線。

余功保

陳式太極拳除了講究纏絲，還講圈。

陳小旺

要想拳練好，必把圈練小。練習太極拳的步驟，由大圈到中圈，由中圈到小圈，由小圈而無圈。這裏指的圈並非是指手腳的運行範圍和軌跡，而是內氣漸漸貫通為大圈。

余功保

太極拳需要長時間的磨鍊，很多習練太極拳的人遇到困難會半途而廢，您怎樣鼓勵這些在練拳過程中遇到瓶頸的人？

陳小旺

「練拳者千人萬人，練成者一人十人。」這種說法雖然是誇張，事實上半途而廢的人占多數，這主要是經不起考驗、失去信心而中斷的。攻克這個難關的方法沒有什麼訣竅，只有百折不撓的精神。

在練習了一段時間後，很多人會出現走彎路和反覆起伏的

現象。所謂走彎路，就是練拳的人對太極拳的要領產生誤解、掌握不準確，產生片面的認識，因而在練拳中出現了錯誤；所謂起伏反覆，就是有時練的非常順遂，似乎有很大進步，但練一段時間後不僅感覺沒有什麼進步，反而越練越不對勁。拳論中說：「人人各具一太極，但看用功不用功。」又說：「只要用功之久，而一旦豁然貫通矣！」一般情況，需四年左右的時間才能達到一氣貫通，便會恍然大悟。

余功保

推手是太極拳的重要技術，也是有效的訓練手段。如何看待練習推手在練拳中的作用。

陳小旺

推手和練拳是分不開的，練拳時存在什麼問題，在推手時就會出現什麼破綻，給對方以可乘之機，所以說太極拳要求周身相隨，切勿妄動。推手時，達到「掤捋擠按須認真，上下相隨人難侵，任他巨力人來打，牽動四兩撥千斤」。

要多練推手，推手是實踐，是檢驗拳架的唯一標準。練習太極拳時對逐勢的要求如同製造機器零件，推手就好像安裝，如果零件製造的都很符合規格，機器安裝起來就過硬，零件誤差過大或者造錯了，機器就裝不起來。

陳小旺示範
太極推手四兩撥千斤

練拳當中存在的問題，一經對抗性的推手就能很明顯地表現出來。

練拳當中產生了偏倚和丟勁現象，在推手時就容易出現背勢，自己勢背就是對方進攻的機會，並且容易受力而不利走化。

練拳當中產生的頂勁，在推手時，往往與對方頂抗，容易出現「牛頂頭」的比力現象，不易做到捨己從人，因勢利導。

練習拳架的目的，就是為了技擊，如果拳架能夠適應對抗性的推手，也就證明架子練習的準確，自己進一步下工夫就會更加充滿信心。

余功保

除了練習套路和推手，還可以進行什麼訓練以提高太極拳的功力？

陳小旺

已經有一定水準後，可以加大運動量，每天練習十五趟拳，還要抖大杆子，練習刀、槍、劍、棍等器械和單勢發勁動作。

太極拳有陰柔輕靈的一面，也有陽剛沉著的一面，兩者兼備互用，才得太極兩儀。單憑觸覺靈敏，則有被動而無主動，不易引動對方和放勁乾脆，相反地易被對方所引動。所以練習第二路（炮捶）和抖杆子等，加強耐力和爆發力，功夫更加扎實，才能戰勝強敵。

余功保

呼吸是太極拳練習中經常提到的問題，練習太極拳應該如

何配合呼吸？

陳小旺拳照

陳小旺

初練太極拳的時候，如果硬要按標準的呼吸機械地配合，得不到收效，徒勞無益。所以，開始練拳時一定要自然呼吸。隨著練習太極拳水準的提高，在練習太極拳時，一般的動作也會自然地與呼吸配合起來。同時，對一些比較細緻、複雜、疾速的動作，還需要有意識加以準確的呼吸配合，進一步使動作與呼吸配合一致。

余功保

太極拳中最重要的要領是什麼？

陳小旺

是「以丹田為核心」這一條。從預備勢開始就要做到，形成丹田為核心，全身各個關節都要符合太極的要求，鬆肩、沉肘、含胸、塌腰、開胯等等，都來支持丹田，才能形成丹田為核心。當形成了丹田為核心，這個要求貫通了全體，全體安靜——這就是預備勢。

動起來的時候依然以丹田為核心，一動全動，節節貫穿。我們練習什麼套路，這個老師和那個老師不一樣，這些都不重要，關鍵是這一「以丹田為核心」構建的運動體系。

余功保

我觀察您在教學中反覆強調以「以丹田為核心」。什麼是「以丹田為核心」？陳式太極拳有幾種運動形式？

陳小旺

陳式太極拳始終遵循著以丹田為核心的運動規律。

太極拳的運動規律只有一個：以丹田為核心。這個運動規律很抽象，丹田動，首先影響腰和腰的纏絲；影響肩、肘、手和肩、肘、手的纏絲；影響胯、膝、踝和胯、膝、踝的纏絲。丹田受到全身的支持，丹田又能影響全身，形成以丹田為核心，一動全動，全身纏絲——這是一個運動形式。

第二個運動形式是起勢，沒有纏絲，有胸腰的折疊運化，丹田是前後旋轉，這是第二個運動形式。

第三個運動形式，是在第一個運動形式和第二個運動形式之間的變化，左邊後、後邊前、左邊右、右邊後，在變的時候，既往後、又往右、又往左、又往前，又往左、又往後、又往前，每一變得變四個方向。

所以總結來說，太極拳一個運動規律：以丹田為核心，一動全動，節節貫穿。三種運動形式：一個是纏繞螺旋，丹田左右旋轉；一個是丹田前後旋轉，胸腰折疊運化；第三個在第一和二之間，既有前後又有左右。這三種運動形式同是一種運動規律，前後左右既有前後又有左右，都是以丹田為核心。

所有套路，包括刀、槍、劍、棍，還有推手，都只有「丹田為核心」這一個運動規律。

三種運動形式的運動規律都一樣，全身因為這個運動規律

存在而形成了一個運動體系，這個運動體系能夠適應客觀條件的變化、打擊，都是為了破壞這個運動體系。如果這個運動體系很堅固，能夠適應變化、抵擋打擊，保護丹田的核心，在對方進攻的時候，能夠保持平靜，就需要你全身的運動體系的建立和運動體系的品質。

余功保

您經常會講到「誤差」，什麼是練拳的誤差？

陳小旺

在練拳的過程中，你首先要知道什麼是誤差，知道什麼是最準確的，凡是不準確的都是誤差。知道自己哪一點沒有達到最準確的地方，知道自己的誤差，一遍一遍地練以縮小誤差，水準就會提高。練拳的過程就是縮小誤差的過程，縮小誤差的過程就叫下工夫，不知道縮小誤差就叫白下工夫。

誤差越大，氣的流量越小；誤差越小，氣的流量就越大，縮小誤差就是為了達到一氣貫通。

真正的基本功不是表面上看，真正的基本功就是找到、抓住太極拳的運動規律，全身通過遵循這一個運動規律形成一個運動體系。

我們練拳是個手段，目的就是為了達到這個運動體系。什麼時候抓住這個運動規律了，自然就可以構建起這個運動體系。

因為外形引動內部必然有相當大的誤差，但是只要你首先明確運動規律，一遍一遍地練習，縮小自己的誤差。

開始的時候誤差大沒關係，重要的是你要明確有誤差的存在，如果不知道有誤差，也就不會知道縮小誤差，那就是白下

上善若水——中國太極拳名家對話錄

工夫。而一遍一遍地縮小誤差的過程就叫下工夫。

余功保

去掉錯誤就接近了正確。

陳小旺

當縮小了百分之四十的誤差，你便有了百分之六十的貫穿、合理、協調。內氣的流量加大到了一定程度，運動品質就會產生變化，以內導外，內氣不動，外形皆然不動，內氣一動，外形隨氣而動。百分之六十的時候，運動品質發生了變化，由外到內變成了由內到外，功夫不斷累積，到了這個程度也就是大圈畫出來的時候。

我經常說練習太極拳就是由大圈到中圈到小圈到無圈的過程，無圈是最高境界，內有虛實變化外邊看不見，不是真正沒有，而是小到看不到。太極拳失傳沒失傳就看大圈畫沒畫出來。如果有人練到大圈，掌握到這個運動規律，就可以精益求精，就沒有失傳，不是一個套路器械用法失傳了，或者是一個老師留一手越傳越薄，這些都是外行話，抓住最關鍵的基本功，從表面上基本功就是纏絲的方法。

余功保

有人在練拳中很重視椿功，您的觀點呢？

陳小旺

椿功就是預備勢的加強，分腳站正這是表面的，真正的基本的是纏絲功，準備就是形成丹田的核心，貫通全體，站椿就

是為了充分達到預備勢的要求，是一種「功」。

余功保

什麼是太極拳的「功」？如何修練陳式太極拳的內功？

陳小旺

運動規律就是功。沒有抓住運動規律，硬胳膊硬腿地練習就叫「練拳不練功」。如果只是練習一些動作、用法，那丟一段時間就什麼都沒有了。

余功保

如何站樁？又如何體會站樁的感覺？

陳小旺

站樁的要求是形成丹田為核心，全身貫通，使氣內通臟腑、外通肌膚。這也就是我們在預備勢上要達到的目的。要在站樁的過程中感覺腳底生根，丹田飽滿，頭腦清淨，胸部輕鬆，全身發脹，這種感覺就說明到達了我們的目的——丹田為核心，說明全身貫通了。

陳小旺練習太極內功

太極拳雖然博大精深，但總結出來也不是那麼難，就是一個運動規律。人們習慣把太極拳分成無極樁、太極樁，而我更習慣叫它「中定樁」，斜行完了成中定、單鞭完了中定。氣在運化中間

和停下來不同，動的時候就像拿個石頭放進水裏，不動時水就平靜了。

余功保

打拳的過程中，意念是一個重要問題。您認為應該如何運用意念？

陳小旺

打拳的時候，百分之五十放鬆，在有意無意之間打拳。如果用百分之百，就會顧此失彼，百分之五十放鬆才能感覺到總體。無論你的意念集中在氣、還是用法、還是動作，都只占百分之五十。初學的時候可以主要集中在動作上，然後是氣，最後是用法，但都只占百分之五十。

余功保

有很多人關心技擊，您認為太極拳能夠適應散打嗎？

陳小旺

推手能夠適應散打。我也有很多學生是練太極拳的，但在散打比賽中拿冠軍。盤架子久了，基本功紮實了，自然在技擊過程中就產生自然反應，練到一定程度，太極拳是能夠適應散打的。

余功保

文學上講「功夫在詩外」，同樣道理，「功夫在拳外」。練好拳，武術之外的一些修養也很有幫助。古今的一些拳種在

這方面都有很生動的例子。我聽說您也很喜歡書法。

陳小旺

中國文化是一脈相承的。練書法對陶冶性情很有益處，對體會拳的節奏感、起承轉合都有幫助。我在世界各地教拳，也寫中國書法，有的外國人還專門收藏。

余功保

我看您寫了很多以太極拳為內容的條

陳小旺的書法

幅，書法為文，太極為武。您在這兩者之間的互通感受如何？

陳小旺

我 1987 年才開始拿筆，但並沒有下多少工夫苦練書法，但是自己感覺在寫字上還有點兒悟性。我現在還很清楚地記得當年去河南省博物館買宣紙的情景。我記得當時賣紙的地方只剩下三十刀了，一刀是一百張，我全買了下來，全部裝到車上。自己也很奇怪，怎麼每天打拳的人會對書法這麼感興趣。

文武是想通的，寫毛筆字和打拳是相通的。寫毛筆字就好像是拿著筆打拳，而打拳，就好像不拿筆在寫字。二者都是用手來掌握。寫毛筆字需要由筆、手、臂，把內裏的心、意、想法表達到紙上。

打拳，講究功力；寫字，講究筆力。如何才能有筆力？需要內氣由持、續延綿不斷的手勁傳到紙上，才能產生筆力，如果中間的勁或者氣斷了、意念散了，就產生了敗筆，結構就無

法一氣呵成，形和神自然就散了。瞭解到寫書法和練太極實際上有很多共通的地方後，我就嘗試利用太極拳的原理，把太極勁兒轉化運用到寫字上。

因為擁有太極拳的基礎，在力量上可以隨心所欲一些，這對我的書法修練提供了很大的有利條件。有很多人練字練到一定程度感覺心有餘而力不足，手的力量達不到、勁的力量達不到自己心裏想要表達的力度和程度。很多書法家需要練過勁後再寫字，這樣書法就自然上了一個臺階。

余功保

我聽說您最近正在為了籌建陳長興故居而義賣您的書法作品，是如何想到透過這種途徑籌集資金的呢？

陳小旺

我義賣書畫作品由來已久了。最早是 1990 年，當時我在馬來西亞得知當地華人的一所畫校要蓋樓房，可是資金緊張，當地的華人邀請我去義寫，我覺得這是一件為華人謀福利的好事，於是就去了。我記得當天現場有很多人，我本來只想寫三張，1000 馬幣一張，不到 5 分鐘，三幅字就都賣出去了。我剛要收攤兒準備離開，從人群裏走出來一位老先生，他說：「陳大師，我願意出 1500 元請您為我寫一張。」我於是就又寫了一張。還沒來得及走，又一位老先生說願意出 2000 元，於是我便又寫了一張。緊接著，虎牌黑啤酒公司的人提出願意出 3000 元求字，我說：「你出 3500 吧，這樣今天的義賣就湊足了 1 萬元。」我為他寫下了「虎嘯」兩個字。然後把義賣所得的 1 萬元都捐給了學校，當時在馬來西亞的各大報刊都刊登了「陳小

旺大師揮毫捐萬元」的消息，在當地引起了震動。

這就是我第一次義賣，既然可以由自己的努力做好事，那何樂而不為呢？

目前的義賣是為了捐助興建陳長興故居，我把所有買下我字的人的名字都記了下來，等以後陳長興故居建成，我會把他們的名字刻在牆上，以感謝他們的支持。

四、功夫見五層

余功保

在 20 世紀 80 年代，關於太極拳的出版物還比較少，您那時就很注重太極拳圖書的寫作，還出版了幾本有關圖書，影響很大。

陳小旺

要推廣、繼承、發展、普及太極拳，運用圖書出版是一個重要的手段。過去自己的文學底子薄，寫書實際上還是克服了不少困難的。那時，出版了《世傳陳氏太極拳》《陳氏三十八式太極拳》等書籍。當然後來圖書、音像就多了一些。

陳小旺著
《陳氏三十八式太極拳》

余功保

還發表了一些論文。

陳小旺

對，有《論陳氏太極拳的五層功夫》《陳氏太極拳的發勁》《陳氏太極拳的抖杆》等一些論文。

余功保

我仔細看過《論陳氏太極拳的五層功夫》一文，關於五層功夫的劃分很有意思，請您再詳細介紹一下。

陳小旺

這是我根據自己的研究體會，為了方便大家的學習提出來的。

練習太極拳同學生上學是同樣道理，從小學到大學，逐步掌握越來越多的知識。沒有小學、中學的文化基礎，就接受不了大學的課程。學習太極拳也是一層一層由淺入深，循序漸進，如果違背了這個原則，結果是欲速則不達。學習太極拳從開始到成功，可分為五個階段，也稱五層功夫。每層功夫都有一定的客觀標誌，表示功夫的現有水準，第五層功夫為最佳。

余功保

而且是基礎越紮實，後來提高的越快，上升的層次和境界越高。往往你到了高層次了，就會在不知不覺中體會到最基礎的東西的妙處。

陳小旺

所以，不要因為第一層功夫是基礎就忽視。

余功保

第一層功夫的具體體現是什麼？

陳小旺

學習太極拳要求立身中正，虛靈頂勁，鬆肩沉肘，含胸塌腰，開髖屈膝，達到心氣下降，氣沉丹田。而初學者不可能一下掌握這些要領，但應按照逐式要求的方向、角度、位置、手足運行的路線等進行練習。因此，這一階段對身體各部位的要求不必過於強調，可適當地簡化。如對頭和上體要求虛靈頂勁、含胸塌腰，第一層功夫只要求頭自然端正，立身中正，不前俯後仰、左右歪斜即可，這和初學寫字一樣，只要筆劃對就行。

但練拳時，從肢體上看，動作僵硬，外剛內空，有猛打、猛衝、猛起、猛落，有斷勁、頂勁，係正常現象，只要堅持每天認真練習，一般有半年時間即可熟練拳架，並且隨著動作品質的提高，將會逐漸引起內氣在肢體內的活動，即達到外形引內氣的階段。由著熟而逐漸懂勁的過程，為第一層功夫。

余功保

第一層功夫是一個由外及內的過程。

陳小旺

第一層功夫在技擊方面達到的效果是很有限的。由於動作不夠協調，運動不成體系，姿勢達不到標準，存在著僵勁、丟勁、頂勁、拳架上有凹凸缺陷處，內氣僅有感覺，不能一氣貫通，發出來的勁，不是起於腳跟行於腿，主宰於腰，而是一節

飛躍到另一節的零斷勁。所以第一層功夫練拳適應不了技擊。如與不會練武者較量，尚有一定靈活性，雖用不巧，但知道引進落空，有時偶然把對方發出，自己卻難以保持身體的平衡。所以稱為「一陰九陽根頭棍」。何為陰陽？按練習太極拳來說：虛為陰，實為陽。陰與陽是對立的統一、缺一不可。

二者又可以互相轉化，把二者按十份計算，練到陰陽相等，即為五陰五陽，這也是練習太極拳的成功標準。第一層功夫「一陰九陽」，剛多柔少，陰陽很不平衡，不能做到剛柔相濟，運用自如。所以，在第一層功夫期間，對逐式的技擊含義不必追求。

余功保

第二層功夫呢？

陳小旺

從第一層功夫末期，有內氣活動的感覺開始至第三層功夫的初期，為第二層功夫。第二層功夫是進一步克服練拳時身體內外產生的僵勁、丟勁、頂勁和動作不協調的現象，使內氣按照拳架動作的要求有規律地在體內運行，達到一氣貫通、內外協調一致。

完成第一層功夫，已經能夠熟練地按逐式動作初步的要求來練習，有了內氣活動的感覺，但還不能掌握內氣在體內運行。究其原因主要有二：

陳小旺太極拳勢

其一，對身體各個部位的具體要求和相互配合的關係皆未準確地掌握，如含胸過度則彎腰弓背，塌腰過度則挺胸凸臀。因此必須進一步嚴格地要求，準確地掌握身體各個部位的要求和相互之間的關係，解決矛盾，使之統一起來，達到周身相合，內外俱開，同時開中寓合，合中寓開，一開一合，開合相承。

其二，在練拳當中出現顧此失彼的現象，即某個部位動作較快，過了，產生頂勁；某個部位動作較慢，不及，產生丟勁，二者皆違背了太極拳的運動規律。

陳式太極拳要求一舉一動都不離纏絲勁。拳論中說：「纏絲勁發源於腎，處處皆有，無時不然。」在練習太極拳的過程中，嚴格掌握纏絲法和纏絲勁，需在鬆肩沉肘、含胸塌腰、開髖屈膝等要求下，以腰為軸，節節貫穿。手往裏旋轉，以手領肘，以肘領肩，以肩領腰；手往外旋轉，以腰催肩，以肩催肘，以肘催手。表現在上肢是旋腕轉膀，表現在下肢是旋踝轉腿，表現在軀幹是旋腰轉背，三者結合起來，形成一條根在腳、主宰於腰而行於手指的空間旋轉曲線。在練拳的過程中，如果感到某一動作有不得勢或不得勁之處，就可以依據纏絲勁順遂調整一下腰腿，以求動作協調，這樣即可使動作得到糾正。所以，在注意身體各部位的要求以使周身相合的同時，掌握纏絲法和纏絲勁的運動規律，是第二層功夫練習過程中解決矛盾的手段和自我糾正的方法。

在第一層功夫期間，練拳者開始學拳架，架子熟練就能感覺到內氣在身體內活動，於是很感興趣，不會有厭倦之感。但有的進入第二層功夫，卻感到沒有什麼新鮮之處，同時往往對要領產生誤解，掌握不準確，練起來很彆扭，或者有時候練得

非常順遂，發勁也是呼呼帶風，但推手時卻用不上，因此容易產生煩悶情緒，失去信心而中斷。只有以百折不撓的精神，處處循規蹈矩，刻苦盤架子，把周身練成一體，一動全動，組成一個完整的體系，才能達到在運動中不丟不頂，任其變化、圓轉自如。常言道：理不明，延名師，路不清，訪良友；理明路通，持之以恆，終將成功。拳論中說：「人人各具一太極，但看用功不用功。」又說：「只要用功之久，而一旦豁然貫通矣！」一般需四年即可完成第二層功夫。達到一氣貫通的程度，便會恍然大悟，此時練拳信心百倍，越練興趣越高，欲罷不能。

余功保

第二層功夫完成了內外合一的過程，進入太極拳的奧妙境界。

陳小旺

第二層功夫初期的技擊表現與第一層功夫的技擊表現一樣，實用價值不大。第二層功夫末期已經接近第三層功夫，尚有一定的技擊作用。

余功保

在練拳中是否也應始終貫穿著技擊的要領？比如推手的要領應在拳架子中體現？

陳小旺

推手和練拳是分不開的，練拳時存在什麼問題，在推手時就會出現什麼破綻，給對方以可乘之機。所以太極拳要求周身

相隨，切勿妄動。推手時要求「掤捋擠按需認真，上下相隨人難侵，任他巨力來打我，牽動四兩撥千斤」。

第二層功夫是尋求內氣貫通、調整身法、達到節節貫通的階段，而調整身法的過程就是妄動，因而在推手時還無法指揮如意，對方會專門尋找這些薄弱環節，或者故意誘使你產生頂、匾、丟、抗的毛病而出奇制勝。因為推手時對方的進攻不會給你調整身法的時間，而是利用你的缺陷乘隙而入，使你受力失重，或被迫退步，勉強地化去來力。當然，如果對方進攻速度較慢，勁力短，進逼不緊，給了調整身法的餘地，你也能比較理想地化掉對方的進攻。總之，第二層功夫期間，不管進攻或走化都是勉強的，往往是先下手為強，後下手遭殃。此時尚未完全達到捨己從人，隨機應變，雖能走化，但還易出現丟匾和頂抗等毛病。因此，在推手時不能按掤捋擠按的次序進行，所以說：「二陰八陽是散手。」

余功保

第三層功夫的特徵是什麼？

陳小旺

陳式太極拳有關於圈的理論，第三層功夫是由大圈而至中圈的階段。

「要想拳練好，必把圈練小」。練習陳式太極拳的步驟，即由大圈到中圈，由中圈到小圈，由小圈而無圈。所謂「圈」並非指手腳運行的軌跡，而是指內氣疏通。

拳論中說「意氣君來骨肉臣」，即練習太極拳時要著重用意。在第一層功夫中，注意力主要集中在學習和掌握太極拳的

外形姿勢，第二層功夫時注意力主要是發現運動中身手內外產生的矛盾，調整身法，達到內氣貫通。進入第三層功夫，已經疏通了內氣，要求用意不用力，動作輕而不浮，沉而不僵，即外柔內剛，柔中寓剛，周身相隨，禁忌妄動。但不可只顧想氣在體內如何運行而忽視動作，否則，就會產生神態呆滯，致使氣不僅不能暢通，反而會造成氣勢渙散的病象。所以說「在神不在氣，在氣則滯」。

在第一層和第二層功夫中，雖已掌握了外形動作，但內外尚未合一。有時應該吸氣，由於動作僵滯，吸不滿；應該呼氣，由於內外不合，呼不淨。所以，練拳時要求自然呼吸。而進入第三層功夫，動作比較協調，內外基本上合一，一般的動作與呼吸能自然準確地配合，但對一些比較細緻、複雜、疾速的動作，還需有意識地注意與呼吸的配合，進一步使動作與呼吸協調一致，逐步達到順其自然。

第三層功夫基本掌握了陳式太極拳內外要求和運動規律，有了自我糾正的能力，動作比較自如，內氣比較充足。還需進一步瞭解拳勢的技擊含義和使用方法，要多練推手，檢驗拳架、內力和發勁，以及化勁的品質。如拳架能適應對抗性的推手，則證明掌握了拳架要領，進一步下工夫就會更加充滿信心。這時可加大運動量，增加一些輔助練習，如抖大杆子，以及

陳小旺太極拳照

大方無寓──與陳式太極拳名家陳小旺的對話

刀、槍、劍、棍等器械和單勢發勁，這樣練習兩年時間，一般即可進入第四層功夫。

余功保

在第三層功夫階段，自身已經建立了比較完整的太極拳規範與結構。走上了正確的拳學道路。

陳小旺

第三層功夫雖然內氣貫通，動作比較協調，在不受外界干擾、自己練習的情況下，內外也能夠合一，但內氣還是比較薄弱，肌肉的活動與內臟器官之間建立的協調關係還不夠穩固。因此，在對抗性推手和技擊時，遇到一般比較輕緩的進攻能夠捨己從人，隨機應變，因勢利導，引進落空，避實擊虛，運化自如。而一遇勁敵，就會感到掤勁不足，有欲將身法壓匾之意（有可能要破壞不偏不倚、八面支撐、立於不敗之地的身法），尚不能隨心所欲，亦不能如拳論中所說的那樣「出手不見手，見手不能走」，引進和發出對方，也往往生硬和勉強。所以說：「三陰七陽猶覺硬。」

余功保

第四層功夫的體現是什麼？

陳小旺

第四層功夫是由中圈而至小圈

陳小旺太極拳勢

階段，功夫已顯高深造詣，接近成功。對具體練習的方法、動作要領、逐勢的技擊含義、內氣運行，以及注意事項、呼吸與動作的配合等，都已完全掌握。但練習中還應注意，伸手邁步都須有臨敵之意，即假設周圍都是敵人。一招一勢，要連綿貫穿、周身相隨，承上啟下皆有中氣收放、宰乎其中，練拳時「無人如有人」。其練習內容（如拳、器械等）與第三層功夫相同，只要堅持不懈，一般三年時間即可進入五層功夫。

第四層功夫在技擊方面與第三層功夫差別很大。第三層功夫是化掉對方進攻的力，解除本身的矛盾，使自己主動對方被動，而第四層功夫則可以連化帶發。其原因是，內勁已經非常充足，意氣換得靈，周身組成的體系比較鞏固。因此在推手時，對方的進攻威脅不大，觸著即變換身法，很容易地將其來力化掉，表現出隨人之動而不斷改變方向，不丟不頂，內部調整，處處意在人先，動作小，發勁乾脆，落點準，威力大的特點。所以說：「四陰六陽顯好手。」

余功保

第五層功夫應該是一個比較自如的階段了。

陳小旺

第五層功夫是由小圈而至無圈，有形歸無跡階段。拳論中說：「一氣運來志無停，乾坤正氣運鴻蒙，運到有形歸無跡，方知玄妙在天工。」第五層功夫期間，動作已經非常活順，內勁十分充足。但需要精益求精，仍然是費一日之功力，即可得一日之成效，直至身體空靈，變化無端，內有虛實變換，外面看不見，這才是完成了第五層功夫。

在技擊方面達到剛柔相濟，鬆活彈抖，周身處處皆太極，一動一靜俱渾然。即身體各部位都相當靈敏，周身無處不似手，挨著何處何處擊，蓄發相變，八面支撐。所以說：「唯有五陰併五陽，陰陽不偏稱妙手，妙手一運一太極，太極一運化烏有。」

總之，完成第五層功夫，大腦皮質中興奮與抑制、肌肉收縮與放鬆、肌肉的活動與內臟器官的活動已建立了鞏固的協調關係，即使偶然受到襲擊，也不易使這種協調動作受到破壞，而能隨機應變。但是還應繼續深造，精益求精。

余功保

太極拳學無止境。

陳小旺

應該說，功夫層次不是截然分開的，不是孤立的，互相有連帶，是一氣貫通的。功夫的進階是一個連續的過程，不同的人會有不同的認知，每個人在不同階段也有不同的體驗。

涂憶中簡介

　　徐憶中，1921年生。楊式太極拳名家。浙江蕭山人。別號東海居士。

　　大學畢業後，曾擔任記者、編輯、社長等職。

　　1949年開始在臺北跟隨楊澄甫著名弟子鄭曼青先生學練太極拳，為鄭曼青早期學員之一。數十年堅持練拳，廣收門徒，在報刊雜誌發表大量太極文章，在電視臺教拳，錄製出版教學錄影帶，赴日本、美國、韓國、香港、澳門等十多個國家和地區講學授藝，為楊式太極拳的推廣普及盡心竭力。

　　任臺灣鄭子太極拳研究會理事長、國術會時中學社社長。

　　1983年創立鄭子太極拳研究會，在世界各地設有分會。是楊式太極拳在臺灣的重要傳人，積極推動太極拳的廣泛交流活動，為鄭曼青太極拳的發展發揮了重要作用。

拳在三尺外
——與楊式太極拳名家徐憶中的對話

在太極拳界，鄭曼青是位特殊的人物。

以文顯，卻以拳名。

世界傑出的導演奧利維拉拍了一輩子電影，積一生之修為、體悟，其晚年作品雋永、清淡，火氣褪盡。在他近百歲之齡，有人問他電影是什麼，老爺子從容答曰：「其實，電影就在一米之外。」

這是充滿睿智的結論，只有真正懂得了電影藝術之三昧，才有如許之感覺。

太極拳也一樣。

很多人畢生與拳較勁，與人較勁，也與己較勁。不可謂不勤奮，但成效有限。如若放下一步，抽身出來，換一種思維，換一個角度，把拳放在三尺之外，再一打量，恍然大悟，原來如此。

退後一步，放棄一步，這就是「三尺」的距離。邁開這種距離，需要勇氣、知識、智慧和靈氣。這也是「拳非拳」的境界了。中國文學說：「功夫在詩外。」能脫離本體去感悟世界，就入了「拳道」。

　　「三尺」距離，許多人窮其一生難以擺脫。鄭曼青先生是具有「三尺之外看拳」的境界的拳家，由於其具有的豐富的學問修養，勤奮的體證練習，以及得天獨厚的正脈傳承，使得他能飄然於三尺距離，對中國太極拳進行了細緻的觀察與思考。這從其著作與演講中充分顯現出來。

　　徐憶中先生跟隨鄭曼青多年，並在鄭先生去世後仍然研拳、傳拳不輟，致力於海峽兩岸的太極拳交流，力爭將鄭曼青先生的太極拳成果介紹給更多的人。他年逾八旬仍身體康健，爲鄭曼青先生太極拳的極大受益者與重要承傳者。

余功保

一、五絕琴劍寄天涯

余功保

鄭曼青先生是太極拳發展中一位十分獨特的人物，他既是一位著名的拳家，為楊澄甫最為著名的弟子之一。同時也是文人，在繪畫等方面有很高的造詣，被稱為「五絕奇士」，文武合一用在他身上是最恰當不過的。

但因為各種原因，大陸許多太極拳愛好者對他瞭解的並不多，請您介紹一下鄭先生的有關情況。他當年是如何開始太極拳習練和研究的呢？

徐憶中

我的恩師鄭曼青生於 1902 年，1975 年去世。他是一位奇人，精通詩、書、畫、拳、醫，這「五絕」令人稱奇。

鄭老師 18 歲便受當時北平郁文大學之聘擔任教授，教授詩、書、畫，當時他還不會打太極拳。24 歲的時候，在北京大學校長蔡元培的介紹下，鄭老師又執教於上海國立暨南大學。因為他的才智過人，還同時被聘任為上海美術專門學校國畫系主任，他力邀張大千、張善子、馬孟容等在系裏擔任教授，上海美專因而名噪一時，培養了很多傑出的畫家。

鄭老師從小家境清貧，身體虛弱，後來病得越來越嚴重，發展到給學生講課時候一邊往黑板上寫字，一邊手裏還得拿著衛生紙避免咳嗽出血。由於過分勞累，身體每況愈下。當時他也到處求診，可是收效都不是很好。在這種情況下，有人介紹

他去打太極拳，於是鄭老師就拜在當時在上海教拳的楊澄甫大師門下。

因為鄭老師智慧超人，文化功底深厚，在悟通拳理的基礎上用功練拳，在跟隨楊澄甫學習了 6 個月的太極拳後身體便漸漸好轉起來。鄭老師當時也很奇怪，醫生治不好，吃藥吃不好，打拳卻找回了自己的健康。

鄭曼青像

病情好轉後，在擔任系主任管理行政、教學已經很忙的情況下，鄭老師又與黃賓虹等創辦中國文藝學院，自任副院長。這一忙起來，太極拳就暫時放下了，可一不打拳，病又來了。這樣起起伏伏幾次以後，鄭老師終於意識到太極拳是救自己命的東西，於是決定終身奉行。

余功保

鄭曼青先生少年時便有才名，據說 10 歲能詩。在繪畫上的造詣尤其高深，好像曾擔任過宋美齡的繪畫老師。

徐憶中

是，在上世紀五六十年代，宋美齡業餘消遣最喜歡的就是畫畫，她特地聘請了當時臺灣最知名的兩位畫家鄭曼青、黃君璧作為她的國畫教師。可見鄭老師畫名之卓著。

鄭曼青繪畫作品

拳在三尺外——與楊式太極拳名家涂憶中的對話

余功保

中國各種傳統文化形態在根源上同出一轍，在原理上相通，鄭先生以其他門類的高深修養，入手習拳，自能獨闢蹊徑，獨有體悟。

徐憶中

練拳開始是下工夫，不斷打磨，拳練到高深處，領悟力就很重要了。

余功保

鄭先生五藝俱絕。據您所知，相比較而言，他更注重哪個？

徐憶中

鄭老師曾經說過，在所有他教授的內容中，以教授太極拳最為愉悅。並解釋說，太極拳雖為武事，但它是中國傳統哲學的結晶，並非簡單的舞拳踢腿，以精微而論，比學習其他文藝項目更難。教授太極拳可以延年益壽，可以愉快心情，可以和老幼同樂，善與人同。

徐憶中與鄭曼青合影

余功保

您是和鄭曼青先生接觸最多的傳人之一。在您的印象中，鄭先生是怎樣的一

個人？

徐憶中

我認為，他是 20 世紀最傑出的太極拳家之一。他不僅在拳的造詣上十分高深，在學識上，在為人上也令人敬佩。他以自己一生的經歷，實踐了太極拳「中」精髓。

他是一位又敬又畏的長者，望之嚴肅，近之慈祥。他崇尚老莊、孔孟文化，平素疾惡如仇，不懼權貴，不打妄語，勤學篤行，守正不阿，具大師風範。

余功保

在楊澄甫弟子中，鄭曼青是很重要的弟子之一。

徐憶中

鄭老師跟隨楊澄甫多年，文武並修，深得楊澄甫太師的欣賞。1934 年，鄭老師協助楊澄甫大師編著、出版《太極拳體用全書》，可看成是楊大師對鄭老師的器重，和他們師徒間拳藝的傳承。

余功保

好像鄭先生在太極拳上只有楊澄甫一位老師？

徐憶中

是的。但他在學術上是精益求精的，也向其他的老師以及同門師兄們請益。

徐憶中太極拳勢

余功保

您今年已經八十多歲了，精神依然很好，這得益於太極拳的鍛鍊。您是什麼時候學的太極拳？

徐憶中

我是 1949 年在臺灣臺北市開始跟鄭曼青大師學習太極拳的。那時候年輕，只有 25 歲，到現在我已經有 50 多年的拳齡了。

余功保

您一開始學習太極拳就是抱著健身、修身的目的嗎？

徐憶中

當時學拳不僅僅是為了鍛鍊身體，而是抱著想要學到真功

夫的目的去學的。就是在學練太極拳的過程中，我也曾經因為覺得太極拳不夠刺激而改打西洋拳，也練摔跤、柔道之類的。但是後來我逐漸發現，太極拳練的時間越長，對身體的益處就越明顯地顯現出來。太極拳不僅可以防身，更重要的是它還可以健身，可以使習練者益壽延年。

而那些其他我也曾經試圖去嘗試的東西只不過是追求一時之勇，對人的健康或許並沒有太大好處，所以也就放棄了其他的功夫門類，專練鄭子太極拳。再深入練習，便體悟出了太極拳的文化韻味。總結出太極拳是中華的文化，覺得學習它就更有意義了，也就更有興趣了，所以一直堅持到現在。

余功保

鄭曼青先生在太極拳方面有哪些主要的著作？

徐憶中

他的主要著作有《鄭子太極拳自修新法》，書中有了鄭大師親自示範太極拳各式功架的照片，還有足步圖及詳細解說。另有《鄭子太極拳十三篇》，將個人從哲學、醫學、物理學各方面研究之心得，毫不保留地公諸於世，這都是太極拳著作的精品。書中有陳微明等人作序，予以推介。

【鏈接】

陳微明序

名畫家鄭君曼青，精岐黃，楊師澄甫南來，從學太極拳六年。師德配侯夫人，抱疾垂危，得君投劑而起，師感之，悉以口

訣相授，他人所未聞也。至蜀，復遇奇士與究，道益晉。一日，與美利堅駐華戰士十五人較，敗其六，餘震懾不敢角，一時傳爲佳話。日本既降，君來海上，出所述師授口訣！讀之，義極精，條別粲然，雖不出太極拳論之原理，而指示學者俾有可循之途。與拙作太極拳答問，互相發明。君不吝惜，公之於世，誠學太極拳者之寶筏也。爰書數言，以告眞賞。

丁亥四月陳微明

二、三七鄭子蘊大雅

余功保

鄭曼青先生所傳授的太極拳也稱為「鄭子太極拳」，有簡化三十七式的套路，流傳也比較廣。鄭先生是在什麼情況下將楊式太極拳簡化成三十七式的呢？

徐憶中

抗戰時期，鄭曼青先生擔任湖南省國術館館長，當時他負責調訓湖南全省各國術館的館長到國術館受訓，傳授太極拳，他希望由這樣的途徑推廣太極拳，希望這些館長可以把太極拳帶回到各地，傳授給老百姓，增強人們的體力，以應付長期艱苦的抗戰。因為調訓只有短短的兩個月時

鄭曼青太極拳勢

間，一百零八式是不可能學完的，所以鄭老師才決定在不改變動作前後順序的情況下，把自己所學的一百多式楊家太極中反覆重複的動作、比較不重要的動作刪除掉，留下一些精華，成為今天鄭子太極拳三十七式。

在當時的情況下，改拳架是因時制宜，也是因勢制宜，是一種不得已。鄭曼青大師常對我們說：「不要說這是鄭家拳，鄭家沒有拳，拳是楊家的，我們只不過是一個分支。」

余功保

任何拳種和流派都是在不斷發展變化中前進的。就像您介紹的，鄭子太極拳是由楊式太極拳簡化提煉而成。簡化是否為了更加適合於現代人快節奏的生活？

徐憶中

鄭子太極拳去其重複，取其精華，相對楊式太極拳和其他傳統太極拳來講，確實比較容易學、容易做。每天早晨練個十分鐘就成，只要堅持，每天短短一點兒時間，便可以百病消散，延年益壽。

拳的簡易化更適合現在的時代，更適合現在這個社會。我一直聽老師的話堅持練，現在雖然八十幾歲了，感覺上還年輕。我們同門比我年歲大的還有，一百多歲的也有。所以太極拳好，因為它能給人們帶來健康。

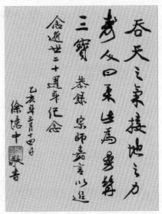

徐憶中書鄭曼青太極嘉言

余功保

現在社會上流傳的太極拳流派很多，和其他太極拳相比，鄭子太極拳有哪些突出特色？

徐憶中

鄭子太極拳存在著很多和其他太極拳不同的地方，其中最主要的特色就是它蘊含了很多醫學內涵。因為鄭曼青大師精通中醫，所以他從醫學的角度出發，在編訂鄭子太極拳的時候增加了很多個人的見解。比如他發明了所有拳裏都沒有的「美人手」，這個簡單的動作就具有很重要的功能。第一就是可以疏通氣血，使氣血流通，中醫講「氣通則血旺」，同時美人手在技擊實用方面也有獨特的用處。可以說，鄭子太極拳在形式上做了一些簡化，但內涵不減。

余功保

簡樸出繁華，是一種提煉的功夫。

徐憶中

有些人做了簡化可能就把一些內容丟掉了，因為功力沒到。

余功保

鄭曼青先生向你們傳

徐憶中演練的鄭子太極拳

授太極拳的時候強調最多的要領是什麼？哪些基本要領是要重點把握的？

徐憶中

鄭曼青大師主張，在打拳的時候虛實要分清，這一點要求很嚴格。

他還經常提醒我們動作要如行雲流水。他發明了「陸地游泳」這個詞，就是把空氣當成水，在陸地上游泳，用這種比喻讓我們感受動作連綿不絕、如行雲似流水的要領。

此外，他強調不要動手，要動腰，由腳而腿、而腰、而臂、而手腕，手是絕對不能動的。他說打拳要平正均衡，動作不要有斷續。要功架平整，百會對著丹田，丹田要對著腳底湧泉，身體始終要保持一條線，這叫中定。太極拳的進、退、顧、盼、定，其中進、退、顧、盼都可以動，唯有中定不能變。他說「磨轉芯不轉」，軸心不轉就是中定。鄭老師說要想功夫好，中定非常重要。

恩師曾經反覆對我說，只要記住這幾個大的要領，練拳就一定會進步。

余功保

太極拳講究意和形之間的關係，而關於「意」的領悟似乎不是很容易，鄭子太極拳對「意」是如何理解的？

徐憶中講解太極推手

徐憶中

「意」是看不見的，思想就是意，以心引氣，以氣運身。我們有很多動作的基本要求是虛領頂勁、唇抵上腭、沉肩垂肘、涵胸拔背、氣沉丹田。意到哪裏，氣就到哪裏。以意導氣，意到丹田，氣到丹田；意到手指，氣到手指。

只要你身體放鬆了以後，自然意到氣到、氣到勁到。所以「鬆」才是先決條件，打太極拳先要練「鬆」。從下到上，從內到外，氣沉下去，用氣動盪五臟六腑，使它們健康，不是像做伏地挺身只是外表好看，裏邊臟腑也要好看。

練拳常說「意守丹田」，就是你最好時時刻刻都養一點兒氣在丹田，用意念想到，時間久了，這個氣可以從命門到尾閭、到脊椎，有人叫「統三關」，我們叫「小周天」，到那個時候就可以運用自如了，就可以打出太極拳的味道，真正感覺到太極拳的味道了。

余功保

拳究竟是一種什麼味道？

徐憶中

拳的味道是一種愉快的感受，一種快樂的感受，是不能用語言表達出來的，是輕鬆、愉快、舒暢的。

余功保

練「氣」在武術中經常被提到，太

鄭曼青太極拳勢

極拳論中也有很多地方涉及，鄭曼青先生對太極拳練氣方面有
什麼見解？

徐憶中

鄭老師精通醫學，中醫的核心思想之一是關於「氣」的學
說。他在很多次講學、講課中都十分強調，反覆解說太極拳練
氣的觀點。這是他在一次太極拳講座中就太極拳練氣問題所作
的細緻講解：

我們講太極拳最重要的是講「氣」。太極拳是宋朝末年張三
豐先生所發明的，其原理則是根據老子的理論。老子這部書是在
五經之後、四書之前所著成的，至於孔子則沒有著書，他是「述
而不作」的，所以老子這部書在中國哲理上來說，是很早的一部
書，但其原則爲何？就是「專氣致柔，能嬰兒乎」？

所謂「氣」即是專心致志於丹田，然後返老還童之謂，亦即
是我們太極拳最重要的原則。老子從前說過，「天下之至柔，馳
騁天下之至堅」，這是極有道理的。

我們知道風與水是最柔的東西，它是慢慢地積起來的，積到
很多的時候就沒有東西可以抵禦了。所以我們擴大而言之，天地
也不過是積氣而已。因此我們在空氣中練太極拳，亦正如在水中
游泳一樣，而對於空氣就像對水一般，有一種阻力的感覺，從而
慢慢地練，要練到最柔的境地。

講到氣，丹田就是氣海，海的容量是其大無比的。我們要以
心運氣，氣沉丹田，然後知道氣之所至，氣之所行，氣之所積。
丹田之氣滿了以後到尾閭，再上行走到脊骨，然後走到泥丸，也
就是氣通三關。以後就往下行走，到五腑六臟，而使全身得到了
無窮的補養。所以氣在我們身體中是這樣周而復始的運行。

我們人體裏有三層膜，肌肉的外面一層，筋的外面一層，骨的外面一層。此膜正如車胎裏的內胎一樣的。我們練太極拳的人，如功夫練得好，體內的膜就會增強，所以就不怕打。

徐憶中太極拳勢

又，我們要以心運氣，使氣走三關，我們早晚行、處、坐、臥，都是注意丹田，要以意行氣。孟子說：「志，氣之帥也。」志是氣的元帥，元帥到哪裏兵也到哪裏。又，氣是和電一樣的，一熱則鋼鐵、木頭也能傳透過去，所以我們天天練太極拳氣就能壯，體內的膜就會增厚。氣能通三關，則一切病都沒有了。

有人問到太極拳有沒有用？我對太極拳不過學到了一點點，但據我的經驗來說，太極拳是有用的，我從小體弱多病，四十年前就應該死去的，但後來練習太極拳，身體就好轉了，這就是練太極拳的好處。

余功保

我看過鄭先生的一些談話內容和書，他對於丹田還是比較注重的。

徐憶中

對。他認為，太極拳是一種內功，內功練習就要善於運用丹田。養生和技擊都要善於運用。

練習時先是以意念帶動丹田催動全身的細胞，練一段時期後則是全身的細胞催丹田。結果愈練愈密合，變成丹田與全身

的動作一致，同時開合，同時到。在技擊發勁過程中，發勁前全身是鬆的，發勁後全身也是鬆的，但在發勁的一剎那，丹田與全身每一個細胞像炸彈般地向四面八方鑽纏疾射。並且與呼吸相配合。

余功保

「鬆」對很多練拳者而言，說起來容易，做起來難。怎麼把握好鬆的要領？

徐憶中

鄭老師講，你知道鬆是一方面，更重要的是做到。知不知道是主觀的，而鬆不鬆是客觀的。當一個人在練習整套拳架的過程中，其心靈完全不受外界的干擾，這便是求鬆的一個好的開始，但是這只是第一步。下一步是你須踏踏實實地練。練完時你會筋疲力盡。當你的雙肩覺得沉重時，你就知道這已是接近真鬆了。這是「陸地游泳」的結果。

余功保

您剛才說鄭曼青非常強調打拳的「鬆」，除了「鬆」之外，鄭曼青在打拳時還特別重視什麼？

徐憶中

鄭曼青先生非常強調鬆，這一點也貫徹得最徹底；第二就是用意不用力，並強調養氣。

鄭老師曾根據自己幾十年習練太極拳的體會總結了十二個字：「吞天之氣，接地之力，壽人以柔。」他解釋這十二個字

說：「在人體則氣乃率血而行，故氣旺則血旺。天富有大氣，多取之不以為貪也；力在人體有大用，地貴有載力，倘能接其毫釐，則為用亦無窮矣；致柔則老氏所謂，能若嬰兒，則壽亦可以無疆矣。唯此三語，在人身亦為三才。得天之氣，則位於上之顛頂泥丸宮一內，可以增長其靈氣；下則為地，接地之力，則足底心之湧泉要穴，可以增長其根力。中為腹部之丹田要穴，在腰線間，得能專氣致柔，則腰若活潑潑地，則腎氣自足，壽能增加也。」

鄭曼青太極拳勢

余功保

這也是「天人合一」「道法自然」的具體體現。

徐憶中

這樣練太極拳，不僅氣魄大，而且路數正，練到了根本。

余功保

我看到過一些鄭先生練拳的錄影。有人覺得他不同時期的拳架有所差異。

徐憶中

拳家在不同時期拳架有差別是正常的。歷史上很多太極拳家在不同時期拳架都呈現不同的特點，這與許多因素有關，比

如理解、側重點、程式等。就像寫書法一樣，開始先求楷書之工整，然後能表現行草之隨心所欲。

三、芳草青青蔓天下

余功保

由您五十多年練拳傳拳的經驗，練習鄭子太極拳除了可以強身健體之外，在人性格的塑造上具有怎樣的作用？

徐憶中

徐憶中太極拳勢

鄭子太極拳很強調個人的涵養。一個人修養越好，涵養越高，氣就越平和，對健康的幫助就越大；如果沒有涵養，心浮氣躁，對身體不會好。所以打拳強調心要靜下來。長期堅持練習鄭子太極拳，甚至可以改變一個人的氣質，像那些性格很毛躁的，打一打拳就可以沉穩些。

「道技並進，術德兼修」這八個字對於練太極拳非常重要。因為太極拳就是修身養性的功夫，練拳首先重德，練拳的人要有良好的品德，高尚的情操，以及忠實誠懇的態度，和謙恭禮的襟懷，這是學拳的首要法則。

余功保

練拳就是對人性的體悟，在爭中感受不爭的力量，以柔的姿態獲得進取的效果，太極拳積極的人生態度具有一種渾厚的

擴散力。

徐憶中

太極拳是一項身體實驗的運動，一切要以自身切實體驗，必須要能忍受艱苦的磨鍊，這對意志品質也有要求。

余功保

每一位太極拳老師在自己的練習和教學中都總結了一些行之有效的經驗。您覺得應該怎樣練習太極拳才能起到最好的效果？

徐憶中

要培養一個太極拳的人才，一方面老師要好，另一方面學生自己也得是這塊材料。

練習太極拳都是有一些修養的人，你要首先讓他們明確太極拳跟哲學、科學有什麼關係，謙恭禮讓、陰陽相濟，這些蘊含在拳套裏邊的東西要先讓學拳的人瞭解。

老師也要搞清楚學生學拳的目的，是為了保持健康？治療疾病？還是為了練功夫。如果是為了健康，就要用健康的方法教學生；如果是想練功夫，就換成練功夫的方法教。明確了目的和目標才可以確定練法。練法可能會很苦，要讓學生知道，只有耕耘才會有收穫，如果不能承受這個苦，那我可能就會把你淘汰出去。

徐憶中太極拳勢

余功保

時中學社是鄭曼青先生在臺北創辦的，為推廣太極拳做了很多工作。為什麼把學社命名為「時中」呢？

徐憶中

1951 年，恩師在臺北成立時中學社。「君子時中，不偏不倚」，這是《中庸》裏的話，力行中庸之道，在太極拳來講就是要中定。「時中」兩

徐憶中在香港楊式太極拳
國際交流會上表演

個字含義很廣，不單拳，做人、做事也一樣，要不偏不倚。

余功保

請您簡單介紹一下時中學社的情況。

徐憶中

時中學社傳播太極拳有一定的程式。和學校一樣，剛入學的有訓練班，主要是練習拳的外把式架，大約經過半年的學習時間就可以進入到進修班。進修班除了調整拳架、逐漸提高標準外，還教授基本的推手。再經過半年後就可以進入研究班。研究班有兩期，要一年的時間，前半年除了雕琢拳架之外，還加入兩個人的推手以及劍術內容；下半年則在之前的基礎上進一步深入。研究班結業以後就可以進入高級班。高級班同時也是教練的儲備班，儲備人才的地方。每一期學員的結業，都必須通過考試，而且考試是非常嚴格的，由六名教練打分，取平

均分數，還排出名次，位於前三名的學員有獎勵並頒發獎狀，沒有通過的則不能晉級。

此外學社還有特別選手班。我們特別選手班的學員水準很高，在各種比賽和表演中經常拿到好名次。

學社還有相關網站，發佈招生資訊、交流文章和專家演講。這個網站對鄭子太極拳的推廣幫助很大。

余功保

鄭子太極拳從創定初期就包含有很豐富的中醫內涵，那現在時中學社是否依然一貫風格，也有關於醫學方面的內容呢？

徐憶中

除了教授拳架以外，時中學社始終注重拳理的講解。我們經常請前輩來學校講解拳理，並且聘請各大醫院的醫生來為學生講解打拳和身體的關係，還有專門研究氣功的學者來學社做演講，我們希望讓學生瞭解如何練氣和一些相關的知識。所以在我們這裏學拳的學生不僅僅是會了套路，而是學到了一套相當完整的太極拳體系。

余功保

鄭子太極拳在臺灣的發展情況如何？在世界各地的推廣情況怎樣？

徐憶中

鄭子太極拳在臺灣推廣的情況非常好，時中學社每期招生都會有一百多名學員加入，目前有幾百名學員在學習，教練隊

伍也在壯大。

在國外和其他地區，推廣的情況會有一些差別，他們有他們的推廣方法，有的也模仿時中學社的方式。在日本，我們目前有幾個分會，是學社畢業學員創辦的，就基本上模仿我們的方式。也有人認為我們的方式太過嚴格，比如時中學社請假不能超過 1 / 3。我們還有專門負責補課的老師，對學生管理得很嚴。

余功保

太極拳對人體具有修身防身的雙重功能，推廣和普及太極拳是一項很有意義的工作。您長期致力於鄭子太極拳的推廣與普及，據您的體會，在鄭子太極拳的繼續發展推廣方面有什麼思路？

徐憶中

最近我們準備籌資為鄭大師開一間紀念館，打算將我們個人收藏的鄭大師的物品捐出進行展覽。我覺得這樣做對推廣太極拳、對提高太極拳在整個社會的影響都很有意義。

這次我來大陸最大的感觸就是覺得兩岸太極拳文化的交流應該更進一步，我本人就是因為有這個強烈的意願，所以到南開大學來，希望他們能夠協助我們成立教學點，我們可以派優秀的教練來這邊指導。鄭子太極拳精簡，容易學、容易得，由理論的依據和合理的動作配合使習練者身受其惠。

除了設立教學點傳授拳技外，我還打算在大陸出版鄭大師的太極拳書籍，目前有很多出版社都有出版意向。鄭子太極拳和其他的太極拳不同，鄭子太極拳的理論是鄭大師根據自己多年的心血累積而成，都是個人寫得，前無古人，理論、醫學寫

得很詳細，寫的都是文言。

作為鄭大師的親傳弟子，我感覺身上的擔子很重，我畢竟八十多歲了，所以，希望推廣鄭子太極拳的願望就更加迫切。可以說，現在世界上很多地方都有練鄭子太極拳的人，這是值得欣慰的。

余功保

近年來您多次來大陸進行太極拳的交流、研討，和大陸太極拳界的接觸中有什麼感想？

徐憶中

大陸太極拳的發展很好。群眾練習的人數眾多，說明太極拳有生命力。太極拳家也很多，大家都有各自獨到的領悟和成就。以前在大陸沒有人介紹鄭子太極拳，這些年經過我們的努力，有越來越多的人瞭解了鄭子太極拳，對於鄭老師的太極拳修養高度讚譽。一些地區也開始傳授、推廣，如天津南開大學就開設了鄭子太極拳課程。我們相信由大家的不斷交流，會對太極拳的認識、研究和推廣都有積極作用。

徐憶中在南開大學傳授太極拳

孔祥東簡介

孔祥東，1972 生，北京人。太極拳世界冠軍。

少年習武，入選北京武術隊，成為優秀武術運動員，獲得各類拳械冠軍數十個。1991—1996 年、1998 年全國武術錦標賽太極拳冠軍，1996 年第 4 屆亞洲武術錦標賽冠軍，1999 年第 5 屆世界武術錦標賽太極劍冠軍。

多次參與國家太極拳規範教程的拍攝示範工作，其競賽套路成為國內外範本。眾多武術報刊進行專訪報導。退役後開展太極拳推廣教學，在日本等地傳授太極拳。拳勢風格穩重清靈，流暢瀟脫。

健康並快樂著
——與太極拳世界冠軍孔祥東的對話

　　很多事情不一定知道結果，但要努力。不知道結果不一定是沒有結果。

　　凡事情總有過程，結果就是過程的延伸。

　　練太極拳有過程，有結果。

　　結果是「健康」，過程是「快樂」。

　　也有許多事雖有結果，不一定有清晰的過程，如禪宗頓悟，靈台一現，幡然有得。因爲結果早已積累，只是水到渠成。有些事有過程，也不一定有明確的結果。因爲結果的標準本就是模糊的，何況有些結果本就沒有意義。

　　太極拳的思維方式是意象性的，清楚處十分清楚，模糊的地方相當模糊。

　　太極拳比賽是清楚的，在賽場上你拿了冠軍，那是十分清楚

的結果，有量化，有標準，有尺度，過程也清楚。

太極拳文化是模糊的，有過程沒有結果，文化一旦有了結果，就固化成了現象。

太極拳講技擊，但打遍天下肯定不是它的歸宿。太極拳可以比賽，但比賽只是一種存在方式，不是它的本體意義。

人類社會不斷發展，健康是永恆的追求。太極拳的健康性，包括生理健康、心理健康和健康思維是它最大的魅力所在。

太極拳結果和過程的高度統一，就是健康並快樂著，如此，太極綿延，萬代不衰。

余功保

一、冠軍不是等的，是爭的

余功保

我的印象裏，您不是一個有野心的人。

孔祥東

很多時候我對自己有清醒的認識。比如說，我不是生來的冠軍料，甚至不是當冠軍的料。身體素質等方面不是最突出的，甚至有些弱。

余功保

這並不代表您不想當冠軍。

孔祥東

作為運動員，肯定是想當冠軍的。其實從某一種意義來說，作為運動員不是你想不想當冠軍的問題，而是你必須要當冠軍。有的人當冠軍是自然的，順理成章的。比如李連杰，他就有當冠軍的天分，是個練武的天才。有的則要拼。對我來說，冠軍等不來，只有爭，拼命去爭。

余功保

您是從什麼時候開始練武的？

孔祥東

我是 1979 年開始練習武術的，當時在北京什剎海體校武術班。1984 年正式加入北京武術隊，從此就作為一名專業運動員了。

孔祥東太極拳勢

余功保

從什麼時候開始參加比賽？

孔祥東

參加少年比賽是 1985 年，1985 年以後就一直沒有專業運動員可以參加的少年比賽，都是業餘體校的隊員去參加，到了 1988 年開始就可以專業運動員參加少年比賽了。當時分甲組、乙組，我那時候參加少年甲組，因為是專業運動員，所以就是甲組。

第一次代表北京隊參加全國比賽是 1989 年，是全國武術錦標賽。

余功保

第一次獲得全國武術冠軍是哪一年？

孔祥東

第一次得全國冠軍的是 1994 年，當時拿到了四個金牌：劍術、對練、太極拳、傳統拳二類。練的通臂拳。

余功保

1994年那時候，很多著名的老運動員好像都還在比賽。

孔祥東

孔祥東在賽場

對。所以我對這幾塊金牌感覺還比較滿意，因為含金量很高，不容易。1994年的時候，原文慶、王二平、陳思坦這些老運動員還都在比賽，所以競爭很激烈。當時我還年輕，資歷也淺，但沒有太多心理負擔，沒有壓力，覺得只要發揮好、發揮出自己的水準就可以了。

余功保

第一次拿冠軍是什麼感覺？

孔祥東

比賽之前也沒有太多的感覺，拿到冠軍以後才想，哎呦，我拿到冠軍了。

自己也許很幸運，但是付出的也是比較多的。平時訓練，正常的話可以是一個早操，然後就是正式訓練課，上午、下午或者晚上，一天兩堂正式訓練課。其餘時間隊裏會組織一些活動，看電影呀，聯歡什麼的，或者自由活動。但是我就給自己加碼，一天我要進行四堂訓練課，自己給自己加的量。因為我知道自己不是那種天生就能拿成績的運動員，我身體素質不是

很突出的，在隊裏條件相對是比較差的，柔韌性也不是最好的，所以我覺得只有這樣練才能出成績。這就是爭，爭應該在訓練中，爭時間，爭運動員，爭氣。

孔祥東太極劍勢

余功保

1994 年以後好像還取得了很多好成績。

孔祥東

1995 年我在全國比賽中獲得全能第三。這是在老將在場、高手如雲的情況下獲得的，還是不容易的。我在七運會後曾經在《中華武術》雜誌上看到有一篇關於競技武術的文章，說在太極拳裏前六名都是老將，王二平、陳思坦，包括現在湖北隊的教練趙勇等都在。其他項目像長拳等也是這樣。

所以 1995 年這樣的成績對我來說算很輝煌了，因為當時也是原文慶、王二平，包括第一屆世界錦標賽的冠軍高煥波這些老將都在，全能前六名裏沒有像我們這批剛上來的。我是唯一的新人。1995 年在四川的比賽中，第一是原文慶，第二是王二平，我是第三，高煥波第四，所以那次我也覺得很榮幸，已經進入了第一序列。

在接下來的 1996 年，我代表國家隊參加第 4 屆亞洲武術錦標賽。我記得當時是李杰主任擔任國家武術管理中心主任後第一次帶隊去菲律賓，我獲得了太極拳冠軍，那是第一次拿國際

性的冠軍。

然後是第 8 屆全運會，得第二名，太極的全能第二，還有槍術、劍術、小全能的第三名。

1999 年第一次參加世錦賽，在香港舉行，是第 5 屆，獲得太極劍冠軍。2001 年第 9 屆全運會太極拳、太極劍全能第二。2001 年底參加第 6 屆世界武術錦標賽，得太極拳冠軍。算是給自己的武術競賽生涯畫了一個句號了。

余功保

您是有很強的進取心。但我聽說您有過一次主動放棄，放棄了世界冠軍？

孔祥東

是有那麼一回事。當時在一次重大的國際比賽前，為了整體發展的需要，我在比賽前棄權了。放棄了應該說是比較有把握的金牌。

余功保

您怎麼看待這次放棄？

孔祥東

我還是比較坦然的。我自己的一次放棄可能給武術整體帶來進取，「以小博大」吧。後來我也還是有機會獲得了世界冠軍。我覺得進取和胸懷是不矛盾的。練了多年太極拳，在得失心上還是有一定的平和感的。

余功保

北京武術隊被稱為「冠軍隊」，每個時期都出了許多優秀的運動員，如李連杰、李志洲、王建軍、李霞、戈春艷，一直到你們，還有後來者，都取得了突出的運動成績。您覺得作為一個整體，北京隊出成績的重要原因是什麼？

孔祥東

北京隊出成績是一個傳統，大家也都有這種榮譽感。

主要原因之一是北京隊管理比較嚴格，無論訓練、還是生活，都是管理安排的非常仔細、認真，而且對運動員的日常要求也很嚴格。其實不光是對運動員，對教練員的要求也同樣嚴格，培養了良好的習慣。

北京隊的訓練方法也是比較科學獨特的，訓練也很嚴謹，特別注重基本功和動作規格要求。我們曾經和一些外省的運動員也交流過訓練上的問題，發現外省市運動員運動隊的訓練量比較大，但是我們更注重細節、基本功和動作規格的訓練。

北京隊的風格很突出，有自己的「絕活」。突出在哪兒？就是基本功很正規，動作規格很好，很乾淨，訓練量可以說不一定是最大的，但規格是最嚴格的，所以出的成績是很多的。

余功保

競技比賽是要求有一定難度的，動作規格

孔祥東太極拳勢

健康並快樂著──與太極拳世界冠軍孔祥東的對話 239

和難度的關係如何？

孔祥東

這要看規則的側重點了。因為比賽是圍繞規則進行的。比如現在的比賽提高了難度動作要求，那大家都認為比賽的重點就是難度動作，中心就會偏向難度動作了。但如果只注意難度而忽略了基本功的訓練，可能也是不全面的。

現在運動員的交流現象比較多了，也有一些從外省市交流來的運動員，大家的基本功水準參差不齊，相比較我覺得北京隊的基本功訓練還是比較強的。基本功是很要緊的一個東西，北京武術隊許多年長盛不衰，基本功強是一個制勝的法寶。

二、讀太極書，做天下事

余功保

過去您是一位著名的武術運動員，特別是在太極拳方面有很高的知名度，現在退役了，還在從事太極拳的傳播推廣工作，這其中有什麼區別？

孔祥東

我很高興也很慶幸自己過去在太極拳上下的工夫。我練太極拳付出很多，同時太極拳也給了我很多，除了運動成績以外，我覺得給我的人生體悟方面的東西更多。

太極拳在訓練的時候是一招一式，在比賽的時候太極拳是一個具體的套路。現在回過頭來看，太極拳是一本書，我已經

讀了若干頁，收穫很大，現在還在讀，繼續往深裏讀，讀書要有所用，一邊讀，一邊用。太極拳這本書同樣是要活到老學到老的。把太極拳作為一種方式，為社會多做些力所能及的事。

余功保

這一點上，您的說法和李連杰有相同之處，他也算是您的師兄吧。他認為武術是一種生活的方式，從中悟到了很多人生的寶貴東西，應該貢獻給全世界。他最近有一次在北大的著名演講，主題就是「暴力是虛弱的，愛的力量是偉大的」，這和太極拳的主旨是相符合的。武術人有一種胸懷天下的境界，這就回歸了武術的本質。

武術如果淪為技術的奴隸，這是對文化的背棄。

孔祥東

李連杰是武術的一個代表性符號，具有特殊含義。他在武術上的修養是很精深的。我曾經看過李連杰早期在美國白宮演練的刀術，覺得真是動作乾淨俐落很到位。雖然當時的動作難度沒有現在大，但功夫不是從動作的複雜程度上表現的，即使很簡單的動作，讓他一做，味道就全出來了。體力、身體條件可以變化，但韻味是很內在的，不是說變就變的。

在他主演的很多電影中，很多動作都可以看出北京隊的風格，比如斜踢腿的動作是最有特點的。1999 年我們隊到美國，他邀請我們到他家裏玩兒，他的家中有一個專門的電影廳，電影廳背景一面牆都是他的電影海報，從他的第一部電影《少林寺》開始，整個一面牆。最正中、最顯眼的是他《中南海保鏢》的海報，他在五星紅旗下。

余功保

李連杰的很多電影，不僅有競技武術的元素，還有很多傳統武術的東西。

孔祥東

李連杰說拍電影只是一種形式，他要透過這種形式把中國武術在全世界更好地推廣。我現在做的工作雖然方式上不一樣，但目的也是這樣，把太極拳等武術介紹給世界上更多的人。

余功保

成龍在宣傳推廣中國武術上也是具有世界影響力的人物，您怎麼看他們兩個人的區別？

孔祥東

他們兩個人風格是不同的。我也和成龍接觸過，而且也合作過一些東西。他是武生出來的，所以在武術的基本功和其他一些風格特點上表現的差異很大。

成龍的打法在鏡頭裏體現得不太一樣，很連貫，好像是現實生活中的打法，比較強調難度和大場面的製作。李連杰的基本功很完整，動作乾淨俐落，一看就是專業運動員。李連杰是用自身的武功的底子來表現中國武術。可能是因為成龍做得早，或者他的片子影響力大，所以說到功夫更多地就說成龍，說到武術更多地說到李連杰的。當然還有李小龍，那是更早的。

我感覺他們兩個有最大的共同點，就是有社會責任感。

余功保

這應該是武德的一部分。您認為在進行社會化的太極拳推廣，特別是國際化的推廣中，應該如何來做？

孔祥東

孔祥東太極劍勢

這是我現在主要做的事情。我覺得首先你自己對你要做的事要清楚，對太極拳要有一個全面、清楚的認識。你拿什麼東西來傳播，普及的是什麼？重點是什麼？核心是什麼？

余功保

對這些內容要有一個系統的思考。

孔祥東

很多人不去認真考慮這些東西。如果你臨時性教授一個套路那還可以，但你要作為一個事業長期去做，就必須用系統的思維方式來做事。

余功保

一本書有文字表面的意思，還有文字背後的許多含義。

孔祥東

讀太極拳這本書我覺得應該是快樂的，讀的過程是一種享

受，讀過的部分成為人的一種財富。學
以致用，這個「用」就是身心的健康。

余功保

健康、快樂是太極拳的入點，也是
它的出點。

孔祥東

孔祥東太極劍勢

把健康、快樂帶給社會是推廣太極
拳的核心。太極拳的一切招勢都是圍繞
這個核心的。我現在在傳播太極拳的過
程中，就比較注意這個思路。

三、太極是一個圓，但走的路要正

余功保

作為一種運動項目，太極拳是具有很高的技術含量的。通
常許多人認為，傳統太極拳的技術標準與競賽太極拳的技術標
準是有一定的差別。

孔祥東

其實太極拳競賽的技術內容也是在不斷變化、發展。太極
拳競賽規則也經歷了不斷修改。

我記得 1989 年第一次武術競賽規則修改，一個隊團體六個
人，兩個長拳，兩個南拳，兩個太極拳。我印象中以前老隊員比

賽，像北方的都是長拳多，南方福建、廣東、浙江都是南拳多，太極拳就那幾個運動員，集中在河南、福建、雲南這幾個隊。

八運會以前大家的比賽還是 42 式規定太極拳、太極劍，大家的動作都是規範、統一起來的，相對來說好比了，因為都是統一的套路、統一的動作，就按照一個標準來衡量，大家都是朝著一個目標來努力來提高自己的水準。

八運會、九運會就開始使用規定難度動作，套路可以自己改編。這樣相對來說，對一些年輕的、身體素質好的隊員會有利一些。如果武術基本功底好，彈跳好，只要再學一學太極拳的拳架，把難度動作加進去，只要難度動作不失誤，就可能有成績。這也是一種變化。

不管怎麼變，我覺得首先要繼承，才能發展，可是要發展就必須有變化，沒有變化也就沒有發展了。一時的改變很難接受，尤其是中國這些固有的很有傳統很有內涵的文化，忽然給它改變一個形式或者用另一種方式，很難讓人接受，但是沒有這個變革就沒有前進沒有發展。

余功保

有的東西能變，有些東西就不能隨便變。

孔祥東

太極拳的風格、自身的特點和內在的東西就不能丟掉。如果忽視太極拳固有屬性的元素，只單純重視難度動作和完成難度動作的能力，如果這

孔祥東太極拳勢

種趨勢發展下去就會有長拳慢練的感覺了。

余功保

競賽太極拳作為體育比賽應該有一定的難度，但僅僅憑難度動作拿成績，缺乏太極拳韻味顯然不對，這樣會造成太極拳競賽訓練的簡單化。

孔祥東

我從 1989 年開始學習太極拳，在國家體委組織編四式太極拳規定套路的時候，曾跟楊振鐸老師學了太極拳，這對我幫助很大。以後就有了一個認識，有了一個新的發展，競賽太極拳與傳統太極拳並不矛盾。

現在太極拳愛好者練拳還是練傳統套路的多，國內太極拳的普及比較廣泛，大家也有很大的興趣一起交流、比賽，所以，讓一些太極拳的競賽套路大家都能學、能練還是很有意義的。如果大家都練不了競賽規定套路，它的影響也會受到限制。

余功保

太極拳的發展是一項關乎千百萬人的事情，應該講究科學，不管是傳統太極拳還是競賽太極拳，其發展方向應該是越走越寬的康莊大道。

孔祥東

太極是一個圓，但走的路要正。

余功保

在中國政府的大力支持下，在國內外廣大太極拳界人士的共同努力下，太極拳的發展已經取得了很大的成績，歷史上從來沒有一項運動形式讓全世界這樣多的人受益。

孔祥東

並且它還有很大的發展空間。

余功保

我們對太極拳以及整個武術的競賽發展目的要有清晰的認識。它有兩個戰略性的目的，一個是發展競賽高難度，所以競賽武術就會有一些體能、技能的極限動作和身體素質動作。

另外一個目的就是作為一種技術的龍頭帶動群眾武術的發展，所以它不能偏離傳統武術的大的技術方向，如果脫節的越來越多的話，這種作用就起不到了。

孔祥東

競賽武術如果和群眾體育的關聯脫節很大，也會影響競賽技術的提高。一個體育產業要有廣泛的基礎才能發展得很好，如果一味地只注意少數人這一塊，忽略了下邊的普及和發展，作為產業來說是沒有前途的。

余功保

發展中有很多矛盾的東西我們必須面對，並作出智慧的選擇和反應。比如在武術申奧過程中也有這個矛盾，奧會要求你

進的項目要有幾個條件，第一就是你的硬指標要合格，要連續舉辦過幾年的世界錦標賽、普及面要廣之類的硬性指標，這些武術應該說都達到了；第二就是要具有規則的可比性，規則上要很完善，不能沒有定量的東西，這一點現在武術競賽的改革方面還在不斷往上靠。同時又有一個矛盾出來了，就是國際奧會要求你新增的項目必須有廣大的觀眾，得有市場。這個項目在比賽過程當中觀眾喜不喜歡，電視轉播大家愛不愛看，他要考慮商業這塊，所有的比賽都是這樣，包括足球世界盃的很多改革，增強對抗性增強可觀賞性。

武術，一方面要改革，要規範有可比性，但是，這種改革如果帶來了跟群眾脫節越來越大的話就丟開市場了，這個矛盾在國內已經是多年存在的問題。武術比賽觀眾很少，這是一個必須正視的問題。

孔祥東

我覺得還是要認真處理這個項目的開展和普及上的一些問題，不要只注重一塊，發展某一塊。如果忽略了群眾的普及和年輕運動員的培養，早晚會斷層。這幾年我在美國看到的，他們的很多項目，包括弱勢項目都注重從普及抓起。拿女足來說，在美國很小的小女孩，上小學的小學生就有很好的條件可以在草皮、燈光球場進行相對咱們來說是專業的場地訓練，從小就開始培養，注重學校和群眾普

孔祥東太極拳勢

及的發展，這樣才有充分的後備人才，項目進步也很快。現在武術面還是窄，群眾認可度還遠遠不夠，可觀賞性也小。一個項目要發展得研究市場開發的問題。

余功保

就您的經驗來說，要提高太極拳的水準，應該注意那些事情？

孔祥東

我個人的體會，最主要的是先打好基本功。不能著急一下就學會，基本功是基礎。首先是動作準確，對於動作要領要記清楚，不能匆忙地學習，把技術規格搞懂、搞透。

基礎動作是必須要規範的，規範是打好基礎的第一步，因為學拳容易改拳難。比如一個動作學歪了，過了一兩年了，練著覺得很舒服了，老師一看說你這動作歪了，再改起來就很彆扭了，因為你都已經成習慣了，這就是「錯誤定型」。所以首先要動作準確。

余功保

那麼太極拳中最重要的基本功有哪些？

孔祥東

我個人的看法，第一，是身型要端正，放鬆，端正了還不能是僵的。因為太極拳講究含胸拔背，所謂含胸拔背，並不是故意駝背，我理解的就是只要我不僵硬地挺胸很自然的就是含胸拔背。每個人的想法都不同，只要不僵硬、保持正直的身

型、自然放鬆就是含胸拔背。

其次是步法。步法要求也很嚴格。比如弓步，膝蓋不能超過腳尖。每一種步法身體的結構都有嚴格要求。

第三，練好太極拳最重要的一點就是要注重內在的感覺、體會，這是體現你的理解能力的。這也是太極拳的一種基本功。

第四，站樁也是重要的一項基本功，很有必要。我自己練習以前都要站樁，一是要求自己達到平靜的心態，穩定心態，身心放鬆，有祥和的感覺。只有靜，才能有更多的精力和精神去體會肢體的動作。站樁還可以增強腿部和腰部的力量以及身型的感覺。站樁很枯燥，但是我站的很多，每天訓練都站，早晨出操也都站。即使不從練拳角度而從健身角度講，站樁也是有好處的。

第五，呼吸方法也是基本功。很多老師都強調呼吸。但是我的感覺是，如果在整個套路中你總是一味地想呼吸的話，動作就停滯了。呼吸自然，不去想它，呼吸肯定是要配合動作很自然完成的。很多人說控腿等難度動作之前先調整呼吸對完成動作有好處，我也沒有太注意，我主要是想全身整體、保持身體正直、手腳的位置等動作的要領。我覺得呼吸是自然的東西，看電視、吃飯、睡覺沒有人在想我現在應該怎麼呼吸，很自然的，所以我覺得在太極拳中呼吸也應該是很自然的。

還有一種基本功練習就是摘出單個

孔祥東太極拳勢

動作反覆練。對於專業運動員來說不是每天要打幾個整套就算完成練習任務了，是要有訓練計畫的，也許這一星期有三節課就是這單個動作的基本功訓練。比如說我今天上午訓練內容就是 42 式太極拳裏的幾個單個動作，也許我這一上午就是摟膝拗步、玉女穿梭，就這幾個動作反覆練習。

余功保

「拳打千遍，其義自現」是有道理的。

孔祥東

對於運動員參加比賽來說，調整自身也是一種基本功。學會把身體和狀態都調整到最好，對太極拳運動員來講，心理因素更為重要一些，心理壓力會更大一些，因為動作緩慢，時間長。行話說一快遮百醜，動作快一眨眼的工夫就過去了，做得再失水準也一帶而過。而太極拳一招一式都是輕柔緩慢的，在場上一待就是五、六分鐘，每個人都瞪著眼睛看著，從頭看到尾，運動員心理壓力是更大的。所以平時以及比賽前針對心理的訓練和調整也很重要。比賽前可以有幾次針對比賽進行的測驗，這是對太極拳選手很好的心理上的鍛鍊。

余功保

有人認為練太極拳練舒服了就準確了，因為太極拳是自然的，您以為呢？

孔祥東

這話有一定道理，但不能片面理解。因為也不一定準確的

動作就是你一開始覺得最舒服的動作，它是隨著時間變化的。至於舒服的程度，也沒有明確的標準。在公園裏自己健身的，歪著身子、閉著眼睛搖頭晃腦地練自己覺得舒服，但動作不一定對。

因為人在長期生活中已經形成了一些不對的動作，習慣了，這時候你符合一些慣性動作可能暫時覺得舒服，實際上錯了。你必須糾正，開始有點彆扭，時間長了，你會覺得比現在更舒服。

余功保

就是由開始的不太舒服，換來了長期的、更高層次上的、更大的舒服。

孔祥東

是這樣的。如果你要參加比賽，那規範更重要了。比賽有明確的規則和要求，得用技術規範要求自己，用競賽規則衡量自己的動作和水準，在不違反競賽規則和動作規範的情況下，儘量發揮自己的風格和特點，這樣打出來的拳才能動作規範又有自己的風格。

此外，心理是很重要的，一定要做到心平，心裏很平靜，才能靜下心來。太極拳有一句話就是「默識揣摩」，就是一定要用心去體會。上小學的時候家長老師老說用心讀書、用心做作業，用心怎麼樣，當時沒有體會，用心是什麼意思？是精神集中？學了太極拳以後，大約練了四、五年以後，有一天忽然明白了，這就叫用心體會。就這個動作老師說了多高，身型如何，要注意眼神。說了以後就按照要求去做，做這個動作的時

候發自內心地去感覺感受這個動作，它的四肢、眼神如何？感受整個身體的動作協調性、動作的位置、動作的規格，這就是用心體會。到了那時候就一下子感覺到太極拳的奧妙，而且越練越難，並不像想像中的我這個套路學會了，就會太極拳了，那只能說你學會太極拳了。是不是學好了？難說。

孔祥東太極劍勢

現在很多人說，孔老師你練了十多年了，有沒有很好的理解方式和經驗方法？我說體會有一些，但還不能說是結論性的東西。我也沒什麼獨特的見解，我只能說我和大家一樣這十幾年始終都在學習太極拳，我想很多老前輩也一定是那種活到老學到老的感覺，因為越來越有太極奧妙無窮的感覺，越來越覺得練好很難。

余功保

這是更加充實的境界。感覺到「無」，就開始了「有」。

孔祥東

以前比賽我只是學會這個套路，動作規格很標準，嚴格按照競賽規則練習就好了。但是，當你動作和套路都熟練了以後，無形中要加進自己的風格和特點，就是說你要上一個層次了。一個層次又完成又要上新層次的時候，你就需要理論知識了。我剛參加比賽有成績的時候覺得我會太極拳了，越往後越發現好像身上反而什麼都沒有了，心裏倒沒底了。這時候需要

自己花更大的時間和精力去琢磨。

余功保

練好太極拳有沒有一個明確的標準？

孔祥東

我覺得是沒有一個很明確的標準，很難說哪個人怎麼樣就是練好太極拳了。作為一個專業運動員來說，參加比賽感觸最深的是誰都可以當你的老師。比如我練一套 42 式太極拳，在座的所有人都可以跟我說這個動作怎麼樣那個動作怎麼樣，而且老師說的都不一樣，甚至相反，弄得一頭霧水。就是每次比賽前的裁判統一動作也都不一樣，最後我就按照我自己的，按照自己學的、練的、體會的去表現。

因為每個人的文化水準和層次不同，對太極拳理論、角度和理解力不一樣，同樣一個動作的理解不一樣，同樣的一個套路理解也不一樣，那麼就按照自己的理解走。這本身可能也是形成自己風格的一個途徑。

練太極拳從入門到練的可以分成兩個境界，一個是學會，一個是練好。不是所有人都能達到練好的層次，而且也有很多人根本就不追求這個。比如群眾老百姓為了健身的，並不追求練好，只要達到活動就可以了。運動員就要練好，追求更高的標準和層次。

王海洲簡介

王海洲，1945 年生，河南省溫縣趙堡鎮人。趙堡太極拳名家。

從小喜愛武術，22 歲拜其姑父、趙堡太極傳人張鴻道為師，習練趙堡太極拳和各種器械。1982 年被溫縣體委武術協會評為拳師；1984 年，被推薦擔任溫縣武術協會常務理事、趙堡太極拳總會副會長兼總教練，傾心趙堡太極拳的推廣工作，曾多次帶隊參加國內外太極拳活動，其弟子傳人在各種武術比賽中獲得了突出成績。應邀在全國各地授拳，足跡遍佈南北各省。

注重趙堡太極拳的資料整理與研究工作，先後出版有《秘傳趙堡太極拳》《趙堡太極拳械合編》《杜元化太極正宗考析》等專著，以及趙堡太極拳各類拳、械光碟音像教程。

從 1992 年以來，應各地武術團體邀請，受聘為中國武式太極拳顧問、河北省邯鄲市武術研究會顧問、武當山武當拳法研究會顧問、中國永年國際太極拳聯誼會理事及名譽理事長、中國永年太極拳學院總教練等，並被河北永年國際太極拳聯誼大會評為十三太極名家之一。

大音希聲
—— 與趙堡太極拳名家王海洲的對話

　　記得小時候聽過一首琴歌《漁翁》：「漁翁夜傍西岩宿，曉
汲清湘燃楚竹。煙消日出不見人，欸乃一聲山水綠。回望天際下
中流，岩上無心雲相逐。」柳宗元具有禪意的詞，薑嘉鏘極富穿
透力的聲音曠遠、激揚，與歌詞的意境、古琴的簡練、清亮相結
合，眞正領略了「大音希聲」的境界。

　　在研究、體驗太極拳的過程中，經常會讓我想起這首詩。

　　繁華總是能夠「亂花漸欲迷人眼」的，如同太極拳的招招式
式，何況當今的太極也有如繁花般的豐富與紛擾。但是太極拳的
高遠境界非沉靜不能體察，有時甚至需要孤獨、平淡。

　　平淡才能悠遠。

　　孤獨有時會讓我們更多地關注內心的訴求與行拳的簡單，簡
單得只剩下了拳。這樣練出來的拳才能「不簡單」。

　　一些拳史學家們不斷思考一個問題：爲什麼太極拳的幾大流

派的產生和繁衍都在經濟並非在當時最爲發達的地區甚至鄉下？這恐怕與其簡單的社會結構、豐富的文化根基以及強烈的內心訴求有密切關聯。

當今社會，我們不期望能夠遁形方外，遺世而獨立，但我們可以借鑒一點「以出世的精神做入世的事業」，這樣我們就能夠把複雜的「音符」簡單化，把眩目的色彩歸結爲「黑白」的變化，陰陽和諧則萬物和暢。

趙堡鎮雖地處河南農村，但方圓幾公里之內，太極拳名家雲集，是太極拳的重鎮，也是太極拳的奇跡。王海洲先生久居鄉里，翹楚當今。與其論拳，也感受到他對於太極拳的熾烈之情。

余功保

一、黃河　古鎮　名拳

余功保

河南是中國武術大省，少林功夫、太極拳都是中國功夫金光閃閃的名牌。溫縣則是河南太極拳的核心，這裏的陳家溝、趙堡鎮都是天下聞名的太極之鄉，產生了眾多的名家高手，在中國太極拳發展史上佔有重要地位。

王海洲

我們趙堡鎮歷代有名有姓的能夠稱得上太極拳大家就有幾十個，這在全國也是比較罕見的。

余功保

我在鎮子裏看了看，許多太極拳家的故居保留得還很好，整個格局還都在，對於太極拳來說，這是應該珍視的，有歷史研究價值。

王海洲

能一下子看到這麼多過去太極拳家的遺址在全國也不多見。

余功保

這就是價值所在。我們

河南溫縣趙堡鎮

通常說「古鎮」，古在哪裏？就是要有歷史，有傳統，這種傳統既具有濃郁的地方特色，還飽含了中華民族的文化精神，這就是有價值的「古」。古為今用，就是把古的文化，把古的精髓挖掘出來，找出在今天有價

趙堡鎮村頭舊時拳家練武處

值的閃光點，造福於今，傳承於後。我覺得趙堡鎮是有很豐富的太極拳文化內涵的，值得多研究、開發。

王海洲

我們也認為它的價值很大，但如何開發還要探索。

余功保

開發不僅僅是經濟價值上的，文化價值更重要，因為它更具長遠價值。文化價值的開發一要客觀，二要深入，三要全面。客觀就是實事求是，否則就容易走偏，深入就是不能只浮在表面，全面就是以廣闊的視野和宏大的思維方面來對待。不局限於一門一派，一人一家，一地一村。應從整個太極拳發展戰略的高度來認識。

王海洲

趙堡太極拳有自身很突出的特點，古樸、傳統，有很高的實用價值，無論是技擊上，還是健身上。同時在拳理上也很深

刻，反映出華夏文明的精華。

余功保

前不久我在北大參加一個國
際文化學術研討會，就有外國學
者問我，太極拳為什麼能在河南
的鄉村中興盛起來？他們有所不
解。這就要從黃河文明、中原文
化的形成與發展結合起來考察。

武術之家——王海洲一家武姿

王海洲

趙堡鎮的歷史很悠久。春秋時期，晉昭公封大卿趙公食邑
於溫，於溫東十五里許挖地築堡而居，稱為趙堡。到現在已兩
千五百多年。

趙堡北依太行山，南傍黃河水。自古以來耕作精細，農藝
先進，旱澇保收，在古代經濟上還是比較興旺的。趙堡在交通
上居南北要道，東西通行，車水馬龍，百業興旺。所以古代的
文化思想，經濟、軍事、科技在這裏能夠進行充分地交流、沉
澱，太極拳能在此得到大發展
也是情理之中了。

余功保

趙堡太極拳從古鎮興起，
傳承於世，現在在全國各地有
許多練習趙堡太極拳的人，也
傳到了國外。趙堡太極拳名家

趙堡太極拳紀念館

成就和影響比較大的主要有哪些？

王海洲

我們專門修建了一個趙堡太極拳歷代宗師的紀念室。把一些重要的拳家陳列介紹。

其中包括：趙堡太極拳始祖蔣發，趙堡太極拳第二代宗師邢喜懷，第三代宗師張楚臣，第四代宗師陳敬柏，第五代宗師王柏青、張宗禹，第六代宗師張彥，第七代宗師張應昌、陳清萍，第八代宗師陳溜陽、李景顏、和兆元、牛發虎、任長春、張敬芝、李作智、和慶喜，第九代宗師杜元化，第十代宗師鄭伯英、鄭悟清、侯春秀等。

我認為，趙堡太極拳在民間代代相傳，基本經歷了三個階段。第一階段，19 世紀末期，由於社會動盪，動亂不斷，趙堡太極拳發展受到影響，轉入低潮，到 20 世紀二三十年代才得到了一次較大的發展；第二階段，是 20 世紀五六十年代，為趙堡太極拳的恢復階段；第三階段，是 20 世紀八九十年代後，是趙堡太極拳獲得發展的高潮期。這期間打破了趙堡太極拳不出村的規定，出版了大量趙堡太極拳的圖書、音像等。

二、傳統　傳承　傳播

余功保

在當代趙堡太極拳名家中，您是影響很大的一位。請介紹一下您本人的習武經歷。

王海洲

我的父親和鄭伯英是結拜弟兄，在村裏就住得很近，逃荒到西安後還是在一起，關係也很近。我 1945 年在西安出生。父親非常喜歡練拳，從小就教我練習太極拳。但是小時候我對太極拳不感興趣，只是為了應付父親，隨便比劃幾下。

20 歲的時候，我得了坐骨神經痛，四處求醫吃藥，都沒有療效，病情越來越嚴重，有一年多到兩年都是臥床不能動。

我有個姑丈叫張鴻道。姑丈從小看著我長大，我們感情很深。姑丈從西安回來看我，見我可憐巴巴地病倒在床上，於是開始教我練太極拳，說太極拳可以治好我的病。我從那時候開始，就半信半疑地跟隨姑丈學拳。

很奇怪，練了一個月太極拳，坐骨神經痛病明顯好轉，練了一年後，病就全好了。更神奇的是，只要不練拳，我的身體就感到渾身不舒服，過不了一個禮拜，腿就又疼起來，就不能幹農活。

余功保

有不少太極名家都是因病需要強身練拳，進而全身心投入，成為專家、名家。比如吳圖南先生也是。

王海洲

「文革」期間，只能偷著練拳，所以我都是夜裏練，不讓人

王海洲太極拳勢

看見。從晚上 11 點開始，我就在房裏或閘前空地上練拳，不知不覺一練就是很久。夜深人靜、無人打擾，從「文革」期間開始，我 20 多年堅持苦練，從未停過，功夫長得很快。

余功保

您向外傳授、推廣太極拳是從什麼時候開始的？

王海洲

真正意義上的向外傳播是從 80 年代開始的。

趙堡太極拳形成於河南溫縣趙堡鎮，在河南趙堡村內單傳七代，至陳清平傳於世人。由於趙堡村嚴格的村規，世代祖訓拳不外傳，所以趙堡太極拳在社會上一直流傳不廣。從 80 年代後，我們由各種方式向外介紹趙堡太極拳，應該說各種媒體對趙堡太極拳的介紹和宣傳不少，但人們對趙堡太極拳還是沒有系統的瞭解和認識。在很多人心目中，趙堡太極拳似乎還是個謎。但我們始終堅持，要讓大家瞭解真正的趙堡太極拳，就是在傳播中不能丟失傳統。

余功保

對於傳統的精華一定要保持，傳統的風格一定要堅持。有了這兩點，廣泛的傳播才更有意義。大眾普及可以有很多變通的方法，但傳承精華一定要有精心的傳人。

王海洲在武當山表演太極拳

大音希聲——與趙堡太極拳名家王海洲的對話

王海洲

趙堡太極拳正因為歷代有許多傑出的傳人，所以才保持得比較完整。他們為趙堡太極拳的傳承發揮了突出作用。比如趙堡太極拳第四代傳人陳敬伯在趙堡太極拳的發展歷史中就起到了比較重要的作用。他的太極拳技藝精湛，被人們稱為「神拳手」。據說他廣收門徒達八百人，把趙堡太極拳帶入鼎盛時期。但是能得其大概者只有數人，比較突出的是張宗禹。

其後，張宗禹又將拳技傳給侄子張彥。張彥是趙堡太極拳第六代傳人，他性格暴烈，敢於伸張正義，為民除害，名震遠近武林。

張彥下來是陳清平，他文武兼備，擴大了趙堡太極拳的影響。陳清平有 8 位比較成名的弟子。他在實踐中逐漸總結出因人施教的方法，並按習拳者的不同情況分別教授代理架、領落架或騰挪架，代理架就是把拳架勢和推手、理論相結合，也就是人們說的「心與意和」。

余功保

為了便於推廣，很多流派都搞了一些簡化套路。我看到您也編了簡化套路，如何看待簡化套路和傳統套路的關係？

王海洲

在現代的社會，簡化套路可以避免人們對太極拳望而卻步的現狀，吸

王海洲太極雙刀

引更多人進入太極拳的大門。雖然簡化十三式是我主要編定的，那都是經由全村研討、綜合大家的各種意見編定的，套路動作也是我親自示範的，但是我教拳從來不教簡化套路。

老祖宗留下來的太極拳傳統套路前邊的招法和後邊的招法是相互呼應的，是對整個人體的鍛鍊。動作的編排表現出由淺到深、由易到難的練習意圖。練拳的人可能有體會，學拳過程中，不同的地方會疼，等周身疼一遍，整套拳也就學完了。套路是由簡到繁、由易到難的，由高的動作到低的動作，由慢到快，假使你挑著某些動作做，那就無法得到全身的鍛鍊。

比如簡化套路都要配樂，而傳統套路則需要靜靜地做，靜靜地去體會，感受體內的血液循環，感知身體的感覺，體會功力增加。

余功保

您曾經出版過《秘傳趙堡太極拳》、《趙堡太極拳械合編》《杜元化太極正宗考析》等專著，我看還是比較注重研究的。

王海洲

不下工夫研究你就發展不了。關於太極拳，古人已經研究得很透徹了，我們現代人沒有下這份苦功，缺少鑽研的精神，也失去了那種純淨的環境。從我自身看，我覺得只要能悟出前人的百分之五十就已經很好了，所以還需要不斷

王海洲在北京舉行的全國武術名家演示會上表演趙堡太極拳

研練。關於太極拳的研究，我準備著手探討趙堡太極拳與中醫的關係，包括它防病治病的具體功能和原理等。研究永遠有做不完的工作。

三、剛柔　起承　騰挪

余功保

我剛才看您練拳，拳架輕靈柔活，動作舒展大方，走圓劃圈環環相扣、連綿不絕。趙堡太極拳的主要特點是什麼？

王海洲

太極拳是幹什麼的？就是要有陰陽變化。剛柔的變化是陰陽的一種，騰挪閃展也是陰陽變化。但在變化中有要連貫，連綿不斷，這就要有起承轉合，整個套路是一個整體。整體是由一種內在的關係串起來。趙堡太極拳在這些方面都有非常明確的原則方法。

余功保

很多人練太極拳是為了強身健體，趙堡太極拳在健身方面有什麼突出作用？

王海洲

從我自己的親身經歷便可以看出趙堡太極拳在防病治病

王海洲談太極理法

方面的突出特點。像我這樣患有嚴重坐骨神經疼的人，很多人被迫長期臥床。我不僅治好了病，而且爬山、上房、趟涼水都沒問題。村裏的人都知道，我一個人出4個人的勞力，大家都管我叫「小拖拉機」「大力士」，這都是我練拳以前沒想到的。

這是我自身的經歷，這幾年在學生身上，我也看到了趙堡太極拳的治病功用。

6年以前，曾經有一個人從安徽找到我。他本身是個個體戶，得了B型肝炎以後就覺得生活沒什麼指望了，無意之中買了我寫的那本《秘傳趙堡太極拳》，翻著書練。四個多月以後，他又去醫院復查，醫生問他：「你在哪裏治療的？」原來他的病好了。於是他就照著書上的地址找到了我，想要深入學習趙堡太極拳。

台州有一位楊女士，有失禁的毛病，跟隨我的一個學生學拳，四十多天後就擺脫了難言之隱。

我第一次到廈門教拳是政府組織的，一位領導把他的太太也帶過來一起和我學。他的愛人自從生了小孩以後身體虛弱，長期失眠。練了40天以後，失眠的病治好了。他特別高興，請我去泉州、石獅玩兒，他說沒想到這趙堡太極拳居然治好了太太半斤藥都治不好的病。

大量的實例證明趙堡太極拳在防病治病上的確特別有效果。

余功保

您認為趙堡太極拳為什麼有如此健身效果？

王海洲

練習趙堡太極拳所治癒的各種病例隨處可見。有病可治，

無病可防病。因為趙堡太極拳可以疏通周身經絡，全身各部位都能夠得到平衡鍛鍊，全身氣血運轉自如，周身經絡暢通無阻。

趙堡太極拳的健身效果還與手法和步法等技術特點有著千絲萬縷的聯繫，比如它要求「面前有手不見手，面前有肘不見肘」。

王海洲太極拳勢

余功保

如何練好趙堡太極拳？

王海洲

趙堡太極拳的習練分三個階段，所謂「流行者氣、對待者數、主宰者理」。

第一個階段要悟，「流行者氣」，就是要把架勢練準，把身體練好；第二個階段「對待者數」，是講用法，動作的功防含義是什麼？綱在哪裏？常在哪裏？動在哪裏？靜在哪裏？為什麼要靜？為什麼要動？這些都是有規矩的，不能亂。第三個階段是由練架子練習老祖宗留下的套路，從練套路中逐漸發揮出你的潛力。

比如如封似閉，應該怎麼去做？內功是怎樣的？往哪邊走？為什麼手要往外擺，不能往裏擺？為什麼手要這麼高？為什麼進步高、退步低？裏邊有很多學問。哪裏是發力點、哪裏是著力點，如何應用……在練習整個拳架過程中，都要時刻留意這些。

練氣是主柔，由這種柔的鍛鍊能達到剛的效果，身體強壯了是「剛」，勁力完整了也是「剛」。

余功保

練習太極拳套路時，每一個動作如何去做到太極？

王海洲

王海洲太極拳勢

太極就是呼吸、開合，每一招都是一吸一呼，所以無論你練習哪一招，都離不開呼吸，離不開大小周天的循環以及氣血運轉。

呼吸是趙堡太極拳十分重視的。趙堡太極拳要求走架練拳時必須配合呼吸。一般的要求是呼氣時氣由丹田轉動，把氣催到四梢，吸氣時氣由四梢落入丹田。

從四梢收回丹田，從丹田發於四梢。身上的四梢，很多人講是牙、舌、毛、髮，我講的四梢是骨、肉、筋、氣。

余功保

趙堡太極拳的拳術和器械內容有哪些？

王海洲

王海洲太極拳勢

趙堡太極拳套路一共 72 式、36 招，要把招法和式子結合起來練習。

趙堡太極拳是一個較完備的拳

種，除了架子外，還有推手，推手包括定步推手，活步推手，大捋，亂踩花等。

器械有太極劍、太極刀、太極棍、太極槍、春秋刀、九節鞭等各種兵器的對打。趙堡太極推手和器械都是有其獨特的風格的，但由於歷代單傳秘傳，至今社會上知道的不多。

王海洲太極器械大刀

余功保

很多太極拳愛好者也非常喜歡練器械。雖說練拳並非規定一定要練器械，但由器械的鍛鍊，對體驗、提高拳術技術的領悟還是很有幫助的。但對很多人來說，練器械的難度還是相對大一些。

王海洲

無論練拳還是練器械，都要真正掌握它的規律。太極拳的器械和拳術總的來說，演練原則要求是一致的。練習趙堡太極拳和器械都要求絕大部分動作走圓，少部分動作走圓弧。圓有多種，有立，有側，關鍵在一氣呵成，處處成圓，讓人有一種針插不入、水潑不進、密不透風的感覺。

余功保

就是拳論所說的「無使有凹凸處」。

王海洲

　　練習趙堡太極拳還要做到「三直」「四順」，這也很關鍵。

　　「三直」就是頭直、身直、小腿直。「四順」就是順手、順身、順腿、順腳。做到了這幾點，就會在練拳時貫串一氣，意氣通暢，沒有停滯。也就自然實現了通常所講的「六合」了。

王海洲太極拳器械刀、劍、棍

胡鳳鳴簡介

　　胡鳳鳴，1948 年生，河北永年廣府鎮人。武式太極拳名家。

　　自幼習武。12 歲隨其父胡金山學練家傳郝式太極拳、器械及打手，13 歲獲地區武術比賽第一名。後又拜太極名家姚繼祖為師，進一步深研武式太極拳的藝、理，受兩個行家的教誨，造詣匪淺。1970 年後多次參加省及地區武術比賽，獲得拳術、劍術及推手第一名，在中國國際太極拳聯誼會等重要國內外太極拳比賽上共獲金牌數十枚。因其在太極拳上的貢獻，曾獲功勳杯一個、貢獻杯一個、溫縣年會杯一個，武式太極拳學校團體一等獎杯兩個。理論與實踐相結合，在國家級武術刊物上發表了二十多篇論文，並多次獲獎。任一、二、三屆中國永年國際太極拳聯誼會武式拳、劍及推手總教練，獲優秀教練證書。1998 年 8 月應約在中央教育電視臺拍製「武式太極拳教學光碟 VCD」向國內外推廣。曾在全國各地授拳，近年來多次應邀出國訪問講學。

　　任永年武式太極拳學校校長，新加坡全國武術總會特邀教練，永年太極拳協會副主席，永年武式太極拳協會秘書長，永年武式太極拳研究會副會長，永年廣府武禹襄故居武術館館長兼總教練，永年縣太極拳培訓基地廣府太極拳武館副館長等職。

點 與 線

——與武式太極拳名家胡鳳鳴的對話

　　點是構成體的單元。一個點，經過無數次的空間運動，就形成了體。

　　沒有了點，就沒有了體，小處著眼，大處著手。

　　太極拳的意念是點，還是體，太極拳的這個點是神聖的，它不流俗。

　　從點到線，一要講軌跡，二要有對應，從點到線再進一步昇華就是體。

　　胡鳳鳴先生一再強調，太極拳是三維立體的運動，到了這個程度，就真正把握了太極拳點線的奧妙了。

　　　　　　　　　　　　　　　　　　　　　　　余功保

余功保

您可以說是出生於太極拳世家，又是姚繼祖先生的重要弟子之一，在太極拳上是正脈嫡傳了。武式太極拳的歷代重要人物，都和永年有密切的關聯。

武禹襄故居

胡鳳鳴

在武式太極拳來說，永年人武禹襄開宗立派，貢獻巨大。在武禹襄之後，把武式太極拳推向技擊高峰和理論高峰的是他的外甥李亦畬。其精確理論和高妙的技擊手法，是和他爺倆精心研究提煉分不開的。公正地說，他爺倆同是武式太極拳的開山「鼻祖」。

武、李均以儒生自居，且又是名門望族。兩人都不以教拳為生。一生擇徒甚嚴，授徒甚少。高精的理論和高妙的技擊手法，在當時知者不多。

承襲兩位先哲所研拳術和理論的一代宗師，就是武式太極拳的第一座里程碑——郝為真宗師。郝為真宗師把武、李研究的技藝發揮得淋漓盡致。在永年太極拳界，被人公認為「青出於藍而勝於藍」。郝為真宗師身材偉岸，膂力無窮，自幼嗜武如命。他精通六合拳、春秋拳、二郎拳、大洪拳，而且技擊爐火純青，若不拜服在武、李兩位先哲的技藝之下，他是不會研習太極拳的。郝為真聰穎靈透，舉一反三，他把武、李拳藝推向了一個空前絕後的高峰。和他試技的人，無不驚歎佩服。習

姚繼祖太極拳勢

拳的人都以拜郝為真宗師學拳為榮。

　　姚繼祖老師早年學的是楊式，跟他爺爺學，後來他爺爺說，武式太極拳（當時還是叫郝式）很奧妙，讓他學學郝式太極拳。姚老師的奶奶是郝月如的親表姐，所以他叫郝月如是表老舅，有這麼一層關係，姚老師也學得非常好。我父親是郝月如的外孫，我的祖母是郝月如的二姑娘。在傳遞上，郝月如在1928年就到上海、南京、鎮江等一帶教拳，姚老師在家就跟韓欽賢等人在國術館練。永年國術館宣導太極拳非常好。當時也不叫楊式、郝式，就叫太極拳。當時練郝家拳的非常多，國術館第一任館長就是郝月如，第二任館長就是韓欽賢。

　　我小的時候就練武術，還拿過冠軍。我父親從事財務工作，每天要記賬，就沒有多少時間教我們。後來姚老師遭受不公正待遇，回到永年來了，我們就去跟姚老師學，姚老師總是不厭其煩地教。姚老師知道我的身份後，專門到我家去，跟我

姚繼祖太極劍勢

父親說：「師弟呀，你讓孩子跟我學放心嗎？」我父親開玩笑地說：「怎麼，你不願意教呀？」後來我就長期跟姚老師學了，我們相處得非常好。

余功保

姚繼祖先生對武式太極拳情有獨鍾，對其傳播做出了很大貢獻。

胡鳳鳴

他對太極拳傾注了畢生的心血。有一件事我記憶非常深刻。1970 年的農曆八月十三，我和師兄金競成等人一起到老師家去，聽說老師在家，我們就買了點東西去看老師。當時東西都限量供應，很不好買。那天下著大雨，老師當時的談話一直縈繞在我心頭。當時老師都掉了淚，很動情地說：「你們要趕緊學呀，把太極拳的真東西學到手。現在的政治環境不好，我

不一定哪天就不行了，你們一定要把太極拳學好傳下去。」他一邊說，一邊用筷子比劃動作，給我們講解。那天的情景我永遠都忘不了。

余功保

太極拳的流派很多，每個流派不同傳承在練法上也有差異，您如何看待這一現象？

胡鳳鳴

每個流派之間沒有優劣之分，只是大家的風格不同。同一流派的不同練法是理解上不同造成的，可能大家練的都對，是各個老師傳遞上個體差別形成的。比如每個老師年齡段不同，在教拳上就會有風格上、架勢上的不同。但你仔細研究就會發現，在根本原則上是大同小異的。

余功保

武式太極拳的核心要領是什麼？

胡鳳鳴

姚老師講，我們這個拳的最重要的幾個要領就是起承開合、虛實轉換、折疊等。對這些要細細體會。

武式太極拳重視起承開合，即節序上的四動，也就是用四個動作來完成，但有的招式是兩動。如起勢左右懶紮衣、單鞭、白鵝亮翅、摟膝拗步、倒攆猴、玉女穿梭、抱虎推山、搬攔捶、如封似閉、青龍出水、三甬背、箭步栽捶、翻身二起、轉腳擺蓮等均是由四個動作組成。按式、手揮琵琶、雲手、左

右伏虎、左右高探馬、左右起腳、跌步披身、十字擺蓮、指襠捶、上步七星、彎弓射虎、雙抱捶等均是由兩個動作組成，還有野馬分鬃等四個招式由十個動作組成。明白和掌握了這些要領，就不難學會武式太極拳。

腳底下要講虛實轉換，手上要講折疊，動作上有周天。沒有折疊，虛實引線就打不出來。在虛實轉換中，每一式和下一勢之間有微妙的連接，有內在的連帶。

姚老師說，人就是立體方程，練太極拳就是開發這個立體方程。在太極拳練習中，要體會三維立體的運動方式。

我曾經到上海看望我的舅爺郝少如，他專門給我講太極拳的「骨肉分離」，這也是武式太極拳很關鍵的要領。

余功保

「骨肉分離」怎麼練？

胡鳳鳴太極拳勢

胡鳳鳴

就是在練拳當中把骨突出出來，把肉分離下去。比方我們要放鬆站立，兩腳並立，深吸一口氣，用意念把它導引下去，到腳，然後從後面向上，從長強穴沖上去，把任督二脈打開，放鬆，把肉全部放下去。一動，腳下一分，腳心把湧泉穴向下踏一下，身體放得更鬆，這樣肉完全放下去，一伸手，骨頭往外出，骨肉就分離了。動作開始，肉把骨頭包住，氣勢就出來了。精神就是你的骨頭，氣勢就是你的肉。我舅爺非常強調骨肉分離，他專門講了一大通這個問題。

余功保

武式太極拳中如何開合？

胡鳳鳴

練武式太極處處有開合，鼓蕩如氣球，開合即太極。開合與骨肉分離都互相結合的。開合中有中心、重心的變化。開合不僅僅是手上的開合，更是全身的開合，是一種變化，陰陽的變化。

余功保

武式太極拳的虛實又如何講法？

胡鳳鳴

我父親曾經專門跟我講，說我們的虛實結構是很要緊的，過去只跟徒弟講，不隨便在外面說的。

武式太極拳是上面三分虛，下面七分實。李亦畬說：「底氣足，中氣壯，上氣靈。」也深刻表達了這一虛實結構的內在意義。如果理解了虛實左右問題，一邊虛，一邊實就不對了。

我的舅爺郝少如講，一切在陽的方面，看到的地方都是虛的，一切看不到的，陰的方面都是實的，實永遠不暴露給對方。

胡鳳鳴太極拳勢

余功保

武式太極拳練習中有一個獨特的手法就是豎掌，這有什麼作用？

胡鳳鳴

豎掌是沉肘的保證，沉肘是鬆肩的保證。手掌豎不起來，一身就沒有主宰。手掌一豎起來，你的掤力就有了。武式太極拳不管是哪一支派，都是豎掌。武式太極拳還有一個名詞，叫「五花團泥掌」，如同小時候用手掌團泥蛋子一樣的形狀。

余功保

武式太極拳在架子來說相對比較高一點。

胡鳳鳴

是的。過去武式太極拳叫「書房架」，文人練的，下去的勢子都不大。武式太極拳也很少強調低架勢。

余功保

武式太極拳練樁功嗎？

胡風鳴

練的。過去有的拳家專門有練習樁功的程式。其實如果要仔細體會，武式太極拳每個動作都可以作為樁功來練習。

胡鳳鳴太極拳勢

余功保

作為武式太極拳名家，您近年來應邀到一些國家去講學，為傳播太極拳做了很多工作，在講學中有什麼體會？

胡鳳鳴

有一些感觸。太極拳的確在世界上很受歡迎，但很多人對太極拳理法的理解還比較表面化，這就要求我們要把真正的太極拳的精髓給大家講清楚，說明白，讓大家練拳不走彎路，讓太極拳在世界上的傳播要正宗、正確。

余功保

這也給我們的拳家提出了高要求，就是不斷提升自身的修養。功夫修為是全面的功夫修為，不是單一的，「為人師者要先善己」，首先完善自身。

胡鳳鳴

我們傳統太極拳的老師們也不要保守，一定要讓真正的太極拳理法成為發展的主流。

余功保

太極拳的技術發展中還是有一些雜質存在的。對傳統技術一要深究，一要細究，規矩架勢，分毫不可隨意。

胡鳳鳴

一些具體的細節要領是反映出大的原則來的。練太極拳要從細微處做起。

余功保

太極拳的起勢就是一個細節，一個很「大」的細節，容易被人忽視，但又不允許忽視。起勢如文章開頭，總全篇之綱，定調子，有「提」之作用。武式太極拳的起勢有什麼講究？

胡鳳鳴

太極拳的起勢是一門高深的學問，它從無極孕育到有極，是做了充分的準備工作的。在短短的時間裏，它容納了兵家奇正之學、醫家的吐納和道家的導引提放。

余功保

所以，我們練拳要體會肢體動作之外的內涵。

胡鳳鳴

大凡人們孕育每項工程，必然有他的思維依據和工程概念。比如首先要做的是圖紙的設計、分段工程的順序及計畫進程，再就是要完成他的預期效果。

胡鳳鳴武式太極拳勢

武式太極拳起勢在短暫時間內，首先要安排周身放鬆，行拳如對敵，身的五弓要有節序地備好，要把純真的心態溶解到大自然中，身體亦溶化在大自然中。

當從無極走向有極時，左腳緩緩提起左外分開時，身體的各部分有飄飄然的感覺和湧動，當左腳落地的瞬間，雙腳便有生根於地下的感受，此時腳心的湧泉穴要有從地下汲水的感念，謂之採地氣。此時周身須含有騰挪預動之勢。

余功保

在起勢中有了氣感，保持這種感覺，就可在練習全套時都充盈氣感。

胡鳳鳴

當雙手掌心一下朝上微微抬起時，雙手十指的指尖十宣穴完全張開，和雙腳趾的十宣穴相對，有把地下的水（氣）向上抽吸的意念。當徐徐上舉的雙手十指發脹、向上舉動艱難時，上下對拉恰到好處，感覺雙手沉重，兩手要自然內旋至手心向

上。此時向上捧舉顯得非常輕靈。需要說明的是，向上舉的雙手十宣穴，把地下的水（氣）有機地和天上的水（氣）聯結起來，此謂採天氣，接天河之水，謂之三位一體，也叫三才合一。

當雙手採滿天氣之後，把天河水隨著雙掌心內合，徐徐地沐浴全身，雙掌的天地之氣順著雙肩的肩井穴向下輸灌，另一股水則順著頭頂的百會穴，向體內灌輸，滌蕩五臟六腑，然後將五臟的廢氣從腳心排放出去，以達到健身的預期效果。

余功保

這就完全是一種內功的練法。

胡鳳鳴

大家都明白井和泉的作用，有井必有泉。井裏有盈盈充足的泉水，才能取之不盡，用之不竭。我們採天河之水，又充實到井裏，更使井裏的水淵源不斷地保障供給。

把天河水（氣）和地下水（氣）陰陽交合遍及全身，周身便鼓蕩起來，周身一鼓蕩，便有向四面八方噴火的感覺，這是天地之氣、內外之氣在周身交融纏繞所產生的效應。

習練者要注意，我們的雙腳底的湧泉穴，才是我們所練的「氣沉丹田」。要深刻理解「勁起於腳」的真正含義。「氣沉丹田」不是跟小腹較

胡鳳鳴太極拳勢

勁。

余功保

這是「氣沉丹田」的又一種解
說。

胡鳳鳴

雙手的勞宮穴為上丹田，上下
丹田必須運作一致，它能夠保持正
確的周身協調運動，也能夠保證滿
身輕利，因此武式太極拳的起勢，

胡鳳鳴太極拳勢

在打手應用上還有一層關鍵的作用。照此述去練，能達到初級
應用和強身健體的作用及效果。

余功保

太極拳的身法也是一大技術要領。武式太極拳在身法上似
乎尤其注重。

胡鳳鳴

在太極拳練習中，身法上存在一些偏差和誤區。

眾所周知，太極拳理論體系的形成，最早是來自於一代宗
師武禹襄。他最早傳抄的早期太極拳理論，是出自於王宗岳一
家，在此之前並無任何一家有關內家拳練法的隻言片語。武禹
襄精通「易經」。他赴河南公幹時，在兄長武澄清任所閑住，
從舞陽縣鹽店得王宗岳的《河圖》《洛書》及「陰符」槍譜和
《太極拳論》。這為他精研太極拳打下了堅實的基礎。而武式

太極拳的立論準則，就是武禹襄一生精研「太極拳學」的集中體現。在武禹襄的眾多拳論中，「身法八要」是一個很核心的東西。這是武式太極拳身法的重要依據。

余功保

請您具體講解一下。

胡鳳鳴

比如其中強調了「鬆肩」和「沉肘」。「鬆」者，是向四面八方而鬆，鬆得恰到好處，鬆得有目的。鬆肩是有含蓄之意。所以肩是有機的「鬆」，鬆得越含蓄越好。「沉」者，下沉也，下沉之氣不使上浮，「肘」能沉，則氣亦能沉。進而肩也鬆得好，然總須豎掌坐腕，掌能豎則「肘」能「沉」，肘沉則肩鬆，相互併聯。「肘」以意下「沉」，肩才能「鬆」得輕靈。這裏說的一「鬆」一「沉」，完全是隨意機能的調整。「鬆肩沉肘」是模擬的身法公式，是武禹襄先哲的完整立論思想體系。

有的人說「垂肩」和「墜肘」，這一「垂」一「墜」，完全是和「太極拳經」唱反調。殊不知這「一垂一墜」便把你的身法練得支離破碎了。「垂肩」的模式是一味向下，但它不輕靈，有的人按此法去練，練出夾肩和聳肩的毛病，再加上按照「墜肘」去練，這樣愈練愈把自己練出雙重的毛病來。因為「垂」和「墜」擬定了

胡鳳鳴太極拳勢

向下「沉」的死板模式。

還有的人把「墜肘」說得更形象，他們說「肘尖下好像墜了一個大秤砣，使其肘永不上浮」，這種理論也是誤人甚深。太極拳愛好者們如這樣去練，就是你練成「雙重」之病的自身體現。

要練「鬆肩」、「沉肘」，不要練「垂肩」、「墜肘」。要認識「垂肩」、「墜肘」對身法的危害性。

余功保

在身法上還有「涵胸」一說。

胡鳳鳴

「涵胸」之說在武禹襄先哲的立論思想上是這樣一個意思，「涵」的定義是不輕浮、不急躁、不慌張。既然是「涵」，那麼胸就要空，胸空小腹就能實，這樣胸空腹實肩膀活，胸空膀活腰腿就能變曲。能涵胸就能拔背。涵胸拔背，腰腿變曲，起落自然。進而做到「動牽往來氣貼背」。

有的人把「涵胸」說成了「含胸」，這個「含胸」，把「涵」的意思完全修改了。單講「含」的意思，含是嘴裏含了東西，那麼嘴就被所含的物體占住，嘴裏就被所含的東西填實了，不能動了。而「含胸」也就是胸裏填滿了東西，若胸中填滿東西，胸就不能空了，這樣背也拔不起來。膀也不能活，自然桎梏了腰腿變曲和動牽往來氣貼背的動義。

還有人這樣認為，說「含」是把對方吞住而「化」之。試想胸怎麼能去「含」人，「吞」人？我認為「涵胸」之理確切真實，而「含胸」之說則害人不淺。

余功保

武式太極拳在「尾閭」上也有講究。

胡鳳鳴

胡鳳鳴太極拳勢

我們講究「尾閭正中」，這在太極拳一身備五弓上理論確切實際。因為它嚴循「中正不偏」的道理。雙股用力尾骨尖前送，托起丹田。尾骨尖前送有上挑之意和臉之下巴骨有相繫相吸之意，這樣就是「尾閭正中」，照這樣做即能「神貫於頂」，滿身輕利，也能夠「裹襠」和「護肫」。

而「尾閭中正」之說本人實在不敢苟同。持這一說的人認為，不管行拳和打手，身體偏離中心線多少，只要「尾閭中正」就行。我也看到有些人確實這樣行拳，造成貓腰出腚，前俯後仰。這是錯誤的。

武禹襄先哲是這樣說的：「尾閭正中神貫頂」「滿身輕利頂頭懸」。由引看來只有「尾閭正中」之論確切實際，而「尾閭中正」之說是站不住腳的。

余功保

看來身法上的歧議還是比較多的。

胡鳳鳴

再來對比「命意源頭在腰隙」和「命意源頭在腰際」。

「命意源頭在腰隙」這個論點鮮明地告訴習者，「腰隙」就是兩個腰眼命門穴，不然就不會出現太極圖上所標的兩個小虛實點。武禹襄先哲明確地告訴習練者，兩個腰眼要認真地去修練，去運用，去保護。這裏就是你的「命意源頭」。

但有人認為「命意源頭在腰際」的理論正確。他們說「腰際」即是「帶脈」，腰部周圍都是「帶脈」，這才是習練的緊要處。這是害人不淺的，習練者怎能奢望修練好這樣一個寬廣的「腰際」？很顯然這樣的理論站不住腳。它從根本上修改了「命意源頭在腰隙」的含意。

「工用無息法自休」，武禹襄、李亦畬、郝為真幾代太極宗師都是這樣去做，這樣去練的。這句話是他們幾代人研練的結晶。按照口授秘訣嚴格修練，占了「工夫」長了「功夫」，有水到渠成之感。

先由著熟而漸悟懂勁，由懂勁而階及神明。即是說熟練之後先用「著」去作用於人，「著」用熟之後再求「懂勁」。先從「著」熟第一個階段，再接著練第二個階段，懂得用「勁」路制人這就是懂勁。懂勁後再練第三個神明的階段。神明後自然「著」就不用了，因為此時周身已渾然一體，處處無不體現太極之渾圓勁。

武、李、郝三位先哲神明功夫登峰造極，自然而然不再用「法」去制人。這就是「工用無息法自休」的體現。

而「功用無息法自修」的理論卻這樣說：「功要常常用，法靠自己修。無師自通的人有之，但他也得觸類旁通，才有發悟。如果閉門造車地去修，那又能派上什麼用場。」「工用無息法自休」是「工夫」練得多「功夫」長得好，先用著制人，再用勁制人，進而周身如此勁處處制人，達到神明階段，自然

不用「法」了，「法」也自然就「休」了。這一「工」一「功」，一「休」一「修」從太極拳本質上就有適得其反的區別。望習練者詳辨，不要被「功」用得多了「法」就修好了的謬論而迷誤。這跟無師自通有什麼區別，要「工用」，不要「功用」，要「自休」，不要「自修」。

　　「太極拳學」成就的公式是：得了傳授下工夫去練拳，占了「工夫」長了「功夫」，「著熟」「懂勁」「神明」「工用無息法自休」。把自己的先天拙力變成太極渾圓之勁。太極拳的上乘功夫也就臻於完成。

張文廣簡介

張文廣，1915 年生，河南通許人。回族。著名武術家、武術教授。

自幼習練查拳，受業於常振芳。1933 年進入中央國術館學習，掌握了多項武術技能。1935 年畢業後任上海體育專科學校武術教師。1936 年入選中國體育代表團，赴柏林在第 11 屆奧運會做武術表演。1938 年起先後任教於天津國立國術體育專科學校、四川體育專科學校、河北師範學校體育系。1953 年任教於北京體育學院至今。

在長期的武術教育生涯中，培養了大批優秀武術人才。參與編撰審定了眾多的武術教材。擅楊式太極拳，為《楊式太極拳競賽套路》主要編審者之一。為武術國家級裁判，多次擔任全國及國際性太極拳比賽裁判長。為適應太極拳運動發展需要，方便一些愛好者的學習，創編了「廣播太極拳」，得到一定程度的推廣，受到廣泛歡迎。著有《綜合查拳》《青年拳》《散手拳法》等武術專著。

1960 年，作為中國體育代表團武術隊教練，隨周恩來總理訪問緬甸。1980 年，率中國武術代表團訪問日本。

曾獲得首都民族團結獎、北京體育工作 30 年獎，國家體委授予的「新中國體育開拓者」榮譽稱號以及中國國際武術節組委會授予的「武術貢獻獎」。1992 年榮獲國務院頒發的在體育事業中有突出貢獻的榮譽證書，並享受政府特殊津貼。

　　現為中國武術協會顧問。被評為「十大武術名教授」。1998年被授予首批武術最高段位「九段」。

靜水深流
——與著名武術家張文廣的對話

靜水深流是一種人生的境界。

那是於不動中領悟激蕩的透徹，是一種百變先機後以不變應萬變的智慧。只有歷經了滄桑、曲折與迴旋，穿越了躁動的芸芸廣衰，跨越了跌宕的千溝萬壑的人，才能淡然享受到這種境界。

太極拳需要這種境界，太極拳也應該回歸到這種境界。

太極拳需要要領、技術，更需要境界。

百年來的中國武術是風雲激蕩的時期，興衰起落，繁衍昌茂，張文廣先生是這一時期最權威的經歷者、鑒定者和參與者之一。如果說近百年來的中國武術是一條大河，潮起潮落，白雲悠悠，大河奔流中，他是深深熟悉其中水性的人。

20 世紀 90 年代，在評選中華武林百傑活動中以及太極拳的專題研究中，我曾數次就太極拳的許多問題和張先生進行深入討論、請教，其對武學的深厚情感，對太極拳的體認修爲，讓人感佩至深。

余功保

余功保

您是一位非常全面的武術家，自幼習武，一生從事武術工作，在許多方面為武術做出了突出貢獻，受到武術界、體育界的廣泛尊重。

張文廣

我 1915 年出生在河南省通許縣一個貧苦的回族農民家庭，從小喜愛武術。十多歲的時候，我就拜山東冠縣的查拳名師張鳳嶺學習彈腿、查拳，1929 年，跟隨查拳名家常振芳老師學習了查拳的各種功夫、套路，打下了武術紮實的基本功。1933 年考入南京中央國術館，系統學習了長拳、太極拳、形意拳、八卦掌等各種武術拳術和器械套路，以及散打、摔跤、拳擊等對練功夫，為更好地從事和發展武術運動創造了條件。

武術雜誌封面人物
張文廣

余功保

當時中央國術館的學習內容還是很豐富的，而且理論和實踐併重，還沒有門戶之見。中央國術館培養了很多武術人才。

張文廣

從 1936 年 10 月起，我就相繼在上海

張文廣查拳動作

體育專科學校、國立體育專科學校、天津河北師範學院體育系、北京體育大學等學校任教，在體育戰線奮鬥了幾十年。

余功保

我記得在您 80 壽辰的時候，當時國家體委主任李夢華親自到場祝賀，並親手書寫了「武術界功臣」的條幅贈送給您，對您為武術發展做出的貢獻給予了高度評價。

張文廣

那是 1995 年 1 月，夢華同志、徐才同志，還有當時的中國武術院院長張耀庭同志都到會了，我給大家說：「不敢當，不敢當，過譽了。」

余功保

您不僅親身直接為武術做了很多工作，還是一位傑出的武術教育家，長期從事武術教學工作，培養了大批優秀的武術人才。比如著名武術家吳彬、張山、夏柏華、門惠豐等都是您的學生。您認為在武術教育中，需要注意的有哪幾方面的問題？

張文廣

武術教育首先是育人，要培養武德，培養對武術的熱愛。只有對武術有很深的

參加「中華武林百傑」評選活動

感情，才能做好武術工作。另外一點，要講究科學。武術是一門科學，要從簡單的拳腳觀念中解放出來，上升到一門學科的高度去認識。再有一個就是要系統，系統學習、系統實踐，要掌握全面的武術技術、理論，這樣才能擔當更大、更重要的任務。

武術教育家張文廣

我在北京體育大學工作時間最長。從1953 年開始，當時叫中央體育學院，1956 年改名為北京體育學院，1993 年改名為北京體育大學。我們相繼成立了武術系，創建了武術研究生培養教學體系，開展了眾多的武術科研工作。這也是眾多同志們共同努力的結果。武術必須以學科性的建設和發展來促進它的現代化進程。

余功保

太極拳是您研究的一個重點，您認為太極拳在武術中是一種什麼樣的地位？

張文廣

一種東西，有沒有生命力，就看群眾喜不喜歡。太極拳在世界上受到熱烈的歡迎，就可以看出它的重要地位。

太極拳可以說突出體現了中國武術的文化、健身價值。研究、學習太極拳是認識中國武術的重要途徑，應該大力推廣。

參加武術學術研討會

余功保

在 20 世紀 80 年代，您曾創編了一套廣播太極拳，在《中華武術》等刊物上刊登，在中央電視臺也進行過教學，許多人都學習過。您創編這套太極拳的想法是什麼？

張文廣

太極拳是一項很好的運動，如何讓更多的人更容易地參加這項運動中來，更方便、更科學地開展太極拳鍛鍊，這是我一直思考的問題。創編廣播太極拳是為了適應當代的形勢，讓大家更快、更好地接觸太極拳，接受太極拳。

廣播太極拳創編的一個起因是在 1982 年，當時在北京召開第一次全國武術工作會議，我和北京體院柯犁副院長住在一個屋子裏，我們一起談了很多武術的問題。我每天早晨起床和晚上臨睡前都做幾個太極拳動作鍛鍊一下，他看得很有興趣。他以前也學過太極拳，但沒練會全套動作，只記住幾個式子，就是這幾個式子，在他「文革」期間被關在牛棚裏的時候，反覆練習，感覺身心受益很多。

他和我講：「太極拳是健身的一種好形式，可以提煉，可以簡化，還可以推陳出新。」後來我們進行了多次討論，考慮對太極拳進行簡化和提煉的問題。在這次會議上，原國家體委主任李夢華也支持廣播太極拳、長拳

在中國武協的茶話會上

等的試驗，我就很高興地對柯犁副院長說：「咱們說幹就幹，先編廣播太極拳，成功了，再創編別的。」

教授日本人練習廣播太極拳

余功保

廣播太極拳有什麼主要特點？

張文廣

廣播太極拳是太極拳的一種新的形式。廣播太極拳基本上是以姿勢舒展大方、自然平正的楊式太極拳為主體，適當地配合了其他太極拳流派的個別動作。一共 12 個動作。

全套動作精練、幅度大，原地操練，左右對稱，有效、合理地鍛鍊身體的各個部分。

在創編的過程中，我多次徵求教師們的意見，在學生、教師和校醫院的大夫們中進行教學試驗。

余功保

這套太極拳好像還配有專門的音樂？

張文廣

是的。為了更好地體現太極拳優

張文廣太極拳動作

美、柔和、緩慢、輕靈的特點，提高它的藝術性，經柯犁同志幫助聯繫，我們請中央音樂學院民樂系的朱毅老師為這套廣播太極拳專門譜曲配樂，讓大家在優美的樂曲中鍛鍊更具有中華武術的韻味。

余功保

練習廣播太極拳應該注意什麼事項？

張文廣

第一，要從慢上下工夫。太極拳練快了就無法體會要領，就起不到很好的鍛鍊效果。

第二，要保持一定的速度和高度，不要忽慢忽快，忽高忽低。

第三，練習時身體要保持中正安舒。

第四，要持之以恆，三天打魚、兩天曬網是練不好太極拳的。

第五，練太極拳時精神要集中，意識要集中。

余功保

您從事一輩子武術工作，對武術界的朋友們有什麼希望和建議？

張文廣

希望國內外廣大武術界的朋友們，一起來共同研究武術，發展武術，使太極拳等武術拳種成為人們不

給學生們講課

可缺少的健身方法。讓中華民族的文化瑰寶為全人類的健康發揮更大的作用。

余功保

近幾十年來，中國武術的發展有兩條主線，一條是大眾健身的群眾普及推廣，一條是以武術競賽。在這兩方面，您都做出了重要貢獻。

在競賽上來說，世界體育競技的最高殿堂是奧運會。武術與奧運也有特殊的關聯，1936 年柏林奧運會

張文廣著作《我的武術生涯》

上，中國體育代表團第一次在世界體壇亮相，而中國武術是其中的一大亮點，您就是當時中國武術代表團的成員，是這一重大武術歷史事件的親身體驗者。2008 年中國舉辦奧運會，這對武術也是一個很好的宣傳機會，您一定也是很有感慨的。

張文廣

幾十年來，中國發生了很大變化，我們的國家變得強盛了，在國際上的地位顯著提高，體育、文化都得到很大發展，中國武術也得到空前的發展。

1936 年奧運會，我們組建了一支武術隊參加奧運會表演，成員有我，還有溫敬銘、鄭懷賢、金石生、張爾鼎、寇運興、翟漣源、傅淑雲、劉玉華等人。我們在德國的漢堡、法蘭克福、柏林等城市做了武術表演。我主要表演的是查拳、梅花刀、鎖口槍等，反響很好，特別是我和溫敬銘表演的「空手奪

槍」更是贏得滿堂皆驚，備受歡迎。可以說我們中國武術隊的表演轟動了德國，引起了世界的廣泛關注，第一次成功地向國際宣傳了中國武術，影響還是很深遠的。

現在中國舉辦奧運會，是中華民族的一件大事，對武術來說也是一個空前的機遇，我非常渴望在 2008 年北京奧運會的賽場上看到武術展現魅力，我也非常願意為此做出自己的貢獻。

余功保

奧運會對武術來說不僅僅是一個專案的比賽，更具有重要的推廣、傳播意義，透過奧運會這個舞臺，可以讓世界上更多的人認識武術、瞭解武術。

張文廣

武術源於中國，屬於世界，應該讓更多地人來學習它，練習它，讓武術更好地為世界人民造福。

1936 年第 11 屆奧運會中國國術隊隊員

白玉璽簡介

白玉璽，1933 年生，北京人。著名太極拳家。

少年習武，並精通醫學。1947 年北平匯通武術研究社建社時，跟隨高瑞周老師習練李瑞東傳統武術拳術、器械及李式太極拳（太極五星捶），是高瑞周老師得意弟子之一。在匯通武術研究社協助高瑞周老師輔導和培養了武淑清、趙淑琴、周世勤、劉玉貴（瑞士籍華裔）、馬金龍等一批優秀武術教練員、運動員。

1953 年參加華北地區武術運動會，表演李式太極拳（太極五星捶）獲優秀獎。

1958 年高瑞周老師辭世後，1960 年白玉璽又拜著名武術家、吳式太極拳名家徐致一老師習練吳式太極拳，並積極推廣吳式太極拳。

在菲律賓僑居多年，協助創建菲律賓「世紀太極拳社」，並擔任總教練，積極推廣中華武術。

在國內外積極推廣李式太極拳和吳式太極拳，廣教學生。21 世紀初，回到北京定居，積極組織和推廣徐致一傳吳式太極拳和高瑞周傳李式太極拳。

2004 年 10 月北京市武協李式太極拳研究會成立時榮任第一屆名譽會長。

出入無方

——與太極拳名家白玉璽的對話

「練拳」是態度問題，「如何練拳」是方法問題。

無論是技擊爲目的，還是以健身、修養性情爲目的，練拳的最根本點是「尋找自我」的過程。眞正理解了這一點，拳才能練出味道，練出眞章來。

大畫家說：「學我者生，似我者死。」拳也應如此。模仿是第一階段，是學習規律、掌握規律，比劃套路的意義也就在此。此爲「入」，入門，入道。

但如果沉溺於套路的章法，就無法完成實現自我潛能發揮的作用。所以還要能夠「破拳」，跳出界限，脫胎換骨。那時候，

套路不能對你進行局限，而是你發揮自我的工具，到那時，拳就打出了真性情。此為「出」，出藩籬，破繭而出。

歷史上很多著名的武術技擊家，身材並非都很高大，但之所以具有很強的攻防能力，因為他們把自己的特點、長處、潛能進行了淋漓盡致的發揮，就是完全找到了拳中的「自我」，並自如地加以運用。要想能夠取得良好健身效果，也必須能找到「自我」，瞭解自身情況，瞭解練拳給自身帶來的變化，才能以拳之昭昭，解身之惑惑。

「破拳」須從學拳始。好的老師是學好拳的重要保障。好的老師標準是什麼？從武術角度來說，有兩點必不可少，一為不保守，把自己辛苦學來、悟來、得來的真功絕技向晚輩傾囊相授，此為「公心」；二為不固守，即鼓勵學生超越自己、突破自己，不因循守舊，此為「胸懷」。

高瑞周、徐致一為 20 世紀傑出的武術教育家、研究家，他們一生所做的工作就是悟武術之要、傳武術之法。白玉璽先生受二位先哲教誨，深得太極之道。

余功保

余功保

您少年習武，師出名門。上世紀 50 年代參加華北地區武術比賽，還獲了獎。最早的太極拳學習是從匯通武術社開始的吧？

白玉璽

1947 年匯通武術社成立的時候，我就開始學習武術。我的太極拳老師主要是兩位，一位是匯通武術社社長高瑞周老師，我跟他學李式太極拳，就是李瑞東傳下來的太極拳。另一位是徐致一老師，我跟他學的吳式太極拳。

余功保

匯通武術社是北京著名的武術團體，在北京傳統武術發展史上有重要地位。

白玉璽

那時候匯通武術社集中了很多優秀武術家，除高瑞周老師外，還有王培生老師、張立堂老師、馬藝林老師等。

余功保

匯通武術社是 1947 年成立的吧，前些天我因為撰寫太極拳發展史的緣故，還去了一次原來的地址北京什剎海西海北岸「匯通祠」。

白玉璽在原匯通武術社
舊址什剎海練拳

白玉璽

當時的名稱叫「北平匯通武術研究社」。它面向大眾、青少年傳授優秀傳統武術，還經常和兄弟武術館校進行武術交流，比如四民武術社等。大家表演的拳種很豐富，有形意拳、八卦掌、戳腳翻子拳等。太極拳是匯通武術社教授的重要內容。

1948 年 9 月在「匯通祠」廣場舉行過一次規模盛大的「北京匯通武術研究社成立一周年慶祝大會」。北京市武術界的名家、各武術館社的代表和學員三百餘人參加了大會，影響還是比較大的。

余功保

我聽說高瑞周先生教課很嚴格。

白玉璽

有功夫，脾氣也大。他是近代武術名家李瑞東的入室弟子。也培養了很多武術名家，一些社會名流也跟他學習。比如梅蘭芳就很認真地跟他學過功夫。梅蘭芳經常練的太極拳和太極推手就是高瑞周親傳的李式太極拳。

在梅蘭芳先生誕辰一百周年的紀念畫冊中，刊登了梅蘭芳在庭院演練高瑞周老師親傳的李式太極劍「鳳凰展翅」的照片。另外，高老師還是針灸

高瑞周和梅蘭芳推手

中醫師，醫術精湛。

余功保

徐致一先生在太極拳方面貢獻很大，在吳式太極拳的推廣上有突出地位。我聽李秉慈先生專門講過，徐致一先生在吳式太極拳發展上做出了特殊的貢獻。但徐致一先生的傳人好像不多。

白玉璽太極拳勢

白玉璽

我是在 20 世紀 60 年代初拜的徐致一先生為師，向他學習吳式太極拳。那時候高瑞周老師已經去世了，我接觸到徐致一老師，覺得他在太極拳上是一位了不起的人，就跟他學。

我認識徐老師是武淑清介紹的，她也是高瑞周先生的弟子。高老師去世後，我們一起當武術裁判的時候，她說，我再給你介紹一位好老師吧，我說誰呀，她說徐致一老師，我說好呀，這樣她就帶我去了。

我還記得第一次見徐老師的情況。他住在清華裏面，有一個小白樓。見了面也不提問，先聊，溝通，聊的什麼內容都有，沒有架子，很隨和。他和我聊，你為什麼要練拳？你也練了一段時間的拳了，有什麼體會？後來我跟徐老師學習，一個禮拜大概去一次、兩次。

余功保

徐先生在談拳理的時候重點講些什麼內容？

白玉璽

我記得他重點給我講了太極拳的上下相隨、虛實分明等拳理。他說，虛實是太極拳陰陽關係的技術體現，分不清虛實，太極拳就沒有練好。不僅手要有虛實，腳也要有虛實，內外也得有虛實。什麼是內的虛實，什麼是外的虛實？在動作中要很明確，虛實沒搞清，動作的真正含義你就不明白。每個動作有虛就有實，有實就有虛。動手也一樣。他對上下相隨強調的也很多，他告訴我，練太極拳上下相隨是必須的，行拳時手和腳必須一致，不僅動作上有一致性，內心也要一致，眼神都要一致。上下相隨不僅局限在肢體上，要配合意念，動作到位了，手腳到家了，眼神也要到家，氣、意也隨之。

余功保

這樣就達到了由外而內、內外合一的效果。

白玉璽

他還特別指出，你打拳的時候，兩隻手不能同時用意，如果那樣就「雙重」了，必須一個虛一個實，有虛有實才能富於變化，否則就僵了。有了虛實就有了變化的空間，動起來的過程就是實變虛、虛變實。

白玉璽太極拳勢

余功保

太極拳的奧妙就在這種虛實變化過程

中。很多人練拳只注意變化的結果，形成了什麼架勢，沒有注意到虛實的變化過程。

白玉璽

白玉璽太極拳勢

徐老師還以活步推手舉例來給我講解虛實變化的道理。在活步推手中，虛實變化很流暢，就會手到腳也到，如果不能同時到，就會給對方可乘之機，自己就會失去先機。有的人練拳，腳到半天手才到，就把動作割裂了。

我還記得徐老師給我講解摟膝拗步的要領的情形。他說，摟膝拗步身體如同一個三角地，弓步的時候，頭頂和前腳是一條直線，後背也是一條直線，坐身時頭頂和後腳是一條直線。弓步完成的時候，手到了，眼到了，意念也到了，這個動作你自己一定要感到非常流暢、舒服、自然。

余功保

摟膝拗步是太極拳的一個典型動作，飽含了許多信息。

白玉璽

徐老師還強調要注意用腰。要運用好腰，首先就要把腰部放鬆，放鬆了動起來就自如，就連貫。腰的最要緊之處在於不能斷，腰一斷，拳就散了。「主宰於腰」，就是由腰把全身串聯起來。該錯腰的錯腰，該倒胯的倒胯，要靈活。與用腰相關聯的，就是氣沉丹田，練拳氣沉丹田才能穩，氣不浮躁，推手

發人，氣不沉丹田就發不出人。徐老師說，你如果練拳要領正確了，練拳就會感覺到有東西，手指就會發脹。

徐老師教課很認真，後來我在外面教學，徐老師也經常來看，至少一個月來一次，看看教的怎麼樣。

太極拳家徐致一

余功保

徐致一先生為太極拳界所推重，與他的學術成就分不開。

白玉璽

徐致一先生是早年跟隨吳鑒泉學的。在 1958 年的時候出版了一本《吳式太極拳》，當時叫吳鑒泉式太極拳，積極提倡吳式太極拳，對大陸的推廣傳統太極拳做出了很傑出的貢獻。他本人是經濟學家，用現代科學來分析研究太極拳，他是第一個人。這本書 1965 年曾經再版。

余功保

科學家研究太極，其推動力和說服力就會大一些。

白玉璽

解放初期，徐致一先生曾經擔任上海國術聯誼會的主席，為上海的武術發展也做出了重要貢獻，1958 年，擔任了第一屆的中國武術協會委員。

余功保

他在三十年代還寫過一本《太極拳淺說》，是比較早著書推廣太極拳的。

白玉璽

早年版的《太極拳淺說》

在 1958 年的著作中，他用的是吳鑒泉本人的拳照，是比較系統地談太極拳的書。其中他用了力學的方法進行分析。在這本書中他談了如何練習吳式太極拳，當然對練其他式的太極拳也是有幫助的。

余功保

太極拳練形為基，練氣為主，練意為上。如何實現三位一體的鍛鍊效果？

白玉璽

太極拳是一種身心合練的功夫，每一方面都不可偏廢。練拳時每一招一式都應遵循拳論所說「以心行氣，以氣運身」。

在形上，要「正」。一則要含胸拔背，這個狀態要成為常態。另外，要實現身形的正，保持尾閭中正很關鍵。尾閭在脊柱最末端，此處若不中正，則脊柱之直度必先受其影響，難以實現中正。脊柱不正，全身的骨骼肌肉就不自然，就會緊張，氣就不順。還有就是四肢的沉肩垂肘也要注意，保持沉肩垂肘，就會使胸部寬鬆，意氣轉換得靈。

在動上，不可用拙力，善於理解空、靈、虛、柔的含義，

白玉璽太極拳勢

並且貫徹到動作上。徐致一老師曾經說過，練拳「忌努目」，在練太極拳過程中，務須態度沉靜，力避劍拔弩張之態。做到神宜內斂，神舒體靜，外示安逸。在呼吸時，「口宜閉忌咬牙」，呼吸自然很重要。行拳時宜舌抵上腭，這樣能使口內唾腺時時分泌津液，可以滋潤內臟。

余功保

您在菲律賓僑居多年，在那裏推廣太極拳，主要是教什麼內容？

白玉璽

菲律賓成立有世紀太極拳社，是菲律賓華裔企業家陳永年先生於 1999 年所創立。他邀請我多年來在該社任教，主要教吳式和李式兩大派的太極拳術、刀術及劍法。這個社培養出了數名菲華武術界的精英人物和大量的太極拳人才。

余功保

在繼承傳統太極拳方面，有什麼計畫？

白玉璽

我們正在籌畫舉辦匯通武術社的復社活動和成立 60 周年紀念活動。另外，也正在計畫成立「北京徐致一太極拳社」，以便比較系統地總結、發展徐致一老師的太極拳思想、功夫。

白玉璽太極拳勢

賈樸簡介

　　賈樸，1923年出生，河北邯鄲人。13歲開始跟韓欽賢老師習武派太極拳，1949年又經韓老師介紹，跟張振宗老師繼續深造。1939年，李福蔭老師將《李氏太極拳譜》授於賈樸，賈樸將韓、李二師所贈太極拳譜彙編用工筆小楷抄出，內容豐富。退休後，定居邯鄲課徒授藝，還赴四川成都、重慶等地講學。2003年，賈樸被選為邯鄲市武協名譽主席。傳人有馬建秋、黃建新、溫玉憲、趙曉康等。

信有今人出古人
—— 與武式太極拳名家賈樸的對話

武術是一種崇尚傳統的文化形態，因此尊古成為自然。

「古」有變化之「古」與不變之「古」。時代更迭，斗轉星移，一時之時尚成未來之古典，天地易，古今替。萬物歸心，九九如一，百變不離其宗。宗者「中」也，為不偏不倚之核心之至。

武術的技術一直都在變化，太極拳更是變化的典型。能從變化中悟得不變者為真傳，能從不變中蛻生出變化者為智者。真正能兩者兼具，非大氣魄、高悟性不能為。練太極拳，下苦工夫是基礎，沒有基礎談不上高度，悟性則為階梯，沒有悟性巔峰就可望不可及。

尊重歷史、研究歷史是提高悟性的重要手段。古之為鑒，往來若出其裏。讀拳論、觀拳照皆為研究歷史的形式，也是體會「變」與「不變」的法門。由古而今，今人才能輩出。

與賈樸先生談拳，他時時提到太極拳的傳統問題。他對於歷史的高度重視與真摯探究，幾十年不曾懈怠。這也是一位老拳家的風範。

余功保

余功保

您是從什麼時候開始學習太極拳的？

賈　樸

我出生在 1923 年，從 13 歲開始學拳。開始是跟永年國術館館長韓欽賢老師學的。到 1949 年以後，韓老師把我領到張振宗老師那裏去，拜他為師。

張振宗老師是郝為真的弟子，功夫很好。當時郝月如、孫祿堂等人在南京教拳，請張老師去教，張老師婉言謝絕了。張老師還精通醫學，廣泛行醫施藥。

余功保

永年國術館在永年太極拳發展中起到了重要作用。當時主要教授的內容是什麼？

賈　樸

以教授武式太極拳為主，也有楊式太極拳。

余功保

學的功夫都有什麼？

賈　樸

拳架子、刀、槍、杆等，都學。學的套路小時候不記多少

賈樸太極拳勢

式，實際上是 108 式。我現在經常練習的還是 108 式。

余功保

有的人把武式也稱為郝式，怎麼看待它們的關係？

賈　樸

其實是一回事。郝式是在武式中進行了一些改革，有人就叫做郝式了，郝家的人對發展武式太極拳做出了重大貢獻。武禹襄創武式太極拳後，真正將其大發展的是郝為真。後來郝少如寫書，認為還是改回來叫武式太極拳。

余功保

我聽《太極》雜誌主編楊宗傑先生介紹，您小時候就很注重太極拳理法的研究，曾經花了很大精力抄寫傳統太極拳譜。

賈　樸

那是 16 歲的時候抄的，我把老師收藏的太極拳譜，還有師叔李福蔭拿來的拳譜在一起抄寫。抄拳譜就能逐字逐句領會，對我學拳幫助很大。老師看我挺用功，對我也挺好。當時，我家徒四壁，就一部太極拳譜，一些人到我家裏，看到後都很驚訝，告訴我要好好保存。

賈樸與《太極》雜誌主編
楊宗傑探討太極問題

余功保

您後來對太極拳史發生很大興趣，可能跟這件事也有關係。

賈　樸

是的。我覺得研究太極拳史對搞清太極拳的技術脈絡有很大幫助。

余功保

您練拳至今有七十多年了，在練拳中最深刻的體會是什麼？

賈　樸

我從小時候練拳到現在，從沒有間斷。因為練拳時間長，談不上什麼經驗，但還是有一些教訓、體會。

我練的是郝為真傳下來的開合太極拳。我覺得太極拳最關鍵的就是開合、呼吸。每一個動作，升降變化，都有呼吸的內容。

我每天都練拳，在拳架運動中，仔細體會內氣的旋轉，外面的動作要帶動內裏的動，內動又與外動相配合，內外俱動。

開合中有很多玄機，一個節序，即起、承、開、合的一個週期中，就包含了十三個要領。

余功保

哪十三個要領？

賈 樸

提頂、吊襠、裹襠、護肫、鬆肩、沉肘、含胸、拔背、騰挪、閃展、氣沉丹田、分清虛實、尾閭正中。一個起承開合中要很自然、有機地把這十三個要領貫穿其中。因為這些要領都是互相聯繫的，這十三個要領也是武式太極拳最核心的身法要求。

郝月如在武式太極拳理論上貢獻很大。他對這十三種身法要領曾經有過詳細的解說。他說：

「何謂涵胸？心以上為胸。胸不可挺，要往下鬆，兩肩微向前合，謂之涵胸。能涵胸，才能以心行氣。何謂拔背？兩肩中間脊骨處，似有鼓起之意，兩肩要靈活，不可低頭，謂之拔背。何謂裹襠？兩膝著力，有內合之意，兩腿如一條腿，能分虛實，謂之裹襠。何謂護肫？兩肋微斂，取下收前合之勢，內中感覺鬆快，謂之護肫。何謂提頂？頭頸正直，不低不昂，神貫於頂，提挈全身，謂之提頂。何謂吊襠？兩股用力，臀部前送，小腹有上翻之勢，謂之吊襠。何謂鬆肩？以意將兩肩鬆

賈樸太極拳勢

開，氣向下沉，意中加一靜
字，謂之鬆肩。何謂沉肘？以
意運氣，行於兩肘，手腕要能
靈活，肘尖常有下垂之意，謂
之沉肘。何謂騰挪？有動之意
而未動，即預動之勢，謂之騰
挪。何謂閃戰？身、手、腰、
腿相順相隨，一氣呵成，向外
發出，勁如發箭，迅如雷霆，

賈樸太極拳勢

一往無敵，謂之閃戰。何謂尾閭正中？兩股有力，臀部前收，
脊骨根向前托起丹田，謂之尾閭正中。何謂氣沉丹田？能做到
尾閭正中、涵胸、護肫、鬆肩、吊襠，就能以意送氣，達於腹
部，不使上浮，謂之氣沉丹田。何謂虛實分清？兩腿虛實必須
分清。虛非完全無力，著地實點要有騰挪之勢。騰挪者，即虛
腳與胸有相吸相繫之意，否則便成偏沉。實非全然占煞，精神
貫於實股，支柱全身，要有上提之意。如虛實不分，便成雙
重。」

　　他的這些解說，成為練武式太極拳應該重點研讀揣摩的典
範。

余功保

　　練拳是「牽一指而動全身」的，牽外而動內。您剛才提到
「升降」，您認為這是一個什麼概念？

賈　樸

　　在武式太極拳中，手的上下起落動作有很多，往往伴隨著

開合。這是一種升降，但最主要的升降，是氣機的升降。外形的邊開合邊升降，引動內氣的升降往復循環。

賈樸談太極拳

余功保

這樣不斷練習，就使太極拳動作成為了中國傳統養生術中的「導引」的作用。

賈　樸

我練拳是經歷了不同階段變化的。

小時候開始練的時候，用勁，練把式，這樣練一段時間，胳膊、身上會酸疼。後來逐漸變柔了，體會到太極拳用意的奧妙，可以說只有實現了用意不用力，才是真正的太極勁了。太極拳不是用力的拳，是練意、練氣的拳。太極拳是運動的氣功。練到這個程度，練拳很舒服。

余功保

也可以說，練太極拳到了一段時間後，如果覺得不舒服，或者你沒有覺得很舒服，就沒有練對。所以幾十年練拳，如果正確的話，是一種長期的享受。所謂刻苦練太極拳只是在開始階段，入門了以後就不應該苦了。

賈　樸

練太極拳要善於抓住規律，不管你練哪一種拳術，要掌握它的主要特點，這樣才能練好。

余功保

那麼您覺得武式太極拳主要的特點是什麼呢？

賈樸太極拳勢

賈　樸

楊式太極拳的主要特點是舒展大方，武式太極拳是緊湊舒緩。永年出了這兩大太極拳流派，架子一個大，一個小，實際上也是相通的。在勁力上，楊式太極拳的勁是綿裏藏針，武式太極拳的勁是剛柔相濟，有剛有柔。武式太極拳原來是以打見長，後來注重養了，氣很平和。

余功保

小時候您練拳有發勁動作嗎？

賈　樸

小時候練拳有發勁，也學發勁。後來就沒有了，柔化了，我現在練拳完全用意。我現在教徒弟也不教發勁。郝月如講太極拳有三層功夫，最高功夫是以意打人，以虛實打人，不講力量。意這個東西就很難練，不太容易講清楚。所以過去有的老師說，太極拳不好口傳，要自己悟。

余功保

自己練和老師說要結合起來。很多事情沒練到那個程度，說了也沒用。

賈　樸

所以自己下工夫很要緊。想老師傳給你個秘訣就解決問題是不行的。

余功保

過去老師給您傳授都採用什麼方法？

賈　樸

除了講套路動作外，推手讓你感覺是一個重要方法。透過推手讓你聽勁、懂勁。聽勁和懂勁是一回事，會聽了就懂了。明白勁怎麼走就懂拳了。

余功保

您教了多少弟子？

賈　樸

有一百來人吧。

余功保

主要是在河北一帶嗎？

賈樸太極拳勢

賈　樸

在四川等地方也有。我曾經到四川和全國其他一些地方教過拳。

余功保

我看您練拳，好像有一定的節奏，中間有些地方稍稍有點停頓的感覺。

賈　樸

這就是武式太極拳的內在結構。套路中講究節序，一個起承開合的節序中，完成一個循環，有內力潛轉的週期。京劇中有叫「氣口」的說法，練武式太極拳和它類似。內氣有轉換的過程，表面上看似乎有停頓，那是外在的形式，實際上是連綿不斷的。在外形稍稍停頓時，內氣有蓄的過程，有升降。這種感覺是練習武式太極拳時需要著重體會的。

郝金祥簡介

　　1940 年生。河北永年人。楊式太極拳名家。

　　1950 年開始習武，就學於魏佩林、郝從文等名家。後從師於冀福如。1999 年應邀到臺灣講學，傳授太極拳。與郝宏偉合著有《楊氏太極拳往事考》等文章。為永年《太極》雜誌特邀編委。擅長骨科病的治療，1991 年被收入《中國專家名人辭典》，並在 13 省播出的電視節目《長城內外》中以「骨病神醫郝金祥」為題被予以推介。傳人有其子郝宏偉以及侯均生、張成敏等。

郝宏偉簡介

1966年生。河北永年人。楊式太極拳名家。

9歲隨父郝金祥習武，後又得傅宗元、趙斌等名家指點。文武並重，在傳統太極拳理論的研究上尤其具有獨到之處。拳風氣勢流暢磅礴。1992年曾擔任河北冶金系統武術領隊兼總教練參加了河北省第8屆運動會。1995年應邀赴香港進行太極拳交流，1999年、2004年應邀赴臺灣講學。與其父合寫的《楊氏太極拳往事考》論文被海內外太極拳雜誌刊載。曾擔任多部電視劇武打設計。中央和省、市太極拳、報刊進行了介紹。為南開大學太極拳研究中心教授、臺灣時中拳社顧問、香港楊式太極拳總會名譽會長、永年國際太極拳聯誼會副秘書長。

八勁互通

—— 與楊式太極拳名家郝金祥、郝宏偉的對話

　　哲學家認為，世界上的任何兩個事物都是相互關聯的，只是有的關聯比較明顯，有些則比較含蓄甚至隱晦。

　　科學家也有這種觀點。美國氣象學家洛崙茲 1979 年 12 月 29 日在華盛頓的美國科學促進會的演講中說：「一隻蝴蝶在巴西扇動翅膀，會在德克薩斯引起龍捲風。」這就是混沌學理論中著名的「蝴蝶效應」的生動闡述。

　　太極拳從某一角度來說也是「混沌的」。在太極拳的思維中，人體內外的每種微觀和系統都是具有內在關聯的單元，它們之間不是簡單的量化函數關係，甚至具有相當大的關聯不確定性，但關聯無處不在，關聯在心內心外。

　　簡單地以內外來區分人體，在太極拳研習中顯然遠遠不夠。有時我們對「相當」混沌的關係乾脆以「陰」「陽」名之，並在

陰陽之外，分列了八卦、五行等對應要素，構成了獨具特色的「東方混沌學」模型，但能於「混沌」中領略「精確」者方爲得太極眞諦。

八勁互通是在與郝金祥、郝宏偉父子談話中他們多次強調的一種功夫境界。太極拳雖勁分八種，又衍化出十三勢的格局，但眞正的勁誰說不是一個呢？如能「通」，便是沒有了界限和區別，舉手投足，萬般如一，怎一個「純」字了得？

所謂混沌，是在比單純量化更高一個層次中獲得了清晰。太極拳的八勁互通便如是。

余功保

余功保

永年是名副其實的「太極之鄉」，不深入當地多走一走，看一看，對此就不會有真正的理解。她不是因為歷史上曾經誕生了幾個太極拳流派的某一點閃光，這種光芒是一直延續的，因為在不同時期都有為數眾多的優秀太極拳家在永年這塊太極熱土上出現，有些並且走出永年，光耀世界。

郝金祥、郝宏偉父子

郝金祥

太極拳在永年是一種傳統，人們對太極拳的熱愛是發自內心的，很多人不因為功利的原因去練拳，是發自內心的喜歡，所以在過去即使困難的條件下，仍然有不少人堅持練，認真練。

余功保

您是從什麼時候開始練太極拳的？

郝金祥

我父親郝壽春曾經跟郝為真學過太極拳，並且和郝為真的曾孫郝長春交往比較深。我自幼隨父親學習太極拳，後來得到過魏佩林的指點。魏佩林家和我們家很近，他也經常到我們家去。20世紀50年代初期，跟郝從文學習，那時候郝從文被聘為永年縣文化館太極拳學校的教師。1954年，從師冀福如學習

太極拳、械功夫。

余功保

郝宏偉先生是從小跟您學的拳？

郝金祥

他從 9 歲開始跟我學，後來又得到過其他名師的指點，像傅宗元、趙斌老師等。他在太極拳推廣傳播上比我做的好得多，除了在很多地方跑以外，還長期在南開大學講授太極拳。

郝宏偉與楊式太極拳名家
趙斌、趙幼斌、馬偉煥在西安

余功保

練拳的人都孜孜以求一種精深的功夫，一種高的境界，什麼是太極拳的高境界？

郝宏偉應邀在南開大學教拳

郝宏偉

太極拳的最高境界是八勁互通。勁的分隔是「技」，勁的貫通是「功」。掤、捋、擠、按、採、挒、肘、靠，每一種勁各有特點。但是單純練習、使用一種勁，還是不完整的，還是機械的。做到了八勁互通，就到了隨心所欲的自如境界，也是

自然境界。一舉動都是太極的規範，太極的味道，太極的方法。

余功保

太極拳技擊的關鍵在哪裏？

郝金祥

太極拳的技擊與其他拳術不一樣。最大的不同是什麼？其他拳都是直來直去，太極拳是「曲中求直」，要掌握太極拳的技擊要領，就要深刻理解「曲中求直」的含義。太極拳的打人，都是求的這個直線，用直線打人，但要用曲的方法獲得。「引進落空」也是找直線，你找不到這個直線，你的發勁真要落空了。

余功保

太極拳講「中正」，對中正如何理解？

郝宏偉

《中國太極拳》
雜誌封面人物郝宏偉

中正不能簡單從字面上理解。中正不等於垂直，它是指尾閭和百會之間要保持一條直線，但不一定要和地面垂直。實際上人的身體狀態一直在變化，你如果始終要垂直就容易僵化。你看地球的中正線，就是經常處於傾斜的狀態。

講中正的時候，我們經常會提到「含胸拔背」，什麼是含胸拔背？不是簡單地把背和地面豎直。過去有一個比喻，說「如馬拉車」，你看一句話就講明白了，你把頭略一低，背就挺直，勁力就有了。

郝宏偉傳授太極拳刀

余功保

「氣沉丹田」有的拳家強調，有的拳家不太講，如何理解？

郝金祥

「氣沉丹田」和「鬆沉」是一回事。氣怎麼沉丹田？就是由鬆。做到了鬆，自然就氣到丹田了。

郝宏偉

太極拳勁力的使用總共分三個階段，貫穿其中的是「鬆」。第一個階段「運勁如抽絲」，放得鬆，才能如抽絲，輕靈細膩；第二個階段「蓄勁如張弓」，要鬆著蓄，才能蓄得滿；第三個階段「發勁如放電」，發時完全鬆開，不拖泥帶水。

但這裏面還有個如何「鬆」的問題。要鬆中有緊，鬆而不懈，緊而不僵。練鬆沉勁的時候，就是要向地下鬆，借地之

力，不僅要借對方之力，還要借大地之力，這樣練的拳才渾厚、宏大。

郝宏偉教授太極拳劍

余功保

太極拳講「用意不用力」，「意」和「力」之間是一個需要妥善處理的關係。

郝宏偉

「用意不用力」是強調意的重要性，用意是太極拳的特點，就是充分發揮人的能動性，很多時候意要在動作之先。

余功保

意的運動速度和運動空間要比力大得多。

郝宏偉

但太極拳不是不用力，拳論中很多地方是講如何用力的。比如「力由脊發」「力從跟起」等等。太極拳的力不同於一般日常生活中的力，它是經過訓練後的複合力，有很高的技術含量。

余功保

太極拳講「剛柔」，但是，剛柔的關係就不太容易把握精準。

郝宏偉

把握不好剛柔就體會不到太極拳的最大技術特點。在剛柔問題上也有一些誤區。很多人講「積柔成剛」，其實不對，我們講是「運柔成剛」，剛和柔是同時的，「極柔軟，極堅剛」，不是「極柔軟，然後極堅剛」，這就割裂了。

郝宏偉在香港楊式
太極拳國際交流會主席台

余功保

內在的整體性就破壞了。

郝宏偉

剛柔的一體化是拳架成熟的一個標誌。

余功保

我知道你們父子兩人對太極拳史的研究很有興趣，也有很多心得和成果。曾專門合寫過一篇論文《清史載「河北有太極拳」》，引起廣泛的關注。我記得在香港的楊式太極拳國際研討會上，會場就懸掛有一個很大的橫幅「河北有太極拳」。

郝金祥

清代是太極拳發展的一個重要時期，那時候產生了很多重

要的拳家，也發生了許多對太極拳進程有重大影響的實踐。但有些事情流傳到現在，也有魚龍混雜的現象。

郝宏偉

有些太極拳史上的著名事件，比如「陳王廷創拳」「楊露禪王府教拳」「武禹襄訪趙堡」等，傳說很多，真實情況如何，這是需要下工夫依據資料進行詳細考證的。

余功保

請簡單介紹一下你們的研究心得。

郝金祥

太極拳的創始雖然說法很多，但主要是兩種說法占主導。

在抗日戰爭之前，全國各地的太極拳家都是以張三豐為祖師，因為張三豐創立了內家拳。太極拳為內家拳之首，把張三豐作為太極拳的祖師，是一種自然的歸屬。後來有了另一種說法，就是太極拳創自陳王廷，這種說法主要出自顧留馨、唐豪先生對太極拳的考證和《太極拳研究》。他們的依據主要有兩點，一是流傳的一首據說是陳王廷寫的詩中有「悶來時造拳」的句子，二是陳王廷留下有一篇《拳經總歌》。

郝宏偉

據考證，這篇《拳經總歌》並非陳氏所獨有，山西洪洞通背拳《拳經總論》除幾個別字外，其他內容完全一樣。「悶來時造拳」的說法也比較牽強。我們經過查閱明清兩代歷史文獻，現已查明，在《清史稿卷五百五·例傳二百九十二·藝術

四》中載明：「內家者起於宋武當道士張三豐，其法以靜制動，應手立仆。與少林之主於搏人者異。故別少林為外家。其後流傳於秦晉間。王宗岳最著……清中葉河北有太極拳云其法出於山西王宗岳，其法式論解與百家之言相出入。至清末傳習頗眾云。」太極拳源流研究應該以正史為依據，清史說明，太極拳的創始，應該是內家拳最著者王宗岳。

余功保

關於楊式太極拳創始人楊露禪學藝於陳長興這一點是沒有什麼問題的。但如何學的還是有不同傳說。

郝宏偉

楊露禪最早向陳長興學習應該是一起走鏢中。當時走鏢很辛苦，但楊露禪一直跟隨，第一次的時候是 16 歲。後來回來生的楊鳳侯，那時有 30 多歲。後來楊班侯也走鏢。楊露禪有可能是去過陳家溝學拳的，但是否是「三下陳家溝」這還需要考證的。

余功保

從楊露禪、楊班侯到楊澄甫，拳架有什麼變化嗎？

郝金祥

楊露禪的拳架和陳長興的拳架應該是

郝宏偉與楊式太極拳名家
楊振鐸、傅聲遠、趙幼斌、馬偉煥在香港

一樣的，沒有什麼變化。楊健侯、楊班侯變動也不大，比較大的改動是到楊澄甫的時候。

郝宏偉

楊澄甫做了比較大的改動。第一個，把難度大的動作去掉，比如二起腳等，去掉了。再一個，把跳躍性強的動作、比較消耗體力的動作去掉，如箭步栽捶等。第三，把一些平衡性的動作、旋動比較大的動作改造，如把「單擺蓮」改成「十字腿」，把「金雞獨立」中肘碰膝改為拉長等。一些快速的動作也變慢了，如過去太極拳的起腳是非常快的，不像現在慢了。

余功保

這些改變使太極拳更加柔和了，可能就適合更多人練。對於這一次太極拳的革新改造，一般太極拳史學家都評論說「為了適合大眾的需要，更易於推廣普及」。您如何評價？

郝金祥

後來的發展證明這種評論是符合歷史情況的。但如果作為歷史研究，我們也應該對過去的太極拳風貌進行研究、保留。

郝宏偉

過去的拳架動作對於練功夫和普及套路效果是

郝宏偉示範太極對刀

不一樣的。

余功保

對於楊澄甫的歷史作用如何評價？

郝宏偉

楊澄甫是 20 世紀最偉大的太極拳家之一。他在太極拳傳播上具有巨大的歷史功績。還有一點是非常可貴的，就是他教了很多外姓人，毫不保守。這一點對太極拳的發展發揮的作用很大。

郝金祥

楊澄甫在太極拳的認識上有一個大的飛躍，就是把養生保健作用突出出來，強調出去，這樣把太極拳從單純的武術界解放出來，讓更多的大眾參與。

余功保

讓太極拳社會化了。

郝宏偉傳授太極十三勢行功架

王二平簡介

王二平，1968 年生，河南平頂山人。世界太極拳冠軍，著名武術教練。

自幼習武，1975 年進入平頂山市業餘體校武術隊習武，1981年入選河南省武術隊。武英級運動員。先後在國內外重大武術比賽中獲得 42 式太極劍、陳式太極拳劍、自選刀術、雙刀、棍術、通背拳、對練、個人全能、集體項目、團體總分等項目金牌60 餘枚，1994 年第 12 屆亞運會獲得太極拳冠軍，1995 年獲得世界武術錦標賽太極拳冠軍。為中華人民共和國體育運動榮譽獎章獲得者，被評為當代「中國十大武星」，享有「太極王子」「太極名師」的美譽。

其拳路大方灑脫，架勢工整，勻稱自然，動靜有序，沉著雄渾，剛柔相濟。多次出任中國和國際武術團教練和中國國家隊教練，培養了多位全國和世界太極拳冠軍。多次應邀到國外表演、比賽和講學，參加《太極劍國際競賽套路》技術錄影演示和審編、審定工作，編著出版聲像教材《太極武學》。多次被國家體育總局、河南省和廣東省委省政府、省體育局記功授獎。為廣東省體育運動技術學院武術隊主教練、廣東武術協會太極拳總會會長。在三亞舉行的首屆世界太極拳健康大會和在海口舉行的第 2屆世界太極拳健康大會上均應邀做名家示範表演，引起轟動。

古意新詩拳作吟
——與太極拳世界冠軍、優秀教練王二平的對話

太極拳是一首詩，
詩就有格律、有章法，
詩還要有格調，
詩更要有境界。

拳要練得如作詩，就不能單純運用肢體來實現，就需要用腦子。王二平就是這樣一個能把拳詩化了的人。

我第一次看王二平的完整太極拳演練是在 2001 年，三亞首屆世界太極拳健康大會的名家演示上。一曲姑蘇行，盪氣迴腸，其拳腳縱放迴旋在音律的鋪陳中，有黃鐘大呂的激蕩和往復曲回的衍生，就覺得這是一個會用心演拳的人。

心若在，氣自在。

很多人練了一輩子拳，你感覺不到他的心氣。

雲無心灑脫，得萬里澄空；

拳無心虛浮，失天地陰陽。

後來和王二平先生深入聊過幾次，談太極、談武術，其思路一如其拳法，縱橫開闔，激蕩沉實。能在傳統的沉浸中提煉出時代的感悟，這是一種對「武性」的悟性。作為一個熟練掌握了武術技術的人，他更多地談到武術的發展、內涵，這使我想到了一位大學問家的話：「靈活、開放的思想是能夠讓技巧騰飛的翅膀。」

練而優則教，由一名傑出的運動員到優秀教練，王二平實現了他人生中一次重要的「功夫大挪移」，也使其在太極拳境界中提升了一層。

王二平的不凡之處在於，他能將自己的思維、心性、氣韻貫通在拳法之中，讓人清晰感受到在套路中洋溢著的噴薄欲出的巨大活力。

作為運動員，他必須謹守「規矩」，作為教練員，他必須突破「規矩」，並將他的突破化為運動員的「規矩」固化下來，演繹成高絕技巧，其中的「平衡」唯有「平和」才能運用自如。

平和恒久遠，王二平的太極之路是暢達遼闊的。

余功保

一、傳統與創新

余功保

大家都知道，您是一位太極拳世界冠軍。從運動員位置上下來，又擔任了教練，並且取得了非常突出的成績，培養出來許多太極拳的冠軍。您個人感覺，其中的關鍵是什麼？

王二平

不管是幹什麼事情，要取得成功，必須要把握規律。

當運動員有當運動員的規律，教練有做教練的規律。運動員你要想著如何把自己的長處、優勢發揮出來，表現出來，教練你要考慮怎樣去發現、去激發隊員的潛力。

余功保

我看過您的隊員的比賽和表演，有很多創新的地方。

王二平

傳統和創新是一對矛盾。但傳統也從來沒有否定過創新。我一直強調，傳統是基礎，不能脫離開傳統做空中樓

在比賽中獲得冠軍

閣式的創新。所以我們的隊員太極拳基本功還是非常注重的。同時，我們也要很好地發揮隊員自身的條件，也吸收一些現代的元素，所以在動作編排，在服裝、音樂等方面我們有很多的思考和探索。這一點從崔文娟、張芳等隊員的比賽中也能反映出來。

在賽場從容指揮

余功保

當代太極拳比賽在技術和風格上也經歷了幾個發展階段，大家都在不斷總結和探求，你們所展現出來的氣象是最引人注目的特點之一。

王二平

競賽和自己的鍛鍊是不太一樣的，就是要遵循體育競技的規律，要有高的技巧，有規範和統一性，還要有相容性和延展性。這樣既可以有可比性，也給運動員發揮自身的素質提供空間。

余功保

要想在比賽中取得好成績，除了平時的有效訓練外，運動員的臨場發揮也至關重要。在體育項目中，臨場發揮與運動員的心理素質有很大關係。您認為應如何實現太極拳運動員良好

的心理調節？

王二平

在參加太極拳比賽中，不僅是太極拳愛好者、業餘運動員會產生緊張感，就是專業運動員也會多多少少產生壓力和緊張。要能把平時訓練中的最好狀態發揮出來，就要達到平和心態、戰勝自我，提高臨場應變和抗干擾能力。這種心理的調節，平時的訓練中就要貫穿，在比賽之前、在比賽過程中都有一些應對的方法。

比賽之前的心理調整包括設置合理的比賽目標、樹立自信心和調整情緒狀態、建立細緻的賽前賽中賽後計畫、建立逆境應付策略、建立正確的比賽心理定向、克服賽前失眠問題等等多個方面。

比賽目標的設置一定要符合具體，現實，可控，具有挑戰性的原則，設置的目標應該是技術動作的完成指標，而且要被參賽者接受與認可。正確的目標設置能夠將參賽者的注意力引導到比賽中充分發揮技術水準上，能夠激發起參賽者自己的生理和心理能量堅持不懈地去實現目標。

參賽者的自信心與他們的比賽表現有直接的關係。自信心可分為自信心不足、適度自信心與過大自信心三種情況。唯有適度自信心才是在比賽中充分發揮潛能的基礎。適度自信心的基本特

縱論太極拳

徵是相信自己的技術，相信自己的比賽綜合能力，確信自己的能力會在比賽中表現出來。參賽者在比賽前必須保持適宜的情緒狀態，保持適度的興奮水準，才能完成訓練與比賽的要求，而過高或過低的情緒與興奮水準都不利於參賽者技術戰術的正常發揮。因此，應採用各種方法與手段去調整參賽者，使參賽者在賽前賽中賽後有一個最佳的情緒與興奮狀態。

在首屆世界太極拳健康大會上表演

賽前賽中賽後程式是一個管理參賽者賽前賽中賽後思維與行為的計畫。它能有效地幫助參賽者控制好賽前賽中賽後的心理活動與身體活動，知道什麼時候該「做」什麼。賽前賽中賽後計畫實際上是對抗內外干擾，保持良好注意力的一種手段。這種周密、細微的安排有利於穩定參賽者的情緒，轉移他們緊張、擔憂的注意力，並節省生理和心理能量。

在比賽的任何一個階段都有可能出現對自己不利的情況或未曾料到的困難，尤其是完成動作中出現不測的補救方法。在比賽準備方案中就需要盡可能全面考慮到種種可能出現的逆境並提出自己的對策，並且要把這些對策反覆演練，直到形成自動化的反應。

正確的比賽心理、定向的基本原則是將定向指向於我們所能控制的事物上，不去管那些我們無法控制的事物。比賽中參賽者所能控制的物件是自己，時間是現在，事件是動作；不能控制的物件是他人，時間是過去與未來，事件是結果。

參賽者要明白其實比賽的結果不在他們能力的控制範圍之內，場地、器材、天氣、對手、裁判等等都是影響比賽結果的重要因素，而這些是參賽者無法控制的，所以不必多慮結果。參賽者控制的是自己的技術、戰術、情緒與行為，所以應把注意指向自己能控制的因素上。

　　在重大比賽之前，參賽者由於興奮水準的提高或過於緊張，加上外部環境的一些變化，如時差、氣候、飲食起居條件等，會對參賽者的睡眠產生一定的影響。克服運動員的賽前失眠能夠保障其以旺盛的精力投入比賽中，對實現上面的一些心理調節也有幫助。

　　在比賽中，運動員發揮失常往往是壓力過大。參賽者壓力太大的主要原因是對比賽的結果想得太多，從而造成認知失調和心理負擔。比賽壓力是每個參賽者都不可回避的問題，對壓力處理得好壞，將會直接影響參賽者在比賽中的發揮，進而影響參賽者的比賽成績或名次。要轉變或降低參賽者主觀感覺到的比賽重要性，引導參賽者在比賽中的獨立性感覺。每個人都有自己的處理壓力的有效方法，同一個人在不同的情況下處理壓力的方法也可能不盡相同。常見的如自我暗示，集中注意，表像演練，呼吸調節，注意力轉移，視覺、聽覺刺激等。

武術雜誌封面人物

余功保

　　在日常訓練中有什麼具體的調節方法？

王二平

方法有很多，比如我們常用的一種方法是進行模擬訓練建立參賽模式。

模擬訓練的目的是藉由模擬比賽條件，提高參賽者對比賽條件的適應水準，增強比賽中抗干擾能

為群眾答疑受到熱烈歡迎

力，從而能以一個比較穩定的情緒狀態投入比賽。

模擬訓練有實戰類比和語言形象類比兩種。實戰模擬如按比賽日程安排訓練，穿比賽服裝、變換上場順序、觀眾觀看或置身於觀眾轟鳴的環境之中，到與正式比賽的氣候相似的地點去進行訓練，組織與比賽要求相同的測驗性比賽，要求一次性成功完成技術套路，執行比賽程式方案等。語言類比主要是利用語言和表像在頭腦中描繪未來比賽中的情景，還可配合技術圖片、電影、錄影等以加深表像的活動。這種模擬雖不及實戰模擬那樣實際，但它仍能通過參賽者的自我談話和表像活動，使參賽者有身臨其境之感，從而起到實戰模擬的作用。實戰類比與語言形象類比可穿插安排。

建立參賽模式的目的是保持和發揮參賽者的良好競技狀態，確保創造優異成績。建立參賽模式需要熟悉項目競賽規程和比賽規則，特別透徹地研究賽程安排等每個比賽環節，熟知裁判判罰尺度，瞭解新規則變化等。瞭解賽區當地飲食習慣、住地與賽場距離和交通環境，當地民風民俗等。尤其要掌握參賽期間賽區的氣候，如冷暖等對比賽的影響。一定要熟悉賽區

環境，可採取直接或間接方式去熟悉、適應比賽場地、器材等；準確地選好進入賽區的時間，建立能發揮自己優勢又能抑制對手之長的參賽模式。建立參賽模式要充分考慮到項目特點、競賽特點、對手特點、場館特點等，突出項目個體差異，制訂內容不同的、實用的參賽模式。要充分考慮異地參賽的艱巨性、突發性和複雜性，預計有可能出現的各種困難和障礙，建立前瞻性、實用性、高效性的參賽模式。

與中國武術協會名譽主席
李德生在一起

余功保

太極拳比賽也是一門科學，有自身的規律。好的成績的取得是綜合性研究、訓練的結果。

王二平

任何成績的獲得都必須要付出相當大的努力。

余功保

如果給您在太極拳上一個定位，您自己認為您是一位什麼樣的人？

王二平

我個人覺得，我是一個認真積極挖掘太極拳內在規律的探

索者。

余功保

冠軍也好，教練也好，只是表現形式罷了。

王二平

王二平太極拳勢

只有把這些本職工作做好，才能很切實地觸摸、把握到太極拳的內在結構。

余功保

您認為對於太極拳的發展，需要重點解決的問題有哪些？

王二平

從普及推廣的角度來說，我覺得師資的培訓是一個很關鍵的因素。

推廣太極拳首先需要有老師來教。對於這些教拳的老師來說，有兩個問題要解決，第一個，該規範的地方有沒有規範起來，如果沒有規範，就容易產生混亂，不一致。第二個，是否具備比較高的水準，否則，即使規範了，但水準不夠，也還是

在韓國表演

低水準的普及，那鍛鍊的效果就會打折扣。

所以，如果能在解決師資力量方面取得比較大的進展，對於太極拳的發展肯定是大有裨益的。

二、拳技與拳學

余功保

有些人覺得，如果從事競技武術，對於拳理的考究就不必太深入了，您認為這種觀點對嗎？

王二平

這種看法是非常片面的。

競技武術和傳統武術是不能截然分開的。很難想像，一個對傳統武術不甚瞭解的運動員、教練員能夠實現對武術競技的高水準展現。拳理是傳統武術的精髓，如果說技術是骨骼，那麼，拳理就是血肉，它們共同構建武術的拳學體系。只有對拳理有比較透徹的認識，才能在技術上達到比較高深的境界。這無論是傳統武術，還是競技武術都是如此。

余功保

練習太極拳如果不明理，就沒有真正瞭解太極拳

輔導群眾練太極拳

的奧妙之處。

王二平

太極拳的練習是一個漸進的體悟、心悟過程。當學習了太極拳的基本技術後，所面臨的就是怎樣提高太極拳的技術水準。要達到這個效果，一是要對太極拳的關鍵要領精準把握，再者，要使得太極拳富於韻味，深入研究、領會拳理是必不可少的環節。

余功保

眼法的運用是太極拳的關鍵要領之一，應該如何做到眼中有「神」？

王二平

太極拳的眼法總的要求是：精神貫注意念引導，神態自然，意動神隨和勢動神隨相結合，動作「定勢」到位時，眼要平視遠望或注視前手，往下的動作，眼要注視前下方。換勢運轉時眼睛要與手法、腿法、身法協調配合，一般是眼隨上手，神意貫頂，不可斜視。練拳時對視野以內的人、物、景應視而不見，才能做到內外相合，神形一致。

王二平太極拳勢

余功保

剛柔相濟是陳式太極拳的一個重要

要領。怎樣恰當地理解
和實現剛柔相濟的拳術
風格？

王二平

剛和柔是對立的，
在武術中表現為剛勁或
柔勁。但在武術項目
中，沒有絕對的剛或絕
對的柔。柔不是軟而無

王二平在瑞士教學

力，剛也不是硬無彈性。習練太極拳首先就要求練剛為柔，非
柔無以成剛。只有先去掉周身的滯勁、僵勁、斷勁、散勁和拙
力，才能至柔而後成至剛，最終達到高水準的剛柔相濟，陰陽
無偏。這也是習練任何一個武術項目，達到高水準的必經之
路。

余功保

太極拳呼吸是一個常見的題目，也是核心要領之一。關於
呼吸的說法也很多。您如何看待這一問題？

王二平

太極拳的呼吸法是武術的氣息調節方法之一，以養氣和練
氣為基礎。太極拳練習結合呼吸，可起到舒展筋骨、調和氣
血、暢通經絡、增加內勁、以氣催力、按摩內臟、消除淤血、
促進血液循環等作用。太極拳的呼吸，一般是深長、細勻的自
然呼吸，逆腹式呼吸，順腹式呼吸及拳式呼吸，也是在練習中

逐步可以配合的。整個練習過程中主要用鼻呼吸，呼吸量不足時也可輔以口腔一同呼吸，呼吸時不要受動作的影響而緊張勉強，甚至憋氣，應力求自然通暢，配合拳式呼吸，開、起、屈、虛，要有意識地吸氣，合、落、伸、實要呼氣，每個動作完成到位都要呼氣下沉。這樣有意識地調節呼吸來配合動作，有助於使動作更協調，勁力更完整，精神更貫注。

余功保

在太極拳的幾個主要流派中，陳式太極拳在速度上是具有明顯的快慢變化，但有的人練習時對於快慢的掌握卻不能很恰當，總是人為地故意「製造」形式上的快慢。應該如何處理好這一對矛盾？

王二平

快慢表面上是速度的事，實際上是與勁力相關的。動是絕對的，靜是相對的。太極拳的習練要求動中求靜，一動無有不動，一靜無有不靜，靜中寓動。所有的拳式都是一動一靜的結合，有起有落，連綿不斷，既要似停而非停，勁似斷而意未斷，又要快慢相間，勢勢均勻，不能只是平鋪直敘，還要有曲折和起伏，兩者都要求動如海浪般滔滔不絕，

在第二屆世界太極拳健康大會上作專家輔導

靜如山岳般巍峨平靜。因此，掌握好太極拳的動靜有常，是練好太極拳的一個重要指標。

太極拳是快慢相間、剛柔相濟的拳術，以武術的技擊動作為主要內容。人們普遍認為太極拳慢慢悠悠沒有技擊防身的價值，這是錯誤的觀點。太極拳的實質是慢練快用。太極拳慢練是為了放鬆，平心靜氣，去除身上的僵勁和拙力，去緊求鬆；快用則是出手出腿的速度要快，運用腰胯整勁。只有在太極拳慢練放鬆的基礎上，才能放鬆加速度。太極拳的技擊法是將傳統技擊術與現代技擊術相結合，使格鬥達到最簡單、最實用、最有效，運用快速的踢、打、摔、拿和掤、捋、擠、按、採、挒、肘、靠等方法制勝對方。太極拳技擊要求招無定法，一式招法多用，視實戰變化而定。

余功保

所以，拳術套路中的快慢因素還要從實戰技擊的效能方面去體會考慮。

王二平

自己的體會很重要。目前在一些太極拳書中有關於單式的攻防含義用法介紹，這只能作為一種參考，不可視作金科玉律。真正的太極拳技擊法就是周身皆為搏擊利器，招式變化無窮，強調意到拳到，隨機應變，變化莫測，具有很高的搏擊防身實用價值。

王二平太極拳勢

上善若水——中國太極拳名家對話錄

余功保

剛才談到太極拳的勁力，您認為太極拳的勁力方面關鍵點是什麼？

王二平

勁力上最關鍵的就是要順達，憋勁、斷勁、散勁都是拳病。

陳式太極拳的發勁動作要求螺旋纏絲，鬆活彈抖。要做到「其根在腳，發於腿，主宰於腰，形於手指」。由腳而腿至腰達手，總須完整一氣。蓄勁如拉弓，發勁如放箭，力由脊發。弓想要拉得滿，必須屏息意念，收斂入骨。特別是太極拳中的「寸勁」「爆發力」，可謂蓄發相變、勁力順達。它通過身體各個關節，把力量送出去或引進來，這是人體力量的傳播。它不僅作用於體內，而且可以延伸到身體的外部。如練器械時，要使勁力貫透其梢，其機關就在於腰，帶動了周身之力。這和自選專案中所要求的力要順達，「起於根，順於中，打於

1995 年在首屆中華武林百傑頒獎會上

梢」，及動作的脆勁和爆發力是相同的。因此，習練太極拳不但不會使自選動作變得綿軟無力，還會加大所發出的力量，使勁力更順達。

三、做人與行拳

余功保

大家都知道您是太極拳冠軍。對於太極拳來說，除了拿成績，您的最大感受是什麼？

王二平

我覺得太極拳的外在表現是一種技術形態，但它的內在的東西卻是包含了中國文化的方方面面，比如說「禮」，比如說「德」，還有「理」等等。

余功保

其中有關於中華民族的社會價值觀，有中國古人關於自然的認知觀等。這些都很生動地在太極拳技術中體現出來。

王二平

我曾經寫過四句話，概括太極拳的技術與為人的關係：
為人之道：中正安舒，不偏不倚；
處世之道：輕靈圓活，剛柔相濟；
立身之道：無過不及，自然而然；
成功之道：連綿不斷，快慢相間。

中國是文明古國，自古以來就重視禮儀，講究道德，更崇尚為人處世之道。太極拳，是中國文化的精髓，它不僅在強身健體、祛病延年及抗暴防身方面有獨特的功效，而且對人的個性修養及為人處世等方面都有很大的作用。尤其是太極拳拳理已廣泛應用於人們的日常生活和工作之中。太極拳名家陳發科曾說過：「為人之道，以忠實為主；處世之法，以謙和為主。不忠實則無信用；不謙虛則不進步；不和氣則無朋友。」

余功保

能夠從拳法中悟到為人之道，這拳練的就有了價值，這種價值要高於單純的技擊格鬥。這是一種「立」的價值，超越了「破」的範疇。

您總結的這幾句很是貼切，也很有韻味。請您具體解說一下。

王二平

為人之道：中正安舒，不偏不倚。

練習太極拳要求立身中正，動作安舒，無有偏倚，支撐八面，上下相隨，使身體各部達到完整如一。為人之道也是如此，必須以中正為本。中庸之道不可失，只有保持不偏不倚的原則，才能活得安然舒暢，心平氣靜，俗瑣之事則不會擾其身心。一個人應該有獨立的人格、人品，不為困難和壓力所阻，也不卑躬屈膝，俯首權貴。中華民族歷來崇

榮獲中國當代「十大武星」稱號

尚堅貞的氣節，多少仁人志士不卑不亢、豁然坦蕩，為後人樹立了光輝的榜樣。因此，我們需要堅守信念，培根固本，做一個中正安舒，不偏不倚的人。攀援附勢，見風使舵，有所偏倚，終會自倒。「天行健，君子以自強不息；地勢坤，君子以厚德載物」。為人之道如同練太極拳一樣，遵循拳理，仁義為本，和而不流，定能正直無欺，安立於世。

余功保

中正為天下宗。中正為核心，才能輻射四方。這種能量是巨大的。

王二平

處世之道：輕靈圓活，剛柔相濟。

練習太極拳要求動作輕靈圓活，起落、旋轉、運化皆從圓形中來，還要求剛柔相濟，蓄發互變，氣沉丹田，陰陽並用。待人接物也應遵循此理，無貪無妄，隨機應變，圓轉自如，豁然貫通；柔中寓剛，隨屈就伸，輕沉兼備，不丟不頂，屈中求直。一個人無論在家庭或是在社會上，都應嚴以律己，寬以待人；處事應圓通，輕靈瀟灑，剛柔相濟。不過，太極拳更重視以輕制重，後發先制；引進落空，借力打力。涉世若無此，則會有礙。為人也應尚武崇德，淳厚處世，寬容他人。領導的藝術、交往的學問，自立的原則都離不開輕靈圓活，剛柔相濟。

余功保

不執迷，能放得下，方可達到輕靈。能看到「己」，還要看到「他」，如此才能剛柔相濟。

王二平

立身之道：無過不及，自然而然。

練習太極拳還要求無過不及，自然而然，有無間一片神行。為人處世立身之道也該如此。要加強個性修養，萬事有度，不可過也不可不及。要掌握好分寸，適可而止，才能達到天人合一。即由主觀順應客觀，主觀能動性與客觀規律結合，求得天與人、外與內的和諧統一，使人的行為符合天道，返璞歸真。返本還原，無過不及，合乎自然規律、順其自然。這就是形無形、意無意，無意之中是真意。人生若能做到平靜無極，功成名遂身退，大智若愚，大巧似拙，達此境界，必能超凡脫俗，重新找到一個真正的自我。

余功保

有得有失，進退之間，雲淡風輕，自然是人的天性，符合了天性，才能和諧自如。

王二平

成功之道；連綿不斷，快慢相間。

練習太極拳要求連綿不斷，滔滔不絕勁斷意連，如行雲流水。學拳須有持之以恆、鍥而不捨的毅力，練拳更是如逆水行舟，不進則退。必須謙虛好學，恭敬待人，尊師愛友，不可狂滿。古今中外不管學文習武，凡是能成就偉業的，都是靠自己頑強的毅力，堅持不懈，勤奮努力獲得的。另外，在爭取成功的路上，還需快慢相間，進退適時、有度，注意欲速則不達。人生的奮鬥必會有坎坷和挫折，但是在逆境中，心中的理想和

信念不能動搖，要有強烈的自信心。在不利的條件下，快而復緩，及時反省總結，校正路標，並妥協轉變，在變中求生存。時刻不忘本心，精心蓄銳，有計劃、有步驟地繼續未盡的事業，一定能達到成功的彼岸。

余功保

無得失心，有進取意，這恐怕是太極拳的成功學韜略。

王二平

為人處世必須洗心滌慮，修身養性，中正安舒，制怒暢懷……符合太極拳拳理。因為人人各具有一太極，但看用功不用功，只要日久能無懈，妙理循環自然通。

余功保

練拳者如能體會並做到這幾方面，就實現了人拳合一了。

在第二屆世界太極拳健康大會上表演

李士信簡介

李士信，1942年生，山東萊西市人。北大教授，著名武術家。

1961年就讀於北京體育學院武術系，入選校武術隊，並擔任武術隊隊長。與隊友一起為十多個國家元首做過武術表演，三次受到周總理接見。大學畢業後分配到北京大學任教，為北大的武術發展做出重要貢獻。

發表了數十篇學術論文，出版有《中國古代延年益壽術》《峨嵋劍術》《中國古代養生圖譜》等著作，分別在國內及香港地區、美國、日本等國發行，翻譯有日本《空手道秘要》，合作編寫了多部大型辭書，錄製有多部武術教學錄影片。

曾應邀赴日本、美國、俄羅斯等十幾個國家和地區講學和進行武術交流。為國內外培養了大批武術人才。

長期開展太極拳的研究與推廣工作，在太極拳與科學、傳統文化以及太極拳養生方面尤其具有精深造詣，其關於太極拳與中國傳統養生術的研究成果引起國際社會高度關注。

自上世紀60年代以來，在國內外大型武術比賽活動中多次

擔任裁判、裁判長、總裁判長等職。1994年訪美期間被授予美國空手道黑腰帶榮譽十段，1995年被評為「中華武林百傑」。2004年在紐約聯合國召開的國際學術論文報告會上獲得「特殊貢獻獎」。

被多所大學聘為武術顧問，為北京大學武術研究中心主任、北京市大學生體育協會武術分會主席。

靜以致動境自高

——與北大教授、太極拳研究家李士信的對話

人生來就有了動。

在母體時，就開始了生命之初的萌動；少年時期，有過躁動；青年時期，有衝動；中年時謀定而動；老年時緩緩而動。

動是永恆的，無窮動。

身體不可能靜，因爲我們生存於地球上，地球是運動的。能靜的只有心。

心靜也不易。能放下才能靜。

心靜，氣沉，神和，丹田一點眞元萌發，到按納不住時，勃然而生，充盈體內，周流全身。於是心、氣、神、體合一，無內無外，無動無靜，動靜相合，舉手投足間，似動似靜。

由靜而產生的動，是充滿智慧的動，是最貼近自然運動節奏的動，因此也是最有生機的動，是大境界中的循環無端。

未名湖水是靜的，但它的相容並包、兼收並蓄是動的。蔡元培作爲一代傑出教育家，提倡武學發展，並多次爲國術題詞，彰顯北大動靜相生的學養品質。

有包容之心才能徹底放下。所以北大是沒有負擔的，也沒有

框框，如此，學術才能自由發展，激情才能不竭湧動，創造力才脫韁奔騰。這便是靜以致動的治學境界。做太極拳的學問也應如此。

20世紀80年代我在北大讀書時，李士信先生任北大體育教師，爲北大的武術發展做出了很大貢獻，也是全國著名的武術家。多年來，組織了許多具有重要影響力的武術活動，在太極拳研究與推廣上更是一往情深、一往情眞。

余功保

一、兼容並蓄話太極

余功保

作為北大的武術教師，您為北大武術的發展做出了很多貢獻。北大所宣導的武術思想在全國產生了積極、廣泛的影響。

李士信

北大應該發揮它的影響力，在弘揚傳統文化，在研究、繼承、發展武術方面做更多的工作。

余功保

北大武協作為全國第一個高校武術協會，就起到了很好的帶頭作用。後來全國幾百所高校都成立了武術協會，在高校學生中宣傳、推廣武術是有歷史意義的。

北大武協秉承北大一貫學術傳統，宣導武術相容並包、兼收並蓄的武術發展觀也是應該弘揚的。在這一思想的指導下，北大多年來請進了很多中國最優秀的各拳種的武術家來講學、培訓。比如太極拳，各主要流派的名家幾乎都請來過北大講課。從北大走出去的優秀學生遍佈世界各地，許多人練習武術、推廣武術，這種潛力利在長遠。我想許多高校也都是這樣的。

李士信

這就是高等學校獨特的優勢，因為它有特殊的資源，人才

資源、科學資源。

余功保

北大武協以及北大武術的許多活動都得到了您的支持、指導，我覺得這是一件非常有意義的事。近幾年您還組織了「北大國際武術論壇」等活動，都形成了很大的影響。

李士信

李士信在
「北大國際武術論壇」

能夠為武術做些事情，實際上從內心是有幸福感的。我感到中國武術文化實際上就是民族文化。當一個民族文化很幼稚的時候，這個民族是脆弱的，當一個民族文化很成熟的時候，那麼這個民族的思想意識就是很成熟的。我們中華民族是一個很成熟的民族，有著很豐富的、源遠流長的文化。武術就是中華文化這片沃土上滋生出來的優秀代表，有著豐富的歷史含義。所以武術的的含義不僅在表，還在裏，不僅在外，還在內，能夠體現完美的人的心理、人的靈魂，人格。所以從事武術工作就是發揚民族文化的一種方式。

李士信演練劍術

余功保

太極拳現在已經得到了很大的發展，成為人們鍛鍊健身的重要方式。但我在很多場合提到過一個觀點，就是太極拳離它所應該達到的發展規模，無論在廣度還是深度上都還有很大的空間。您認為太極拳應該如何發展，在發展中應該注意哪些問題？

李士信

太極拳的發展的確是一件大事，因為它關乎千萬人的身心健康。

您剛才提到的「相容並包，兼收並蓄」我覺得在太極拳發展中，特別是在研究上是應該提倡的一種胸懷和態度。

相容並包，就是技術上可以有流派，但是心理上不能有隔閡。流派是技術特徵上的差異，但不能成為阻礙交流的壁壘。過去的很多太極拳家，實際上開始的時候是學過很多種太極拳的，從不同的拳法套路、練功方法上，能體會到內在的東西。

余功保

在比較中鑒別，有時候來得更加清晰。

李士信

兼收並蓄，就是善於吸收、學習各　　李士信在未名湖畔練拳

家的精華、長處。每一種太極拳流派，一定有它十分獨到的地方，在許多方面有特別感悟，人體的個性差異是客觀存在的，承認這種差異就能正確看待太極拳一些技術練法上的差別。兼收並蓄的另一個意思是指學術研究上，要開放性地對待每一種學術觀點，不偏不倚。現在對學術上的粗暴壓制已經不可能了，但我們思想上能否真正做到毫無障礙地接受各種學術觀點，特別是那些與自己的看法不同的觀點。

二、生命的優化狀態

余功保

太極拳是您研究的一個重點，您曾經撰寫過文章，談到「太極態」的問題，引起太極拳界的廣泛關注。練太極拳基本上是一種狀態，所以從「態」的角度研究太極拳也是一種方法。

李士信

養生是一個永恆的主題，大家都很關心，所以我投入了很多精力在這方面進行研究。

我年輕的時候主要是練少林拳，到一定的年齡，我把研究太極拳就作為了一個重點。我練過很多種太極，練了簡化太極拳、陳式、孫式等等。在北大這麼多年，我一直在堅持在教職工、學生中推廣太極拳，我感覺到教的過程也是一個提高、深化的過程。我根據自己的體會就提出了一個「太極態」的問題，這是它的由來。

余功保

您把練太極拳從狀態的角度分了三個階段。

李士信

李士信太極拳勢

「太極態」的三個階段是從初級階段，然後進入中級階段，最後到一個深化階段，是太極拳狀態不斷優化的過程，也是生命狀態不斷優化的過程。

余功保

請您具體講解一下這三個階段。

李士信

學練太極拳，只要具有鍥而不捨的精神，是會進入「太極態」的。「太極態」即練太極拳到一定程度時，整套動作由必然的運動狀態能過渡到自由運動狀態，身心修練獲得最佳效果，精神得到極大滿足的「無極狀態」。

「太極態」的第一個階段，是「學到手」──動作模擬階段。

進入太極態的第一步，就是要學習太極拳套路。

其套路由諸多錯綜複雜的動作有機協調地組合而成。演練起來要一絲不苟，按動作先後程式有條不紊地進行。太極拳運動有著自己的特殊規律，並非一味地擺臂舉腿機械單調的重複

運動，是有嚴格要求的。如：欲進預退，卻進猶退，有進有退，邁步輕靈，著地沉實，前後左右，斜前也後，踏正步斗等等。其架式或高或低，其動作或虛或實，其動非常動等等，不同於單純追求最遠，最強，最高，而是緩慢柔和地進行。

瞭解了太極拳的特點，對初學者首先是直觀的。要動用自己的中樞神經影像、記憶領域，以致在大腦中建立初步印象。然後抬腿舉臂去模擬動作。開始可能不習慣，手腳不聽使喚，出現顧此失彼的現象，即顧了手，顧不了腳，顧了腳，顧不了手，速度慢不下來，重心移動不協調，總感到勁不順。具有獨特運動規律的太極拳，給大腦帶來新的運動思維，產生新的運動邏輯。使初學者一時間還不適應。為了適應就必須全神貫注地習練。

越是虔誠地習練，其思維越高度地集中，大腦運動影像處於高度的興奮狀態，導致大腦其他興奮灶的抑制狀態。使人忘記動作不協調，不好意思的羞澀感，忘記還有其他事情要做，甚至連身體不適感都會忘記的，病痛減緩了、消失了、抑制了。由這個過程，身體得到了鍛鍊、心理得到了調整，精神得到了慰撫。對患有慢性病的人來說，這是個理療過程。

余功保

練太極拳並非一定把要領全部掌握了才有健身效果，實際上在不斷學習過程中就起到了健身的作用。當然需要逐漸地向正確的要領靠攏。

李士信

有許多運動項目，由於運動激烈，心跳加快，負荷量不斷

增加，以致達到難以承受的程度，導致心臟過度疲勞，出現休克或梗塞，甚至發生不測。而太極拳則不然。隨著太極拳的進行，運動量不斷增加，心跳會適應性地加快，血流量相應增加，促進了血液循環。不過血液循環的加快，不是激烈的滌蕩，而是一般人能在輕鬆的學習中承受得了的負荷，所以初學者不必擔心。

從神經學上看，突觸的電活動興奮（突觸：是一個神經元通過電活動興奮供量一個神經元的連接部位），不至於導致激元程度，不能使膜電位發生顯著變化，即使要使信號從一個神經元傳送到下一個神經元（神經元是神經系統的結構和機能單位，在產生和傳導電行動方面高度特化），突觸總和值達到了下一個神經元值，也不強烈，肌梭和腱器不會易化，增強肌肉收縮抑制肌肉收縮是同時發生的，一部分肌肉群加強收縮增大力量，另一些肌肉在神經行動影響下，興奮性稍有升高，以準備收縮。還有一部分肌肉因支配它的運動神經被抑制而放鬆，太極拳的進進退退，欲進先退，欲退先進者動作的運行及表現都由神經支配肌肉的協同與對抗肌的協調配合來完成，肌肉伸縮、牽拉使肌梭活動並支配梭外肌的運動神經元興奮。

肌肉的傳入纖維將行動傳到 α 一和 γ 一神經元（γ 一神經元：支配每個肌梭的 7—15 個小運動神經元，α 一神經元：骨骼肌的運動神經元），γ 一神經元反過來進一步興奮肌鬆，對肌鬆的刺激是牽拉程度和牽拉速度的決定因素。那麼在練習太極拳時動作緩慢柔和如行雲流水，偶有發力如激浪飛花毫不突兀，這種柔和適度的肌肉牽拉力是任何人都能承受得了的。在肌肉牽拉和向心收縮之間延擱的時間徐徐柔和，肌鬆效應既不強烈又不消失。γ 一獲得了最佳舒適狀態。

太極拳動作不急不躁，不緊不慢，興奮適中，腱器刺激對主動肌收縮力量的抑制慢性疾病的興奮，又可延長其興奮時間，從而使病情好轉。太極拳的慢性肌肉牽拉減少了肌鬆的活動，並降低了支配的放鬆狀態，誘發交互抑制反射，會進一步使對抗肌放鬆，慢性病在運動過程中得到調理，得到療養，太極拳的健身作用孕育其中。從意識方面來看，當思維被新穎的太極拳所吸引時，全神貫注於太極的影像刻畫上，日常活動的支配機構獲得了良好養息環境，無疑會起到良好的調節作用。學習太極拳動作，就是抑制先天性反射。有些動作難以掌握，所需的時間長，是因為這些動作受到某些反射對它的抑制作用。總之，初學者在學習過程中，心身得到了鍛鍊、調理、調節，起到了某些醫療作用。

余功保

太極拳的健身性是有堅實的科學依據的。這也為多年來的研究所證明。

李士信

「太極態」的第二個階段，是「藝上身」──動作精雕細刻階段與健身。

在第一階段學習的基礎上，套路記住了，可一個人獨立比劃下來。第二步就要反覆強化，使套路由生疏到熟練，由熟練到流暢，由流暢向著自由過渡，這個叫藝上身，動作精雕細

李士信太極拳勢

刻階段。

這個階段使動作更規範，招式之間的銜接更加嚴謹，這是奔向自由的階段。一切從一練再練開始，還要用腦子去想，先輩們稱之為「悟性」。有道是「只練不想『傻把式』，光說不練是『嘴把式』，又想又練才是『真把式』」。「悟性」，就是用腦去想動作，想其中內涵、想內在聯繫、「根節」上的「磨合」、前後的銜接。只有練了再「悟」，「悟」了再練，認真領會、仔細觀察，一而再、再而三，不厭其煩地千百遍地練習，就會出現從量變到質變的飛躍。

余功保

這一階段更多地需要用腦子練拳。

李士信

道藝高了，武藝精了，身體強了，信心足了，這是精雕細刻「藝上身」的階段。此時仍不間斷地習練，除套路純熟之外，心要靜，上體要鬆，這種鬆靜在不停頓的運動中尋求。從動中鬆靜，心靜而體動；靜中有動，動中有靜；動靜之間相互對抗、相互制約；相互聯繫，相互轉化，即相剋相生，互為依託，互相依存，週而復始。

「藝上身」是練與悟相結合的必然產物。要不斷地求索，從中領略並提高感性認識和理性認識，從新的認識高度去加強動力定型，使肌肉得到鍛鍊，力量不斷增加，關節韌帶的活動幅度增大並更富有彈性；心血管系統也得到了鍛鍊，整個機體的營養得到了改善，新陳代謝更加旺盛，運動性神經和植物性神經之間更加協調、更加密切配合，人體像一部十分精密的儀器，

有條不紊地按正常程式運轉著。這一切都是中樞神經協調調節的結果，正如平時說的人練拳，拳練人，練習太極拳使人身心同步地得到良好收益。

藝上身，就是武藝不知不覺，闖進了你的個體領域，並慢慢滋長著。是反覆抑制先天性的反射，必須有意識地抑制一系列反射性反應，要使與這些反射性反應相對抗的肌肉收縮。隨著學練太極拳的逐步深入，無數次地復習、改進、強化，已形成反射性突觸性抑制。這時不必有意識地練對抗肌肉收縮，是由必然達到自由的過程。

李士信太極劍勢

余功保

自由階段身體和要領之間達成了和諧的關係。

李士信

「太極態」的第三個階段，是「化為己」——達到自由階段與健身。

在第二階段的基礎上，再持續不懈地精心磨鍊，不斷提高，必然會出現新的飛躍——進入「太極狀態」（簡稱「太極態」）即轉入出神入化的階段。

余功保

這一階段已經沒有明確的要領界限，因為要領已經轉化為

無形，此時人就是太極。

李士信

一旦跨入「太極態」，身心進入了嶄新境地。肢體在不停地運動著，周身上下協調配合得體，嚴格地按套路結構順序自然地進行著。太極拳練到這個程度時，就達到因收就屈，因伸就展，虛虛實實，任其自然；意境似空如虛，散散漫漫，如在無垠的草原上信步；如置蒼穹翱翔藍天，閒看白雲來去，放逸其心，有所為又無所為；如沐浴和煦春風，又如置身於舒適的暖流之中，任憑其溫撫、沖刷、淨化。

人的整個機體達到了上虛下實，與大自然保持著微妙統一，達到心神相通，儀容安祥，飄逸自得，如癡如醉，坦蕩的身體，在不停地按「程式」運動著。此時此刻，是體療，是頤養，是恢復，是修補，是享受。

為什麼達到「太極態」，似乎不想動作，就能按順序流暢地完成套路？從生理觀點來看，這是由於大腦皮質對動作的定型，有意識地控制逐漸減弱。以致到了最弱的程度，似乎感覺不到在有意識地支配；在感受器與效應器之間，建立起傳導通路，僅需大腦皮質發出一個有意識的刺激，就會發出一連串的反應來完成整個套路，很好地改變了大腦的皮質，以及外周神經系統和皮質下中樞生理機制對運動的調節。其調節活動，主要回饋資訊由本體感受器提供。

這是經過長期鍛鍊獲得的一種功能。其實質是大腦皮質隨意地連續保持這種注意。引起興奮中心所需最低興奮程度。在進入太極態後，外界的影響和其他雜念，在大腦皮質引起的興奮越來越少，這些興奮中心的興奮程度越來越低；經過這千萬

遍錘煉延長這種大腦皮質上引起的興奮中心所需要興奮程式也越來越低。

日常我們習練太極拳就是鍛鍊延長這種大腦皮質在鬆靜情況下，對某一單一目標連續注意的時間及其降低大腦皮質上引起的興奮中心所需要的興奮程度。進入太極態，對心身健康效果最佳，對精神的娛愉最好；對醫病防病、對機體修補都提供了最好的條件，有著最好的作用。

有人習練太極拳套路純熟且進入「太極態」，可是一到表演卻出現疵漏，那又是為什麼？原因是多種多樣的。

首先應該明瞭的是，平時個人練習是一種養生修練，而在大庭廣眾之下表演是給別人看的，有燈光、有音樂、有掌聲，人聲鼎沸，在這樣特定條件下，遇到這樣新鮮的刺激和日常不同，使精神不容易集中，平時練習所獲得成效受到干擾，所以易出疵漏。再就是日常練習沒有經歷這新意的環境，所以也得不到該條件下的鍛鍊機會，那麼偶爾遇到了這不平常的刺激，引起心理上不正常的反映，就會出現疵漏。因此平時練習要儘量在各種不同環境裏進行，或有意識地在一些嘈雜環境中，或刺激性強的條件下進行，加強心理素質訓練。當然也不可否認，動作的深入、紮實程度在特殊環境裏也面臨考驗。出現疵漏也應從主觀裏找原因。

李士信太極劍勢

綜上所述，練習太極拳到進入太極態，對身體健康大有裨益的，而且從練習的第一天就開始了，隨著不斷

修練會逐步提高。

三、活過 120 歲不是夢

余功保

我注意到您近年來致力於中國傳統養生理法的研究和實踐活動，在北大成立了中國傳統養生中心，還專門出版了一本書《活過 120 歲不是夢》。

李士信

這本書是根據我在聯合國一次學術會議上的報告增寫完成的。

應在紐約的聯合國總部的邀請，2004 年 4 月 28—29 日，參加了「聯合國第 12 屆可持續發展國際首腦峰會中國板塊——生態經濟與文化展示投資洽談會」，並在會上作了有關「健康長壽」的論文報告，獲得了大會「特殊貢獻獎」。

我在報告《活過 120 歲不是夢》中提出一個觀點，活過，不是口頭上說，是透過一些科學的分析，來說明只要我們健康生活，人的壽命是可以大大延長的。其中，科學地鍛鍊是重要的一個環節。太極拳就是科學鍛鍊的重要方法。

《活過一百二十歲不是夢》圖書

余功保

您在書中講解了一種「李氏太和康壽術」，請您介紹一下這種養生法。

李士信

這是我根據自己多年的體悟編創的一套健身方法，其中也吸收了太極拳等武術的元素。

李士信練習武術內功

「太」是至高、至大的意思，「和」為協調、和睦、平靜、心平氣和的意思。「太和」一詞是中國哲學用語，在中國許多的傳統哲學著作中都有深入的論述。比如宋代張載用它來形容陰陽二氣既矛盾又統一的狀態，《正蒙‧太和》中說：「太和所謂道，中涵浮沉、升降、動靜相感之性，是生氤氳相蕩、相負、屈伸之始」，認為「道」就是「氣」的變化或陰陽相推移的過程。

我用「太和」作為康壽術的名字，就是取利貞、有益、動靜、和諧、天人合一、符合自然規律的意思。對於人來說，五體平和最有利於生息療養，消除疲勞，恢復體力，是一種健康的狀態。

余功保

以哲學化的思維開展養生為目的的技術操作，這是東方健康體系的一個特色，印度的瑜伽也有這樣的特點。這是由於東方一些歷史悠久的國家裏，在人類社會早期關於生命的自然狀態思考要多一些，比較少工業化的因素干擾，所以更多地帶有

人文的色彩。

您的「李氏太和康壽術」的具體內容是什麼呢？

李士信

「李氏太和康壽術」共分 18 節，分別為：1. 太和元基；2. 五極運通；3. 屈伸有度；4. 直擺相傾；5. 扭轉合幅；6. 環繞圓行；7. 擊拍交合；8. 撐推力挺；9. 滾搖繡球；10. 騰越輕靈；11. 蹬空迴復；12. 蛇行隨形；13. 舞龍絞柱；14. 撲跌平攤；15. 旋轉乾坤；16. 懸搖隨風；17. 抖振鬆柔；18. 靜和求清。包括各種形態的臥姿，有起落、旋轉、撐撐等各種方向的導引運轉，對身體的鍛鍊比較全面。

余功保

以導引為主體的養生術在中國有很悠久的歷史，相傳導引的重要代表彭祖就是歷史上著名的長壽人。後來導引也貫穿於許多養生的流派中。太極拳的養生在很大程度上也是吸收了導引術的精華。作為研究養生來說，不可忽視傳統的導引術。

李士信

如果我們能不斷地研究挖掘傳統文化寶庫中的養生精華，來服務於現代社會，就能夠從中獲益良多。

和有祿簡介

　　和有祿，1963年生，河南省溫縣趙堡鎮人。和式太極拳名家。

　　出生於武術世家，兄弟四人共同受教於父親和士英。9歲開始習拳。1983年應徵入伍，在湖北黃石部隊醫院工作。工作之餘參加了地方上的醫學專業大專班函授學習，系統學習了現代醫學知識。1988年從部隊復員，回到溫縣糧食局工作。後辭去工作專心發展太極拳。

　　曾參加溫縣第三屆、第四屆國際太極拳年會，多次獲優秀獎。2001年3月帶領和式太極拳研究會代表隊參加三亞世界太極拳健康大會，隊員多人獲優異成績。應組委會邀請在名家演示會上表演，引起廣泛關注。為國家一級裁判，趙堡和式太極拳研究會會長。在各類武術雜誌上發表文章多篇，應邀在全國各地傳拳、講課，並參加多種重要國際武術交流活動，進行名家示範和輔導，產生廣泛影響。眾多新聞媒體進行了報導。出版有《和式太極拳譜》及相關教學光碟。

優雅的力量

—— 與和式太極拳名家和有祿的對話

　　我從來認爲，太極拳是一種優雅的運動，在西方人的辭彙裏，有「紳士」一詞，在刀光劍影中不失從容氣度。這是中國武術與人類文明同步發展的結果，太極拳徹底跳出了好勇鬥狠的藩籬，以一種精神感染的姿態彰顯它的力量與智慧。力量以優雅的方式盡情展現，在優雅與沉雄的相輔相成中構成巨大的迴旋。

　　優雅的力量是極富穿透性的。單純的力量可能短暫征服人的形體和態度，優雅則能衝擊人的靈魂，讓人感受到它的浩瀚與豐富，在不知不覺和自知自覺中實現精神回歸。

　　太極拳的優雅首先體現在拳架上，不急不躁，那種急吼吼練完一套拳、風火火要將人打倒的練拳，從根本上遠離了太極拳的特性，只能叫「太急拳」。

　　太極拳的優雅還體現在練拳人的氣度上，有容乃大，舉手投足彰顯從容，進退揮灑間火氣退盡。

優雅更體現在拳者對自身、對社會、對自然的完整、透徹理解，實現了不怪、不驚、不亂、不狂、不動的心法要旨。

優雅是以實力為基礎的，對太極拳的基本技術要領和原則不能圓融把握便無從優雅。所以要優雅，苦功與悟性是缺一不可的。

優雅也是一種度。過分表現則屬舞臺化的做作，違反了太極拳自然的本性。那可能是優美，但對拳而言，並不雅致。

和式太極拳，抑揚頓挫，時如黃鍾大呂，時如風鈴千里。觀和有祿先生演練，優雅躍然眼前，其勁勢氣派如徜徉萬馬軍中，閒庭信步。

太極拳能優雅者方能入上乘。

余功保

一、太極實現價值

余功保

2001 年的首屆太極拳健康大會盛況空前，創造了許多載入太極拳史冊的記錄和實踐。對於您來說，那也是您太極拳生涯中的一個重要轉捩點。在那次大會上，您作為當代太極拳的代表性名家首次公開在世界太極拳界亮相。我聽說在 2001 年 3 月底，參加完首屆世界太極拳健康大會，從海南三亞回歸故里河南省溫縣趙堡鎮後，您就毅然決然地作出了自己人生之路的一個重要抉擇，辭去了溫縣糧食局的工作，專門從事太極拳的傳播事業，這些年來取得了很大的成效。

和有祿

傳播發展和式太極拳，是我無悔的選擇。能為太極拳事業貢獻出我的微薄之力，能讓世界上的太極拳愛好者多一點選擇、多一些健身手段，能為太極拳的理論研究提供一些資料，這是我應盡的義務和義不容辭的責任。人生的道路雖然很漫長，但緊要處往往只有幾步。人生價值的實現，往往在於不斷地取捨和慎重的選擇之中。我的人生價值的實現，就在太極拳上。

和有祿太極拳勢

余功保

和式太極拳這些年來影響逐漸增加，請您介紹一下和式太極拳的發展情況。

和有祿

和兆元畫像

和式太極拳是我的先祖所創。

和式太極拳創始人和兆元 1810 年生於河南省溫縣趙堡鎮一個中醫世家，自幼隨父習文學醫。1825 年，跟隨本鎮拳師陳清平習武，後在北京供職。在理學名家李棠階影響下，對太極拳進行了重大改革，使太極拳理論有了創新、發展，他對中華武學相容並蓄，將易理、儒家、道家融會貫通並結合醫學理論，把原來習練的太極拳進一步完善，創編出了「代理架」。所謂「代理架」，就是體用一致，技理相合，也就是理論和技術完美結合。

自從我的先祖和兆元編創了這套風格獨特的太極拳後，和潤芝、和敬芝等繼承了拳技。到了和慶喜、和慶文、和慶台這一代，這套太極拳不僅在家族內部傳授，和慶喜還把它傳授給了外姓人，著名的有鄭伯英、鄭悟清。鄭伯英、鄭悟清後來到了西安，他們被稱為「和式太極西北二鄭」。他們在西安傳授太極拳，使和式太極拳在陝西紮下了根。雖然在趙堡早就有「和家拳」和「陳家拳」的稱呼，但是我們和家從來就沒有人專門以傳授太極拳為業，以至於最近二十來年，人們只知道趙堡太極拳，卻不知道趙堡太極拳就是和式太極拳。

余功保

您自己是怎麼開始練拳的？

和有祿

和式太極拳是我家傳的，從和式創始人和兆元到我這一代已經是第六代了。

小時候，幾乎每天都有人拜訪父親，來請教太極拳，父親每天給這個講拳，給那個講推手的，耳濡目染之下，我就逐漸喜歡上了太極拳。9歲開始我跟隨父親學拳，當時「文革」還沒有結束，不敢明目張膽地練習，只能等到晚上，躲在屋子裏偷偷跟著父親練。後來上學，再後來當兵，我始終沒有中止過太極拳的訓練。從套路到推手、從理論到技擊，一點一滴，一直在學習研究揣摩。在我的腦海裏一直有這樣的念頭，和式太極拳已經傳承了一百多年，我應該把它傳承下去。

和有祿和各流派太極拳名家在焦作國際太極拳交流大會上

優雅的力量——與和式太極拳名家和有祿的對話

二、拳在有無之間

余功保

和式太極拳具有很多獨到的特點，比如有一種很重要也是很有意思的說法，叫做「耍拳」，這體現了舉重若輕的一種態度，也是有無相生的哲學理念。您認為和式太極拳的突出特點是什麼？

和有祿

和式太極拳除了一般太極拳的特點外，還有自身的獨特之處。和式太極拳講究「合」，技理合，才是太極真諦；陰陽合，才是太極渾圓之氣，內外要合，動靜要合，腳、腿、腰也要合；講究「順」，拳架要求順身、順腿、順手、順腳；講究「中」，不貪不欠，不即不離，不偏不倚，不過不及；講究「平」，兩肩要平，頭頂要平，心要平；講究「輕」，把勢走動如貓行，舉步輕靈神內斂；講究「柔」，對方剛攻而我以柔應；講究「圓」，手劃圓，身行圓，步走圓，內勁圓轉；講究「活」，靈活、圓活、柔活並用。

和有祿太極拳勢

一般太極拳講究掤、捋、擠、按、採、挒、肘、靠，和式太極拳講的是一圓、上下、進退、開合、

出入、領落。圓是太極之象，是活的基礎。和式太極拳首先要求動作走圓，所以和式太極拳有「圈太極」「步活圈圓」的說法，無論是行拳還是走架，都要以圓為宗，然後在圓當中表現掤、捋、擠、按，由兩側分出陰陽，而每一側每一手也都要分出陰陽，處處走圓，處處分出陰陽，輕柔圓活，順遂自然。

經由我自己多年的練拳體會，我也切身感受到，和式太極拳確實有很多與眾不同的地方。

講究自然，速度太慢不好、太快也不好。所以和式太極拳把練拳不叫練拳，而是叫「耍拳」，強調自然狀態。

余功保

人的先天狀態就是自然狀態，練太極拳返璞歸真，就是回歸自然。特別是精神的自然回歸，如果實現了這種狀態，拳功就大成了。「太極」是手段，「無極」是歸宿，無極就是自然。

目前絕大多數人習練太極拳都是為了健身，請您介紹一下和式太極拳的健身原理。

和有祿

和式太極拳的健身效果非常明顯，它的治病健身的理法可以追溯到《周易》。用人體結構知識指導太極拳的功架，再由正確鍛鍊，進一步調理人體結構及生理機制，使人體處於一種順遂自然的最佳狀態，釋放身體潛能，以達到強身健體、修身養性的

和有祿太極拳勢

目的。

現代社會提倡有氧運動、終身運動和娛樂運動。太極拳正暗合了這三種運動的要求。

有氧運動：太極拳呼吸均勻伸長，屬於有氧運動。

終身運動：年輕的時候練習太極拳可以舒展一些兒、架子放大一點，由淺入深，由形體練到內在，再由內在達到內外合一，健身效果就出來了，調整氣血，周身協調，這也就是太極拳的健身原理。

娛樂運動：和式太極拳耍拳的「耍」字已經突出了它的輕鬆自然。

余功保

除了健身之外，您如何看待太極拳的技擊價值？

和有祿

由我這幾年的教學來看，如果年紀大的人純粹是為了健身，健身效果反而會弱一些，因為他們對太極拳認識的不全面，健身只是它的一個方面。

太極拳是武術發展的高層次。既然是武術，它首先就要包含技擊含義。如果純粹講究健身，那跑步、爬山也都可以健身。大家喜歡太極拳，是因為它不僅可以健身，還有技擊含義，並且包含了中國傳統文化，周易學說、陰陽理論、儒家中庸理論等

和有祿太極拳勢

等，太極拳把健身、養生、技擊由獨特的運動方法統一了起來。

講解太極要領

太極拳的技擊原則以柔克剛、以弱勝強。練習太極拳就是要掌握不受對方的力、反而能借到對方的力的技術和方法。如果練拳過於注重力量的鍛鍊，與人交手的時候你的力量使得很大，根本就沒有化力、借力的理念，以柔克剛、借力打人也就無從談起。

太極拳體現了豐富的價值，我認為太極拳要想有更大的發展空間，就需要我們進行反思。如果太極拳一直向簡單的肢體運動、或者純粹的健身運動去發展，它的生命力就會減弱。只有把太極拳從武術的角度去考慮，認識到它首先是武術，既可以健身、養生，也可以技擊、防身，只有把這幾個特點融合在一起，太極拳的價值才得到了完善。

太極拳內涵豐富，屬於中國文化的原生態。我們應該首先繼承前人的東西，研究透徹，才能繼續發展。

武術雜誌封面人物

我認為目前社會上練習太極拳的年輕人還是比較少，這不利於太極拳的發展。這種局面需要媒體大力加以引導，讓大家認識到太極拳的魅力所在。太極拳包含技術、技擊成分，可以養生健身，不應僅僅是老年人的健身拳，我希望有知識、有文化的年輕人多參與，為太極拳今後的持續發展奠定基礎。

余功保

實際上，對太極拳的理解大家還是有很多誤區，比如年輕人練的問題。一些人的腦子裏總覺得太極拳與年老體弱連帶在一起，這影響了年輕人參與太極拳的積極性。我聽說和式太極拳吸引了很多年輕人，是什麼原因使他們對太極拳產生了濃厚興趣呢？

闡發太極奧妙

和有祿

和式太極拳推廣的比較晚，相對保持傳統。武術傳統的東西還是技擊角度比較多，和式太極拳的攻防技擊含義多，所以吸引了很多年輕人。我們在教學中也有意識地強化這部分內容，使大家興趣盎然。

余功保

和式太極拳的技擊奧妙是什麼？

和有祿

和式太極拳以柔克剛，重技擊。

和式太極拳講究「耍拳」，也就是講究自然、鬆柔、圓滑。太極拳的技擊原則是四兩撥千斤，太極拳理論中有一句話：觸之能旋轉自如，無不得力，方能借力打人，四兩撥千斤。如果觸碰到你，你的力量很僵、很硬，不知道轉化，就不能達到走化，所以要輕柔、圓活。只有自己的力量很鬆、很柔，這個時候再加一個力，才可以聽清楚這個力的方向、大

小、作用點，才可以隨著你的力去轉化，最終的結果才可以化掉來力，再借力真正達到太極拳四兩撥千斤。

和式太極拳講究後發制人。當對方的勁來得猛、來得力量大的時候，我走一個圓把它化掉。化掉後再針對他的力，或者往後牽引，或者向前發力，他力量特別大的時候就往後牽引，力量小想退的時候我就跟著進。要順，不要一味地抵抗，所謂的「力量取勝」是和式太極拳最忌諱的。

和有祿太極拳勢

余功保

隨著這些年你們工作的開展，現在學習和式太極拳的人越來越多。您認為初學者應該注意些什麼？

和有祿

和式太極拳最傳統、最古老的就是七十二式。但是後人根據太極拳某些微小的變化，衍生出和式太極拳一百零八式、七十五式、一百一十式，其實基礎都是七十二式，只不過有一些很微小的變化罷了。和式太極拳在器械上有劍、刀、棍。初學的時候你們可以儘量將架勢放大，步子拉開，身樁放低。這個階段動作可以放慢，日積月累後速度可以逐漸加快。

武術說「打人步到身到，打人如薅草，步到身不到，打人不得妙」。太極拳是整體的運動，周身之勁練成一家，放鬆、放柔，調動身體可以運用的每一塊肌肉，需要一個漫長的積累的過程。如果碰到好的老師，有悟性，需要一年、兩年，如果

沒有這樣的機緣，可能需要三五年或更長的時間不斷磨鍊。所以太極拳不能急於求成。

余功保

如何練好和式太極拳？

和有祿

在太極拳名家講堂上講課

習練太極拳的時候，首先要講究柔化。我不受力，在柔化的過程中把對方引進落空，在對方最背的時候，我用我最小的力量取勝。練習的時候不尚用力而尚借力，儲蓄自己的力量，一旦要發的時候，動急則急應，動緩則緩隨。根據對方的動作，對方快我的動作就快，對方慢我的動作就慢，永遠走在對方的勁的前面，引他的勁落空，然後再放力。

練習太極拳要保持平和心，不要一開始練就想要怎麼打人，怎麼取勝。太極拳確實體現著道家文化的無為而無不為，透過自然柔和的運動，由鬆及柔。柔不是目的，而是手段，柔中求剛才是目的，柔中求得的剛是亦剛亦柔，能剛能柔。

所以不要急於求成，習練太極拳有一個積澱的過程，首先要認識太極拳，知道太極拳是怎麼回事。就像我們要去一個地方，你首先得知道這個地方在哪兒，我們才能一步一步越走越近。如果你不知道，就會繞遠路、繞彎路。

太極拳就是用太極的理論去指導身體的技術，來指導武術的技術。認識到太極拳的本質以後，再從太極拳的理論和技術上入手。

還要找到一位好的老師，一步一步，一點一滴，從基礎到理論，不能急於求成。

余功保

很多太極拳練習者在練習太極拳的過程中會出現膝關節疼痛的問題，應該如何避免？

和有祿太極拳勢

和有祿

可以結合膝關節的生理結構去理解練習太極拳時膝關節的運動範圍和注意事項。在練習太極拳時，膝關節不要過於屈曲，也不能不到位。膝關節特殊的生理結構決定了它的基本運動是曲和伸。在膝關節適當屈曲時，小腿可做小幅度內旋和外旋，但不可做外撇或內扣運動，這樣極易引起膝關節損傷。人體在站立時，膝屈曲超過 90°，膝關節受力明顯加重，屈曲度數越大膝的受力越大。膝關節屈曲過度，也會造成下肢氣血不暢、小腿活動受限而使步法遲滯緩慢。但是，膝關節屈曲不到位，也達不到練功的效果。

三、發展當隨時代

余功保

太極拳的發展在每個時期都呈現不同的特點，能夠準確把握時代的脈搏，緊貼時代發展的需要，才能站在時代的領域發

展前沿。

和有祿

發展當隨時代，這需要一種敏銳的眼光和寬博的胸懷。作為太極拳推廣者來說，不同於一般的練習者，他除了具有高深的拳功、拳學修養外，還要具備更遠大的視野和開放的思維。

余功保

在發展的過程中有些學術問題是很有敏感性，也難以回避，比如源流問題，您如何看待？

和有祿

和式太極拳的源流和整個太極拳的源流歷來有很多爭論。太極拳的創始人究竟是張三豐還是陳清平？在發展過程中，趙堡起的作用大，還是陳家溝起的作用大？……我覺得關於歷史問題是學者、研究者的課題，需要他們經過系統認證和嚴謹地研究，只有把真實的情況理清楚，才可以平息源流爭論。

而我覺得我們要做的是本著「求同存異，共謀發展」的原則，把和式太極拳介紹給大家，這才是當務之急，讓大家多一個鍛鍊身體方法的選擇才是我們的目的。

關於太極拳源流的這種爭論早在上個世紀的二三十年代就開始了，到現在只不過是延

和有祿接受博武國際武術網採訪

續。其實，對我們現代的太極拳的繼承者來說，繼承發展是主要的工作，太極拳界的團結是最重要的。我們應該把這些一時間很難搞清楚的歷史問題放下，致力於發展太極拳，使每一門派的太極拳都能蓬勃興旺地發展。每一家的太極拳也應該走出自己的小天地，天下太極是一家。

余功保

和式太極拳的傳播發展現狀如何？

和有祿

雖然和式太極拳在國家武術運動管理中心及當地政府的關懷支持下取得了較大的發展，但是與其他幾家太極拳相比，我們起步晚、經驗少，在傳播的範圍上還比較小。大家有許多成功的經驗需要我們去學習、去借鑒。

余功保

你們成立了一些和式太極拳的組織。

和有祿

是的。最早是在 1993 年，在政府的支持下，我們成立了和式太極拳研究會，研究會為和式太極拳的普及發展作出了貢獻。我們多次組隊參加了河北永年國際太極拳聯誼會、溫縣國際太極拳年會、首屆三亞世界太極拳健康大會，以及河南省和全國舉行的各種武術比賽。在這些活動中，和式太極拳研究會都取得了優異的成績，在國內外擴大了影響。

和式太極拳研究會的工作，就是普及傳播和式太極拳，同

時還進行學術研討和挖掘整理。後來還成立了和式太極拳的其他機構，就比較多了，我們還幫助各地成立和式太極拳組織。分別在河南、四川、重慶、江蘇、廣東、香港等地成立了和式太極拳的機構，也建立了和式太極拳網站，透過網路這個現代化資訊傳播交流手段，傳播和式太極拳。

應邀擔任太極拳名家講堂主講老師

余功保

這幾年您也出版了一些和式太極拳的圖書音像著作。

和有祿

我用了兩年的時間，把以前搜集的資料整理出來編了一本書——《和式太極拳譜》。之後又出版了教學光碟，並還著有《趙堡和式太極拳闡秘》《和式太極拳推手秘要述真》《和式太極拳精要十八式》等。

《和式太極拳譜》這部書，我寫了兩年，數易其稿，廣泛收集歷史資料，整理了我家傳承的拳藝，從和式太極拳的產生，到拳架套路，再到推手用法，我都力求準確詳實，達到史料性、

應邀在西安體院講課

學術性、可讀性。為了寫這部書，我耗費了許多精力，我的太太也給了我很大的支持。在她的建議下，我們買了一台電腦，用電腦寫作，提高了工作效率。

余功保

和式精要十八式是一個現代的簡化套路。

和有祿

對。為了普及和式太極拳，我在傳統和式太極拳套路的基礎上，刪繁就簡，創編出了和式太極拳精要十八式。這個套路在《中華武術》雜誌上刊出後，受到讀者的好評。

和式太極拳需要的是規範化。我們還要編寫和式太極拳的競賽套路，以適應現代太極拳的比賽要求。

余功保

在太極拳名家中，您的年齡算比較年輕的。

和有祿

我剛 40 多歲，在武術界是年輕一代。我的家鄉趙堡鎮地處黃河灘，有著深厚的歷史文化底蘊，我家祖輩有著悠久的太極拳傳承歷史，這些都是我發展太極拳事業得天獨厚的條件，我同時也感到傳承太極拳是我不可推卸的責任和義務。我也有信心把這件事情做好。

徐偉軍簡介

　　徐偉軍，1949 年生，黑龍江牡丹江人。太極拳研究專家。武術博士生導師。

　　1974 年畢業於北京體育學院，後留校任教。先後在北京體院武術隊、運動競技學校武術隊和武術系任教。曾率隊獲得 1977、1978 年全國武術比賽乙級團體冠軍，1988 年全國少年武術比賽甲組團體冠軍及個人全能冠軍。1987 年任中國少年武術表演團教練出訪日本，次年又赴日講學。曾獲全國武術挖掘整理先進個人。1996 年被評為教授。1995—2001 年擔任碩士研究生導師期間，共培養了 16 名研究生。

　　2002 年被聘任為北京體育大學民族傳統體育學方向博士研究生導師，擅長太極拳、查拳、通背拳、形意拳。曾多次赴日本、美國、義大利、西班牙、澳洲等國進行武術講學和擔任國內、國際武術比賽的總裁判長工作。完成部委級科研課題多項，曾獲第二屆普通高等學校優秀教材全國特等獎。1993 年與田麥久教授共同提出並建立了「中華綿緩健身運動」的體系框架，在武術套路運動進入奧運會的項目設置、競技武術套路技術體系的構建及競

賽規則修改等方面做出了重要貢獻。

編著和參與編寫了眾多武術和太極拳著作，其中包括《武術》《中國武術大百科全書》《中國武術段位制教程》《吳式太極拳競賽套路教與學》《定位‧方位太極拳》等。為中國體育科學學會武術學會副主任委員、中國武術協會科研委員會副主任委員、北京市武術協會副主席，全國武術段位制考評委員會委員，北京體育大學學位評定委員會委員。國際級武術裁判員，中華武林百傑之一。曾應邀在三亞舉行的首屆世界太極拳健康大會上作學術報告。任北京體育大學武術學院副院長等職。

真實我聞
——與武術博士生導師、太極拳研究家
　　徐偉軍的對話

　　世上的很多東西是不太容易達到眞實狀態的。

　　因爲眞實不太華麗，沒有過多的裝飾，所以沒有立時炫人耳目的效果。

　　要追求眞實，就要能耐得住寂寞，有時需要獨坐幽篁的沉靜於甘守。

　　但眞實是根本，炫目只能短暫，眞實才是恒久的。
千秋萬代，斗轉星移，變化萬千，不變的唯有眞實。

　　太極拳變化萬端，從動作到套路，從服裝到音樂，不變的是陰陽平衡之理與天人合一的和諧境界，這就是太極拳的眞實。

　　眞實是需要「歸」的，因爲對眞實的干擾因素太多，很容易走偏。

　　因爲我們長期被一些虛假所縈繞，所以很容易喪失對眞的敏感和認知，

返璞才能歸眞，

能璞才能淨，

只有徹底的眞實，才能實現身心的完全解放，達到自如之境。

太極拳在傳遞、研究中也有偏離眞實的情況，這就需要校正，需要研究，研究的方法是科學，研究的態度就是眞實。

在進行「中華武林百傑」評選和宣傳、舉辦首屆世界太極拳健康大會等活動中，和徐偉軍先生進行過幾次關於太極拳的深入探討，對其務眞求實的研究態度和獨特的思維方式留下深刻印象。太極拳的發展有賴於科學，科學的精髓在眞。

余功保

一、運動・太極・文化

余功保

武術是中國體育院校中的重要內容，太極拳是武術中的一個重點，更是武術學院、武術系的重要課程。在中外體育交流中也有突出地位。因為世界上很多人把太極拳當做是東方體育的一個典型形態。如何從體育的角度來看待太極拳？

徐偉軍

我們通常所說的東方體育是相對於那些非東方體育而言的。就整個體育運動的項目來說，基本上可分為兩大類：

一類為世界各個國家、各個民族地區通行的，如人們常說的田徑、體操、球類等運動項目，這類運動項目是由古希臘、古羅馬競技以及歐美娛樂活動專案發展起來的，有人稱這類體育運動為西方體育體系。

另一類為東方各民族特有的，如中國的武術、印度的瑜伽功、日本的相撲、韓國的跆拳道等，都是從各自國家和民族傳統的健身、習武、娛樂活動中發展起來的，有學者把這類體育運動稱之為東方體育體系。我認為，太極拳是東方體育體系中的傑出代表。

余功保

西方體育中很少考慮哲學問題的，太極拳卻是具有一種地道的哲學化風格。

徐偉軍

太極拳的哲學是自然形成的，不是後天強加上去的。

余功保

運動一有了哲學就有了特殊的韻味、品位，就是中國文化所講的「技進乎道」的意思。

徐偉軍太極拳勢

徐偉軍

這就使得太極拳的意義不單純局限於肢體運動上，有更深刻的含義。

太極拳的技術是多元的，其中健身是它最根本的。有一位美國學者弗·卡普拉在著名的《轉捩點》中陳述：「由於東方哲學和宗教傳統總是傾向於把精神和身體看作是一個整體，因而東方發展出了大量從身體方面來解決意識的技術是不足以為奇的。」這是西方人眼裏的東方傳統健身術，當然也包括太極拳。

余功保

我接觸過一些西方研究中國太極拳的專家學者，他們對太極拳的生命化特徵的理解、對太極拳內涵的把握，超過我們很多人的想像。這是需要我們借鑒的。太極拳的研究還應擴大交流和溝通。

徐偉軍

這裏邊就體現了對待健康的一種認識，對生命的一種思考。中國人認為，人的生命是由形和神這兩部分構成的，而且是統一的，所以在練習中，太極拳從方法論上、從理論體系的框架構件上，出現了一系列既有哲理又富拳理的概念體系。比如，內外兼修、形神兼備、動靜有序、剛柔相濟等等具有思辨特色的思想。

余功保

形神合一是太極拳練習的一種理想境界。

徐偉軍

徐偉軍太極拳勢

太極拳的健身思想遵循了中國傳統的人體生命的整體觀，認為形和神這兩方面是一個統一體。在這樣的觀念指導下，要想促進形和神這兩個方面的和諧，要想促使自己生命力得到提高，應該怎麼樣去練習呢？

在練習過程中，我們對形和神的關照夠不夠，恐怕是古人經常思索的一個問題。

余功保

「形神」問題是中國文化的一個

徐偉軍太極劍勢

普遍性問題，書法中，點線之間，要顧盼有神，繪畫佈局留白也要有神。

徐偉軍

只有理解了太極拳的文化內涵，才有可能練出形神兼備來。形神兼備做出來了，太極拳的文化感也就強烈了。很多外國人喜歡太極拳，那種獨特的東方文化感是吸引他們的重要原因。

二、科學・太極・發展

余功保

您是體育大學的教授，也是為數不多的武術博士生導師之一。和一般的民間太極拳師有所區別的是您很注重太極拳的科研，我的印象中您做了很多這方面的工作。

太極拳是一門科學，不僅是傳統的科學，也是現代的科學。太極拳的研究不僅是必需的，也是現在缺乏的。比如說它的原理，它的練法，如何更符合科學，這是需要大力加強研究的。

徐偉軍

很多人有誤解，認為只要練太極拳就一定能健身。如果你不進行科學的鍛鍊，不僅不能健身，可能還會造成一定的損傷。太極拳的科學研究的意義在於，一方面是對傳統太極拳的科學性加深認識，挖掘其科學內涵，另一方面是為太極拳的科

學鍛鍊提供依據。

如何鍛鍊才能更科學？第一，要認真學習傳統太極拳的要領；第二，就要進行科研，找出對人體有益的鍛鍊方式，與傳統太極拳練習方法相印證。

余功保

透過科研，可以給太極拳的練習方法提供佐證和矯正。在你們的研究中有些什麼發現？

徐偉軍

研究中發現的現象很多。比如，我們對太極拳運動量的研究中，發現在開始練太極拳時，前 3 分鐘運動強度逐漸上升，3分鐘後運動強度就趨於平穩，出現一個平臺，這個平臺的心率大概是本人最大心率強度的百分之七十左右，並且一直保持下去，不會有很大波動。這說明太極拳運動正符合了我們提倡的有氧運動的科學方法，同時說明太極拳運動是非常安全的，用不著你去考慮調節運動量。

我們還做過一個課題：中華綿緩健身運動的研究。把太極拳等從外形來看是綿緩的運動形態作為重點研究，它與現代體育提倡的更快、更高、更強的觀念是不一樣的，這是兩種文化背景、兩種思維方式、兩種價值觀念下所產生的不同的運動形態。

徐偉軍太極拳勢

余功保

從現代研究的量化標準來驗證傳統太極拳的練習方法是太極拳研究的一個重要內容。

徐偉軍

這種「印證」是很有意義的。人在運動的時候，如果運動負荷升高，那麼會導致人的意識覺醒程度的降低，相反，當運動負荷降低的時候，人的意識覺醒程度是上升。我們古人就提出了如何既保持一定的運動負荷，又要使自己的意識覺醒在一個最佳的狀態上，這樣的一個時空、這樣的一個運動環境，才能夠滿足中國人這種性命雙修、形神兼備的方法。

現在我們由測試已經知道，太極拳的運動負荷基本上在人的最大吸氧量的55%～70%，這個負荷正是人們現在追求健康的最適度的運動負荷，對人不會產生運動後的負效應。太極拳正處於這樣一個最佳負荷狀態，我們由對太極拳運動過程當中腦電波、包括對意識的觀察和研究，這個時候腦的狀態和意識覺醒狀態又是最清醒的，所以在這個時候對人體產生一個生理和心理的雙向良性刺激，這種方法我們的古人在實踐當中就是這樣去做的，我們從現在的分析來看基本上也是這樣一種情況。反過來，這樣的一個負荷又有利於對意識的鍛鍊、有利於對外形的鍛鍊，要求做到內修外壯，達到這樣一個健身的效果。這就是太極拳的健身思想，它遵循了人體生命的整體觀，不但注重人的外部形的鍛鍊，還注重對人的心理的鍛鍊。世界衛生組織對人的健康的定義是，人的健康不僅僅是人的生理上的良好，還包括心理上的良好，同時還有良好的社會適應能

力。古典文獻《易經》中提出了健康的三維觀念，人、自然和環境這三者的關係。也就是說我們現在的人不但是生物的人，還是精神的人，同時還是社會的人。人處於自然環境中，這些對人的健康都會產生影響，對人的健康會產生各種各樣的刺激，有時候是良性的，有時候恐怕不是良性的。身心和諧在當代社會是人們追求健康的重要思想。

太極拳在運動中要求用意識引導動作，如果沒有這樣的環境，太極拳的這種技術的操作恐怕就難以實現。太極拳從整個運動狀態來看、從肌肉工作來看，基本上是以肌肉的離心收縮為主，這和西方運動的向心收縮的肌肉用力完全背道而馳。

余功保

現代競技體育追求的是量、成績、紀錄等。太極拳等東方健身術追求的是質，是對人體機能的改善。應該說都是科學，一個是競技體育科學，一個是健身體育科學。

徐偉軍

所以對體育的認識、對健身的認識要清楚，不是簡單的理解為運動就可以健身。對於大眾體育來說，大力宣導和發展對群眾身心健康有益的運動是非常重要的。

太極拳的健身思想強調的是人體生命的整體觀，太極拳運動要對人的生理和心理產生雙向刺激，還力求二者之間的平衡發展。太極拳要發揮意識的主體作用。太極拳的運動是綿緩的，在這種綿緩的狀態下，為意識的運用創造了條件。同時太極拳對自己身體各個部分的姿態又有著嚴格的要求，而且練習的法則學術性又很強，在運動過程中還對意識提出了具體的練

習要求，更有利於發揮「以意練意」的作用。所以太極拳的練習對人的意識、大腦、神經系統有良好的鍛鍊價值。

余功保

太極拳發展過程中，一直存在傳統與現代的爭論。如何保持

徐偉軍在三亞首屆世界太極拳健康大會上作名家演示

傳統性，又能有所發展，這是一個需要綜合考慮的問題。特別是在太極拳競賽中，這一矛盾有時候表現非常突出。

徐偉軍

我們現在許多人有時候所指的武術，實質上是肢解中國傳統武術後，將其中某些內容再經過改造，從而形成的一個體育競技項目。這個被「創造」出來的武術項目是不完整的，它既不能完全代表中國傳統武術，又在推廣普及中存在很多困難。

余功保

很多學者、武術家對此有思考。

徐偉軍

武術首先是技擊類體育項目，它不是表演，它區別於其他運動項目的本質就是它的實用性。這是傳統武術中特別堅持的東西。

但我們現在的武術因為需要給運動員打分，需要有競賽標準，結果一再誇大對動作演練的要求。事實上，動作演練只是

武術的鍛鍊手段，而不是目的，就像是拳擊運動員在打彈簧球練習一樣，你能把打彈簧球練習這樣一個訓練手段等同於拳擊運動嗎？

徐偉軍在首屆世界太極拳健康大會上和國家體委主任伍紹祖以及各流派太極拳名家在一起

太極拳最早也是強調技擊，是武術的一種，後來強調健身，都是有效果要求的。但由於競賽的需要，對一些動作做了修改，有編排，是不是偏離了原來的一些規範？

至少在局部或某些方面是存在這種現象的。

余功保

也有的專家認為，競賽太極拳對傳統的改造還不夠。

徐偉軍

改到什麼方向上去？這是一個重要的學術問題，關乎發展。

三、健身·太極·普及

余功保

現在很多人練太極拳是為了健身，如何在太極拳練習過程中更好地提高它的健身效果？

徐偉軍

我們必須遵循太極拳技術的基本要求。大家在平時練習中，或者在一些書籍中可以看到太極拳的一些技術要求。我這裏主要從對身體姿勢、運動方法這兩個方面作一介紹。

太極拳技術運動和西方的某些運動項目是一樣還是不一樣？它們的區別在哪兒？這個恐怕是我們所有太極拳的練習者需要清楚的。練習太極拳的最終目的是什麼呢？太極拳名家王宗岳在他著名的《太極拳論》中談道：「詳推用意終何在，益壽延年不老春」，這句話道出了太極拳技術的最終目的。

余功保

不管社會如何發展變化，健康作為全人類共同關注的重大主題之一是不會改變的。所以，太極拳的健康發展主基調也是不變的。

徐偉軍

太極拳的身形表現出身體的各個關節和奧運會許多項目在形態上有完全不一樣的情況，這反映在上肢、軀幹、下肢在姿勢上有著嚴格的要求。在一個樁式中反映出太極拳對人的整體姿態的要求。太極拳和西方體育在形態上非常不同。西方運動追求運動效果的最大化，一般評價是以物理參量為因素的，追求速度的最大化，比

徐偉軍太極拳勢

如短跑項目；追求距離的最大化，比如投擲項目；追求重量的最大化，比如舉重項目。這樣的話它就在形態以及姿勢上和太極拳產生了非常明顯的區別。

余功保

出發點和原理都有本質的區別。

徐偉軍

太極拳傳統的理論對人的形態上有一個「三節六合」說，上肢稱之為「上節」，軀幹包括頭稱之為「中節」，下肢稱為「下節」。把每一節還劃分為「三節」，軀幹的上節是頭，中節是胸，根節是腰；上肢根節是肩，中節是肘，梢節是手；下肢根節是髖，中節是膝，梢節是足。

余功保

三節的理論在太極拳各流派的著作中都有所體現。

徐偉軍

太極拳把人分成這樣的大三節和小三節，這樣全身共十五個節，這就相當於我們現代解剖學所說的運動鏈。除了我們能夠看到人體外形的節這種運動鏈系統之外，中國傳統理論在體內還有一個運動參照體系，就是「經絡」。太極拳練到一定程度，談道「不明經則不明拳」。在相應的每一個節上都又有相應的竅，也就是穴位。上肢手勞宮、肘曲池、肩肩井；軀幹，頭印堂、中部會陰；足湧泉、膝陽陵泉、胯環跳。在內我們講的是「竅」，在外我們講的是「節」。這樣的話，在太極拳運

動當中就形成了兩套運動鏈，一個是外鏈，我們從形態上看得見，另外一個就是內鏈，也就是經絡這個體系，這兩個體系透過長時間的鍛鍊能夠達到外和內的溝通，所有這些活動都是在意識引導下，由精微的肌肉運動獲得的。

余功保

有的太極拳家非常強調經絡、關竅在練拳中的作用，甚至每一動都要有相應的經絡運行、感受相匹配。有的乾脆稱為「經絡太極拳」。

徐偉軍

對各個關節的姿態要求，太極拳是非常嚴格的。比如上肢，提出沉肩、墜肘、坐腕、展指；對軀幹要求虛領頂勁、頭要微微上領、下頜微收、要涵胸拔背、鬆腰、曲髖斂臀、膝曲，使人體的各個關節都處於有一定角度的這樣一個狀態。這個狀態實際是人體肌肉一種離心的收縮，實際是一種緩衝，這就是太極拳練習中要求氣下沉、人要向下鬆沉，用意識引導，調動身體各個部分向下鬆沉。自己的骨骼維持一定的狀態，附在骨骼的肌肉要有意識的引導它向下鬆落，使各個關節鬆開。

余功保

在身形上，對軀幹部的要求是太極拳理論中講得最多的。

徐偉軍太極拳勢

徐偉軍

太極拳對軀幹的總體要求是直。人體軀幹包括頸椎、胸椎、腰椎和尾椎幾個部分。人在平時的自然狀態中，軀幹有一個彎曲度，這個彎曲度稱之為人的生理彎曲度，它主要在劇烈運動或應急運動中起到一種緩衝的作用，同時可以保護內臟、固定內臟。

徐偉軍太極拳勢

髖關節在平時狀態下骨盆處於前傾位置，我們在進行太極拳練習的時候，要求身體的軀幹保持中正，要有意識地克服自己脊柱的生理彎曲度，由我們所說的涵胸拔背、束腰曲髖的方法達到。作為力的傳導通路，脊柱變直後，會減少整個軀幹的運動慣量和非軸向分力，使椎間盤的應力分佈變得更加均勻，可以增加脊柱本身的穩定性，可以使一些原本緊張的肌肉和韌帶以及神經得到放鬆，這對於防止腰部勞損、減緩腰部衰老都有重要意義。

另外，脊柱、腰段這種彎曲度的減少、骨盆後仰，使得我們腹直肌以及腹內外斜肌的起止點相互接近，這樣就會提高這些肌肉的收縮力，有助於增加腹式呼吸的深度，提高我們的鍛鍊效果。

余功保

您對「六合」的解讀又是如何的？

徐偉軍

「六合」是太極拳運動形態學上的又一個基本要求，它由外三合和內三合組成。外三合指手與足合、肘與膝合、肩與胯合。包括順合和逆合兩種形式。順合指同側上下肢的梢節、中節、根節順向相合；逆合指異側上下肢梢節、中節、根節交叉相合。這時候在內的意識則是以意想穴，使各節之竅上下左右相合，調動人體能夠見得著的外形運動鏈系統和我們內鏈經絡的系統。

比如肩與胯合，只要以意引導肩井與一側的環跳相吸，這樣兩穴道的內氣就會疏通，這就是拳論中的「以心行意、以意導氣、以氣運身」，就可以做到心與意合、意與氣合、氣與力合的內三合。六合是一個有機的統一體，它們之間相互作用，相互促進，相互制約。

余功保

六合實際上是太極拳對整體觀的一個具體解構。

徐偉軍

太極拳對身體各部分的基本姿態還有一些其他的特別要求，比如懸頂、束項、圓襠、縮胯、屈膝、坐腕、展指等，這些要求都能夠使身體的各個關節骨縫張開，體內真氣順暢，使肌肉處於一種鬆緊有度的啟動狀態，只要內意啟動，肌肉就會有節律的收縮，身體各部分在運動中協調地配合，運動中就會體現出「無有一處不動，無有一處不合」的運動現象。

從解剖學的角度來看運動過程中的軀幹，立身中正、懸頂

束項、以腰為軸、旋腰轉脊是太極拳軀幹技術的核心，脊柱在太極拳運動中突出的特點就是直。由研究表明，太極拳從虛領頂勁、縮胯斂臀到鬆腰圓襠、開胯屈膝，這幾個技術要求都是有意識地減小脊柱的生理彎曲，使脊柱能夠保持在一個垂直的軸面上，這種彎曲的減少很顯然會有利於發揮旋轉當中這種軸的作用，這與太極拳螺旋式運動規律是相符合的。

旋膀轉換、旋腿轉足是對太極拳上下肢技術動作的特殊要求，上肢動作必須保持沉肩墜肘，並在開合伸曲的同時沿著前臂的軸線有意識地做內外旋轉來完成拳法中所規定的各種勁法。下肢動作特別是步法動作，要做到縮胯斂臀、屈膝圓襠，運動中膝關節曲伸柔和，膝要與腳尖保持同向，由襠走下弧、兩臀抽提、旋腰轉脊帶動上肢的旋膀轉換和下肢的旋腿轉足，形成「一動無有不動，一靜無有不靜」的螺旋式運動。

如果我們在練習過程中違背了太極拳上述運動原則，就經常會出現對膝關節的不良影響。例如楊式太極拳攬雀尾「按」的下肢動作，正確動作是膝和腳尖基本是對正的，重心基本在支撐腿上，而錯誤動作的重心已經跑到了腳尖甚至超出了腳，就出現了一種膝關節過度前移和向內扣這樣一個情況。臏骨的位置也不一樣，錯誤動作中，臏骨產生了很明顯的外移，已經出現了臏骨的移位狀態，每做一次曲伸運動，如果臏骨出現移位，一曲一伸，就會使臏骨在自己的股骨的內外兩側產生一次機械磨損。長時間錯誤練習，會導致膝關節的疼痛，特別是當架子偏低的時候更加嚴重，會產生臏骨外移綜合症。

余功保

有些太極拳練習者由於姿勢不正確，都會出現這種情況。

徐偉軍

太極拳和其他運動項目腳落地時對地面衝擊力相當於體重倍數的一個比較。太極拳在落地的時候對地面的衝擊力大約是體重的 1.2 倍，也就是如果一個人 60 公斤，他對地面的衝擊為體重的 1.2 倍——72 公斤。慢跑為 2.2～2.3 倍；快跑 4.3 倍左右，而在起跳時達到 10 倍。這說明太極拳運動是非常柔和綿緩的，這樣的運動隨著練習水準的不斷提高，膝關節處於一個最佳的位置當中，使你的運動達到一定的負荷，這種負荷可以保持運動的全過程，所以太極拳的負荷是相對比較平穩的，也就是說太極拳的練習是比較安全的，特別是對老年人、心臟功能比較差的人是非常安全的。

余功保

知其然，並知其所以然，對練好太極拳是非常必要的。

徐偉軍

我們現在推廣普及太極拳，普及什麼？除了要領、理論外，還要普及一些太極拳相關的運動知識、現代科學知識。

徐偉軍習練太極內功

莊家駿簡介

　　蔣家駿，1942年生，江蘇省徐州市人。陳式太極拳名家。

　　自幼酷愛武術，隨其父蔣振國習練拳法，後經武術名家錢樹樵先生指點，武藝日精。16歲拜陳家溝太極拳名家陳照丕為師，學習陳式太極拳老架一至五路、炮捶一路等拳術及長短器械等功夫。學拳認真、執著、刻苦，同時得到了陳發科之女陳豫俠等名家指點，奠定紮實基礎。

　　1964年，拜在陳發科著名弟子洪均生門下，精修太極拳法、推手、散手。此後隨洪均生學習數十年，既系統學習了太極拳精深之「理」，也學習了太極拳縝密之「法」。深刻領悟太極拳的精巧功夫和以巧勝人的本質。其拳法功底純厚，鬆圓纏綿，縝密雄渾，成為洪均生重要傳人之一。

　　1983年參加全國太極拳推手邀請賽，獲75公斤級冠軍。多次參加全國太極拳名家研討會，表演推手功夫受到推崇。應邀在全國各地講學、傳拳，受到熱烈歡迎。在全國性武術雜誌上發表大量太極拳研究文章，在國內外產生了廣泛影響。

大象無極
——與陳式太極拳名家蔣家駿的對話

規律是用來實踐的，

只有成功的實踐者才有總結規律的資格。

規律是用來遵守的，

因爲大家希望重複成功，規律又具有可重複性。

規律又是用來破除的，

不能破除規律就不能昇華飛躍。破除規律需要智慧，其基礎是科學，是在掌握原有規律後的深化。

古典拳論，是給練太極的人看的，不練習，不實踐，妄解拳論，一定是瞎子摸象，得其大概而不能得其精髓。拳論提供一個尺規，拿它來度量自己的拳架，實現規範，此爲入門的大道通衢。但拳論又不能成爲桎梏，完全地循規蹈矩，甚至削足適履是對規律膚淺的理解。寧信拳不如無拳，因爲拳論是活的，是變化

的，在不同階段每個人對拳論的認識也會發生變化。

拳論講的是太極，拳論本身的屬性是無極。

最深刻的拳論說的不是「技」，說的是「象」。大象爲不著象。「學我者生，似我者死」，也可爲研拳究理的警句。

洪均生爲陳發科的傑出弟子，在拳法、理論上得眞傳，又有眞悟，嚴謹守法又不循規蹈矩，終成大家。蔣家駿先生爲其優秀弟子，多年研究探索，享譽海內外，其技、其法井然有致，氣象萬千，有無相生。

余功保

20 世紀 90 年代中期，我數次赴江蘇徐州進行調研。徐州自古為兵家重地，武風昌盛。接觸了一些民間武術家，拳風、民風皆質樸純厚。與蔣家駿先生縱論太極，留下深刻印象。他系統介紹了洪均生先生的武學成就，以及自己對太極拳的研究體會。

一、洪廣綿綿誰爲雄

余功保

您是洪均生先生的弟子，是他的太極功夫的主要傳承人之一。洪先生是陳發科傳人中很有特色的一位，請您介紹一下洪均生先生的情況。

蔣家駿

洪均生先生是我的恩師，我從他那裏學到了太極拳的精髓。作為一位傑出的武術家，他在太極拳上達到了極高的造詣，形成了獨特的武學體系。

洪均生老師出生於 1907 年，1996年去世。他是河南禹縣人，在 20 世紀三四十年代，他隨陳發科先生學習太極拳，朝夕相隨，深得真傳。50 年代，又曾經到北京繼續向陳發科學習，得到陳發科精心指點，特別是在散手、推手方面，一一體驗，全面掌握太極拳的精

洪均生先生像

深奧妙。

余功保

洪均生先生文武兼修，讀他的文章，能感受到他文武相得益彰的境界。

蔣家駿

洪均生先生穎悟過人，博覽強記，工書法，通音律，善詩詞，文武兼優。以深淵的學識和武學修養，用歷史唯物主義觀點方法研究陳式太極

蔣家駿在紀念洪均生誕辰
一百周年紀念會上

拳理法。他結合生產勞動習慣動作，就近取譬，使學者易於領悟；又常現身說法，親於學者試驗，使學者如步入一座取之不竭的寶庫之中，越學越明，越學越深，越學越愛，有欲罷不能之感。確是一位難得的明師。

余功保

我讀過洪先生的拳論文章，立意很高。比如他的「拳品」，獨具風格。

蔣家駿

這與他深厚的文學詩詞修養有關。他用詩的形式來描述太極拳的理法，寫得很有韻味，又很有深度。他寫出的陳式太極拳「拳品」十三篇，創造了用詩的語言評論「武藝高低亦人品為準」的武學思想，開創了太極拳美學崇德的先河。

洪均生老師在學術上還有一個特點，就是直率、求真，自己怎麼看的就怎麼說，對自己的觀點從不隱瞞，這也是武德的表現。

洪均生太極拳勢

【鏈接】

洪均生作「太極拳品」

詩有品，書亦有品，古人嘗品之而著為文章，拳可無品乎？因仿司空表聖詩品體例，戲成陳式洪派太極拳品。拳品高低，實以人品為準。

（一）端　嚴

太極拳雖屬傳統運動項目，而理精法密，具有完美的藝術形式，又是增強人民體質的適宜方法。

學者應在鍛鍊中，從嚴從難，細找規律，首先以端嚴為主。

拳雖小技，能強身體。眼身步手，規矩莫失。

動靜開合，剛柔曲直。中正安舒，不偏不倚。

公轉自轉，陰陽互變。螺旋協調，對立統一。

（二）圓　和

練此拳雖應嚴守規律，但又忌拘束，

須從端嚴之中，注意圓轉和諧。

太極運動，不離方圓，上下相隨，首在螺旋。

弧線轉換，內外循環，虛實互換，奇正經權。

千變萬化，重心無偏，意會形合，庶幾近焉。

（三）輕　靈

圓和是解拘束的方法，輕靈是圓和的效果。

能圓則輕，能和則靈，回風燕子，點水蜻蜓。

將往復還，寓送於迎，速非剽迫，遲不停留。

翩若驚鴻，宛如游龍，圓轉如意，中有權衡。

（四）沉　著

輕靈而不沉著，久恐失之飄浮，繼以沉著。

法以頂勁領起，重心隨遇平衡。

眼法注視目標，保持動中之靜。

車輪飛轉，中不離軸，沉著輕靈，以剛濟柔。

剛勁非頂，柔亦不丟，重心旋沉，襠膝中求。

乘風破浪，萬噸之舟，全在舵手，操縱自由。

（五）雄　渾

沉著在內勁，雄渾在氣勢，二者互相表裏，

然非規矩之至用力之久，不能臻此境界。

山崩海嘯，虎視鷹瞵，狂飆千里，雷霆萬鈞。

壯我聲勢，蔑視敵人，此非矯作，中自有真。

行健不息，中氣彌純，威而不猛，是謂雄渾。

（六）超　逸

偏於雄渾，或近粗野，濟以超逸。

謙虛謹慎，不躁不驕，意能中和，形自超逸。

流水潺緩，行雲飄飄，淺底魚翔，微風柳搖。

遂使觀者，矜躁都消，爐火純青，百練功高。

（七）縝　密

超逸而不失規矩，必須過細揣摩，達到縝密。

天衣無縫，針線泯跡，規矩之至，動必如式。

螺旋萬轉，無往不利，一羽難加，敏感至疾。

飛蟲難落，變化莫測，收放無間，動靜合一。

（八）纏　綿

縝密必緊湊，調節纏綿，保持對立統一法則。

源泉混混，江河濤濤，來脈既充，其流乃遙。

春蠶吐絲，繭成而巢，往復纏綿，旋轉萬遭。

遲留賞會，迅疾高超，法不離圓，旁求徒勞。

（九）精　神

外體的運轉，既縝密而纏綿，

精神的表現，應嚴肅而活潑。

習之既精，自然得神，傳神在目，非喜非。

驊騮嘶風，鷹隼出塵，伺鼠烏圜，躍水錦鱗。

花好初放，秋月常新，形身瀟灑，永葆青春。

（十）含　蓄

精神過分外露，也是一病，還應含蓄。

內勁充實，外無矯飾，千斤之弓，四兩之矢。

引而不發，躍如中的，山雨欲來，好風將起。

譬彼兵法，守如處女，一觸即發，淺嘗輒止。

（十一）雍　容

含蓄不是拘謹，而要落落大方，氣度雍容；

輕裘緩帶，叔子之風，以暇禦整，起度雍容。

號令萬軍，旗幟鮮明，滄海旭日，泰山蒼松。

秋雲舒卷，春水融融，疏密成文，河漢列星。

（十二）雋　永

拳經揣摩，有景有情，玩味無窮。

拳中有景，即景生情，山重水複，柳暗花明。

良友優游，其樂難名，景與情會，趣味無窮。

如烹鮮鯽，既腴且清，淡妝西子，出水芙蓉。

（十三）自　然

「同自然之妙，有非力運之能成」，

《書譜》讚語，移狀拳法。

嚴守規矩，潛化默通，心手兩望，自合準繩。

運力大匠，解牛庖丁，不著痕跡，純以神行。

妙造自然，源於苦功，自強不息，精益求精。

余功保

在 20 世紀 60 年代，《體育報》上有一著名的關於太極拳的討論，洪均生先生好像也參加了這次學術討論。

蔣家駿

那是 1964 年，洪老師的頭上還頂著沉重的政治帽子，他向《體育報》體育研究專欄投稿，與當時的吳式太極拳名家徐致一先生就「太極拳纏絲勁、抽絲勁問題」展開了激烈的辯論，同時參加討論的還有羅基宏先生和趙任情先生，在當時的太極拳界影響極大。顧留馨先生與沈家楨先生合著的《陳式太極拳》，是新中國成立後國內出現較早、最有權威的太極拳書籍，洪師細讀後，對之存有不同的看法。洪老師與顧留馨先生是同門，且交往甚密，但他並不以此為慮，毅然對之提出質疑，並撰文《評〈陳式太極拳〉的八個特點》，親與顧留馨先生商榷。

洪均生太極拳勢

余功保

洪先生留下了一部著作《陳式太極拳實用拳法》，凝聚了他的巨大心血。這本書理法並重，動作講解細膩。是研究陳式太極拳的重要作品。

蔣家駿

寫這部書，洪老師付出了很多，克服了許多困難。書開始寫作於 60 年代，還沒寫完的時候，1961 年趕上自然災害，他得了偏癱之疾，生活很艱難，幾乎無法支持。他還是堅持在極其困難的條件下把書完成了，幾易其稿。

余功保

該書的最大特點是言之有物，沒有人云亦云。比如對陳式太極拳動作名稱的考釋等，很有研究價值。太極拳的動作名稱是一件很有文化的事。

蔣家駿

這本書有一個副標題——十七代宗師陳發科晚年傳授技擊精粹，的確名副其實。洪老師遵照陳發科先生講解的實戰技法，以陳鑫先生的「纏法」即螺旋運動力學原理為依據，對每一個動作都作了詳細解說，非常細，對每個動作的纏絲、旋轉、身體各部分的空間位置，甚至手心手指的方向都一一說明，使讀者真正理解陳式太極拳之真諦。

書中注重技擊實用，不空談意、氣。因為每一個動作都是攻防的著法，為「知己知彼」，便將對方的位置、著法一一說

明，以便學者做到「練拳時無人若有人」，才能在「交手時有人若無人」。

余功保

很明顯，實用技擊是該書強調的重點。

蔣家駿

書中在理論上有所突破。洪均生老師以畢生精力研練陳式太極拳理法，又能熟識各家太極拳理論，融會貫通，結合教學實踐，驗證前人學說，有新的創見和解釋，糾正了一些不正確的觀點和誤識。他繼陳鑫先生之後，在闡述陳式太極拳理法上作出了新的貢獻。

例如，他根據「腰為車軸」「立如平準」的原則，提出陳式太極拳要求隨遇平衡，步法不變，重心不能前後移動、搖擺，只能在左右旋轉。重心的位移只能隨步法的變換而移動，糾正了「重心全部移於某腿」的錯誤。

又如，他首次提出手法上的公轉與自轉，公轉的正旋、反旋，自轉的順逆以及腿部纏法的具體要求；詳細闡明了每一動作公轉與自轉配合的角度。

再如，他對雙重作了科學的解釋，指出雙重之病為前手前足同實，或後方手足全實，便為雙重。前面雙重，必出頂勁；後面雙重，又必出丟勁。欲做到不犯雙重，不丟不頂，全在周身上下相隨的螺旋運動，變化的方向及時間恰到好處，無過不及。

另外，他首次提出眼法上也有虛實之分，並主張目視固定對方目標，糾正了原來練拳時「眼隨手運」而不符合實用的眼

法。因為眼是傳達信號的器官，又是指揮全身運動的「先行者」，所以眼應注視目標所在，而身、步、手隨之運動。即變換身步手法的運動時，莫不以眼所視的方向為準。眼應平視目標，不可偏高或偏低。如須向某方向轉身進步，眼光則轉向某方；如步法不變，眼應視某勢中手的最後一個動作的方向。又，眼注視的目標為點，點的內外為面，面的界限約 150°。拳論說

洪均生太極拳勢

「左顧右盼」，顧的就是點，為實；盼的就是面，為虛。因此在左顧的同時，也有右盼。顧盼不但是為了指揮自己的動作，而且是為了觀察對方的動作，以便於隨敵動而變化。同時，也應觀察當時地形和周圍環境的情況。這些理論都是創造性的，為後學研究陳式太極拳指明了方向。

余功保

洪先生在教拳中很強調太極拳的技擊作用。

蔣家駿

洪均生先生認為，技擊是太極拳的本質特徵。他說：「陳式太極拳沒有一個動作是空的，都是有用的。」他不僅教弟子技擊方法，還經常與很多來交流的各流派的武林朋友們交流、切磋太極拳技擊方法。

他一生堅持太極拳的技擊，研究太極拳技擊，也在不斷發

大象無極——與陳式太極拳名家蔣家駿的對話

展豐富太極拳的技擊，即使到了晚年時還仍然精於技擊。在老師已經九十高齡的時候，有一次在濟南講解太極拳的散手和推手技擊方法，講到高興處，就站了起來，要讓我試手，讓我隨便進攻。我考慮到老師年事已高，有些顧慮，他看了出來，就笑著對我說：「你隨我三十餘年，我看你最近功夫長進了沒有？」接著又說：「你不要有任何顧慮，只管放心來攻，否則陳式技法怎能進一步領悟？」

我考慮再三，心想用一個兩全之法，就是以虛手引化、保持距離，既安全又能展示自己的功夫，且不負洪師之意。誰知一交手完全出乎我的意料，我兩全之法只剩下一全了。

當時我以左手虛晃洪師面門，同時進右步，速發右拳，直攻胸前，本意拳到他胸前寸許停住，察其變化，以防不測。卻沒料到他隨勢進身，破壞我保持的距離，同時以右手外側接我右拳。說時遲，那時快，我被打了一個後空翻。洪師身法速度之快，手法之妙，無與倫比。我僅覺得發出的右拳好像碰到了一個飛轉的輪子，身不自主地翻轉過去。要不是洪師當即抓住我的手腕，還不知摔倒跌傷是什麼樣子呢。

真不可思議！我一身冷汗順身而下。旁觀者齊稱讚：「精彩，漂亮！」並說我化解洪師招法的「後空翻」之翻轉動作既快且美，卻從來沒見我平常練過，問我是怎麼練的。我搖了搖頭，若有所思地自言自語道：「近乎道，神乎技矣！」大家聽後面面相觀，不知其裏。我便以實情相

蔣家駿在山東菏澤
參加洪均生紀念活動

告，大家相對大笑。

余功保

我看過一些洪先生的拳照和練拳的錄影，他的拳勢嚴謹、沉著，有大家風範。

蔣家駿

他深刻領悟並完整實踐了陳式太極拳纏絲勁的精髓，在每一個拳勢中都蘊含技擊的含義，他的拳架充分體現了陳

洪均生太極拳拳勢

式太極拳纏絲的特點，行拳縝密、端嚴、輕靈、沉著、超逸、含蓄、雍容、雋永、自然，纏綿之處見雄渾大氣，可謂無心成化，不著痕跡，其大無外，其小無內。此心法耐人尋味無窮。

我曾經在洪老師九十大壽的時候，請書法家寫了一幅書法作為祝壽禮獻給老師：「翩若驚鴻，宛若游龍，圓轉如意，中有權衡，大家風範，威而不猛。」這也是對洪老師拳法的讚頌。

余功保

洪均生先生不僅自己研練太極，也是一位傑出的太極拳教育家。傳授了很多學生。應該說遍佈海內外。

蔣家駿

洪均生先生的太極拳具有獨到特色，受到廣泛歡迎。他從1956年以後，將自己刻苦學習和精心領悟的太極拳法在濟南開

始傳授，學者甚眾。不僅有很多中國學生，也有很多外國學生專程來學，如「日本太極拳協會」主任指導中野春美女士、副主任高谷寬先生，以及石島清光、曾我忠弘、森田育利、安東尼、古賀榮子等都多次登門求學，並回國後廣泛傳播。日本武林尊稱洪均生先生為「太極巨星」，還成立了「洪均生太極拳研究會」，專門研究他所傳授的拳理拳法。

二、剛柔互見乃俊傑

余功保

陳發科為中國太極拳發展史上的重要人物，特別在培養人才方面，做出了突出的貢獻。如果要評中國歷代的十大太極拳教育家，我認為陳發科先生應該名列其中的，他培養了許多學生，成為推動中國太極拳發展的重要力量，洪均生先生是其中傑出的代表之一。洪先生雖然去世了多年，但他的影響力卻越來越大。作為一個優秀的太極拳家，有幾個方面的因素很重要，一是高超的拳功、拳技，二是精深的理法修養，三是培養人才，四是獨到的領悟與見解，在這幾個方面，洪均生先生都有顯著的成就。

蔣家駿

對陳發科先生，洪老師一直懷有深厚的感情，他經常給我們講陳師爺教拳的事情和他跟隨陳師爺學拳的體會。他還專門寫過回憶文章「跟陳發科學拳」，記述自己學拳的過程，雖然是記事的，但其中涉及有很多細節是關於拳的要領、功夫的，

對後輩習拳有重要參考價值。由於洪老師刻苦又肯於動腦子，所以陳發科先生也很器重洪老師，曾經讚譽洪老師說：「聰慧好學，為人誠實坦蕩，能繼承發揚陳式拳法的技藝。」

【鏈接】

跟陳發科學拳（節選）

洪均生

幸遇良師

我自幼多病體弱，從 17 歲即因病輟學。20 歲婚後，自知病源為懶於運動，乃力糾舊習，每晨外出散步兩小時。北京先農壇、天壇，濟南大明湖、趵突泉皆常遊之地。自是病漸減退，身亦略健。但每逢換季，春夏及秋冬之交，寒暑突變，體仍不適。1929 年冬，忽染冬瘟，臥床三月，至 1930 年病癒。同院鄰居周懷民介紹北鄰劉慕三先生，從之學吳式太極拳。數月後，見北京小實報刊登名武生楊小樓從陳家溝陳發科拳師習拳後，身體轉健，能演重頭戲的消息，於是輾轉托一先生邀請陳發科師至劉家授拳。當時從劉慕三先生學拳的 30 餘人都來學習，我亦從此拜陳發科老為師。

當我們學吳式拳之初，劉師言：「學此拳應動作緩慢，練得越慢，功夫越好。」也就是功夫越好，才能練得越慢。陳師初來劉家，寒暄之後表演了陳式太極拳一、二路，大家都準備以一小時以上的時間，瞻仰名師拳法。不料兩路練完，只用十餘分鐘，而且二路縱躍神速，震腳則聲震屋瓦。陳師表演後稍坐即辭去。於是大家紛紛議論起來：有的說練得這麼快，按「運勁如抽絲」的原則來講，豈不把抽絲斷了；那個說震腳不合「邁步如貓行」

的規律。若非因為陳師是陳家溝來的，還不知抱什麼態度發什麼可笑的議論呢！當時還虧劉先生有水準，他說：「動作雖然快，卻是圓的旋轉；雖然有發勁，卻是鬆的。我們既請來了，便應學下去，等學完拳式，再請教推手。如果比我強，就繼續學下去。」這才一錘定音：「學。」

開學之初，我向陳師請教的頭一個問題是：「動作究竟是應快，還是應慢？」陳師答：「初學應慢，以求姿勢正確熟能生巧，久之，自然能快而且穩，交手時則快慢應敵變化。慢練是學拳的方法，不是目的。但動作慢些，腿負擔時間較長也有益處。」從此我便安下心學下去。但是我的學拳方法，值得一提，以供參考。

我的學拳方法，是先看後練。由於同學 30 餘人都是北京電報局的職工，只我一人是無工作的初學者。起先是為了禮貌，請師兄們先學，學完上班，我總是等到最後才學。這樣看了幾天，動作自然順遂。我師教拳給了我看的機會。不論多少人學，他總是一個一個地教。比如 30 人學，每人平均示範 5 次，便可以看到 150 次。這樣腦子裏先有了印象，則學時必然會容易些。幾天之後，我又分了次序細看。先看手法，次看步法，再看眼法全身的配合方法與時間，我初學記準了全身動作的時間與方向。但整個套路練的不多（每天只練 5 趟），而單式子卻練得不少。其方法是：將學會的式子，逐個向我師請教示範，我師亦不厭其煩地有求必應。我的動作和我師的示範略有不似，就反覆做百餘次，必盡肖而後已。

所以我從 1930 年從師學拳至 1944 年，將近 15 年，從那時至 1956 年離開我師 13 年之久。而我師的拳式，甚至示範的精神，都能在我腦子裏如電影般地很快映出來。我與山東電視臺來

訪的同志說：「因體弱，雖懶而未下多少功夫，但腦子卻不懶，至今記憶猶新。」因此，1956 年我重返北京謁陳師求爲復習，我師看我練過一路、二路後，說：「拳式未錯，功夫也有不小的進步。」談了我的學拳方法，再說說我師練功方法。

功夫全在苦練中

陳師常言：「學武比學文難。」學文，只要聰明善記，便可以自由運用寫出文章；學武不但要學的正確，而且要練的精熟。堅持鍛鍊在不知不覺中將功夫練到全身，都能因敵變化，運用自如。所以學練必須結合。

陳師自語：「我有兩兄，青年時因瘟疫，先後去世，我是父親 60 歲以後出生的，自幼爲所偏愛。飲食無節，腹內生有痞塊，每犯病，疼得滿床打滾。雖然自知習武能夠祛病，但因體弱而懶，父母不肯嚴於督促，所以長至 14 歲，尚無功夫可言。爾時，我父受袁世凱之聘，教其公子，不暇顧我。父親一本家哥伴我常一同下地勞動，晚間常有同族叔伯們聚而閒談，大家都指我說，他們這一支，輩輩出好手，到這孩子，14 歲了，還病得這樣，豈不從他這一輩要完了嗎？當時我雖年小，聽到這話也很羞愧，自己從內心立志：絕不能從我斷了拳法。想到我哥功夫不錯，只要能夠趕上他，心願已足。但同飯同居，一同下地，也一同練拳，我的功夫如果長進，他也必然長進，怎能夠趕上呢？爲此，每日食之不甘，睡之不穩。三天後，晨起下地，走至半路，我哥忽然想起忘拿今天地裏用的工具。他叫我快跑回去拿，說：「我慢慢地走等你。」於是我連蹦帶跳地跑回家去，取了工具趕上了我哥。幹完活，回家吃著飯，我心裏琢磨「你快快跑，我慢慢走等你」這句話，聯繫到練功，我如果加上幾倍下工夫，豈不

是有趕上我哥的那一天。從此暗下決心，不告訴我哥。每天飯後他休息，我練拳，夜裏睡一小覺，也起來練拳，每天至少練60遍，多則100遍。如此則3年有餘。在我17歲時，腹內痞塊已消失，身體發育強壯了。我先向叔伯們問明推手的方法，才向我哥請教推手。我哥笑說：「咱家兄弟子侄都嘗過我的拳頭，因為你年小體弱，不敢打你。你如今身體壯了，禁得住摔打了，來嘗嘗我的拳頭的滋味吧！」說著我們就交起手來，他本想摔我，哪知3次反被我摔了。我哥氣忿忿地走了，口裏還說：怪不得這一支輩輩總出好手，原來有秘訣傳授，連不如我的都比我強了，看來往後我們別支不能練這個拳了。其實，這3年中，我父親一次沒回家，哪裏來的有什麼秘訣呢？不過是3年來照著學的規矩，苦練而已。

陳發科先生說：「當此時，我父由外地回家，見到我拳架大有長進。是年冬，有一天，老人高興，站在場中，叫眾子侄們一起來攻。那時我父親已80餘，身穿棉袍，外罩馬褂，兩手揣入袖筒。孩子們的手剛接觸老人身體，只見他略一轉動，大夥紛紛倒地。師自謂：「我如發人，必須走開架子，像這樣小小動作能起效果，我的功夫還差得遠。」但我師來京後，我見他和許禹生、李劍華等素有功夫者研究著法，也是一轉動便能將對方發出，足見我師之功夫亦臻精妙之境。這種進步，仍然離不開一個「練」字。顧留馨說：「陳師到京數十年，每日堅持練拳30遍。」我雖未聞師言，而我師每住一室，不久室內所鋪磚地必有數行破碎。我師在閑坐中，又常以手交叉旋轉劃圈，並囑我也這麼做。當時我不理解這是練什麼功夫，後方悟此乃體會纏絲法練功。

循循善誘　理精法密

陳師常說：「拳要學得細緻入微，方能練得前進。功夫，功夫，下一分工夫，得一分成績。工夫下得和我一樣，則成績也和我一樣。如果工夫下得比我深，成就必然超過於我。這個學問是不能投機取巧、不勞而獲的。」又說：「任何技藝名家之子孫，都有優先繼承的條件，卻無繼承權，因為它不是財產物件，凡是子孫，就是當然的繼承人。有人來學，我想盡一切辦法，很快讓他們學到手，常辦不到。教拳只是當好嚮導，路是須自己走。走的快慢、遠近，能否到達目的地，都在自己。不過方向的準確與否，卻全在嚮導的指引。

我師在教拳時，既現身說法，敘述了自己練拳成功的過程，又談到人的秉賦與鍛鍊的方法。他說：「人的天賦雖有聰明與愚笨的區別，而相關卻不甚遠。聰明些的學者，在初學時必然接受的較快，但往往又因聰明而把事情看得過於容易，不肯多下苦功夫。笨人有三種：一是笨而不肯承認笨，反而自作聰明，這樣的人是無可救藥的；也有的人自己承認笨，而有自卑感，認為反正不如人，學也學不好，索性不學；只有自知己笨，卻有長處。他們會想：同樣是人，為什麼別人能學會，我就不能學會？我一定要學會，而且學好，不但趕上別人，還要超過他們。這種笨人的學法就是『人一能之，己百之；人十能之，己千之』。即古民云求書的次序為：博學、審問、慎思、明辯，更重在『篤行之』。」

陳師教人從不保守。用陳師的話說：「不保守，還教不會、學不好，為什麼還保守呢？」所以學生們每問必答，而且詳解動作的運用，如掤、捋、擠、按是什麼著法，同時為作示範動作，

數十次不厭其煩。當時北京教太極拳者，都是教完套路便教推手，說是爲了從推手中求得聽勁以至懂勁。實則活動身體有餘，怎麼懂勁，還須研究。我師教完一路，必定練過半年以上，再學二路，而且不早教推手。我師說：「推手是對抗的初步功夫，也須在學拳時便明白什麼動作是掤捋擠按，採挒肘靠怎樣運用和怎樣隨化，拳的功夫不足，說也無用。雖然同學之間研究推手也會各處產生怕輸而又想贏的思想。由於怕輸，化不開對方來著，便頂了一下；對方感覺他頂住了，不失重心，爲了想贏，又加點勁，雖然不對，但卻贏了。於是你用勁，他也用力，結果雙方必然養成頂的習慣，違反太極拳不丢不頂的原則，而誤入歧途。」

陳師偶然高興，便於教拳式時擇出某式，說明某動作是什麼作用。如教六封四閉，則說第三動作是左捋法。先用左手纏住對方進攻的左腕，以右腕加於對方左肘關節上側，隨其來勢身向左轉，左腿塌勁，右腿放鬆，此時左手爲後手，順纏貼腰向裏纏；右手爲前手，鬆肩沉肘，下塌外碾地順纏，配合左捋。左手是引進法，右手是撥法，使對方欲進，又行落空。他邊說邊做試驗。然後教捋他，何處不合規律，則又做示範，使學生明白並做對捋法之時，他先是被動，隨即主動變換勁路，使學者從得機得勢中又變爲被動勢。然後又教以如何隨化。所以學者經此番指引，教一著，必明一著。1956 年我再次赴京請我師重爲我糾正式子時，師謂：此拳

陳發科、洪均生等人合影

無一動作是空的，都是符合手步八法的，遂逐動爲我講解、示範四月之久，我方理解陳鑫先生講的「理精法密」之語爲眞實不虛。所惜學拳之人往往學過一套，便自止不前，實則等於小學畢業，自然不懂中學以上課程。

陳師常言：「學無止境，藝無限度。」濟南老拳師延崇仁（廣饒人，今年已九十二，工燕青捶及少林纏絲）也說：「傳統套路著法都是好的，但看誰使和對誰使。」可見老人對事物的理解完全符合辯證法，並以謙和爲本。

余功保

您是怎麼開始練太極拳的？

蔣家駿

我開始學陳式太極拳是跟陳照丕先生學的，學了不少傳統的太極拳、器械套路。比如陳式太極拳老架一至五路、炮捶一路、長拳108勢、太極大槍等等。另外，陳豫俠老師、陳金鼇老師也都指點過我。陳豫俠是陳發科先生之女，給了我很多教誨。

余功保

我聽說她對您很看重，當時還稱您為「後起之秀」。

蔣家駿

這是對我的鼓勵，希望我能在太極拳上多下工夫。

余功保

您學拳做了很多筆記？

蔣家駿

對，這樣我覺得一方面是加強記憶，另外也是對學習內容的歸納和提煉。我寫了有幾十萬字的研究和學習心得，比如《陳式太極拳拳械式名練法要義說》等文，一邊寫一邊會用心思考，對練拳還是有益的。

蔣家駿太極拳勢

余功保

您是從什麼時候開始向洪均生先生學習的？

蔣家駿

我是從 1964 年拜洪均生先生為師，跟隨他學習。以後的幾十年裏從未間斷。我每次到濟南的時候，洪老師都手把手教，從難、從嚴要求，精心教導，其情景現在還歷歷在目。

余功保

洪先生很嚴厲？

蔣家駿

他是一個很謙和的人，有君子之風，與人交往也是彬彬有禮。但在教學中一絲不苟，他說要學真功，必下苦功。特別是在技擊上，他給我們打下了很紮實的功夫基礎。

余功保

您很重視太極推手的功夫。1983 年在江西南昌舉行的「全國推手邀請賽」上獲得 75 公斤級冠軍，1988 年在廣州參加「全國太極拳名家研討表演會」的時候也以推手名重當時，好像《廣州日報》在報

蔣家駿講解太極推手

導那次會議時，還特地對您的推手大加讚歎。

蔣家駿

是的，那是由《武林》雜誌等幾個單位辦的活動，表演是在廣州荔灣體育館舉行的。那次規模還不小。

余功保

我看了當時的《廣州日報》，它有一段生動描寫：「在一般人的印象中，太極拳只是健身運動，是老年人的運動，實戰無用。但在表演會上，各式太極名師表演的太極推手都表現出很強的技擊技法，深奧莫測，振人心弦。如陳式太極嫡系傳人蔣家駿與徒弟一起表演的陳式推手，一貼即打，一打即倒，發力的力點由肩至臂，變幻譎奇，使人看到了太極拳的精華所在。」看來，當時您的演示給大家留下了深刻印象。

蔣家駿

技擊是太極拳作為武術屬性的體現，洪老師教我們很注重

這一點。我現在教弟子也很注意這方面的培養。

余功保

這些年來您在各地講學、傳拳，為推廣太極拳也做了很多工作。一共教了多少學生？

蔣家駿

蔣家駿太極拳勢

教過的人不少，但嚴格的弟子並不多，因為要培養高水準的弟子就要下很多工夫，要認真負責任。對弟子的培養應該是全面的，不僅要教技術，還要讓他領會太極拳文化，武德也很重要。如果只教學生技術，不講明白其中的道理，這就不是一個合格的老師。所以教學生不是一件簡單的事，不能應付。

余功保

具有責任感是為師之道的核心精神。

多年來，您在《武林》等雜誌上發表了大量研究太極拳的文章，內容涉及很多方面。
不僅注重練，還注重研。

蔣家駿

「練」和「研」是相輔相成的，對太極拳來說，只從字面上去理解、揣摩或僅

洪均生書寫贈送給蔣家駿的拳論書法

僅埋頭練拳都是一個方面，是不夠的，必須將理論和實踐相結合。這個練，還不光是學會了，還要長練，堅持不懈。拳打到什麼地步，你的理解也才能到，練不到家，也悟不到家。

這麼多年來，我就堅持一點，練拳不能間斷，天天要打，出差在外也要抽時間練。

余功保

很多拳家成名前很刻苦，努力，成了名就不太刻苦了。這就是為別人練拳，要為自己練。

理論和實踐並重是洪均生先生和您共同的一個特點，在這方面是不是特別受到洪先生的影響？

蔣家駿

我跟隨洪老師那麼多年，可以說情同父子了，他對我的教育和影響是全方面的，不僅教拳，還教我文學、書法以及做人的道理。我寫的文章洪老師做過很多批註，他還寫了多幅拳論的書法條幅送給我，鼓勵我在文武兩方面都要有發展、進步。他認為，文武之道，拳家本色。

三、百練纏絲運乾坤

余功保

對於太極拳，大家理解都不同。您經由幾十年的習練，認為太極拳是怎樣的一種武術？

蔣家駿

太極拳是一種功夫，什麼功夫？一是人體肢體方面的功夫，能最大程度發揮出人的潛能。另外它是傳承文化的一種功夫，由肢體活動，領悟中國文化，這種文化很深厚，練不到一定程度你還不一定能準確把握。太極拳技擊是什麼？就是文化，裏面有很多思維的東西。

蔣家駿太極拳勢

余功保

技擊從來就是體力和腦力的綜合運用。

蔣家駿

練太極拳我們要掌握什麼？當然掌握一定的技術很重要，但最重要的是由太極拳的學習，掌握運動的規律，就是太極陰陽變化的規律。洪老師說：「大匠能與人規矩，不能使人巧。」

余功保

您在談拳的文章中，十分強調螺旋勁和纏絲勁。您覺得它們是非常關鍵的嗎？

蔣家駿

每一種拳都有自身顯著的特點，太極拳最顯著的特點是什

麼，是陰陽變化，陰陽變化在勁力上的表現方式就是螺旋勁與纏絲勁，這是太極拳的很重要的特徵。不懂這些，就是不懂拳。

螺旋勁、纏絲勁的習練和應用，表現在拳套的一招一式動作與進攻防守自然反應中。在太極拳招式動作和各種運行轉動裏，包涵了各種大小不同、方向各異的螺旋轉動。這些轉動動作，可分為自轉與公轉兩種。在太極拳習練過程，要求動作的螺旋轉動並非現在常見到許多習練太極拳者所做的身體隨意轉動或目的性不明的身體轉動，這類型的身體轉動是鍛鍊身體的健身活動，非武學研究範疇的內容。

太極拳攻防招式動作的螺旋轉動，就好比螺絲釘鑽進木頭、自攻螺絲鑽透鋁板的作用，也好比一根快速轉動的木柱子，能將飛打過來的利器彈走而不致受到擊打一樣。這種攻防動作的運動形式與運動軌跡，完全符合力學科學的原理，也是武學研究中的一項內容。人體在運動過程中如何掌握螺旋圈的大小、方向、力度，又如何配合身體四肢、軀幹、頸項各部位與整體的多方向運動，此乃各位太極拳家的實踐經驗與臨場發揮。

余功保

發勁是陳式太極拳獨有的勁力練習方法，發勁方法、質量的如何，是衡量陳式太極拳功夫的一個重要指標。您認為如何才能練好發勁？

蔣家駿太極拳勢

大象無極——與陳式太極拳名家蔣家駿的對話

蔣家駿

太極拳的勁，是一種內勁，不同於一般的力。發勁時不是特別的用力，而是在似鬆非鬆的狀態下快速發出。洪均生老師講發勁時說：「發勁如電光猛閃，其速如迅雷不及掩耳。」所以它的鍛鍊也不是蠻練能出來的，要從練好拳架子入手，一切從架子中求。求的基本要領就是「鬆圓」，有鬆圓才能有纏絲，才能蓄勁如張弓，發勁如放電。

余功保

每一種拳法都有自己的器械練習方法，這也是其技術體系的重要組成部分。練好器械是練好太極拳一個關鍵環節。我看過您練刀的套路，縱橫開合，韻味獨特。練好陳式太極刀有哪些主要要領？

蔣家駿

刀還是陳式太極拳的一種主要器械，套路也很豐富，有單刀、雙刀，還有春秋大刀等。但每一種刀的基本原則是一致的，就是體現太極陰陽的變化，剛柔相濟，纏繞疾速，有人稱之為「太極纏刀」。陳式太極刀動作樸實，實用性強，刀法密集，在身體周圍上下翻飛，以轉圈為形，以纏絲勁為質，圈圈相套，

蔣家駿太極刀法

靈活善變，步法如行雲流水，連綿不斷。練陳式太極刀要把這些特點表現出來。

余功保

很多拳家認為，練習器械是從另外一種角度體驗太極拳勁力的方式。

蔣家駿

因為在器械中要貫穿太極拳的基本勁力。比如太極拳的沾、連、黏、隨等要在運刀中體現，再比如陳式太極拳的發勁，在刀的套路中也要有，發力要乾脆，力貫刀身。

另外，練好器械還要細細體會它獨特的運動規律。比如刀法要猛，要練出氣勢，練出「潑水不入其身，亂箭不能傷衣」的氣勢。練習太極刀法，還要注重一個「快」字，恍若雷電，八方貫通，此外，還要懂一個「哄」字，虛者實之，實者虛之，虛實相間，妙化無窮。所有這些，都是在旋轉變化中完成的。

余功保

太極拳的健身作用是當代社會比較注重的一種功能，太極拳的功能以及側重點也是隨社會的發展而有所不同的。

蔣家駿

太極拳創立的初期，有很多高難度動作，這是技擊的需要。在一百多年前，技擊是太極拳發展的重點。健身作用也是從一開始就強調的，「詳推用意終何在？益壽延年不老春」就是太極拳健身思想的體現。後來太極拳向著技擊、競賽、強身

健體和醫療保健四個方面發展。對於定位太極拳的功能，我們應該運用發展辯證的歷史唯物主義觀點，以實事求是的態度，根據不同歷史時期的具體特點進行具體分析。在今天，我們不能全盤否定太極拳的技擊性，只談它的健身性，反之，也不能只談技擊作用，忽視健身作用。

示範太極拳要領

余功保

您認為太極拳的健身作用關鍵在哪裏？

蔣家駿

太極拳不同於其他運動的關鍵點就在於「用意」，它的健身特色也體現在這裏。練拳時要求心靜、體鬆，在意念的指導下，練氣、練形，使意念、呼吸、動作三者密切配合，周身內外合一。如果能夠常年堅持心靜用意地練拳，則會使身體有關部位神經都處於一定程度興奮狀態，使氣血循環加速，身體的穴位、經絡得到有效鍛鍊，全身有輕鬆的上升之感，又有向下鬆沉之意。意靜形動、動靜結合是太極拳健身的秘訣。拳論說「靜中猶動動猶靜」，這句話要好好理解。

另外一點，就是要很好做到放鬆。為什麼要鬆，鬆下來對精神有休息作用，對體力有恢復作用，積蓄能量，提高靈敏度

和變化的技巧。所以鬆是陳式太極拳始終如一的法門。不管動作如何變,是快,是慢,是剛,是柔,鬆是不變的。

余功保

太極拳的呼吸方法也很關鍵。各家太極在呼吸上大體相近,但在一些細微要求上也有區別。

蔣家駿

呼吸與技擊和健身都有關聯,呼吸方法不正確就不能產生很好的技擊效果和養生效果。

太極拳的呼吸與中國傳統的導引術、吐納法一脈相承,把武術的手、眼、身、法、步和導引、吐納有機結合起來,這就使太極拳成為「內練」的功夫,不僅僅是外在的肢體動作了。

太極拳講究腹式呼吸,其要求是虛領頂勁,氣沉丹田,立身端正,以意引氣配合動作徐徐下行,沉入腹部臍下,自然鬆弛。這種腹式呼吸有助於調節神經,按摩內臟,暢通氣血,促進新陳代謝。

陳式太極拳調節呼吸的方法有兩種,一種是「調息法」,是一種「細、勻、緩、悠」的呼吸法,完全由鼻孔呼吸,不疾不徐,出入綿綿,若存若止。還有一種「迎氣法」,這是陳式太極拳獨特的呼吸方法,以口吐氣發聲,這在運動量比較大、動作比較劇烈,比如一些發勁動作時運用。

其實,太極拳的各種要領是要由實踐來檢驗的,不管是呼吸也好,發勁也好,經過一段時間的鍛鍊,你能感到周身通泰,意氣煥發,很暢達,那就是符合人體規律,要領就對了,反之,就有問題。

高壯飛簡介

　　高壯飛，1932年生，北京市人。著名吳式太極拳家、中醫學家。

　　大學文化。就讀於北京輔仁大學心理學系，1956年畢業於北京中醫研究所，北京市普仁醫院中醫主治醫師。自20世紀50年代開始，從師於太極拳家王培生學習太極拳的功、理、法，並受楊禹廷的多年教導。數十年來，以醫學生理、運動生理、現代生物力學、中國傳統文化和傳統中醫學進行太極拳研究。具有獨到見解，取得顯著成效。

　　在各類武術、文化刊物上發表太極拳研究文章多篇，代表性的有《太極拳功法、經絡與穴位》《拳道合一》《太極文化的探討》《「黃帝內經」與太極理論與功法》《吳式太極拳獨特風貌與內涵》《太極推手有陰陽》等。出版有太極拳研究專著《千思百問太極拳》以及諸多太極拳教學光碟。曾應邀多次擔任「世界太極修練大會」的學術主講並主持太極拳比賽。

　　為北京市武協吳式太極研究會常務副會長、中國藝術研究院東方人體文化研究中心特邀研究員、北京東方收藏家協會會員、中國湖社畫會顧問、河北省邢臺市吳式太極拳研究會顧問、美國中國醫藥太極國術研究院教授、廣西南寧永年太極拳研究院顧問、廣東臺山市太極拳聯誼會顧問。

給你我的自由

—— 與吳式太極拳名家、醫學家高壯飛的對話

喜歡崔健早期的歌。

那時的中國搖滾是質樸、純淨的，這些聲音足以感動當時和未來。我相信，其中有些一定會成爲經典，因爲那是發自內心的眞誠。

太極拳也需要發自內心的眞誠。拳是別人教的，但要練成自己的。

拳初學的時候生，拳法的規範成了自己動作的羈絆，一舉動有僵硬感，心意也難以放鬆。動作純熟後，規範固化，規矩成自然，心才被解放出來，但還不能散漫遊走，因爲那不是眞正的自由，是容易「懈」的浮漂與放縱。將心意貫注到規範中，在規範中尋找自如的空間，規矩就變成了支撐，而不是限制。這時意形相合，一舉動，周身輕靈，漸漸地，自由就來了，屬於你的空間就大了。

「腳下的路在走，身邊的水在流。」

這時，在別人眼裏，拳還是拳，但自己明白，拳已經成了「我」。

給你我的自由，動作的自由，更是心意的自由。

高壯飛先生善於醫，專於拳，在中國傳統生命科學的廣袤空間中尋找著人的身心自由軌跡，養人、頤人。斯人獨自在，我心向明月。

余功保

一、千思百問悟太極

余功保

過去我們講，練拳要刻苦，也留下了一些拳家每日練拳多少遍的佳話。練拳除了刻苦，要不要思考？「用功」的概念恐怕不僅僅是下工夫，花時間，也需要用腦子吧？我以為，不用腦子的人不會將太極拳練到很高深的境界的。

我最近看了您的著作《千思百問太極拳》，我覺得您是一位很喜歡動腦子的拳家。

高壯飛

《千思百問太極拳》這本書是我和師弟若水合作的，也是我這麼多年來的一個積累吧。若水是李經梧李師大爺的學生，李經梧還有王培生老師原來被稱為「北京太極五虎上將」，是北京太極拳界的高手了。

其中，李經梧原來是跟趙鐵庵學的，趙鐵庵是吳鑒泉和王茂齋兩個人的徒弟，所以趙鐵庵的功力不錯。趙鐵庵去世後，李經梧就拜楊禹廷為師，於是也就跟我的老師王培生成了師兄弟。最後他又拜陳發科為師，成為陳發科最著名的弟子之一。

我曾經聽王培生老師講他們一起去看陳發科教拳的情景。當時很多人跟陳發科推手都不能搭上，搭上就飛，李經梧還能跟陳發科推一推。王老師也很佩服陳發科的功夫的。陳發科功力好，但由於學歷不高，講課理論講的不多，河南口音很重。但他不打人、傷人，推手都是點到即止，「用功夫服人」，不

是「用功夫傷人」。如果一推手上來就想傷人，是不好的。

余功保

你們的合作可以說是打破傳承門戶界限的一次合作。

高壯飛

對，大家應該多交流，何況都是吳式太極拳的傳人。

《千思百問太極拳》封面

這本書的形式是，他提出 100 個問題，我來作答。前邊我們共同研討太極拳的現狀。第三部分是我的文章，中間是王培生老師、李經梧的東西，合起來，形成王培生、李經梧老師兩個傳承的內容。

我接下來準備寫一本人體結構生物力學方面的書，因為我們不能否認科學。現在有很多人練拳都不講究科學，功夫是到了，但是不科學。雖然太極拳現在主要發揮它在健身上的積極作用，但是也還是需要有一些技擊的東西才不失太極拳的本質。如果練功不科學，就有可能會傷害到自己的身體。

余功保

既注重傳統，又尊重科學，這是在繼承傳統文化中應有的態度。從書中看，您對太極拳的文化也作了相當的強調。

高壯飛

我希望能夠從太極拳文化方面進行深入探討。國學的東西

是中國文化的脊樑骨，現在對這方面的扶持太少。當然我們也不能要求現在人像原來一樣背「四書五經」，要採取活潑的形式感受國學。比如用太極拳的形式，把老子、莊子的思想理論透過太極拳的形式表現出來，讓太極拳習練者在學習太極拳的同時得到這些國學方面的知識。傳承中國文化，這也是太極拳的一個任務。

我原來在香港出版的那本書叫做《科學的太極哲拳》，後來他們改成了《太極拳的科學和哲學》。太極文化包括哲理方面的內容，也包括科學方面的內容。太極拳哲學和科學應該並存，但是它們都離不開太極拳的拳經和拳理，不能超越太極拳本身。

余功保

科學、哲學等是體，太極拳是用。

高壯飛談太極

高壯飛

對於太極拳的認識，應該始終採取客觀、全面的視野和態度。技術上如此，發展上也應該如此。

余功保

太極拳在北京的發展脈絡相對還是比較清楚的。

高壯飛

對，從楊露禪到北京教拳開始。當然楊露禪教拳的過程也有不同的說法，但大體是一致的。總而言之他教了三個學生，最後全佑傳下來了吳式。他的兒子班侯、健侯、澄甫，也傳承很清楚，形成現在的楊式。可以說，如果沒有楊露禪到北京來，恐怕就沒有今天的太極拳，這一點是可以肯定的。

余功保

楊露禪到北京傳拳的意義不僅在於他發展了新的太極拳流派，而在於他創新了一種觀念，把太極拳普及到普通民眾的觀念。

高壯飛

我認為目前太極拳的發展跟我老師那一代不一樣，跟老師的上一代更不一樣，我們這一代更好，因為有科學的道理、先進的設備，有廣泛的愛好

楊禹廷太極拳勢

者，有好的條件。

當年徐禹生辦體育研究社的時候，太極拳剛向外界公開，練習太極拳的寥寥無幾，後來楊禹廷先生在太廟教拳，會員三百多人，這才逐漸有太極拳的發展。國家體委也做了很多推廣工作，比如 24 式簡化太極拳的推出。

高壯飛與馮濟卿老師合影

但是太極拳發展中有沒有需要解決的問題？有。比如對太極拳的文化的忽略就是一個。面兒有了，還欠深入。所以我覺得應該拿出一部分力量來進行太極拳的研究。

余功保

您既是一位太極拳名家，又是一位名中醫，這很有助於您對太極拳的領悟。

高壯飛

我學習太極拳和學習中醫是同步的。1950 年左右，當時有個街坊跟我說，天壇有一位王培生老師太極拳講得特別好，於是我就去了。那時候我也正在北京中醫研究所學中醫。當時我二十幾歲，我的中醫老師馮濟卿老師已經八十幾歲了，他是解放以後最後一位太醫院大夫。老人不貪名、不貪利，活的歲數都很大。

我跟王培生老師學太極，同時跟楊禹廷師爺也有很多接觸，而且感情非常深厚，老頭的脾氣跟我學中醫的馮老師脾氣

很像。

有機會的時候我也跟楊禹廷老師學一學。那是在我一上班的時候，大約 1960 年，還是王培生老師介紹我去的。王老師特別到楊老師家裏說有位徒弟要來學，於是我就開始跟師爺學。

那時候學拳推手是重要的一個環節，經常還要和很多人推。我記得師爺、王老師還有我都一樣，有多少人都要推手，叫「打通關」，一個一個地推。王老師在推手的時候，有比較年輕的，還有老人，各行各業的人都有。

余功保

楊禹廷先生是北京吳式太極拳最重要的傳播者，承上啟下。

高壯飛

當時學拳的情況還歷歷在目。楊師爺為人非常好。我們多在中山公園學，一般不去師爺家。有一次，楊師爺在文化宮後河牆犄角教，去了一個人民日報社的老太太，本來師爺練到九點多鐘累了，就回家去，她就跟到家去，非要跟老頭說話，中午 12 點還接著聊。老頭雖然很累，他當時九十多歲了，還是耐心地講。所以我一般不願意到他家去，怕影響他的生活。

老頭每天都要打拳、教拳，他有自己教拳的形式和特色。他拿一支粉

楊禹廷拳照

筆在地上畫，這個腳從哪邊過來，路線應該怎麼走，在地上畫得很清楚。老頭練拳的時候有的人跟著練，我就找個座兒坐在一邊看。比如他的手要推出去的時候，我就想像我在那兒了，他推出去的是什麼力量，用意念跟老頭練拳。用意念練拳，這是我跟師爺練拳的方法。

余功保

這也是動腦子練拳的形式之一。

高壯飛

這樣效果還很好。楊師爺每個式子教完以後，比如一個抱七星，師爺做，讓幾個學生這個揪著、那個扶著、這個按著，從幾個方向推他，他化解，讓大家體會。老頭是真教呀，我很佩服師爺。

我經常跟師爺說：「您跟我說說手。」為什麼我們叫「說手」，「說」是口傳心授的方法，梨園行的話「說戲」，也不是僅僅講戲，而是很全面的傳授。

所以，我從開始學拳就喜歡思考，喜歡問，這樣我就得到了一些東西，對太極拳的內涵就領悟了許多。

余功保

我和許多老人談到楊禹廷先生時，大家都豎大拇指讚歎其拳品、人品。

高壯飛

楊師爺行三，人們叫他「楊三兒」。我記得有一次有人

說:「楊三兒怎麼的？功夫沒我好，我一發勁，就把他發上房。」別人來告訴楊師爺這話，我們師爺並沒有大發雷霆，反倒說：「好呀，他有這本事不錯，下回我要修房子就去找他，讓他把我發上房，省得搬梯子了。」一笑了之。從中可以看出楊師爺的胸懷和氣度。

余功保

春風大雅能容物。

高壯飛

楊師爺武德好，那是公認的。我是從楊禹廷這支傳下來的，北京也還有別的支脈，比如劉晚蒼先生，他又是從另外一個方向傳下來的。

余功保

大家在架子上多少還是有些不同吧？

高壯飛

是有些不同。有的是在傳遞過程中因為人的特點不一樣，架子就有區別了。我看過王茂齋的老架子，分腳就一下。後來逐漸向健身方向演變，動作各方面也有所改變。架子的不同也跟習練者的身材有關，吳鑒泉的架子就跟體型有關，楊澄甫身材大，架子也大，大氣；孫祿堂身材就瘦小，架子就緊湊，嚴謹。

余功保

王培生先生傳的太極拳套路也有改動，比如 37 式。

高壯飛

王培生老師的 37 式是經過楊老師同意的。改動也有他的道理，是有進步的改正。37 式，第一塊是攬雀尾、倒攆猴、摟膝拗步、玉女穿梭這些連續動作；第二塊還是原來那些分腳、蹬腳等；第三塊是單式子，海底針、閃通背之類的。倒攆猴做了5 個，為了最後可以還原。83 式退步是直的，而老師這個轉了一個圈，為了好走。王老師到最後還在改正過程中，拳是在逐漸完善的。

上世紀 50 年代年王老師在編吳式太極拳 37 式，我經常去老師家。正值熱天，老師在家裏一間小屋，一邊練一邊寫感受和體會，所以 37 式是老師用心血編出來的，是實踐中體會來的，每式都是老師的內功和外形的結合。這對我學拳和以後研究拳術是一個非常大的啟示，要全身心地投入，也就是不但要有心悟還要有體悟。

王培生老師還編過一套 16 式，那是第 8 屆北京全運會的時候，比賽要求一趟架子四到五分鐘，王老師當時正在師範大學教課，就編了一個 16 式，正好打4 分鐘。16 式一氣呵成，適合老年人。

架子的變動是有原則的，不能隨意改動太多，改動只能是有進步。王老師對傳統的吳式太極拳核心的東西沒有動。

高壯飛之子高小飛在王培生
紀念活動中表演太極拳

余功保

過去學拳都離不開推手。學習的方式決定了學習的效果，推手是拳學進階中不可替代的環節。

高壯飛

楊師爺、王老師都是推手的大行家，教學也很重視推手。

師爺經常鼓勵我跟其他人推手，主動讓我去找李經梧李大爺、趙安祥趙大爺推。趙大爺攻擊力很強，後來趙大爺到了邢臺，在那傳了不少人。我近些年還到邢臺講課，跟他的學生關係都很好。

跟師爺推手的特點，就是你摸不到他的東西。沒有，就是圓融。

在中山公園向師爺學拳的時候，每次我都要師爺給我說手。師爺的手法更輕靈，就在不動或微動的情況下就能發人。我記得有一次師爺發我一丈左右，只覺得腳跟痛，回家一看腳跟上一個 3 公分的豎口子，但當時只是師爺用手向下一指將我發出的，就像海底針，但只是輕輕的一接，這個勁我一生都在研究，也受用一生。在師爺處，每個暑期趙安祥師大爺都來北京，我也向趙師大爺學推手。李經梧師大爺也給我說過手，還有在公園的多位前

王培生、高壯飛推手照

輩都給我說過手，如李子固李師爺、趙任情師叔、張富有師叔等。

總之，在師爺處大家都對我很好，都給我說手。在練拳方面，我看到師爺的支撐八面的功夫，常常在一個定式叫幾個人去按或拉，在不同的方向，當師爺轉換姿勢時，這幾個人向不同方向都出去了。這也是我一生追求的功夫。

王培生老師對我們推手的第一個要求是輕拿輕放，第二個是要使對方心悅誠服。為什麼我從 50 年代到老師去世五十多年都是老師的學生，因為我心悅誠服。王老師跟我推手，無論怎麼推我、怎麼發我，我都不會覺得一點兒彆扭，很自然。他的功夫，搭手後力量真是從四面八方而來。老師講推手是水上的勁，對方來了以後，讓對方上我的船，我的動作是水漂的動作。

余功保

水是一種很奇妙的物質，它所蘊含的勁具有很大的不確定性，勁力的方向，勁力的大小等，你沒有接觸上的時候，無從判斷。

高壯飛

這是需要細細體會才能領悟的勁。其中有無窮趣味。

余功保

王培生先生推手有什麼特點？

高壯飛

王老師推手講究五個字：順、薄、短、脆、遠。

「順」是指勁力要由根發於梢節，要做到根鬆勁整。順是我順人背，也就是走化勁，必須是不頂不丟的走化勁，必須輕靈用意而不用力。要知己知彼，要有彼不動己不動、彼未動己先動的靈敏勁，這要在定步推手練習的平圓推手、四下推手、折疊手中反覆練習與體悟。

「薄」是說勁力要薄。即臂部的摩擦力於上則上部發，於側則側部發。上肢的運化只使用手臂的一個側面，這樣手臂的兩面就產生了陰與陽的概念，一般是用陽面接，用陰面走，也就是「萬物負陰而抱陽」。感覺就像車胎一樣，外胎向內抱合，而內胎充氣後則有向外膨出之感。陽面接觸，而動則陰面的氣來走動，產生一定的彈性力。

「短」是指勁力要短、要銳，不能發長老之勁，如子彈脫膛，愈短愈鋒利。

「脆」指發力要脆而準確，勁一到即斷，不接受對方的反作用力，就好像火花放電一樣，瞬間即逝。這種手法也稱為斷手，是一種力的過渡。

「遠」是指放長擊遠。

余功保

推手中有無限趣味，如果真正理解了太極拳推手，會越練越覺得有意思，是一種智慧和體能結合的享受。

高壯飛

所以後來我也形成了一個特點，喜歡推手，跟誰都想推一推。

我們很多人經常在東單玩兒。晚上吃完飯去了，有孫德善

等人，他是太極拳家汪永泉的徒弟，我們經常一起玩。

　　我們中間推手有叫「單手送」的，此人是個木匠，拉鋸在行，一隻手拉鋸能拉得特別直、特別好；還有個「煤炭張」，是煤廠的，每天從火車上卸煤，力量很大；還有一個燒鍋爐的；還有化工廠碼肥皂的……我們一起推手很有意思，他們各有各的特點。我們一推手就圍了一大圈人看。

　　我也常跟摔跤的玩兒，因為摔跤裏也有很多好東西。

　　現在很多人練太極拳不推手，這是一個缺陷。

　　推手中有很多勁的用法，是單純練架子不能深刻體悟的。比如發人是斷勁，推手是兩個人互相給、互相餵，可以練習體會掤捋擠按、採挒肘靠、化達發打、沾連黏隨，從頭到腳體會全身的動作，再反映到架子上就感覺不一樣了。因為架子是一個人的事，而推手是兩個人的事。拳架為體，推手為用，體用結合，用推手的方式反映到架子上，用架子的方法反映到推手上來。還有化勁，化勁首先要能拿起來才能化，化裏有拿勁，拿裏有發勁，發裏出打勁，是有層次的。

　　太極推手是一個大而深的問題。現在很多人樂於推手，但有人常以斷手或發勁，或以摔為主，這樣練習就有些問題了，這些可以說是拆招。

　　我認為先輩對推手尤其是定步推手，應該是練自己

高壯飛太極拳勢

的「份兒」，及相互的配合來體驗太極拳的內涵，以柔化為主。初學太極推手，應找合適的對子，相互練習身法和手法，不要急於將對方推出去。認為將對方推出去就是太極推手是錯誤的。我有一個弟子，剛學推手就想用力砸人，還說什麼往死裏打，完全失去了太極推手的意義。有人將推手叫做揉手或搭手，就為了不要使人誤解這個推字，這樣稱呼是有道理的。

二、醫者爲武頤四方

余功保

醫學與太極拳都是講陰陽和諧的，把中醫與太極拳結合起來，就歸根了太極養生之源。

高壯飛

王培生老師在醫學和太極拳結合方面也有突出貢獻。他提出了經絡的問題，在練拳中把經絡穴位很好結合起來的練習方法，在他手裏發揚光大。

著名養生家周潛川的峨嵋十二樁裏邊有一句話：「一把鑰匙開一把鎖，一個關節附近要有一個穴位，這個穴位掌握你的關節。」我就找出了人身上的幾十個穴位作為整體性的練習要點。我在想，將來是否可以利用動漫來把這些穴位的路線表現出來。

余功保

用現代科技解析太極拳理論、教學方法的路子值得探索。

高壯飛

拳的核心可以不變，教學方法可以不斷改進。

余功保

作為一個醫學家，您如何看待太極拳的養生？

高壯飛

2006 年在香港講學

一般人都知道「太極拳好」。

周總理 1959 年說：「太極拳是中國的一種優秀的傳統文化，內涵十分豐富，充滿哲理，與中國傳統醫學有血緣關係。太極拳，是一項極好的健身活動，可以強身健體、可以防身自衛、可以陶冶情操，也是一種美的享受，給人們帶來幸福，延年益壽。」總理的話說得很透徹。總理小時候跟著名武術家韓慕俠學過武術，我在老師那裏看見過他的照片，是在日本留學時候，抱著韓小俠的照片。所以總理對武術有研究。

太極拳鍛鍊經絡，這在它的健身中佔有很重要的地位。經絡走的是四肢，太極拳是用四肢的鍛鍊影響到內臟，這種影響是整體性的、全面的，不能單純機械地對應，說這個動作治心臟病、那個動作治高血壓。太極拳是用外在的聯繫，不要直接跟內在裏邊聯繫。身體裏邊的生物鐘自己在走，千萬不要干擾它。中醫以經絡、穴位結合運動，作為軟體形式結合硬體配合，內臟的問題不是咱們人自己可以掌握的。太極拳是整體練習，不要具體。它解決的是整體性的問題。

余功保

所以，太極拳鍛鍊給人帶來的是綜合健康指標的提升。

高壯飛

我認為有氧代謝是西洋體育的一種方法，但是我們練拳的要求不是特別需要氧氣。我在書中也寫到一個德國動物學家說，你生物鐘走得最慢——龜息，能量最少，而且還在運轉，這是最好的養生方法。太極拳就屬於這種，不是那麼激烈的。需要最小的能量達到一定的程度。

余功保

所以說太極拳是低耗能運動，鍛鍊時也出汗，但不覺得累。練的是系統功能。

高壯飛

中醫很講陰陽，太極拳一接手用陽面接，但是用陰面走，這叫負陰抱陽，陽面接是感覺，陰面走是運化，陽面走走不開，用氣化走動作。無論用陰陽還是科學道理還是經絡穴位研究，太極拳都必須符合太極拳的拳理、拳法。

我寫了「以中醫科學的角度來看太極拳」的內容，經絡問題到現在也是科學，是發展到現在沒有能夠完全掌握的東西，但是它客觀存在。身體是一個整體，經絡是網路全身的，是看不著摸不到的，但是存在。

和北京市武協全體人員合影

余功保

吳式太極拳家中高壽的很多，不僅高壽，還很健康。您覺得吳式太極拳在健身上的訣竅在哪裏？

高壯飛

吳式太極拳要求「不過」，到這兒就成，不用做得太大。這樣練可以節省能量。就像自行車的前軸、後軸，緊緊後稍微鬆一點兒才是最靈活的。太緊了反而是不對的。

吳式太極拳也是這個道理，剛剛到那兒以後再收一點兒，才是最佳點，能量最省、最靈活。

高壯飛太極拳勢

余功保

這也是把握尺度。「中」的尺度。

高壯飛

所以吳式太極拳裏有斜中寓正、川字步。跟有些太極拳壓腿特別低、抬腿特別高相比，吳式太極拳更有「中庸之道」的特色。

楊禹廷太極拳勢

另外，吳式太極拳的架子也都是在最佳點，不要求架子很低，比較適中。力量也很含蓄，不是很外放，發人也是用意念發。

余功保

楊禹廷先生享年 90 多，身體康健。他在練拳上有什麼獨特的養生方法？

高壯飛

我覺得楊師爺提出了「散功」的說法，非常精闢。

余功保

「散功」的提法很獨特。

高壯飛

「散功」就是一種保護性的練功方法。練功的時候不宜過分，過猶不及，不能太極端。要注意避免肌肉韌帶拉傷以及骨

關節病變。楊師爺常說：「練功看怎麼練，有的功法你練了以後，到老了以後要『散功』。」舉例說你如果生硬地練踢柏木樁，腳的力量就用得非常大，到老了以後從腳趾頭開始爛。還比如練完以後趾高氣揚，誰都瞧不起，內火就會焚燒自己，也出問題。練拳以後成名、有錢了，生活不檢點也不好。

散功就是要消化、吸收練好的功夫，化解阻力，同時避免練功中造成的「瘀傷」。正是因為更重視「散功」問題，所以鍛鍊方法更適合養生。

此外，作為練拳的輔助，生活上也要注意營養均衡，不能過分吃素、吃油膩。這也是養生的要點。

三、平衡結構乃和諧

余功保

我看您的文章中多次提到練太極拳的結構問題。

高壯飛

練太極拳是要注意結構，太極拳所涉及的人體結構不同於一般的形式上的結構。

我們練拳的目的就是提高、改善我們的生命結構。

比如呼吸，所有動物都是腹式呼吸，而人是胸式呼吸。練太極拳要求氣

在「功夫之星」活動中進行名家演示

沉丹田，運用腹式呼吸。練拳深呼吸能鬆到腳底下去，改變人類的呼吸結構，調節呼吸狀態。

練太極拳後心情開朗，不受外界干擾，保持良好心性，這是改善心理結構。

太極拳中有著獨特的人體結構的生物力學。我們說「人體結構」不是指解剖的結構，它包括了經絡和穴位，包括了氣勢和氣場，包括了人的意識，就是人體硬體的結構，加上經絡穴位結構，加上意識結構，三種結構合在一起，形成一套生物力學，來訓練太極拳，對身體起到全面的鍛鍊。

練太極拳有場，場變成勢，勢變成能量。世界萬物，第一是物質，沒有物質不行；第二是能源；第三是資訊。我們練太極拳就要善於運用資訊，資訊規範運動。

人體的意識、精神結構中有一個重要方面，就是「德」。

余功保

「德」在中國武術中是有實際意義的。

高壯飛

「德」是構成人類社會屬性的一個基本因素。人雖然具有物質形體的「硬體」，但又帶有演化本源資訊烙印的「軟體」。人類既有「硬體性文明」，也有「軟體性文明」，人類文明的根本性標誌是「軟體性文明」。「德」是武術中重要的軟體性文明。

余功保

上面說的三種結構相結合來練拳，可以稱之為找狀態，與

一招一式的具體動作相比，更注意體驗整體的運動感受。這樣練拳會更加「細膩」。太極拳講平衡，平衡就是一種狀態。

在日本東京「文武會館」講課

高壯飛

要實現整體的平衡，實際上就是要實現結構中各種陰陽元素的平衡。所以太極拳的平衡和諧是要從改善結構上找的。動作是結構，意念也是結構，人體的各項功能也是結構。練拳為什麼要注重內外結合？只有內外結合，才能實現整體結構平衡。

余功保

很多人在談太極拳時都講到內功。您認為太極拳的內功是什麼？

高壯飛

我覺得應該說是「外功」，就是要客觀。要看人所處的位置、周圍的環境和情況，環境決定一切，不是主觀的，而是客觀的。裏邊的動作要符合周圍的環境，要和環境相合，也就是「天人合一」。莊子的話：「物來則應，應而不藏，故功隨物去，形物自住。」

內功應該適應外界環境，但是它也有一定的方法，功法也不是主觀的東西，要應物自然。

余功保

就是要從「外」的角度來看待「內」。這也是內外平衡和諧。

練內要從外著手，架子是最根本的「外」，練好架子是太極拳基礎的基礎。應該如何練架子呢？

高壯飛

我講一個例子來說明，雲手。

這是太極拳很典型的一個動作，通過它，我們能領悟到太極拳的許多要領。

雲手前，從單鞭開始。單鞭在吳式太極拳中是正的，叫「拉單鞭」。兩手拉開，兩腿向外撐開，整體身體不是平面的，是立體的。右手鬆手腕，鬆到左腿外側，左手鬆，鬆到右腿的內側。眼神從左手二指看出去。這就是雲手的單鞭。

身體總體下落，整體右移，重心到了右腿，右腿鬆，叫「胯打」，左手隨之輕輕下落，左手自然到右下側後，有一個掤掌，有一個掤的動作，左腿能夠拿得起來。眼神隨左手看，再起來，左手向上，到上面後，以二指作軸，拇指反轉，總體左移，右手到左下側，也是掤掌，掤一下。往前，往下，起身，然後並步，右手向上。起來時胯部是螺旋形轉動。如此反覆左右運動，就是雲手。這裏面有身體的起來，有胯部的轉

單鞭

動，有腿的伸、收，整體協調一致。

抱七星

雲手完了再變單鞭，右手掌向外微推，順勢就變鉤，左手外展。

單鞭還有一種斜單鞭，和雲手這個單鞭不一樣。要注意區別。

練拳有一個原則，就是你練一個動作，要清楚下面要接什麼動作，你必須在做這個動作時，要做好接下面動作的動作。

余功保

就是「過渡」很重要。太極拳的很多趣味，就是在「過渡」中呈現的。「無使有凹凸處」，一個動作本身不會容易出現斷續，就是在動作過渡中有可能出現。所以練好「過渡」，在練好太極拳中占了很大比重。

高壯飛

比如抱七星的動作，我起手，是為了下蹲，下蹲為了收手，收手為了下按，下按為了轉移，轉移為了出手，出手為了抱七星，抱七星為了出腿。完整一氣。要趕出前半拍來，架子的連續性就有了。拳論講「如環無端」，就是這個意思。練拳時，要有圓的意念，但不是圓的結構。

很多式子都是這樣。攬雀尾在太極拳中是比較基礎的動作，太極八法都在裏面，練的時候就要循環無端，意念是圓的。動作上下相隨，但哪個主動、哪個被動要清楚。相隨，就是隨機。什麼是「機」？就是兩個動作中間的介面叫「機」。

佛家講研機窮理，研機就是找事物的「頭」，源頭。我們練拳，要把每個動作的「機」找到，隨好。

另外練拳的身法也很重要。我們身體有「七星」，就是頭、肩、手、肘、胯、膝、足，每一部位有自身的要領。這裏我著重強調一點，就是膝蓋的問題。

余功保

現在有些人練拳有膝蓋疼的現象，就是要領不正確。

高壯飛

有些人練拳為了姿勢好看，膝蓋出去了，我們要求膝蓋是提膝，不是使勁向前弓。很多要領差之毫釐，謬以千里。比如鬆腰，不是用力在腰部較勁，你只要把胯往下一鬆，腰自然就鬆了，胯一沉，腰就上來了。身體各部分是一個相互的關係，身法基本保持一個垂直性，只有垂直，才能保持完整的勁力。

王培生老師在身體要領上總結有一個秘訣，就是肩井和湧泉的關係。肩井穴和湧泉穴是一個垂直關係，一個重力線，跟地心垂直，如果肩井穴和湧泉穴沒有相合，身體就搖搖擺擺。

但要注意，肩井穴和湧泉穴的這種對應垂直關係是意念上的相合，跟地心吸力也結合了。是自然狀態，不是僵化的形上的垂直。我們練拳，從第一個架子開始，肩井就通湧泉，意念垂直，一直保持，一會兒都不離開。身體外形傾斜的時候，意念也是垂直的。

太極拳的力量要有肌肉、骨骼、韌帶，這是硬體，但也要有軟體，意念的活動。

余功保

剛柔並濟的意思之一就是形和意的結合。

高壯飛

剛才提到平衡，太極拳的平衡不是靜止的，是在運動中求平衡。太極拳最講平衡，要做到形體的平衡、心態的平衡、陰陽平衡等等。在運動生物力學上平衡是要考慮的重心，有其條件。這對於我們研究太極拳的功理法是非常有意義的。

余功保

對於平衡的認知標準，不同的系統也是不一樣的。

高壯飛

靜止的平衡是暫時的、表面的，運動的平衡才是絕對的。太極拳的平衡是動態的平衡。

余功保

平衡還有局部平衡和整體平衡的區別。

高壯飛

是的。整個人體平衡是由各個局部平衡來實現的。人體局部平衡是人體以骨、關節和肌肉組成的槓桿平衡即肌肉拉力拉矩與重力矩的平衡。

人體整體平衡就是為了使物體保持平衡，一定要使作用於物體的各外力相互平衡。

因具體條件不同，平衡狀態有下列三種情況，即隨遇平衡、穩定和不穩定平衡。

隨遇平衡：不論物體處於什麼位置都能保持平衡，其特點是物體重心作用線始終通過支點或支撐面。球的滾動屬於這種平衡。

穩定平衡：物體從平衡位置被稍一推動，重心位置就升高，但由於重力的影響，使物體仍恢復到原來的平衡位置。這稱為穩定平衡。這種平衡的典型是不倒翁。

不穩定平衡：物體在平衡位置被稍一推動，重心位置就下降，由於重力的影響，物體不能恢復到原來的平衡位置。不穩定平衡都是在下支撐情況下出現的。

這裏面涉及到人體重心這麼一個太極拳運動中的重要概念。

物體重心是指物體各部分重力合力和作用點。人體各肢體（頭，手臂，腿等）有各肢體重心，而整個人體的重心則稱為人體重心。人體重心位置，直立時一般是在臍下第三骶椎前方7公分處。同一人的重心位置也在隨著血液循環、呼吸等變化，特別是隨著姿勢的變化而變化。人體的重心可在體內也可在外。這說明人體的重心不但有總重心，還有各肢體的局部重心，是變化的，而且還可以在體內或體外。當重心出於體外時，也是我們在太極拳推手運動中常應用的，對方重心出於體外是我們使用發打勁的基礎。

怎麼樣保持人體穩定？人體穩定的條件有以下幾個：

肌肉收縮力：這個條件是人體與物體保持穩定的最根本區別。人體穩定平衡最主要的是靠肌肉收縮力和肌肉的協調調節能力。這是內因，要有一定訓練。

支撐面：支撐面是指支撐部分的表面面積和支撐部分之間

的面積。單足站立時足與地接角面的面積為支撐面，支撐面愈大愈穩定。

穩定角：穩定角是指重力作用線與重心到支撐邊緣連線之間的夾角。人體支撐面有前、後、左、右四個方向，因此穩定也有四個方向穩定角，穩定角愈大，則在該方向的穩定程度也愈大。若支撐面相同，重心高，穩定度也就小。重心低，穩定角大，穩定度也大。關於穩定性的大或小即穩定與不穩定則不能一概而論。身體穩定性大時，能完成大幅度的動作，但由於穩定性大，做起協作就較為困難，在某些方面上穩定性小時，在該方向起動就快。要根據動作實際需要，採取調整身體重心位置，改變穩定或破壞穩定，調整穩定的條件。

以上談到的平衡穩定的條件是非常靈活的，也就是不但要注意到穩定，還要注意到靈活，尤其在太極拳推手練習時更是如此。在練架子時也要注意到，不是架子低就好，穩定性好就好，穩定性大做起動作就較為困難。我見到過很多太極拳的老前輩在做太極拳推手時，重心都不是太低，而是偏高些，也就是在不穩定的條件下求靈活。正像拳論講的：要應物自然。這三種穩定情況，當然以隨遇平衡為最好，但穩定平衡也是比較好的，不穩定平衡是架子低、下支撐的情況下，因重力關係，重心不能恢復到原來的平衡位置。保持身體平衡的幾個條件即肌肉收縮力、支撐面和穩定角，在太極拳的架子和推手運動中一定要運用合適才能達到「人不知我，我獨知人」的境界。

太極拳是中國武術中的一個拳種，它不但是東方文化和哲理以人體為載體的一種文化，同時它也是運用了智慧和開發右腦的形象思維。所以練習太極拳不是以姿勢的低就好，雖然肌肉收縮力是維持平衡的主要條件，但支撐面和穩定角也是平衡

的條件。更要注意到太極拳的要求是「捨己求人」「後者先」「彼不動己不動」的後發制人，是要在平衡與不平衡、穩定與不穩定的變化中去領悟。

高壯飛太極拳勢

余功保

太極拳實現平衡和諧的一個重要技術手段是弧形運動，圓的作用，這是一種獨特的結構理解。太極拳論有「隨曲就伸」「曲中求直」之說，這個「曲」的包容量很大。太極拳的很多內涵都在這「曲」的懷抱中。

高壯飛

太極拳是變化中求功夫，還有「求圓占中」一說。「曲中求直」是曲的延伸與舒展，而有直的作用。太極拳論：「太極者，無極而生，動靜之機，陰陽之母也。動之則分，靜之則合。無過不及，隨曲就伸。」

「隨曲就伸」不只是點與線，講的不僅僅是線路的問題，而有面與體的作用，是立體化的勁路變化。更是一種思維格局。

「圓」與「中」是相輔相成，而「曲」與「直」則是相反相成。在太極拳的功法上，「求圓占中」處處使用，圓的外周可以旋，圓的中心可以轉，「化拿」的勁路走旋，使對方的勁、意都被放在自己的圈外，也就是「出圈容易進圈難」。如

果是發打勁路，則有「中」產生的氣，以圓的作用到對方，形成一種整勁，同時還帶有轉意，好像輪盤鋸的切削作用，達到勁「薄」的「力專主一方」的勁路。而「曲」則是以 S 形為主的曲線，太極圖中的「S」形包括了兩個半圓，既有我也有對方。求直可以穿過自己圓的中點，經過 S 形的中點，再找對方圓的中點，這三點所成的一線，聯貫了自己與對方，並通過了兩者的中點。這也是太極圖的陰陽關係，陰魚的眼與陽魚的眼再加上中極，就是太極圖形的中心。

三點所形成的關係，我們認為它就是「曲中求直」基本概念。使太極圖的圓，通過「曲中求直」形成了「中極之玄」「亦陰亦陽，非陰非陽」，充分體現了「陰中有陽，陽中有陰」「陰陽互根」的陰陽關係，同時也與「求圓占中」息息相關。

「曲中求直」具體到人體，在上肢是以肘部的曲池穴為意點，走的勁路是「上如浮」，其「直」的內涵是以舒展與延伸為主；在下肢是以膝關節為主，要求膝不過趾，其「曲中求直」是以垂直的運化為主。「下如流水」，注意腳的運作，要有足三里穴的支持，也就是小腿與足的關係，才能做到又能支持全身，又能運用腳打的作用。全身中節在腰，要做到「腰如車軸，氣如車輪」，是一個圓活、輪轉的運化，即腰與手腳的關係，其直的含義如車輪的輻條。正如楊禹廷師爺有一句口頭禪：「腰既跟手結合，又不跟手結合，既跟腳結合，又不跟腳結合。」說明了「腰如車軸，氣如車輪」的作用——是腰作用於四肢，既結合又不結合，但要注意「氣」是意運化的。所謂「曲則有情」也是這個意思，是「相輔相成」和「相反相成」的矛盾統一。

我對「求圓占中」和「曲中求直」作了分析與研究，從太極圖、陰陽哲理，並具體到人體部位去分析，認為這二者是一切圖形和形象的基本，也是資訊和能量的運化，結合太極拳的拳理法在太極拳實踐中運用圓與中、曲與直的辯證關係，達到「用意不用力」「全憑心意用功夫」「有形皆是假，無形才是真」，「導引」與「曲伸」的運作，這些都要在實踐中去體悟。

　　太極拳是以拳架為體，推手為用。我認為太極推手不是誰把誰推出去為目的，而是藉以體悟拳理，能達到高的境界「天人相應」，從而有健身與養生效果。太極拳本身就有技擊的功法，但不只是外形的動作，而是一種內功，要時刻注意，不能被千姿百態的外形所迷惑而失去本性。真正能做到理論結合實踐，要「返璞歸真」「師法自然」，運用經絡運動，將大自然存在的能量加以運化，這才是太極拳的真諦。

周 世 勤 簡 介

　　周世勤，1941年生於北京，原籍山東煙臺。航太科技專家，著名武術研究家、太極拳家。

　　7歲起習武，1948年拜著名武術家高瑞周習練五禽拳、五龍通花炮、太極五星捶、太極刀、太極劍等拳械，同時，從張立堂習練八極拳。1959年考入清華大學自動控制系，從清華大學王志忠老師習練梅花樁、形意拳、長拳等級套路等，並從北京大學韓其昌習練梅花樁。80年代，拜太極拳名家王培生習練吳式太極拳、太極器械、太極推手等。90年代，拜著名武術家孫劍雲習練孫式太極拳、形意拳等拳械。

　　20世紀50年代初，曾代表北京匯通武術研究社參加北京運動會表演五禽拳、翻子拳等。60年代初，曾多次代表清華大學參加北京市高等院校武術比賽，獲得過優異成績。1980年積極挖掘整理傳統武術套路，獲北京市體委頒發的挖掘整理傳統武術先進個人獎狀。1983年被中國武術協會評選為全國優秀武術輔導員。2000年12月被北京市體育局評為1995—2000年北京市群眾體育工作榮譽獎。2005年被北京市職工體育協會評為「健身明星」。培養的弟子、學生參加北京市及全國、國際各類武術比

賽、邀請賽，有多人、多項獲獎。2006年應邀赴韓國傳授太極拳，被聘為韓國孫式太極拳研究會名譽會長、技術顧問。多年來，在武術教學推廣、武術活動組織等方面做出突出成績。

在自動控制、慣性技術、感測器、電子技術和光纖傳感技術專業從事多年的研究工作，獲得了多項成果，編著、編譯出版了八本著作、七十多篇論文報告。曾多次赴美國、歐洲參加航太科技學術會議、技術考察。

對武術等優秀傳統文化有廣泛深刻地瞭解，發表有《太極五星捶》《一代宗師楊禹亭與吳式太極拳》《怎樣理解「融形意、八卦、太極為一的孫式太極拳」》等多篇論文，主要著作有《李式太極拳》《精練太極拳劍》等。拍攝出版武術教學光碟《五禽拳》《李式太極拳》《精練太極拳》《李式太極劍》等。

擔任北京市武術運動協會副秘書長、學術委員會副主任，北京市武協孫式太極拳研究會常務副會長、秘書長，北京市武協吳式太極拳研究會常務副會長，北京市武協李式太極拳研究會名譽會長，北京市武協六合拳研究會顧問，北京市豐台區武術協會副會長，河南省焦作市吳式太極拳研究會武學導師，山東省菏澤市武術協會武學導師，清華大學武術協會顧問，河北大學武術協會首席顧問等職。

心底陽光
—— 與太極拳名家周世勤的對話

　　一位太極拳家說：「每當我練起雲手的時候，好像感覺到兩手五指間透過來縷縷陽光，直射到我心裏，柔和而溫暖。」

　　太極拳就是一縷陽光。當這縷陽光的精魂翩翩起舞時，中正、輕靈、順暢、和諧等各種美好的感覺就如影隨形，正如那句歌詞所說：「這種感覺真讓我舒服。」因為這是人性的光輝在閃耀，那一霎間，萬千塵埃落定，我們淨如天池之水。

　　國學大師季羨林說，我們需要人和人之間、人和自然之間的和諧，也需要人內心的和諧，這縷陽光便是人內心和諧的催化劑。

　　太極拳的陽光是我們心底固有的熱情，這種熱情孕育了無數的智慧、勇毅、正直與創造力，在手揮琵琶的臨風瀟灑中，熱情的能量點燃起幻化的奇景，「此中有真意，欲辯已忘言」。

　　周世勤先生說，我願意做傳播太極拳陽光的人。他也這樣做了，所以在各種太極拳推廣活動中，我們可以看到他的身影，在許多太極拳研究專題中我們可以讀到他的文章。

　　願太極拳這縷陽光每天都照射進人們的心房，溫暖、健康。

余功保

一、轉益多師是汝師

余功保

在我的印象中，您是一位非常全面的武術家，曾經拜過許多名師，也研習了不少的武術拳種，當然太極拳是重點。這樣的一種經歷，可能使您對中國武術，特別是太極拳有了一種獨特的感知。

周世勤

這是我的緣分，我遇到了很多好的武術老師，轉益多師，獲益良多。他們都是當代傑出的武術家。不同的老師身上，體現出一些不同的特質，我從他們身上獲得了許多的教益，能夠從多角度透視中國武術，就會發現一些相通、共同的東西，這些共同點就是講意境、講神韻，「各勉日新志，共證歲寒心」，這是中國武術的精華所在。

余功保

您的另一個特點是作為太極拳深研者，具有很高的知識層次，精通現代科學，這也使得您看待太極拳等武術的時候，能夠帶有一種客觀的態度，並且注重其內在科學原理的思考與研探。

讓更多高科技、高文化層次的人才

周世勤形意拳勢

介入武術學領域的研究，是推動武術更加科學化發展的一個重要條件，這是一種戰略性的思維。

周世勤談太極拳

周世勤

在清華大學上學的時候，不僅是我學習現代科學知識的重要時期，也是我在武術上的一個重要階段，那時我還參加了一些比賽。可以說，武術給我的體質、身心、修養都有很大的幫助，對科學研究也是一個促進。而我本人所具有的科學知識，對我研究、看待武術也更加有一種客觀、系統和全面的態度。

余功保

您跟隨孫劍雲先生學習孫式太極拳，跟她學習有什麼體會？

周世勤

孫劍雲老師是一位德藝雙馨的武術家，是當代武術家的一個典範，她在發展孫式太極拳上發揮了重要作用。

余功保

周世勤和孫劍雲合影

這是一位了不起的武術人物，作為孫式後人，作為一名女性，她衝破了種種障礙以及觀念的束縛，以極大的責任心和使命感，一生致力於孫祿堂武學的傳承，是

孫劍雲指導周世勤練習太極拳　　　孫劍雲指導周世勤練習三體式

值得武術界感佩的。

周世勤

她有一種讓人從心底裏感動的魅力。她的武德有口皆碑，她把人們對武術的理解推向一個高遠的境界。

在孫祿堂先生墓碑前的大理石上，鐫刻著他的語錄：「練拳宜自己下工夫，不要在人前賣弄精神。品論他人技藝長短，務以德行為先，要恭敬謙遜，以涵養為本。」也鐫刻著孫劍雲老師的語錄：「習武德當先，不應有門派之見，各派之形式雖有不同，然其理則一也。」我覺得孫劍雲老師是完全實踐了這些話語。

余功保

吳式太極拳您是跟隨王培生先生學習的，您覺得他又有什麼特點？

周世勤

王老師是一位富於武學天分的武術家，他對武術的投入、理解超過了一般人的想像。他對太極拳等武術有很多獨特的感悟。可以說，現在我們對王培生老師武學思想的研究、挖掘還有很大的空間可為。王老師對武學的執著、堅韌和靈氣對我幫助很大。

周世勤吳式太極拳勢

余功保

我看您近年來在李式太極拳上撰文很多，也出版了一些書和影像作品。您的李式太極拳是跟隨高瑞周先生學的？

周世勤

是的。高瑞周先生是近代著名的武術家，匯通武術研究社的社長。匯通武術研究社是北京具有悠久歷史傳統的武術組織。

北京體育大學武術系老主任門惠豐教授回憶當年的盛況時說：在北城比較活躍的武術館社就是匯通武術研究社和四民武術研究社，高瑞周老師是匯通武術研究社的社長。當時匯通武術研究社就面向社會、面向青少年傳授李式太極拳等功夫。高瑞周老師是李式太極拳創始人李瑞東的入室弟子。

【鏈接】

著名武術家高瑞周簡介

高瑞周（1900—1958），名金城，河北武清（今屬天津市）人。近代武術名家李瑞東宗師的入室弟子。1947年在民眾的協助下，成立了匯通武術研究社，並擔任社長。1951年前後，響應國家號召，多次率領弟子參加北京市運動會進行武術表演。曾是著名京劇藝術大師梅蘭芳先生的武術教習（李式太極拳、劍和太極推手）。

1953年其弟子武淑清、張旭初、趙淑琴參加全國民族形式體育表演及競賽大會，均獲武術金牌。擔任過1953年全國民族形式體育表演及競賽大會的武術評判員。 1954年，曾積極參加國家體委組織精簡太極拳（簡化太極拳的前身）的編寫工作。為著名針灸中醫師，醫術精湛，醫德高尚。其重要弟子有白玉璽、武淑清、張旭初、趙淑琴、張振榮、石德才、尹高（尹朋考）、劉輔德、周世貴、周世勤、周世俊、麻東來、許慧麟、魏國珍、魏國棟、王景生、劉玉貴、馬金龍等。

余功保

對於李式太極拳和李瑞東先生，許多人還不是很熟悉。請您介紹一下。

周世勤

李式太極拳是近代著名武術家李瑞東宗師和好友王蘭亭、司星三、李賓甫等，在楊露禪傳太極拳的基礎上，集多種門派

的武術精華創編的。

　　李式太極拳又稱太極五星捶、剛柔太極拳，在北京、天津、河北、山東一帶廣為流傳。早年，李瑞東宗師從王蘭亭盟兄（楊露禪弟子）習練太極拳，從李老遂宗師習練戳腳翻子拳，還習練過少林拳械、八卦掌、心意拳等。

　　李瑞東宗師以老架太極拳的肘底捶、撇身捶、指襠捶等捶法為基礎，糅入太極十三式和八卦掌、形意拳的一些手法，創編出李式太極拳。在動

周世勤李式太極拳勢

作和技擊的方法上，吸收了多種門派拳術的手法，尤其側重剛柔相濟，以體鬆緩慢、連貫靈活、意念引導動作為基本原則。李式太極拳講究練「理」、練「勢」、練「氣」、練「機」。以「理」為主導，認為：明「理」，才能「勢」正、「氣」暢、「機」靈。

余功保

　　我從資料上看，過去有一些文化藝術界名人都練過李式太極拳。

周世勤

　　對。比如著名京劇藝術大師梅蘭芳先生練的太極拳就是高瑞周老師親傳的李式太極拳。《中國武術百科全書》刊登了梅蘭芳與武術師高瑞周練太極拳推手的照片。

在梅蘭芳先生誕辰一百周年的紀念畫冊中，刊登了梅蘭芳先生在庭院練李式太極劍「鳳凰展翅」的照片。

著名京劇藝術大師程硯秋先生習練的李式太極拳是張賓如老師親傳的。原衛生部錢信忠部長喜愛的李式太極拳是跟白玉璽老師學的。另外，著名書畫家浦心畬先生是李式太

梅蘭芳練習太極劍照片

極拳傳人。在《啟功人生漫筆》一書中，啟功先生提到：浦心畬先生兄弟二位幼年都曾從武師李子濂習練李式太極拳。李子濂是李瑞東先生的侄子，李瑞東先生是硬功一派太極拳的大師，有「鼻子李」的綽號。「心畬、叔明兩兄弟到中年還能穿過板凳底下往來打拳，足見腰腿可以下到極低的程度」。李式太極拳還受到國際友人的喜愛。劍橋大學畢業的英國人施安龍練的李式太極拳獲得第4屆北京國際武術邀請賽傳統太極拳金牌。

余功保

您對武術有著很深的情感，長期致力於武術的研究、組織、教學工作。我聽說您去年應邀去韓國進行孫式太極拳的教學推廣工作，還幫助他們成立了韓國第一個孫式太極拳研究會。

周世勤在韓國教拳

周世勤

那是 2006 年 5 月 28 日至 6 月 12 日，去韓國傳授孫式太極拳。是應大韓民國武術太極拳聯盟的邀請去的。大韓民國武術太極拳聯盟從資料上看到，孫式太極拳是一種中國優秀的傳統太極拳流派，習練孫式太極拳對於人們具有良好的健身養生作用。因此，經北京市武協吳式太極拳研究會副會長張偉一的推薦，北京市武協孫式太極拳研究會會長孫永田的委派，邀請我專程赴韓國傳授孫式太極拳傳統套路九十七式。他們學得很認真，熱情很高，後來專門成立了「大韓民國孫式太極拳研究會」。孫式太極拳第三代掌門人孫永田被聘為「大韓民國孫式太極拳研究會」永久名譽會長，聘任我為名譽會長、技術顧問。之後，其中一些主要的人物專門來中國向孫永田先生和我進行了隆重的拜師儀式。

【鏈接】

研究員跨國教太極

王友唐《中華武術》2006 年第 8 期

近日，中國武術七段周世勤研究員赴韓國傳授孫式太極拳，成爲京城武壇佳話。周世勤退休前在航天部任研究員，是航太慣性制導專家，曾獲得過多項成果，編著和參與編著、編譯出版了八本著作，幾十篇論文、報告。他自幼喜愛武術，拜京城名家爲師，先後有高瑞周、王培生、孫劍雲等武術大師，並從張立堂、韓其昌、王志忠學習了五禽拳、五龍通花炮、李式太極拳、太極刀、太極劍、八極拳、梅花樁、形意拳、翻子拳等傳統武術，讀大學時曾代表清華大學多次參加北京市高校武術比賽，榮獲過形意拳、劍術第一名。

退休後，他熱衷京城武術活動，擔任北京市武術協會副秘書長、學術委員會副主任等職。不久前，他應大韓武術太極拳聯盟邀請，赴首爾傳授孫式太極拳。在跆拳道「充斥」國内、大行其道的今天，中華武術登陸韓國，說明武術一旦爲世人所接受，其影響力不可估量。到境外教學，北京傳統武術名家中不乏其人，但像周世勤這樣的從事尖端科研的高職稱人員並不多。

武術是中華優秀傳統文化的一部分，如何用現代科學的原理解釋武術的奧妙，一直是有待於加強的課題，爲此我對於周世勤先生出國教拳特別感興趣。

近日，在周世勤的書櫥上，擺放著一個大理石精製的「聘任狀」，聘任他爲大韓民國孫式太極拳名譽會長、技術顧問，表明他的韓國之行是成功的。他告訴我，韓國的人均年收入達到

14649 美元，爲中國的 8.5 倍。隨著生活水準的提高，韓國人對生活品質的追求日益增高，健身養生已成爲他們十分關心的重要問題。關於孫式太極拳，他們是從國外的資料上看到的，知道它是中國很有影響的太極拳流派，具有良好的健身功效。

　　參加孫式太極拳培訓班的共有 8 人，其中有 5 名博士、2 名碩士。他們有的是韓國專職太極拳教練、醫院院長、董事長、在野黨黨魁。這些人都有一定的武術基礎和較高的文化修養。周世勤研究員面對如此豪華的學員陣容，除了認眞備課、因材施教外，別無選擇。培訓進行 14 天，每天上午兩個小時，下午 3 個小時，教學內容爲孫式太極拳傳統套路的 97 式動作，每天至少要教會 10 個分解動作，任務相當艱巨。據周老師介紹，經過培訓，學員們初步掌握了這套拳法。他們以前也學過太極拳，但從未接觸過傳統孫式太極拳。在他們的思想中，慢拍節的太極是不會出汗的，沒想到 97 個動作練完之後卻汗流浹背。

周世勤和韓國孫式太極拳研究會

周老師在北京武術界以邏輯思維縝密而著稱，在教學中他突出了孫式太極拳的形意、八卦、太極三合一的特點，抓住了「練拳不練功，到頭一場空」的「死穴」，教學員每天站樁。結合自身學孫式太極的體會，講課時，先分解講單個動作，再將分散的動作連貫起來，如同先揀單個的珍珠，然後再將其串成名貴的項鏈一樣，使學員先易後難，逐漸理解，循序漸進，步步提高，最後品嘗到了孫式太極的甜頭。學員們反映，以前他們學的是表演式太極拳，現在學的是功夫型太極拳。他們稱周老師是第一位將孫式太極拳傳入韓國的人。

　　周老師說，海外教學翻譯相當重要。由於文化背景的差異，思維方式的不同，尤其是像太極拳這類蘊藏著深厚中國文化內涵技藝的傳統武術，如果翻譯不瞭解中國歷史，不懂得中國哲學，很難準確地表達每個動作的真正意思。非常幸運的是這次給周老師擔任翻譯的是大韓民國孫式太極拳研究會的一位骨幹，曾在臺灣攻讀過中文，還是研究生，對中國文化有較深的瞭解。為了詞能達意，每翻一個句子都要徵詢周老師意見，唯恐翻譯有誤。周老師承認自己比較認真，而那位翻譯也很認真，兩位都很認真的人碰在一起，差錯相對較少，做到了教學互動，教學相長，相得益彰。

　　太極文化更多的屬人文範疇，如何用現代科學解釋清楚其中的內涵，如何更加量化地制定武術比賽的評分規則，這是擺在武術申奧路上的重要課題。從這個角度上看，有更多的像周世勤老師這樣的自然科技工作者摻和到武術工作中去，不失為良策。

二、一開一合一乾坤

余功保

孫式太極拳是一種很有特點的拳法，特別是它的「三合
一」特徵，這也是孫祿堂先生全面武學修養的一種反映。但我
覺得現在有的人練孫式太極拳並沒有完全領悟其中的精妙，只
是從外形上擺出架子來了，對於動作的內涵，比如「開合手」
等，其中具有的無限趣味沒有細細體查出來。

周世勤

開合之中有乾坤，孫式太極拳的確奧妙無窮。

要理解「融形意、八卦、太極為一的孫式太極拳」，就要
從孫式太極拳的創編過程和風格特點來看。

孫式太極拳的創始人孫祿堂先師，1872年拜形意拳名家李
奎垣門下，1875年經李奎垣老師引薦，隨師祖、河北省形意拳
鼻祖郭雲深習拳歷時8年，深得形意拳精髓。形意拳以劈、
崩、鑽、炮、橫五行；龍、虎、猴、馬、鼉、雞、鷂、燕、
蛇、駘、鷹、熊十二形為基本拳法。套路有五行連環、四把、
八式、雜式捶等。動作起鑽落翻。講究象其形，取其意；心意
誠於中，肢體形於外；內意和外形高度統一。

孫祿堂先師在學習形意拳多年以後，1882年又拜八卦拳名
家程廷華先生習練八卦拳，深得八卦拳精髓。八卦拳以站樁和
行步為基本功，以繞圓走轉為基本運動形式。八卦拳動作姿
勢，要求順項提頂，鬆肩垂肘，暢胸實腹，立腰溜臀，縮胯掰

膝，十趾抓地。運動特點是：輕靈敏捷，擰旋鑽翻；掌隨步換，隨走隨變；圓中有圓，如環無端；前探後坐，上伸下縮；行如游龍，坐如猛虎；視若猿守，轉如鷹盤。技擊要訣以動制靜，避正打斜，以正驅邪。八卦拳宗師程廷華曾讚譽孫祿堂先師為「賽活猴」。1912 年又拜太極拳名家郝為楨先生習練太極拳，深得太極拳精髓。

孫祿堂先師經幾十年深修研悟，將形意拳、八卦拳、太極拳三門拳術從理論到內容提高昇華，融合為一，1919 年，創立了具有獨特風格、自成體系的孫式太極拳（孫劍雲先生講：以 1919 年孫祿堂先師出版《太極拳學》一書為標誌）。

孫祿堂先師認為，形意、八卦、太極是一個有機的拳學整體，三者的關係是互補、互融。並指出，形意、八卦、太極三派拳術之道，始於一理，中分三派，末複合為一理。其一理者亦各有所得。形意拳之誠一，八卦拳之萬法歸一，太極拳之抱元守一。因此，孫式太極拳是以太極陰陽互濟，極盡柔順；在運作的每一時刻，則以形意拳之椿步孕育體內一觸即發之本能；在運作的狀態上，以「順中用逆，逆中行順」為法則，統馭起鑽落翻；在運作的心理上，以無為養神為本，虛中以求中和為用，達到「不求勝人而神行機圓，人亦莫能勝之」。

孫式太極拳的主要特點是：開合相接，轉換靈活；進跟退撤，身到意合。

孫式太極拳的進跟退撤、起鑽落翻和身到意合是吸取了形意拳椿步、技法和內意與外形統一的長處。孫式太極拳的轉換靈活是借鑒了八卦拳輕靈敏捷、縮胯扣步的優點。加上虛實轉換、開合相接、陰陽互濟、鬆柔連順，形成了孫式太極拳獨特風格特點。

余功保

如何在練習中體現出孫式太極拳的「融形意、八卦、太極為一」的韻味？

周世勤

演練孫式太極拳，要體會周身內外的虛實轉換，開合相接，動中求靜，變中求整的規律，達到內外合一，神氣合一，內勁中生。

周世勤太極劍勢

在演練孫式太極拳時，要如行雲流水，連綿不斷；形斷意不斷，勢停意不停，循環無間。在運動形態上，要鬆、整、勻、輕、靜。關節、肌肉要鬆柔協調，不要較勁、板勁，身形要整，符合內、外六合。速度要勻，起落要輕。勁意要靜，似靜水流深，滲之遙遙。

在演練孫式太極拳時，要注意掌形。五指自然張開，掌心內凹，手掌如抱球。

在演練孫式太極拳時，身體狀態要以「九要」為規範。

余功保

哪九要？

周世勤

「九要」是指：塌、提、扣、頂、裹、鬆、垂、縮、起鑽落翻分明。塌是指塌腰、塌腕。提是指提肛。扣是指扣肩、扣膝。頂是指頂頭豎項、舌頂上腭。裹是指裹膝、裹胯、裹肘。

鬆是指鬆肩、鬆胯。垂是指垂肩、垂肘。縮是指縮肩根、縮胯根。起鑽落翻分明是指頭頂而鑽，頭縮而翻；手起而鑽，手落而翻；腳起而鑽，腳落而翻；三者要協調一致；起時外形為鑽、而內氣下潛，落時外形為翻、而內氣自脊而上、直貫兩掌手指；「分明」是指內氣與外形的虛實互換。「九要」是一個協調整體，不可割裂對立。特別是要注意頭、足、腰的整體協調。

余功保

孫式太極拳雖然是「三家合一」，但還不能機械理解成是八卦、形意、太極拳的動作組合，練成三個拳種的「混編套路」。

周世勤

對，這是要重點注意的一個地方。你如果簡單地把孫式太極拳走成一手形意拳、一手八卦拳，一手太極拳、演練過程中時剛、時柔、時快、時慢，這就是錯誤的理解和練法。

孫式太極拳是融合了八卦拳動靜合一的本質和形意拳一觸即發的本能，但沒有形意拳、八卦拳的外形，更不能以形意拳、八卦拳的練法和勁力演練孫式太極拳。孫式太極拳的勁力是陰陽互濟的太極勁，其外形要極盡鬆柔和連順。孫式太極拳各勢的承接變化中孕育著形意拳和八卦拳的內涵，而不是其外表。

周世勤太極拳式

余功保

孫式太極拳傳承過程中也是

名家輩出，其中主要有哪些重要的傳人？

周世勤

孫祿堂為孫式太極拳創始人。他有三子二女，其中孫劍雲、孫存周為孫式太極拳的重要代表人物。弟子武藝出眾、影響大的很多，如陳微明、李玉琳、褚桂亭、齊公博、孫振川、孫振岱、張玉蜂、裘德元、曹晏海、胡鳳山、馬承智、朱國楨、鄭懷賢、任彥芝、陳守禮、支變堂、劉如桐、姜懷素等。

第三代傳人眾多，其中有孫永田、孫叔容、孫婉容、孫寶亨、黃萬祥、李慎澤、張茂清、周寶田、張長在、張烈、翟金錄、戴建英、史建華、梁鳳翔、侯京生、劉鴻池、周世勤、劉樹春、傅淑媛、張振華、金繼香、袁德安、冉槐、杜巍、張永安、孫鳳桐、劉桂祥等。海外傳人有後藤英二、林光榮、譚風雅、田盼、大衛‧馬丁等。

三、郁郁四季馥滿天

余功保

近年來，北京市成立了李式太極拳研究會，著名武術家吳彬先生也曾經專門向我介紹過李式太極拳。您作為李式太極拳的重要傳人，覺得它的主要特點是什麼？

周世勤

我是 1947 年到匯通武術研究社學習李式太極拳的，我的一部分學生就是練李式太極拳、李式太極劍和李瑞東門派的武

孫劍雲、孫永田、周世勤等孫式太極拳名家、傳人合影

術，參加國際武術邀請賽獲金牌的。例如英國人施安龍（Aleyn Smith –Gillespie），就是李式太極拳、李式太極劍獲兩塊金牌；弟子佟智廣的李式太極拳獲北京市太極拳比賽李式太極拳第一名。我的女兒周夢華在 2004 年 8 月的第 5 屆北京國際武術邀請賽上，獲女子李式太極拳、李式太極劍和傳統拳術三塊金牌。

李式太極拳是剛柔相濟、體用兼備、舒展大方的一種優秀傳統太極拳流派。李式太極拳將和陳、楊、吳、武、孫等太極拳流派一樣，受到大家的喜愛歡迎。

李式太極拳的主要特點是：體鬆舒展，剛柔相濟，連貫靈活，體用兼備。

余功保

請您具體解說一下這四個特點。

周世勤

李式太極拳的第一個特點是「體鬆舒展」，是指心平氣

和、神態自然，身體放鬆、舒展大方。放鬆首先是心平氣和、神態自然、排除雜念，以意念引導動作，循規蹈矩。同時動作上，要求頭、肩、手和胯、膝、足各部位都要放鬆舒展。頭項自然豎直，虛靈頂勁，沉肩墜肘、五指自然分開，掌心向內微凹，放鬆後，動作靈活敏捷。動作舒展大方，可使血脈通暢。例如，四路都有的「單鞭」勢（二郎擔山），動作舒展大方，沉

周世勤李式太極拳勢

肩墜肘，兩臂前後舒伸，兩膀輕鬆自然。風擺荷葉勢，動作是兩臂放鬆伸展上舉，隨腰轉動，猶如荷葉隨風擺動，怡然自得，舒展大方。

　　李式太極拳的第二個特點是「剛柔相濟」。李式太極拳是吸收了陳式太極拳的長處，在春夏秋冬的四路中，每路都有爆發力很強的動作。虎撲勢、怪蟒翻身勢、金雞抖翎勢、野馬撒毛勢和虎靠山勢，都是爆發力很強的、剛勁有力的動作。「虎撲勢」動作，「起如舉鼎勢，爪落似撲羊」。怪蟒翻身勢是隨著翻身動作，兩手下按至胸前，身體下沉，兩腳同時震地，兩掌由胸前同時向前撞出，也是爆發力極強的剛勁動作。柔軟連綿的動作，貫穿整個李式太極拳。如盜銀磚勢，以腰為中心，動作連綿柔軟，上下相隨，協調一致。又如研磨掌勢，動作以腰為主宰，用腰帶動手臂，沉肩墜肘，手指自然分開，儘量往前探出。「右倒攆猴」勢，在向後退的動作中，右手好像用「線」把右腳慢慢提起，然後右手儘量往前探出，右腳盡力往

後蹬出。整個動作輕靈柔化、連綿不斷。

李式太極拳的第三個特點是「連貫靈活」。演練李式太極拳動作連貫如行雲流水，動作轉換靈活又多變。注意腰腿的訓練，可以達到移步輕靈，變化迅速，邁步如貓行，穩而不僵，活而不飄。貓撲蝶勢，指動作要輕靈，貓要撲著蝴蝶，就必須動作輕靈迅速。邁步如貓行。動作優美，伸展自如、連貫靈活，血脈通暢。

周世勤李式太極拳勢

李式太極拳的第四個特點是「體用兼備」。李式太極拳以意念引導動作，有較強的健身功效和攻防技擊價值。幾乎每個動作都有明確的攻防意識，技擊動作符合要領，是體用兼備的優秀傳統太極拳套路。

余功保

李式太極拳是從楊式、陳式基礎上衍化來的，它和這兩種太極拳有什麼異同？

周世勤

李式太極拳是從傳統的陳式和楊式演變過來的，應該說主要身法步法和拳法是大同小異的，如它有楊式的舒展大方，也有陳式的剛柔相濟。李式太極的步法和動作有自己的特點，就是走下盤的動作比較多，架式比較低。

李瑞東宗師編李式太極時，吸收多種門派技法糅入李式太

上善若水——中國太極拳名家對話錄

極，有技擊價值。步法上有丁八步，上身也有比較大的運動，如風擺荷葉，隨兩臂的揮擺，上身向左右傾斜。它的雲手有裏雲手還有外雲手，這些是從技擊的角度考慮的。李式太極拳的抱七星、坐盤穿梭都有特色。

北京李式太極拳研究會成立大會

　　李式太極拳還吸收了一些心意拳的特點。李式太極拳是剛柔相濟，雖然動作裏面也有模仿動物的外形，但更多講如何能夠用意念來引領動作。

　　雖然都是李瑞東先師傳下來的，不同的弟子傳的有不同特點。北京李式太極拳研究會成立大會上，幾種風格特點的李式太極拳進行了交流，這對於促進李式太極拳的發展，推廣普及李式太極拳起到推動作用。願和太極拳愛好者一起把李式太極拳推廣普及工作做得更好。

【鏈接】

李式太極拳是優秀傳統太極拳的一個流派
—— 徐才爲《精練太極拳劍》寫的序言（節選）

　　武術是中華民族優秀傳統文化的重要組成部分。挖掘整理優秀傳統武術，發揚光大中華武術，把武術推向世界，造福人類，是時代賦予我們的責任。

　　近年來，在百花齊放、百家爭鳴方針指引下，許多老武術家

挖掘整理了一批優秀傳統武術資料，展現了當今中華武術欣欣向榮的景象。周世勤老師等整理編著的《精練太極拳劍》一書，就是武術百花園中一朵豔麗的新葩。

李式太極拳（又叫太極五星捶、剛柔太極拳）是著名武術家李瑞東和好友王蘭亭、司星三、李賓甫等集多種門派的武術精華創編的。《精練太極拳劍》一書的編著者周世勤五十年前拜高瑞周爲師，習練李瑞東門派武術，是李式太極拳的第三代傳人。他對振興中華武術的熱情、對研究武術的執著，給我留下了深刻的印象。他曾就振興中華武術，和我進行過長時間的交談，提出了不少有益和可行的建議。

周世勤研究員是一位文武兼備、德藝雙馨的武術家。作爲航太技術的高級研究人員，他爲中國航太事業奮鬥了三十多年，完成了多項高新技術科研任務而多次獲獎。作爲武術家，他從小喜愛武術，在清華大學上學時曾代表學校多次參加高校武術比賽，取得了優秀成績。幾十年來，他潛心習練和傳授武術，贏得了不少武術榮譽的光環。他誨人不倦地教授武藝，又以身作則地示範武德。衷心祝願周世勤研究員發揮學者武術家的優勢，爲中華武術在中國和世界的發揚光大，寫出更優秀的作品。

在 21 世紀，執著追求武術事業的朋友，不能不放眼未來，放眼世界，思考預測武術的發展和走勢。對於未來，世界上已有很多專家作了預測。不論未來是資訊社會、網路時代、知識經濟時代或是老齡化社會，

周世勤與徐才合影

都對人有一個共同的要求，那就是更加健康，更加長壽。

所以，有人說：新的世紀是保健的世紀。武術，特別是太極拳是人類保健的一個重要手段。武術、太極拳將以深邃的文化內涵、深刻的哲學思想和動靜結合、剛柔相濟的技術動作，使人類與自然發展和諧、生態平衡，達到天人合一的理想境界。

余功保

李式太極拳的套路結構是怎樣的？有多少個動作？

周世勤

傳統的李式太極拳以自然四季命名，分春夏秋冬四路。我曾經拍過三碟一套的光碟《傳統李式太極拳》，春、夏、秋、冬四路，共 136 式。為了方便大家習練，參加交流、比賽和表演，現在還創編出版了一套李式太極拳精練套路 37 式。

春、夏、秋、冬四季循環，生機無限，李式太極拳整個套路也是循環無端，起承轉合，回環往復，長期堅持練習，使生命之樹充滿生機。

在百花盛開的武術園地中，李式太極拳將發揮獨特的健身、防身、修身作用。

祝大彤簡介

祝大彤，1932年生，北京市人。著名太極拳家。

自幼喜好武術，10歲學練長拳24式，上世紀五六十年代習練24式簡化太極拳、楊式太極拳老架、吳式太極拳等。長期進行太極拳學習、研究和傳播。從北京太極拳大家楊禹廷習太極拳多年。同時得到吳圖南、汪永泉等名家點撥。

大力宣導太極拳內功，注重拳理的研究探索，在各類武術雜誌發表大量文章，其中《九鬆十要一虛靈》等文章引起廣泛關注。其太極拳著作《太極內功解秘》《太極解秘十三篇》《自然太極拳81式》等為太極拳暢銷作品。拍攝出版有太極拳音像教程《太極養生解秘》《太極誤區解秘》《品太極》等光碟。擔任吳圖南武術思想研究社副社長兼秘書長。中國武當拳法研究會顧問。為中國作家協會會員。

其夫人薛秀英長期協助祝大彤先生研習傳播傳統太極拳，並與之合作多部作品。

藏見識玄

——與太極拳研究家祝大彤的對話

世上本無所謂玄無所謂藏的。

佛家有「藏見法眼」一說，有此功夫者，能見人所不能見，參悟玄機，得造化之妙。

太極拳本就是自然拳，一切順乎自然就是最根本，即爲無玄。

但很多事情，巧易拙難，自然最簡單，也最難爲，蓋因心靈羈絆過多所致，丟失了自然的眞切感受。本是人生下來就具有的天性，卻要後天一點一滴地去尋了。

太極拳內功說玄就玄，有的人窮一生探究不得門徑；說易也易，只要做到「自然」二字，便得太極拳內功無上法門。

祝大彤先生致力於太極拳研究、實踐，尤其對太極拳內功尤爲用心，有專著問世，反響強烈。並發表數十篇相關研究文章，最後將自己練習幾十年的體悟名爲「自然太極拳」，謂之解破玄機。

正所謂：

太極本無玄，大道純自然。

參透無字書，龍虎縱歸山。

余功保

一、學有明師從

余功保

看您的簡歷,您的太極拳主要從學於北京的三位太極拳大家。

祝大彤

我很幸運,能跟這幾位高人學習,也非常感謝他們對我的指導。

一位是楊禹廷先生,一位是吳圖南先生,一位是汪永泉先生。這三位都有很獨特的東西,是真正的大家,令我受益匪淺。

楊禹廷先生是鬆柔大師,真正實現了「一羽不能加」的境界。

吳圖南老爺子的風範那是沒的說。大道無形,潤物無聲。

汪永泉先生是京城楊式太極拳的大家,他真正悟到、參透

楊禹廷拳照　吳圖南拳照　汪永泉拳照

了太極拳的真諦。他的思想反映在一本書《楊式太極拳述真》中，裏面講了很多東西，很好。

余功保

楊禹廷先生武功、人品有口皆碑，是達到了太極拳「從容」境界的人。

祝大彤

我最早見到楊禹廷先生是 20 世紀 50 年代，在中山公園，跟我父親一起去看楊禹廷先生教拳。60 年代末，楊老爺子每天到故宮東闕門紅牆下遛早，還經常說拳，我就去聽。

1974 年，在徵得老爺子同意後，我就進入楊老師的家門，後來一直到老爺子去世，跟隨老爺子沒有間斷。從 1974 年到 1982 年老人家去世，加上在東闕門宮牆聽課的四五年，跟老爺子也算有十二三年。

他教給我許多非常寶貴的東西。他的教拳，平淡中見天機。一些很口語、很自然的話，蘊含了很深刻的太極拳原理。比如他關於技擊的談話就很有深意，他不止一次說過：「打人容易，摔人難；摔人容易，發人難。」一個一百多斤的人將另一位有頭腦、動作靈活、同樣一百多斤的人發放出去確確實實很難。他告訴我們練習太極拳技擊的重點、程式和方法。

楊禹廷先生反對不練太極拳卻到處推手。他以不容討論的口氣，不讓我去外邊推手，他說：「太極拳功夫就是一陰一陽，一通百通。」三十多年過去了，經過多年修練的體驗，證明確實如此。為什麼一定要先修練拳，再去練推手呢？這是經過千百年來代代拳家從實踐中不斷研習、不斷改進而得出的結

論，是內外雙修、動靜相兼、上下相隨、內外相合、舉重輕靈、用意行功的嚴謹結構，即陰陽變化的科學化的太極拳。

吳圖南、楊禹廷先生在 20 世紀 60 年代都已七八十歲高齡，仍帶領學生練拳。楊式太極拳的汪永泉大師，每次見到他，都是先練百多式的太極拳，收功以後再「說手」。他們從拳上得到太極內功絕技，得到健康，得到長壽。

我們欲得到高境界太極內功，每天瞎推猛打，恐難功成。不妨思之、鑒之，則可從中受益。

余功保

在北大讀書的時候和畢業以後，我和吳圖南先生也有過很多的接觸，他是太極拳科學化的積極宣導者。

祝大彤

我和吳圖南先生認識是李和生先生介紹的。那是 20 世紀 60 年代，吳老還在被批鬥。但老爺子很樂觀，有一次和我開玩笑說：「我在滿屋子的垃圾中找到一分錢，一分錢分給老伴半分，我是分半堂主人。」後來我經常去紫竹院拳場跟老爺子學拳，散場後還常常陪老爺子散步。

吳圖南老爺子不僅太極拳研究理論水準高，太極拳架氣度很好，太極拳技擊功夫也高深莫測。我有幾件事情印象非常深刻。記得在 20 世紀 70

20 世紀 70 年代吳圖南在北京動物園演示太極推手

年代初，吳圖南先生應美籍華人、聯合國工作人員張先生之邀，在北京動物園演示太極拳功夫，我當時有幸在場。那時春寒料峭，人們還沒有脫去厚重的冬裝，吳老爺子上身穿呢質短大衣，下身穿棉褲，足蹬駱駝鞍式棉鞋，頭戴帽子。他兩腳好像不是踩在地上，而是輕放於地，似羽毛如片葉，神定氣閑，面帶微笑，如閒庭信步。對方向吳大師胸部撲來，大師卻不封不閉，而是敞開胸部，兩臂平伸，旁人都替他捏一把汗。

就在對方手似到未到胸部之時，吳大師以雙輕的站姿移形換影，左腳立變鬆空，右腿撐實，頭頂虛靈，胸腹空無，以左手食指意氣左領，此變只在一瞬，對方剎那間撲空，馬上虛左腿實右腿撐住身形，可是由於猝然生變，其身體還是順著大師手指方向空出。這一招轉瞬即逝，十分精彩。

那是我見到的高水準的太極拳技擊功夫，後來幾十年中再也沒有看到過有人演繹如此精彩的技擊示範。

余功保

太極拳家汪永泉

汪永泉先生著述的《楊式太極拳述真》一書，我在1990年的時候經人民體育出版社的朋友推薦就仔細看過了，很有特色，與一般的泛泛而論的太極拳技術書不同，其中特別是關於太極拳意、形關係的解析值得仔細

祝大彤、薛秀英夫婦合影照

研究。

祝大彤

經常到楊禹廷先生家中學拳的，有一位御醫之後趙紹琴大夫，他介紹我認識了汪永泉大師。汪老先在龍雲故居練拳，後來又到貢院南口練。看汪老練拳那是一種享受，他練的傳統楊式太極拳，瀟灑大方，從容自然。老先生的推手也是神乎其技，碰到他哪裏，腳下當即拔根，接觸點上似有似無，進不能進，跑又跑不了。汪老爺子拿我不當外人，將他寫的書的手稿給我看，使我收益很大。

余功保

我看您的幾本書上書名和您夫人合著，您夫人薛秀英女士對您的太極拳研究幫助很大吧？

祝大彤

是的，幾十年來她都非常堅定、積極地支持我在太極拳上的工作。過去學拳她都和我一起去，我的許多作品她都幫助我整理，並提出意見，有許多照片也都是她拍攝的，她的確為我的太極拳事業做出了很大貢獻。

二、萬年基爲功

余功保

內功在太極拳中有的人把它看得很神秘。我看您的文章和

書中對此有很多闡發。

祝大彤

練太極拳必須要內功上身，這樣才有效果。內功其實並不神秘，很簡單，但也的確要有人傳，告訴你，依照正確的方法練，就可以得到。這是練太極拳的朋友人人都可以得到的東西。

祝大彤著作
《太極內功解秘》

余功保

我聽人民體育出版社的朋友講，您所著的《太極拳內功解秘》一書很暢銷。（正體字版大展出版社）

祝大彤

那是我關於太極拳內功學到的和我自己感悟的總結。我希望能給大家練太極拳提供一點幫助。

余功保

書中有很多獨到的見解，聽說也有不同的爭論。

《太極解秘十三篇》

祝大彤

那是我的一家之言。有不同看法是正常的。我認為總要言之有物，要本著認真、嚴肅的態度，特別是要有真正的體悟。

否則就是空談，或者照搬前人的一些看法，自己也沒搞懂，這樣就不是負責的態度。

祝大彤太極拳勢

余功保

您認為什麼是太極拳的內功？

祝大彤

首先要端正對太極拳內功的認識。太極內功不是什麼特別玄虛的東西，只要練習正確、得法，是大家都能夠掌握的。太極拳內功的核心就是鬆、空，這是太極拳的魂。要放鬆就要鬆徹底，鬆乾淨，否則就難以得到內功。古語云：「大道以虛靜為本。」練拳就是要抓住靜鬆、淨鬆、鬆柔、鬆空。

余功保

怎樣才能練好太極拳內功？

祝大彤

有幾點要特別重視。

其一，減法練拳。

減法是一種特殊的思維。人們的一切行為均處在加法之中，太極拳則是減法思維，減法思維可以運用在各個領域，對我們的成功大有幫助。老子就是減法行功做人的典範，他講「虛其心」「功成身退」「不敢進寸，而退尺」。這是中國的人生智慧。楊禹廷先生對我教導最多的就是減法，他曾經問

我：「咱們這拳有多少動？」我說：「83 式 326 動。」他舉起左手，伸出食指和中指擺了擺，告訴我：「就是兩個動作，一陰一陽。」全套拳 326 動減去 324 動，僅僅剩下兩動，十分精闢的闡述。

其二，重視預備勢、起勢。

無極預備勢和太極起勢在整個太極拳中的作用是很值得研究和思考的一個問題。拳論講：「太極者，無極而生，動靜之機，陰陽之母也。」這一句話，清楚地說明無極是太極之根源。太極不是動，不是靜，不是陰，不是陽，在太極圖中是包含陰陽又處於陰陽之間的圓和曲線，它變化莫測——非陰非陽，似陰而陽，似陽而陰，亦陰亦陽。作為實踐，傳統太極拳三十七個拳勢，前後各有一個無極勢，無極勢占了兩個，作用卻各有不同。

前一個是無中生有，極靜中生出極動，訣曰：「外靜內動有極理。」丹田如風箱，真氣內鼓蕩。後一個是有歸於無，一趟拳練完又回到起始狀態，像一篇優秀文章一樣，完整圓滿。

太極起勢是整個套路的縮影，包含了動靜陰陽開合虛實，是一個完整的小循環，如一篇樂章的過門，為整個套路定準了基調。

太極拳講陰陽虛實動靜開合，在起勢中，前為陰，後為陽，陰是向裏吸往下鬆的，陽是向外脹往上走的。太極拳的要領「涵胸拔背」從開始就要落實

祝大彤太極拳勢

好。神氣是陰，能鬆下去的話，「氣沉丹田」就做到了，太極拳是積氣養氣的功夫，但這個氣不是死的是活的，要循環起來，進一步能做到「勁落湧泉」，根勁也就有了。勁是陽，向上、向外走，從腳下走到頭頂，「虛靈頂勁」就有了。上下貫通了，「豎勁」就有了。這時候練拳才能做到「立身中正」。

傳統太極拳要慢中求輕靈，勻中求貫串。拳要多練，不是練的遍數多，而是內容多。功夫的差異在於拳架的內涵，不在練拳的次數。

檢驗太極拳的預備勢和起勢練得功夫如何有兩個方法：

1. 預備勢站立後，雙手放在身體兩側，待對方在前方按我雙手時，我不動步子能鬆化掉對方的來力，使其落空力無所用，並能將對方輕輕鬆鬆彈出去。

2. 我端坐在椅子上，雙手平放在自己大腿上，讓對方按住兩手，能自由地站起來並將對方送出去。

其三，要被動練拳。

練太極拳要改變一些不合理的思維，人類的想法、習慣動作都不是太極拳。太極拳是被動練法，通俗地說，不是我練拳，而是拳練我。要真正理解這一點，對練拳是很有好處的。所謂被動練拳，就是無障礙練拳，每天練太極拳，不要刻板地練，在出手之前，習練者只有放鬆，什麼也不想，周身關節放鬆，太極拳的招招式式，就會逐漸清晰起來，自然行拳。久

在香港講學

而久之，內功自然上身。

練太極拳，練的主要不是拳腳的功夫，而是頭腦中的、心靈中的功夫，是修養一種恬淡平和的人生境界。

祝大彤太極拳勢

余功保

我看過您講課的錄影，您在講到內功時專門提出來「放鬆小指是修練太極拳竅要」，您認為小指在練拳時有很突出的作用嗎？

祝大彤

在修練太極拳中，小指似乎無足輕重，習練者往往不注意它的存在，也不刻意去練小指的動作。但在太極內功中，小指的作用是很重要的。

小指有陰陽兩條經絡，自少澤、少衝始，手太陽小腸經主陽，手少陰心經主陰。心、小腸在人體中處於十分重要的位置，與保健、養生密切相關。小指是我們隨身的保健醫。

鬆小指不但有養生、保健神奇之效，對太極拳修練也很重要。有很多拳友為鬆肩垂肘難求而苦惱，甚至有練家十年二十載肩鬆不下來，大家可以試一試小指鬆肩垂肘法。只要經常保持雙手小指放鬆，肩自然放鬆，肘自然下垂。凡有從前向後、向下的拳勢，鬆小指、鬆肩垂肘，手臂自然下垂或後捋。

在技擊中，如對方攻來，不要以力去硬接對方，要鬆小指，令對方撲空，在他欲逃的瞬間，他的精神、呼吸、肢體等都是凹的狀態，必然空虛，應迅速進行打擊。二人較技是大工

程，要經常習練，說著容易練著難，若欲精研深鑽拳藝，須勤練補拙，熟能生巧。

余功保

如何練習鬆小指養生，有什麼具體方法嗎？

祝大彤

我介紹一種簡單的鬆小指養生的練法。鬆靜站立，舉右手，不要用力，以無名指領引，肩鬆而起，到極限，不加意念，鬆小指自然下落。注意，手下落時不掛力，完全自然下落，手和胳膊不掛力，從起到落不以意念支配，越自然越好。鬆小指落手時，會感覺到身體很通暢，經常鬆小指，可使臟腑通暢，對便秘有療效。

小指不善勁力，平時只能做掏耳朵那種小的動作，在武術動作中不占主導，這是小指的不足，又是它的優勢。因為小指難以攢勁用力，太極拳以陰陽變轉，舉動輕靈、用意不用力行功，小手指就發揮出絕妙功能。在太極拳內功中，小指起到舉足輕重的作用。凡多年雙肩鬆不下來、垂肘垂不下去時，鬆小指即可。鬆小指功法，易懂易學易操作。小手指放鬆，腕也可以隨之而鬆，肘也隨鬆腕而自然下垂，肩也就自然放鬆下去，這是小指在人身上的大作用。

有不少拳友在較技時五指全伸，出手沒有威力。究其原因，是對於習練的太極拳研究不深，理解不透，下工夫研究不夠。只知五指為掌，而不知掌中奧妙，不知每個手指都有各自的用途。太極拳是科學的、講究陰陽變化的拳技，不能單純以拳論拳。太極拳有自身的規律，不按太極拳的規律行功，又不

遵太極拳規範，有悖拳理拳法，太極內功當然不會上身。

練太極拳時，五指功用不同，大拇指主自家重心；食指不能著力，主輕扶套路路線；中指主中正；無名指引領向前的動作；而小指在練拳行功中起著舉足輕重的作用。練拳鬆小指，推手鬆小指，技擊同樣要鬆小指，小指在太極拳中無所不在，可謂「小鬼當家」。太極拳修練要求從腳到手放鬆九大關節，鬆小指有益於放鬆九大關節，有利於鬆肩垂肘，有助於放鬆兩踝和兩腕。

三、拳從無處得

余功保

太極拳論說「無極生太極」，很多人認為那只是理論上的一個說辭，其實如果真正練深了太極拳，就能切實體會到這句

解析太極奧秘

話的含義。從「無」的狀態中生出來的「有」是一種比較純粹的實在。

怎麼達到無的狀態？恐怕鬆是最核心的要素。我看您是非常強調太極拳「鬆」的，還名之為「鬆功」。

祝大彤

太極拳的「鬆」萬萬不可小視，也不能停留在口頭上說說，要真正做到。

什麼是太極門鬆功呢？鬆功是太極拳練家終生追求、一世修練最高境界的功法。簡單地說，鬆功是內外雙修，內求心神意念放鬆，神經安舒，頭腦清靜；外求肢體鬆，從腳到頂，腳、踝、膝、胯、腰、肩、肘、腕、手等九大關節鬆開，且節節貫串，舉動輕柔，頂上虛靈，周身全體不著力，形於手指，肢體肌膚乾淨。心意鬆要在先。

余功保

鬆就是把緊張點化掉，把練拳中不乾淨的東西、與拳理拳法不相融的東西去掉。

講解太極理法

祝大彤

拳論明示：「關節要鬆，皮毛要攻，節節貫串，虛靈在中。」有了鬆，就是無，才有虛靈。太極拳盤拳練功舉動必須輕靈，這是太極拳之特性。要按照太極拳的拳理拳法、陰陽學說規範動作，循規蹈矩，一絲不苟，否則將一事無成，一生盲練。

我有幸見到過京城已故三位太極拳名家：壽星——太極拳大師吳圖南；鬆柔藝術大師楊禹廷；楊式太極拳名家汪永泉大師。他們的人生道路不同，文化素養各異，但他們的鬆柔功法非常相似，令人歎為觀止。

素有「鬆柔藝術大師」美譽的楊禹廷大師，其鬆功達到自然空無之境界。他坐在那裏跟別的老人沒什麼兩樣，你只要想到他是太極拳大師，精神與老人家結合上，即刻你的精神世界便會起變化，你會發現坐著的不是一位老人，而似衣服架上掛著一件空空的衣服，你想過去摸摸這件「衣服」，突然會腳下出了軸，站立不穩，飄浮起來。

他老人家曾經讓我試手。他用老式八仙桌，比當代桌要高一些的，將左手放在桌面，手背朝上，讓我按。輕輕摸上手背，感覺胸口一緊，直上直下躥起一米多高。當我還沒有明白過來時候，老拳師笑笑說：「咱這是玩藝兒。」在拳場，老拳師做「收勢」，左右伸展兩臂，一邊三四

祝大彤太極拳勢

個人拉拽，前邊推胸，後邊推腰，前後左右有十人之眾，都未感覺老拳師有什麼動作，頓覺頭腦一片空白，腳下飄浮，一一摔跌出去。

早在上世紀 70 年代，在楊禹廷大師家中，我就急於想求到鬆柔功夫。可老拳師明示，要我紮紮實實循規蹈矩練拳。大師語重心長地說：「咱這太極拳就是兩個勢子——一陰一陽，一通百通。」

余功保

鬆功就是從拳架中練出來的嗎？

祝大彤

對，就是要踏踏實實練拳。要明白地練，不明白叫「盲練」，對太極拳不具深刻的認識，對拳之意義理解膚淺，有甚者，打了幾天拳或根本不練拳而熱衷於推手，推來推去，只是搖頭擺尾，閃腰挪胯，有了一些靈活的小竅門，拙法加本力而已，走上一條與太極拳拳理相悖的彎曲小徑。

楊禹廷大師一生與太極拳結下不解之緣，每天盤拳不輟。在他 96 歲仙逝的那天上午還在練拳。老拳師終生研修太極拳，一代宗師，堪稱楷模。

余功保

您認為正確地練拳有哪些重要的要領法則？

祝大彤

首先，練拳要按太極拳理、陰陽學說來規範拳架。

余功保

就是一舉動都要符合陰陽和諧。

祝大彤

是的。貴精不在多。不要貪多求快，絕不允掄著兩隻胳膊瞎練。從無極勢開始，要貫徹「九鬆十要一虛靈」。

余功保

「九鬆十要一虛靈」是您反覆強調的原則，還專門撰文論述。它的主要含義是什麼？

祝大彤

九鬆，就是腳、踝、膝、胯、腰、肩、肘、腕、手等肢體的九大關節要節節鬆開，且節節貫串。十要，是周身放鬆的十個關鍵部位的要領，包括溜臀、裹襠、收腹、展胸、圓背、弛項、收吸左右腹股溝、吸收胸窩、頂上要虛靈等。其中「頂上虛靈」尤其值得重視。這種放鬆虛靈狀態貫串盤拳始終，而手不著力，猶如食指輕輕扶著套路路線，體味太極拳獨有的弧形路線，長此以往，鬆柔功夫定能上身，拙力自然退去。堅持下去其妙無窮。

腰、背、頸部緊張僵滯，不利中樞神經系統對全身各個系統和器官的調節。頭部僵緊不利於腦平衡，心腦意念僵緊影響全身放鬆。對初學者來講拳法簡單易於習練，頂上以精神虛靈為佳。使頂上有虛靈的感覺，將精神意念虛虛的想像在頂上已經夠了，不要再去「提」「領」「懸」，使頭部自然虛靈有神即可。

對於修練多年的練家，能做到頂上虛靈，自有一種新的感覺和「味道」。

祝大彤太極拳勢

余功保

其他還有什麼要領？

祝大彤

另外一點就是「三動三不動」。

首先要做到周身三不動，就是練太極拳的時候，不要有動意，不要主動，不要亂動。

在公園裏有的人練拳，閃腰挪胯，搖頭擺尾，晃身動膀，這樣行功有悖拳理拳法。正確練拳行功應該是收腹空胸，空腰圓背，上下左右，前進後退，全然靠兩腿的重心陰陽變轉，身軀不動，循規蹈距，易出功夫。

練拳、推手最忌動意在先。在推手、技擊實戰運化中，最忌主動上前、主動後退、主動出擊。

余功保

最先主動的往往陷入被動。

祝大彤

手上也要三不動。在盤拳、推手、技擊中，與對方接手的時候，在接觸點上要不動、不丟、不頂。這是太極綜合功夫中定功在手上的反映。

再有，就是在太極拳的體用結合實踐中，在大多數情況

下，均為手動腳不動，腳動手不動，只有在特定的環境中，手腳上下同時運動。其中，所謂的腳動，應是左右腳重心的變轉，不是前後的邁進和退回，也不是左右橫移。

余功保

在太極拳中，腳下的感覺與功夫是一個要點，拳論中有許多論述，「邁步如貓行」等，做起來還是有一些細微之處應該體味。

祝大彤

腳下的功夫我強調「腳下雙輕」。

太極拳的根本在腳下，也就是「太極腳」。拳論云：「其根在腳，形於手指……由腳而腿而腰，總須完整一氣。」腳下雙輕，自然輕靈，自然騰虛，對方必定失去重心，飄浮而起。練拳者雙腳自然平鬆落地，腳趾亦應自然節節放鬆舒展行功。如果不好找感覺，有一種輔助的練習方法，就是踩上加厚地毯，或者在室外草地上輕輕踏上，慢慢找感覺，也許會有幫助。日久，腳下自有雙輕之感，身體結構的變化告訴你，你的身上「鬆」出來了。

余功保

在身法上有什麼要領？

祝大彤

身法上最重要的是「中正」。中正體現的地方有很多處，有內在的心、神、意、氣的安舒，也有外在的形體中正。

具體在身形上，楊禹廷大師提出了「立柱式身形」。王宗岳公論及雙重之病曰：「每見數年純功，不能運化者，率皆自為人制，雙重之病未悟耳。」盤拳技擊均不可雙重，拳理規範單腿重心。立柱式身形就是腳與頂的上下一條線，「上下相隨人難進」，便於修練中正安舒。方位、方向清楚準確，前進後退川子步，實腳實足，虛腳虛淨，變化靈活，利於太極腳的弧形運動，符合陰陽變化之理。

要實現中正，有一個技巧，就是以鼻為中心。太極拳的動作每一動都以鼻為中心點，結合實腳為重心點，重心點與中心點上下一條線，就不會有偏斜之處了。

余功保

除了腳以外，太極拳架中，手也是一個重要部位，但為了強調整體性，許多拳論將手反倒忽略了，其實拳架中手是變化最多的。

祝大彤

太極拳的手是很有講究的，絕對要手空不能著力。楊禹廷說：「手要平，手上不著力，一點力也不要有。」練太極，要天天練拳，年年打拳，進而每天盤拳，將拳盤嚴，盤圓活，「由著熟而漸悟懂勁，由懂勁而階及神明」。盤拳不停就是修練太極功夫、積累功夫的過程，同時也是手上、周身退去拙力的過程。經由日日月月年年盤拳，身上的各

祝大彤太極拳勢

個大小關節便自然鬆開。周身肌肉放鬆，隨意時，肌舒鬆，可自由運用，不隨意時，肌也達到靈活，周身舉動輕靈，沒有掛力的地方。體能達到「關節要鬆，皮毛要攻，節節貫串，虛靈在中」，進而鬆柔空無，全體透空。

練拳時手不可為堅掌。與「妙手空空」相反，有人練拳好用力，拳論要求「舉動輕靈」，而他出手僵緊；拳論要求用意不用勁，而他用力，不信用意。練拳過程中，手上有頂、偏、丟、抗四大病。出手有力而剛堅之勁掌，沒有陰陽變化，無空鬆可言，有悖拳理拳法，無太極拳之鬆柔。太極拳有太極拳的規範，絕無用力堅掌之意。

練太極拳的身體和手腳內外與生活、勞動的身體和手腳內外截然不同，是兩個不同形態，甚至可以說是表現為不同的兩個人，即平日生活、勞作是一個人，練太極拳，從裏到外則換成了另一個人。如此你方可修練太極功，捨此，一世空忙，一生盲練。

拳論云：「天地為一大太極，人身為一小太極。人身為太極之體。」既然人身為太極之體，當練太極拳時，你便是一個陰陽之體，陰陽隨時變化，動之則分，一動便有陰陽變動。腳在下是根，一般不被人關注。手在上，在周身前後左右運動，最為引人注目，手是太極拳運動最直觀的表現形式。

修練太極拳不是以常人的思維去想，不是以常人的眼睛去看，不是以常人的身體練拳。手和腳要具備太極之體，進而是透空之體。必須認識為陰陽之母，太極拳的靈魂是鬆空。要有一雙太極手，有一雙稱之為太極拳根基的腿、腳——太極腳。太極拳為內外雙修，心、神、意、氣要極為安靜，頭腦亦要極為安靜。太極拳大師吳圖南前輩教導後來學子練拳說：「要有

脫胎換骨的精神，百折不回的毅力。」這是真諦。

余功保

鬆柔空靈是太極拳區別其他武術的分水嶺，太極拳練習，鬆為本，空為境，柔為宗。

四、自然法乃成

余功保

您最新出版的一本專著，名字就叫《自然太極拳》，在您的許多文章中也都提到自然練拳，看來您對太極拳「自然」的法則很強調。

祝大彤

自然是宇宙的天性，也是人的天性，練拳不能違背天性，而要順乎它。

吳圖南先生過去在拳場說的最多的詞之一就是「自然」。

自然是練太極拳一個核心的原則。我現在練的太極拳我就把它叫做「自然太極拳」，所以書也就叫這個名字。

太極拳有一首《授秘歌》，是很重要的拳論，練拳者應該精心研讀一下。《授秘歌》中說：「無形無象，全體透空。應物自然，西山懸磬。虎吼猿鳴，

祝大彤著作
《自然太極拳81式》
（大展出版社出版）

祝大彤演示太極推手

水清河靜。翻江播海,盡性立命。」自然就是它強調的核心。

　　在太極技擊運用中,沒有固定法則,不動不靜,靜中制動,動便是法。左右上下,前進後退由進者決定,守者靜中制動,對方動,我靜,動靜之機,陰陽之母,隨心所欲運用自如立於不敗。這一切要有太極拳綜合功力——內功,身上有了內功,就有「應物自然」「隨心所欲」之境界。有了自然,才能達到「全體透空」的神明境界。

余功保

規矩多了事情就複雜,自然了就變得簡單了。

祝大彤

　　所以自然太極拳堅持通俗簡潔的三易原則,就是易學、易懂、易操作。

余功保

太極推手有什麼訣竅？

祝大彤

太極推手是練習太極拳者必然修練的功夫。可以提高技擊能力、愉悅身心、健體強身。要提高推手能力，經常背誦、實踐「八在」、「25背」，可以加深對太極拳思想的理解和認識，不斷增強推手功夫。

余功保

「八在」「25背」的內容是什麼？

祝大彤

「八在」為：

在有意無意之間；在不偏不倚之間；在忽隱忽現之間；在自然與不自然之間；在虛與實之間；在動與靜之間；在輕靈與不輕靈之間；在用手與不用手之間。

「25背」為：

上下一條線，腳下陰陽變，頭上虛靈頂，妙手空靈轉；四梢空接手，接手點中走；接虛不接實，打虛不打實；接點不接面，打點不打面；對方雙手進攻急，切記製造半邊虛；立柱式身形，單腿重心，實腿實足，虛腿虛淨；收吸腹股溝，是前中心。鼻尖、膝尖、腳尖，三尖相對；溜臀是後中心，尾閭垂直至實腳的腳後跟；胯以上肩以下不動，胸腹似燈籠；不丟不頂，先是不動；手動腳不動，腳動手不動，手腳齊動還是手不

動；空腰轉胯，虛胯不動轉實胯；周身上下一個動點一個不動點，周身處處都有動點不動點；動則鬆腳，動則分；鬆肩垂肘手要空，食指輕扶；陽動皮毛攻，陰動瞬間骨變空；陰動的起始點是陽動的終止點。陽動的起始點是陰動的終止點，陰動虛中虛，陽動實中實；上下相隨，內外相合。

周身上下內外一致；太極無手，周身處處皆是手；太極不用手，手到不要走；順人之勢，安舒中定；刺皮不刺骨，刺骨勁定堵；引進落空，捨己從人；求之不得，不求也不得；接手分清你和我，你我之間不混合。

余功保

對太極推手您好像主張叫「揉手」？

祝大彤

是的。太極推手不是太極拳的打法，或者說不是唯一的打法。太極拳主要是以推手來訓練勁力，是一種體驗方法。我認為，「推」字不符合太極拳「用意不用力」的原則，容易誤導學者用力去推，沒有體現出太極拳「陰陽」「虛實」「輕靈」的特點。一些太極前輩就認為「推手」叫法不妥，如汪永泉大師在《楊式太極拳述真》中就提出過這一觀點。我認為「揉手」更為恰當。

余功保

在太極拳理論中，談及「頂」的問題的還比較多，比如「虛領頂勁」「頂頭懸」等。您也提出過一些關於「頂」的觀點，還引起了一些爭論，比如「陰頂」「陽頂」的說法。

祝大彤

我經由幾十年的鍛鍊，認為練太極拳應該有兩個「頂」，一為「陰頂」，一為「陽頂」。

祝大彤太極拳勢

過去一般來講，「頂」就是頭頂「百會穴」，這只是其一。天地一大太極，人身為一小太極，太極分陰陽，頂應該也有陰陽之分，才符合陰陽相濟。我在長期修練中悟到，陰頂部位在百會穴，陽頂部位在前頂囟會穴。在練拳時應同時注重兩者的修練。

余功保

「太極點」是您多次提到的一個概念，應該如何理解？

祝大彤

我認為，太極拳是一種微小運動。太極拳其大無外，其小無內，大到無邊無際，小到退藏於密，無形無象，觸之而空。修練太極拳的實質是太極點的修練，點越小，功夫越顯，層次越高深。太極拳的點是太極拳的細胞，在拳中起著運化陰陽的積極作用。

親口向筆者說「點」者，是京城太極拳大師楊禹廷先生。有一次在他家中，我攬上他的手腕，感覺手攬空了，食指根都有一個小小的空無點，心裏有攬空欲跌出的恐懼感。他舒展開手，笑著說這是「點」。楊老拳師講的點，沒有固定位置，周

身上下都是點。隨便按哪個部位,初始有空無感,腳下飄浮,瞬間摸按之處變為堅硬點,隨後被擊出。這是陰陽相濟,遇陽而陰隱,遇陰而陽顯現,接觸點上化解來力,而點點俱打。

從拳理論述,點胎生於太極拳循規蹈矩的修練。在太極拳經典著作中,有「一舉動,周身俱要輕靈」「由著熟而漸悟橫勁,由懂勁而階及神明」之語。

以此兩句拳論為座標,試將拳藝分為四乘功夫,即「輕靈」為初乘;「著熟」為下乘;「懂勁」為中乘;「神明」為上乘。要經過依太極陰陽學說循規蹈矩和艱苦的修練。中乘功夫者,身體四肢本力已經退得比較乾淨,雙肩也能因此放鬆下來,盤拳有輕靈感,外人看著整體動態運行上下相隨,內外協調,這時才有可能在身上有「點」的感覺。到中乘,也就是「懂勁」階段,修練者體能大大改善,身上有空鬆之感,如行功盤架時,腳下陰陽變化,手上輕扶鬆柔動態只有點在運行,身體空鬆得六髒六腑似乎沒有了,頭腦空空,腳下雙輕自然騰虛。

瞭解太極點的形成後,對點的運用是相當廣闊的,可以小打大,以靜制動,以柔克剛。

余功保

太極拳可以說目前獲得了歷史上一個空前的大發展時期,太極拳的流派、套路很多,名家也不少,您如何看待目前太極拳的發展狀況。

祝大彤

我記得很多年以前,原國家體委主任李夢華針對武術界說

過一句話：「可以說自己好，不要說人家不好」，我認為這句話很有意義，很有水準。有一次，我去看望徐才先生，他就提到李夢華的這句話，強調說，武術界的朋友要好好領會其中的含義。

每一個拳種，每個拳種的一個流派，承傳下來必然有承傳下來的優勢，多少代人傳下來而至今仍有生命力，這是承傳人將自己的精氣神注入拳中的結果。不同階層的練武人受時代背景的影響，加上家庭貧富及個人文化道德修養有別，練出來的拳架套路大都帶有個人性格和文化色彩。什麼文化，什麼思想，繼承什麼模樣的拳法，不可過多指責別人。嚴格說這是武德修養。

余功保

多樣化是一種客觀存在。

祝大彤

一個師傅一個傳授，一娘生九子，九子各不同。不可偏科，也不要偏激，你認為自己對的，幾年後也許你自己就會否定自己，你認為不對的，也許多年以後人家遍傳四海。不要以我為中心，強讓對方服從自己，指責貶損人家。

余功保

練太極拳要有胸懷。

祝大彤講解推手

翟維傳簡介

翟維傳，1942年生，河北永年廣府人。武式太極拳名家。

12歲開始習拳，先後拜武式太極拳名家魏佩林、姚繼祖為師，全面學習傳統武式太極拳。誠實好學，刻苦精進，勤思善悟，深得二人垂愛，得武式真諦。拳架工整渾厚，器械規範精練，尤善打手。有繼承有發展，享譽海內外。

學藝50餘載，授拳30多年。作為武式太極拳主要代表人物之一，經常受邀到全國各地講學，足跡遍佈大江南北及海外，教授學員數萬人。自20世紀80年代起，多次帶隊參加國內外武術大賽，獲得個人榮譽60多次、集體獎30多次，隊員獲獎項1000多人次。

授拳之餘，著書立說豐厚，其中有50多篇論文在全國各大武術刊物上發表，並協助姚繼祖出版《武氏太極拳全書》，代表永年參加國家對《武式太極拳競賽套路》的編排與審定工作。出版有《武式太極拳述真》《武式太極拳術》《傳統武式太極拳叢書》（10本）等著作。

為河北省邯鄲市武術協會榮譽主席、邯鄲市太極拳委員會副主任、河北省永年縣太極拳協會副主席、中國永年國際太極拳交流大會顧問、永年縣南護駕武式太極武校校長、邯鄲市武式太極拳學會會長、永年縣維傳武式太極拳研究會會長，並兼任國內外多家武術組織名譽會長、顧問等職。

我武維揚

—— 與武式太極拳名家翟維傳的對話

　　2006 年與翟維傳先生兩次會面，一次在永年廣府武禹襄故居，細細品味其拳法拳勢，一次在北京，品茶談拳，聽其縱論太極拳精要，處處閃現實踐與理法結合的真知灼見。

　　武式太極拳尚工整，於緊湊中求開展，在塵埃落定處現滌蕩乾坤之勢，蘊積不張揚。好拳如好茶，不品不足以得其三味。翟先生性情如拳，沉實有度，練武式太極拳可謂實至名歸。

　　依照中國傳統文化的觀點，生命的結構有先天和後天之分。從性情上來說，本性爲先天，修養爲後天，練拳又強調後天返先天，即以科學化的程式，去掉後天的干擾因素，返回純淨的先天本原。所謂「先天」，即爲自然之道，拳的根本規律，也就是拳之先天了。

　　故如能「拳人合一」，則一舉一動即爲練拳，爲人即爲拳，真正實現了「拳不離手，譜不離口」，拳道入焉。

功夫在拳外，其實在拳中。在拳形、拳套之外，在拳髓、拳理之中。

武術傳承千年，套路千變萬化，拳理愈傳愈精。比具體招式傳播更久遠、更廣泛，更深入人心骨髓的是中國功夫的神韻文華。

我武維揚，揚的是一股浩蕩之氣。

余功保

一、永年傳承

余功保

河北永年在中國太極拳發展史中有突出地位，是楊式太極拳、武式太極拳的發源地，孫式、吳式太極拳也與其有密切關係。您作為永年人，又是武式太極拳的直脈嫡傳，可以說對太極拳的傳承別有一番意義。

翟維傳

武式太極拳是咱們國家五大太極拳流派之一，祖師是武禹襄，發展到現在已經傳播了好幾代人了。

武式太極拳創始人武禹襄也是河北永年人，潛心鑽研太極拳的拳理和拳法，由對王宗岳所著《太極拳譜》的研究和自身練拳的體會，創編而成獨具特色的武式太極拳。

在武式太極拳的傳承上，第一代是創始人武禹襄；李亦畬是第二代；郝為真、李遜之、葛福來為第三代；我的老師姚繼祖、魏佩林是第四代；然後是第五代我們。在一代一代的傳承過程中，武式太極拳也在逐漸地發展，不斷壯大。

我受技於姚繼祖、魏佩霖兩位老師。

我從小就喜歡武術，而且距離老師比較近，跟兩位老師

河北永年廣府城

都是鄰居，占天時、地利、人和的各方面有利條件，所以從十來歲就跟隨老師練習。

魏佩霖是武式太極拳第四代傳人，魏老師1961年去世後，我又拜在魏老師的師弟姚繼祖先生門下，一直跟隨姚老師，直到姚老師去世。

姚繼祖像

魏佩霖像

余功保

他們兩位都是李遜之先生的弟子吧？

翟維傳

是的，李遜之是李亦畬之子。是太極拳的大家。

【鏈接】

李遜之簡歷

李遜之（1882—1944），武式太極拳名家，武式太極拳具有代表性的人物。河北永年人。名寶讓，字遜之。李亦畬次子。不滿6歲在父親的督促下開始學練武式太極拳。每日上午習文，下午習武，常常與哥哥李石泉推手較技。在練功過程中，不斷地總結新的內容和練功方法。喜好讀書，曾在當地學習教書任教。晚年經商，在永年東街開設新華印刷局。太極拳造詣精深，傳有

弟子魏佩霖、姚繼祖等。在永年及海内外有較大影響。在晚年時仍不斷地探討、研究拳法的奧妙所在，著有《初學太極拳練法述要》《不丟不頂淺釋》等著作。

余功保

姚繼祖先生在 20 世紀裏，是武式太極拳一位非常具有代表性的人物，特別是在傳播上，尤其是在困難條件下，堅持不懈地教授，對武式太極拳發展有很大貢獻。請您介紹一下跟姚繼祖先生學拳的情況。

翟維傳

我們那時候學拳不像現在，不能大張旗鼓地學，經常要悄悄地學。姚老師開始處境不太好，但還是想方設法來教我們，

姚繼祖與四位弟子金競成、翟維傳、胡鳳鳴、鍾振山

所以我們也格外珍惜。

我自己練拳很刻苦，不苦不行呀，咋出功夫？

姚老師對我也很注意錘煉，他多次讓我和他一起參加活動、比賽，比如武漢國際太極拳觀摩會，我也經常跟老師一起出去參加表演，作為武式太極拳代表被邀請參加各種活動比賽。這些對我都很有幫助。

姚繼祖在 1984 年武漢國際太極拳交流大會上表演太極拳

余功保

姚老師教拳給你們做示範吧？

翟維傳

經常做。

余功保

你們看姚先生練拳突出的特色是什麼？

翟維傳

守樁守得好。

武式太極拳講究「小巧緊湊」，兩隻手各管半邊，不互相逾越。姚老師在拳架上十分嚴謹，很有法度。他時常講：必須得守規矩。守規矩以後，你的功夫上去了，你還可以破規矩。姚老師說，每個動作你都要有規矩，比如往前推，以身體帶肩，肩催肘，肘催手，是整體往前催，不是單純的肢體的動

作。往後也一樣，是個整體勁。整體勁的威力是巨大的。

余功保

那是從自律走向自如的境界了。

余功保

您是從什麼時候開始傳播太極拳的？

翟維傳

我從 1991 年亞運會開始帶學生，開始是代師傳藝，幫助姚老師教學。後來自己也教弟子了。姚老師去世以後，我感覺肩上的擔子更重了，陸續參加了各種武術盛會。我希望太極拳能夠發展好、發揚光大，使大家受益。我在全國各地十幾個大中城市如成都、東北鐵嶺、大連、樂天、黃岡、常州、孟州、江

翟維傳在進行太極拳教學

門、開平、珠海等地傳拳。

我目前僅僅在溫縣就有武式太極拳弟子上千，其中正式收的徒弟有七十多人。很多徒弟也都有了各自的徒弟，所以武式太極拳已經到了七代、八代。

如今，越來越多的外國人也開始癡迷起太極拳來，甚至比咱們中國人還喜歡太極拳，我的外國弟子也很多。所以我認為太極拳要走出國門、走向世界，讓全世界人民都能享受到太極拳的好處，讓全世界人民都能得到太極拳的益處，讓人們透過太極拳的習練保持身體健康，突出太極拳良好的防身、健身效果。

余功保

我在很多次大型太極拳活動中都看到您兒子帶領太極拳學員參加表演、比賽等，他也跟您學拳？

翟維傳

我的兒子翟世宗耳濡目染，受到我的感染和薰陶，從小就非常熱愛太極拳，現在也一邊幫著我教學，一邊加緊自己的練功。

余功保

您這些年在推廣傳播武式太極拳上也做了很多工作。除了教學，還出版了不少圖書、音像，主要有哪些作品？

翟維傳、翟世宗演示推手

我武維揚——與武式太極拳名家翟維傳的對話 545

翟維傳

出的書主要有：《武式太極拳述真》一書，是 2001 年由武當雜誌社出版的；《武式太極拳術》一書是 2004 年由山西科技出版社出版的。《傳統武式太極拳系列叢書》一套 10 本，2006年由山西科技出版社出版。另外還出版發行了十多盤教學光碟。我希望讓我五十多年鍛鍊的一些體會能夠廣泛傳播開去。

二、招、勁全憑心意在

余功保

姚先生給你們講拳中都注重些什麼？

翟維傳

他不僅注重招，還注重勁。

余功保

招和勁有什麼區別？

翟維傳

你自己主動動對方的是招，對方動自己，自己變化出來的就是勁。勁有兩三個勁組合的，有三四個勁組合的，我們叫做「複合勁」。

翟維傳太極拳勢

余功保

很少單一勁運用的？

翟維傳

是的，因為對方來取你，不是一個簡單的過程，你要用單一的勁就對付不了。太極拳的鬆就是不給對方接勁，讓對方摸不著我的勁，動對方的時候，必須與對方的勁吻合，兩個勁頻率相合了才能出來效果。

太極拳技擊中要把對方拔根，就是讓對方失去平衡，拔根落空，只有拔根落空，才能借力打人。

余功保

練習太極拳的人，在外面一般都有招，懂得勁的就少些了，對意有深入理解的就更少了。

翟維傳

意可以有幾層理解。比如你要向前把前面的一堵牆推倒，你的意就要往上上，這是動的、自己練功夫上的意念。再一個就是與對方推的意念。

余功保

對方是個活體，他就會有反應，這不同於物體。

翟維傳

你推他，他必然有反應。你在向其運勁進攻的時候，就要

把他的反應考慮在內。你推他，他可能向旁邊帶你，你就順勢再向旁邊牽動他，就讓他失去平衡，這就是借力打人。你要往後打他，就先往回帶，他就會往後掙扎，你就順他勁把他推出去了。

姚繼祖太極拳勢

余功保

所以這種勁時刻在變化的。

翟維傳

這種變化的關鍵都是意念的運用，意念和勁相結合。

意念還有一種就是「挖坑」。過去老先生們說，沒動呢，就給他挖好坑了。挖好坑了他都不知道，用意念先虛引他，由他的必要反應，自己往「坑」裏跳，向著咱給他規定的方向跌出去。

意念要和身法配合好，一動無有不動，一靜無有不靜，周身一家，周身渾圓，這樣才能發揮意念比較大的作用。

姚老師講有人似無人，無人似有人。就是練套路的時候，自己一個人，也要當做有人和你對練。

余功保

時刻保持技擊意識。

翟維傳

對。在你和人技擊推手的時候，你就當他不存在。

余功保

這也是保持「空」的狀態。

翟維傳

姚老師說，太極拳不是打出來的，是「養」出來的。我由幾十年的研練，深刻體會到這一點，這很重要。除了自身練太極養氣，在推手中也要「養」。

翟維傳太極拳勢

余功保

推手中怎麼「養」？

翟維傳

你打了人家了，有的服氣，有的不一定服氣，再找人推，再打，沒完沒了，你的口碑不一定好。要養，大家在很平和的氣氛中體驗，體驗太極拳的技擊奧妙，他也很服你，大家也提高了。

姚老師和武術界來往很多，但從來不出手打人，都是點到為止。他的脾氣很好。他樂於和大家交流，他文化很深，對拳理理解很透。

三、得緊湊者得舒展

余功保

每一種太極拳都有自身鮮明的特點，您認為武式太極拳的主要特點是什麼？

翟維傳

武式太極拳的外形上的顯著特點是小巧緊湊。

和楊式太極拳在套路架勢上的開展大方不同，武式太極拳小巧緊湊。小巧緊湊的好處是能夠很好地實現外三合，有利於轉換，有利於內外相合，技擊上路線短，快速，時間短，這是武式太極拳外形的顯著特點。

余功保

武式太極拳形態上是小巧緊湊的，但絲毫不影響它的氣勢，練好了氣勢很大，這就對習練者有更高的要求和領悟能力。

翟維傳

是這樣的，要領會內在的很多東西。真正掌握了緊湊的內在要義，自然會得到舒展的訣竅。

翟維傳太極拳勢

余功保

武式太極拳在身法上好像有獨特的要求。

翟維傳

我也接觸過其他太極拳，武式太極拳在身法的要求上有很多是其他太極拳流派沒有的，過去這些都是不對外傳的。

兩個手始終有一個手在中線上，必須在中線上。實腳轉身兩手各管半身，不相逾越。中定是五行中的一種步法。利用虛實變化，在進退之中練習中定。

在練法上注重開合。往外旋，開，呼氣；往內，吸氣。開合交錯變化。對方一來就轉化，進入快，發力快。腳跟始終不離地，實架轉化，外擺內扣。轉化的同時以腰為主宰，內外相合。合是內收含蓄，走化，開是發力沾制。

一動有陽有陰，有陰即有陽，所以開中必須有合。

開合是兩膊的螺旋的用法。陰陽是勁法的變化。

身法尾閭正中，命門後撐，雙腿放鬆，要有很好的樁基，下實上虛，根基穩固。武式太極拳的腳法是從弓步開始，注重外三合。

武式太極拳很注重身法，一切要領要由身法來實現。「尾閭正中」是過去一個保守不傳的要領。有的太極拳講「尾閭中正」，這一個字之差，大不一樣。「中正」是說，百會穴和會陰成為一個直線。「正中」則是說尾閭尖朝前彎，命門朝後撐。尾閭與鼻子尖相對應，它起的效果就是，一鬆沉，由彎尾閭，鬆腰胯，把意氣沉下去，使腳以地面反彈力由腰、肩、肘等完整一氣發出去，產生巨大的威力。我就這樣走身法，走出

來東西了。以前老師給講這個，還沒有體會的時候覺不出它的妙處，等有體會了，覺得真是關鍵性的練法。

余功保

我看到一些人在練習武式太極拳時有不同的架子，外形有些區別。

翟維傳

過去老前輩把架子分三段，第一段是大架子，第二階段是中架，進入一定層次後是小架，這就是三個功夫的層次，由開展到緊湊，先求開展後求緊湊。

余功保

太極拳講究內外相合？您認為要做到這一點，關鍵在哪裏？

翟維傳

達到內三合是一種上層的功夫。其中關鍵在精神，精神起到提領身體的主要作用，沒有精神不行。提起精神，指導練好、走好。一切動作都由意念支配，意到、氣到、勁就到。肢體的配合要做到內外結合，這也是太極拳的內外相合。

翟維傳太極拳勢

余功保

即使是高級功夫，也是必須做到

的，否則就失去了太極拳的核心的東西。

翟維傳

我經由 50 年的親身鍛鍊，證明太極拳的健身效果很好，它是一種科學，並不神秘。它可以健體強身，但總歸是拳，所以有技擊作用。

現在很多人稱太極拳是太極操，那是因為很多練習太極拳的人都沒有功夫，內力的東西不多，只注重外表，注重姿勢優美，不顧內。如果只追求套路的演練，那 30 年也上不去功夫，內裏的功夫也要配合。所以練習太極拳必須做到內外相合。

余功保

太極拳的內功是大家很感興趣的一個東西，過去有的人說得很玄，現在說法也很多。武式太極拳的內功是怎麼鍛鍊的？

翟維傳

武式太極拳傳統練內功的方法是一個式子一個式子的練，並沒有完整的套路。但方法是有的，也很豐富。我現在根據傳統拳架和老師教給的功法，結合自己多年的實踐、體會，編定「內功小架」，是自己根據兩位老師的傳授所編定的過去武式太極拳中沒有的內功套路。

這套內功小架姚老師修改過好幾次，反覆校正。它的特點是三十七個動作組成一個套路，快了三四分鐘就可以打下來，每個動作、每個式子都可以做出爆發力。主要練習立圈，因為大套路中斜圈、平圈多。這套內功小架上下起伏大，角度小，更利於人們得到鬆沉的功夫。人們可以在掌握了武式太極拳傳

接受太極拳名家講堂聘書

統簡化套路後，在一定的基礎上練習內功小架，必須要有一定的太極基礎。

余功保

內功的鍛鍊永遠是和套路相結合的，這樣才能發揮更大的效能。

翟維傳

內功是一個大的概念，最主要的是內練，實現對身體內在結構、功能的改善、提高。

武式太極拳是以內動帶動外形，內氣帶動肢體的運動。所謂內動，就是精神、意念、氣，意到、勁到、氣到，是意念的支配。

余功保

呼吸也是一種內練的方法。武式太極拳對呼吸有什麼講究？

翟維傳

呼吸在太極拳中很重要。武式太極拳的呼吸採取腹式呼吸，內呼吸，氣沉丹田。呼吸，有閉吸。由開合，合到一定程度再繼續合就產生閉吸，這是在自然過程中形成的。

四、太極圈中求

余功保

我看您的著作中強調了練習活步椿功，它的作用是什麼？

翟維傳

練習活步椿功的作用，可以使習練者掌握圓活的要領。太極拳就是一個圓，任何凸都是病。內力和肢體，形成意氣圈，腰腿脊背，每個姿勢都是一個圈。

余功保

真正理解了太極拳的「圓」「圈」，也就掌握了太極拳的技術特徵。可惜的是很多人對圓和圈的理解只是浮在表面。

翟維傳

圈是太極拳的一個特

翟維傳談太極拳

色，陳式也講，楊式也講，可能大家在具體練法上側重點有些區別，但有些要領是相通的。陳式太極強調從大圈到小圈，這一點上武式太極拳也一樣。從肢體上來說，從外到內，內圈練什麼？就是練丹田，運轉丹田的功夫是重要的基本功。在拳術套路中，每個動作裏邊都要氣沉丹田，這樣練才能有氣感。

余功保

如何練太極拳能有氣感是很多人追求的東西，有人說的很複雜，其實講明白了也很簡單。

翟維傳

武式太極拳越來越得到人們的青睞，人們為什麼願意學？因為它氣感上得快。由鍛鍊得到的內勁，功力好、氣感就大，丹田通了腰就有勁兒了，鬆沉才能穩。

余功保

太極拳的健身性是當今人們最廣泛重視的一個功用。武式太極拳的健身原理是什麼？

翟維傳

太極拳可以增加壽命、提高免疫能力。關於武式太極拳的健身效果，我認為王宗岳提到的周身一家、一動無有不動，這些都是它之所以具有健身作用的原因。太極拳是有氧運動，透過演練太極拳，身體各個關節、五臟六腑都得到鍛鍊，五臟六腑由內力的按摩而暢通，所謂通者不痛，所以對身體有很大好處。

內外相合，鬆緊合度，一鬆全身都放鬆，一緊全身都緊。意氣的循環，在內裏循環，打通身體各部分，對身體當然有好處。一旦內氣、外觀配合，對健身更有好處。有很多有疑難雜症治不好的人，後來都由太極拳重新找回健康。

我過去的工作是開拖拉機，跟我做一樣工作的人身體都不是很好。由練太極拳證明，我的身體比其他人好很多，我本身的經歷就說明太極拳對身體是有益處的。

余功保

有人認為太極拳也是一種健身氣功，您是否同意這種觀點？

翟維傳

這種觀點是對的。比如過去傳統氣功中練大小周天，太極拳也有相應的方法。要先練站樁、渾圓樁，由意念的活動，由身法的調整，意氣內裏轉。太極拳就是動氣功。

太極拳根據習練者功法層次的不同，認識也會有所不同，很多人沒有達到一定的層次，就認識不到更深的內涵。

五、陰陽層次

余功保

太極拳處處不離陰陽，理解了陰陽在太極拳中的具體體現，也就把握了太極拳的內在變化規律。如何理解太極拳中的陰陽？

翟維傳

陰陽是兩種既對立又統一的因素。它們有著多種關係。又複雜又簡單。

陰陽相濟可以小到肢體動作的細節，一轉，陰陽就有了。根據陰陽相生相剋的原理，陰陽是可以調整的。對陰陽的認識也是根據功夫不同、層次不同有不同的認識。

所謂陰陽，太極拳總體就是一個陰陽變化。從身上分，手的開合，腿的虛實，都是陰陽，進步、退步也是陰陽，可以分多處陰陽。王宗岳《太極拳論》上說，左重則左虛，右重則右杳，只說了一半，到了李亦畬就完善了，一個走一個站、陰陽相濟。

在不同功夫層次上，陰陽的體現，對陰陽的理解也有所不同。

余功保

在太極拳中陰陽也是分層次的。

翟維傳

是這樣的。

余功保

太極推手是太極拳的主要表現形式之一，也是體現太極拳功夫的主要衡量標準。只要太極拳存在，太極推手就不能丟。太極推手功夫的展現和訓練也是各家有各家的絕招。武式太極拳的推手有什麼特點？

翟維傳

推手要講究內功、內勁。現在很多推手都是招，沒有勁。

武式太極拳要求不丟不頂、沾連黏隨、捨己從人、力從人借、以意導氣。拳論講：「由著熟而漸悟懂勁，由懂勁而階級神明。」可以看出太極拳推手是分層次的。拳諺曰「一層功夫一重天，練到五層走遍天」，也就是打招、懂勁、打意、用氣、打神這五層境界。

拳論說由著熟而漸悟懂勁、由懂勁而階及神明，分三個階段。武式太極拳分五層功夫，第一是招法；第二是懂勁；現在不是頂勁就是丟勁，很多練習者不懂陰陽，這是存在的問題；第三是意念；第四是用氣，以氣用招；第五是精神。

武式太極推手中講究「一身備五弓，蓄勁如張弓，發勁如放箭」。到了李亦畬發展到人為弓、我為箭。蓄勁如張弓，說自己，以腰為主宰，發勁如放箭，能不能讓對方引進落空是關鍵，先讓對方失力，才能達到蓄勁如張弓，發勁如放箭，使對方失去平衡，技巧奧妙，引進落空，借力打人。

余功保

所有這些功夫都是要下大工夫，練到一定程度才能體會到的。

翟維傳

當前太極拳發展在技術上有危機。形勢上很好，政府提倡，大家喜歡。但很少有人像過去老先生們那樣下那麼大的工夫，有那麼高的功夫，這在技術上有丟掉一些精華的擔憂。

余功保

這需要我們要大力提倡一些傳統太極拳真正的內在的東西。不能停留在浮華的表面。

翟維傳

以前有些老先生有保守的思想，不傳，現在，

2006 年在邯鄲太極拳交流會上

可能保守的少了，但學習真正傳統太極拳真功夫的人少了，有的人練了幾十年，還沒得真髓，這是讓人痛心的。

余功保

很多練法都是這樣，老師告訴你，你沒有體會的時候覺不出來它的精妙之處。所以有的老師認為，等你練到那裏才告訴你，早說了沒有用。當然也有的老師認為，即使你目前練不到，但要告訴你知道有一個目標在那裏。

翟維傳

對太極拳的功夫來說，知道了，是一回事，功夫上身，又是一回事，大不一樣的。只有把老師講的功夫弄到身上了，和人推手時才能感覺到效果。這種界限是很明白的。

比如說，太極拳中講「有上就有下，有左就有右，有前就有後」。

余功保

這是太極拳的矛盾統一規律。

翟維傳

體驗不一樣，認知就不一樣。比如「有上就有下」，就是手往上走，往上掤的時候，身體要放鬆，有下沉之感，手往下走的時候，身體往上漲。再比如有前就有後，手向前推，向前發力，命門就要向後撐。只有前後左右幾種勁都有了，才能實現八面支撐。你若有前沒有後，身體就不圓。人體就是個球，太極球，要很靈活地旋轉。在武式太極拳中每個動作都要有這種八面支撐的結構。有人把「有上就有下」理解成「指上打下」，這是誤解。

讀熟拳譜，你還要練，要不然，你把拳譜背得滾瓜爛熟也不行，老師口傳給你，你不練，也是個零。

余功保

您現在除了教學外，自己還經常練拳嗎？

翟維傳

由多年傳拳的經驗，我感覺到，要想真正練好太極拳，練出功夫，就要堅持不懈地練習。武式太極拳和其他流派太極拳有很多不同的地方，技法、身法、勁法上的很多要求都不同於其他流派，這些要在練習上細心體會。練太極拳是一門很細的功夫，我現在六十多歲了，依然持續著對太極拳的追求，練到老學到老，細心體會到老。

田秋田簡介

　　田秋田，1933 生，河北完縣人。陳式太極拳名家。

　　1954 年從其叔田秀臣及馮志強學習陳式太極拳，系統繼承了傳統陳式太極拳的理法功技。行拳沉著穩定，大氣端正，中正安舒，儒雅大方。強調太極拳的柔化和圈的特點，以身帶手，規範行拳。1976 年開始在北京眾多機構傳授太極拳。1995 年以後多次應邀在中國武協、北京武協舉辦的重要的太極拳活動中進行陳式太極拳名家示範。並應邀在北京武術院開展對美國、英國、義大利、俄羅斯、韓國等國的陳式太極拳交流教學活動中擔任陳式太極拳主講。

　　被多所大學聘為陳式太極拳教練。為北京武協陳式太極拳研究會副會長。

田秋信簡介

田秋信，1942 年生於北京。陳式太極拳名家。

自幼隨其叔父田秀臣習練陳式太極拳，勤學苦練，技藝精湛。60 年代初，開始在崇文區工人俱樂部教授 24 式太極拳、88 式太極拳及 32 式太極劍，並同時修習形意拳。

多次參加北京市重要武術比賽活動，取得突出成績。80 年代開始傳授陳式太極拳，長期在清華大學、北京大學等高等院校教課、舉辦講座，成為北京科技文化界著名的太極拳傳播者。研拳、教拳注重理論和實踐相結合，深入淺出，深受好評。培養的學生、弟子在全國太極拳比賽中取得優異成績。

20 世紀 90 年代初，在北京創立華城武術社並任社長。為北京市武術協會理事會理事、北京市武術協會委員、中國科學院武術協會顧問、北京大學陳式太極拳協會顧問、清華大學太極拳協會顧問。

田秋茂簡介

　　田秋茂，1945年生於北京。陳式太極拳名家。

　　其叔父田秀臣為陳發科著名弟子，陳式太極拳的一代大家。16歲從其叔父學習陳式太極拳。經田秀臣耳提面命、精雕細琢，盡得乃叔風範，成為繼承其叔父拳學的代表人物。其間還在其叔父及馮志強先生的悉心指導下學習了推手的功法與技巧。

　　20世紀70年代開始進行太極拳教學活動，性格寬厚恬淡，不慕名利。長期義務傳拳，培養了大量優秀太極拳人才。曾協助雷慕尼等名家教授推手。

　　堅持傳統，在教學中始終按照陳發科、田秀臣所傳拳架授課。被認為是原汁原味繼承傳統陳式太極拳的傳人。

　　為北京陳式太極拳研究會秘書長、華成武術社副社長兼總教練。

起承轉合勢必然

——與陳式太極拳名家田秋田、田秋信、田秋茂的對話

田秀臣自認爲是一個傳統陳式太極拳的守望者。

只有守，才能傳。守之愈固，傳之愈久。

他對於傳統有著自己獨特的理解，並將這種理解貫穿在行爲上。他一生以忠實地繼承陳發科拳架爲己任，以「不走樣」爲行拳座右銘，宣導「原汁原味」。

在陳發科的弟子中，他被稱爲「拳架最像老師者」。

田秀臣的三位侄子田秋田、田秋信、田秋茂，秉承家學，勤勉研拳，深得乃叔精邃，並有自身心得。於起承轉合中延綿陳式太極拳要義。

起：起於始，跟於源，始爲無極，浩浩蕩蕩，無邊際，無著落，無僵化。源爲本來，質樸無華，天然純正。

承：太極變化之道，承上啓下。承接了功夫，也承接了責任。眞正承接了厚重的內容，便會覺出其分量之大。

轉：婉轉鼓蕩，化外爲內。丹田運轉，眞氣從之，拳轉千遍，有無自換。於先賢處領悟機要，於自然中領悟眞諦。

合：由變化合於不變，動中得靜，曲中求直，如水賦形，合自身，合萬物。

起承轉合能完整一氣者，拳法大勢乃成，臻於流暢自如、穩固靈動之境。

余功保

一、守望傳統

余功保

陳式太極拳是太極拳最重要的流派之一。北京的陳式太極拳在太極拳發展歷史上有重要地位，為陳式太極拳走向全國乃至世界發揮了重要作用。

陳發科先生當年到北京傳拳，培養了一大批傑出弟子，他們後來成為陳式太極拳推廣的重要人物。你們的叔叔田秀臣先生是陳發科的主要弟子之一，被認為是忠實承傳陳發科太極拳架的傳人，不僅在北京，在全國也有廣泛影響。請你們介紹一下他學拳、傳拳的有關情況。

田秋茂

1928 年，陳發科師爺把陳式太極拳大架從陳家溝帶到了北京，開始在北京傳拳。當時陳式太極拳在北京還沒有，陳發科來到北京後，大架才開始在北京得以傳播。

我叔叔田秀臣生於 1917 年陰曆八月，18 歲的時候開始學形意拳。

1941 年，我叔叔田秀臣在騾馬市做王文通筆墨莊的掌櫃，那是一家做毛筆生意的字號，在騾馬市大街，正好在陳發科住的中州會館斜對面，於是有機會認識了陳發科，開始向陳發科學拳。

到 1947 年，他幾個師兄弟一起正式拜在陳發科師爺門下，成為他的入室弟子。一直跟老師學到 1957 年陳發科去世。

田秋田

在我的記憶裏，我叔叔 1941 年跟陳發科學拳的時候，我還沒上學。他學形意拳是在花市火神廟，跟著名武術家唐鳳亭學，當時學拳的地方現在已經重修了。

那時候我們家開了兩個買賣，都是筆鋪，一個在崇文門，一個在宣武門。解放以後人都不用毛筆了，就開始經營

田秀臣像

鋼筆，也修理鋼筆。我叔叔那邊負責修理，我經常得送筆到叔叔那邊去修，於是就見著了陳發科。我見著他的時候他已經是個白鬍子老頭了，不多言不多語的。叔叔常對我說，不僅要學習陳老師的功夫，還要學習他謙虛的為人。陳發科從來不說自己有多棒，總是帶著濃重鄉音對別人說：「我不中。」那意思就是自己不成的意思，時間長了，人們就給他起了外號，都管他叫「陳不中」。老一輩拳家的品德特別值得我們學習。

田秋信

我叔叔田秀臣原來身體不太好，有肺病，十幾歲的時候很瘦。在上個世紀 30 年代末 40 年代初的時候，他學形意拳想健身。

我家在騾馬市有個買賣，我父親管理一個毛筆的鋪面，叔叔管理的是鋼筆的鋪面，正好跟陳發科的武館斜對著，離得非常近。一次偶然的機會，叔叔看到陳發科演練陳式太極拳，馬上就喜歡上了，就決定學陳式太極拳。叔叔經常提到我師爺陳

田秀臣教授太極拳

發科，說他的功夫非常了得。

我父親的那個買賣非常紅火，叔叔的買賣之後就越來越差了，因為叔叔後來把大部分經歷都放在了陳式太極拳上。叔叔那時候經常出入陳發科家。

我叔叔的模仿能力特別強，既能仿聲，又能仿形。他有時候給我們說故事，說《七俠五藝》《小武藝》，故事裏的人是山西人，他就用山西話；是山東人，他就說山東話。學誰的動作、學誰走路也學得非常像。有時候模仿別人誇張的樣子，連本人看著都好笑。

1946 年，正趕上陳發科 60 周歲，叔叔和李經梧、宋麟閣、孫鳳秋一起遞帖子、正式拜師。在學拳過程中。因為離得很近，斜對著，所以他經常把陳發科請到家中來，有時候是到陳發科那兒去。我也見過幾次陳發科，那是在解放以後。

余功保

我聽很多人講，田秀臣先生拳架很像陳發科。他堅持不改動陳發科教的拳。

田秋田

他打拳的主要特點，一生追求的目標就是像陳發科，不斷回憶當時老師是怎麼打的，始終追求這個目標，決不給老師的拳走了樣。

他行拳特點：剛柔相濟、鬆活彈抖、舒展大方、自然流暢，行雲流水不露痕跡。他一生中只有打拳這個愛好。

田秀臣拳照

他教拳遵照一個非常重要的宗旨，就是堅持陳發科老先生的原來拳架不走樣，這是他自始至終都堅持的原則。有些老師兄弟回憶起我叔叔也提到這個事，我叔叔的拳架在師兄弟當中是最像陳發科，他在教拳的時候一直按照陳發科的拳架，一絲不苟，從來不會自己加動作改動作。

余功保

很忠實「原著」。

田秋茂

他時刻強調不走樣。他始終在想他老師當初是怎麼打的，架子高低、勁路、風格、神采，都在回憶、在模仿。傳統的東西就像古玩，看它舊了給他刷一層漆，這古玩就不值錢了。拿寫字來說，你學的顏體它就是顏體，就是這樣的，如果你寫成柳體，就不是顏體了。傳統的東西是前人傳下來的，不能隨便

改，改了就失去它傳統的意義了。

我叔叔的這種思想也深深影響了我，我繼承他，也是這樣，不隨意創新。我強調「無一勢吾出」，沒有一個勢子是我自己造的，都是老師留下來的。所以，我們應該很好地繼承陳發科的練法。

田秋信

叔叔的模仿能力強，他學陳發科的拳非常傳真，差別相對比別人少。他忠實繼承，完全繼承，一點兒也不改。

余功保

他什麼時候開始教拳的？

田秋茂

1953 年，我叔叔離開驟馬市，1961 年開始在東單花園教授陳式太極拳。當時跟他學的人很多，一直教到 1966 年「文革」。

我叔叔把一生的主要精力都放在拳上了。1966 年受衝擊回到河北完縣老家後，處境很不好。練拳是四舊，但他還是堅持練沒有放棄，還教了好多老鄉。現在我們老家也有人練陳式太極拳，就是我叔叔教的。孫劍雲老師跟我們是老鄉，「文革」時他聽說孫劍雲老師也回老家了，還騎車去看了孫劍雲，當時孫劍雲老師很高興。

1978 年左右我叔叔回了北京，1979 年正式落實政策，先在崇文門地鐵站口北邊空場教拳，後來在東單花園門口。東單花園自行車不讓進，不方便，大家就挪到外邊了。後來挪到青年

藝術劇院門口。80 年代初搬到南池子西側，文化宮南牆外邊，一直教到他去世。

田秀臣拳照

1978 年，北京體育學院邀請我叔叔去教拳。當時跟他學陳式太極拳的有不少老師，還有很多小學員，教的是一、二路。還拍了一部紀錄片，當時有好幾位老師還都在。

他教拳的時候非常認真，也很辛苦。1961 年正是國家困難時期，當時吃飯都吃不飽。他早晨四五點鐘就得起床，起床以後先站樁 40 分鐘左右，然後才洗漱，之後到崇文門外小吃店吃早點，然後早晨 6 點準時到東單花園教拳，一直教到 11 點左右才回家，星期天時間更長一些。他教拳的方式和現在不一樣，他是一個人一個人地教，不是像現在開班，一下來幾十個人。每個人學拳的時間都不一樣，學拳的進度也不一樣，他對每個人都是親自做示範，因此教得很辛苦。

從 1961 年至 1966 年，學拳的人很多，星期天有一百來人。他去世的時候弟子給登了祭文，一匹布的帳子，在上邊簽名的就有六百多人。

田秋田

叔叔非常認真地跟師爺學，講究繼承傳統。特別注意老師怎麼教的，生怕以後他教拳改了樣，所以總是在鑽研老師是怎麼教他的，他再原汁原味地教給他的學生。他在北京的影響還

是很大的，70年代以後，特別是改革開放後，跟他學拳的人很多。《人民日報》1981、1982年左右還有人寫過文章，說叔叔教拳的盛況。跟他學的有的是剛學的，有的是學過的，還有的是別的門派的也去那兒提高技藝。

北京體院曾經請我叔叔去教陳式太極拳。他們學院裏當時沒有陳式太極拳這個項目，就透過門慧豐老師和李永昌老師找到我叔叔，他就到體院去教。跟他學的有闞桂香、劉玉萍、周佩芳等老師。那時候學的人很多。

我覺得叔叔這一輩子就踏踏實實地教拳，沒有其他的特別需求，勤勤懇懇、認認真真教拳，很難得，不容易。他每天早晨5點多鐘就出去了，10點多鐘才回來，很投入。

余功保

田秀臣先生後半生中，教拳成為主要內容，可以說是太極拳的教育家，也總結了很多有效的教學方法。

田秋田

他首先要求我們練基本功。每天晚上，我們都到家了，就開始練基本功了，擰棒子、抖竿子之類的。

至於拳，平常就陸陸續續地學，有空就練。他非常強調纏絲，也要求我們站樁，也教我們推手，都是同時進行的。站樁就是要增強穩定性。我常見他站在臺階上，前腳站實，後腳虛，可以練穩定性、練力量，我常看他那麼練。

他在強調基本功的同時，也重視推手，每天至少得練半個鐘頭推手。他說打輪很重要，有助於提高穩定性、靈活性。

叔叔教拳很認真，你這個勢子練不好他不教你下一個勢

子，不像現在，開班、多少日子算一期。那時候給你一點兒一點兒糾正，訓練時間相對比較長。我們在一起住，所以沒有時間概念。練好了就往下繼續學，練不好就接著練。他後來教拳也是這樣。那時候不同人不同進度，教的很辛苦，很認真。後來看他挺累的，我就勸他：「是不是晚去會兒早回來會兒。」他說：「人家找你學拳來了，你就得全力以赴地得給人說好了。」

余功保

我聽一些前輩介紹，田秀臣先生為人實在，武德很好。

田秋茂

他大的武德兩條：在拳理上力求科學；在做人上實事求是。

科學，要求拳理通，不搞邪門歪道。他雖然學歷不是很高，但是講的拳理大家一聽就懂，不是那些神乎其神、玄而又玄的東西，是很實際的東西。

在做人上實事求是，為人忠厚，是怎麼回事就是怎麼回事。從來不說別人不好，從來不誇張擴大。他寡言，說得不多，學歷不是很高。據他說，陳發科當初也是少言寡語的。

在教學上他因人施教，歲數大的怎麼教、年輕人怎麼教，腰腿好的腰腿不好的，根據具體情況。

田秀臣拳照

余功保

田秀臣作為北京最具有影響的陳式太極拳傳人之一，為陳式太極拳的推廣也做了很多工作。

田秋田

過去經常有人來訪問，向他求教。特別是改革開放後，來的人更多，有北京的，也有不少外地的，還有國外的，他總是耐心解說。

1981年，日本太極拳協會三浦英夫委員長和中野春美副委員長、高谷寬顧問和武田幸子都先後慕名拜訪了他，觀看他的表演和教學。還在日本1982年《太極》元旦號刊登了他的拳照。

80年代初，我叔叔和他的師弟馮志強積極回應國家挖掘整理、發展武術的號召，發起組織籌建了陳式太極拳研究會。1983年4月，經市武協批准成立了北京陳式太極拳研究會，我叔被選為副會長，負責技術工作。

二、剛柔之道

余功保

你們幾位學拳師從田秀臣先生，可說是家傳了。拳術風格和拳學思想應該是深受其影響。

田秋田

我叔叔60年代初開始教拳。我跟我叔叔由於家庭的關係搬

到一起住了，那時候我已經 21 歲了，就跟叔叔學拳。當時我們住在花市下二條 43 號，現在已經都沒了，蓋了樓房了。

我是和我叔叔、馮志強老師一起學的，因為那時候我就結識馮老師了。馮老師和叔叔老在一起，他們一起研究，互相切磋，關係很好。馮老師的工廠離我們不遠，回家路過我們那兒。他們都是跟陳發科學的，我叔叔過來以後我也就結識了馮老師，他們倆研究推手、技巧的時候，經常說：「過來，秋田。」所以我常得到這二位老師的傳授。

余功保

我也曾聽馮志強老師說起，他們師兄弟間關係很好。

田秋茂

我是從 1961 年開始向我叔叔學習陳式太極拳的。我一開始也學了一段形意，然後又學 24 式。我叔叔的意思是先讓我認識一下什麼是太極拳，所以教我練簡化 24 式。我從 1961 年的春天開始跟他學形意，學陳式太極拳的時候就已經是秋天了。

我當初學陳式太極拳的時候，對太極拳沒有什麼認識，只是我叔叔讓我學我就學，進度也不是很快。從 1961 年秋天一直學到 1963 年的春天，一路才學完。他的學員大多數兩個月就學完一路了，可是我一直學了一年半，進度比較慢。

他教我的原則是上一個動作沒打好下一個動作就不進行，所以我當時學得非常紮實。他對我是一個動作一個動作地摳，上邊沒打好就不往下走。一個動作練一個星期左右。這樣教我記憶深刻，學得很紮實。他教的非常仔細，一招一式，一舉手一投足，耳提面命，起勢、單鞭、一扣腳，每一個細小的動作

都指導得很透徹。

我記得 1978 年我叔叔從老家回來，我去看他，他說：「秋茂，你練一練。」我就練了。他當時說：「一模一樣，一點兒都沒走樣。」這就說明我當時學得很紮實，雖然隔了好長時間沒跟老師一塊練了，但拳仍然沒走樣。

田秀臣先生太極拳勢

余功保

你們跟田老先生學拳，應該有很多印象深刻、經常回味的景象吧。

田秋茂

我至今記得 1962 年叔叔在我家打胯的情景，當時我叔坐在單人床上，站起來以後，往前邁了一步，用胯骨忽然一抖，砰地一下，那胯打得那叫一個整，到現在我依然記憶猶新。

叔叔在教我們彈抖勁的時候最下工夫。比如掩手肱捶，掩手、下勢、蓄勢，然後突然發力，就像箭射中靶一樣為之一震，然後一抖，功力很大。青龍出水也是，左手一撩跟著右手一打，震勁很有穿透力。叔叔打得非常有力度，與眾不同，他說陳發科當初就是這麼練的。

叔叔教的時候很強調整勁，如果打不出整勁，整套拳就失色不少。因此在整勁上他經常強調讓我們多下工夫去練。

他把這些整勁都變成單勢讓我練，練得很辛苦。一個單式

一般來說一天打一百下以上，我們家院裏那遛兒方磚，打過去、打過來就是那一個單式，一個單勢要幾百下才能練好。不經過千錘百煉，這種整勁的式子是練不好。

我記得 1964 年的一個夏天，母親和我坐在院子裏，我叔叔也在。當時我已經學完一路拳了，我叔叔對我說：「秋茂呀，咱們這個拳是家傳，你們一定要把這個拳練好，別荒廢了。」我現在想起當時的情景，才明白他的意思是想讓我們繼承他的事業。當時我還小，只有 19 歲，沒太領會這句話的含義。實際上他對我們寄託了很大的希望。

80 年代，我叔叔在東長安街那兒教拳。1998 年，我開始在陶然亭公園教拳，從退休一直到現在，這成了生活的一部分。當時那裏也是北京陳式太極拳研究會下設的一個輔導站。

余功保

每天都在那裏嗎？

田秋茂

除了臨時有特殊事情以外，從不間斷，我始終有一種責任感。

我教拳有幾個原則。原汁原味地教，老師怎麼傳下來的我就怎麼教，保持拳的傳統風貌。我堅持按照我叔的拳架，不敢有絲毫的改動，四十多年了始終不變。我覺得不應該改動，要把我學的原汁原味地傳給下一代人，這是歷史的責任。

余功保

為什麼要原汁原味的呢？

田秋茂

我感覺，陳式太極拳在陳發科以前沒有資料可循。陳發科有 200 多幅照片流傳下來，我們可以遵照這些照片，對自己做個檢驗，起碼在定勢上可以檢驗你像不像陳發科。在陳發科以前沒有這方面的資料，只能追溯到陳發科。到了我叔叔，就有錄影了，有了更親切

田秋茂太極拳勢

的體會，比較生動，因為光有照片只能看拳架，而拳的運行過程還是無法把握。錄影彌補了這方面的不足。

余功保

他們的拳照和錄影就是你的標準。

田秋茂

所以我練拳的原則一是參照陳發科老先生的二百多幅照片，二是按照我叔叔的錄影，以確保原汁原味。

我教學員的時候，先把我叔叔的錄影帶錄製好了翻給他們一盤，讓他們看我叔叔是怎麼練的，讓他們之後再跟我學習的過程中隨時注意我們跟錄影裏練得一樣不一樣。

我想讓大家掌握陳式太極拳本來的面目。因為現在練陳式太極拳的很多，也很雜，有很多人學的時間不長就去教別人，他們打的跟陳發科的架子差距很大。所以我覺得我有責任把跟

我叔叔學的拳傳給更多人，讓大家有機會學到比較規範的陳式太極拳。

余功保

除了照片和錄影以外，參考的書呢？

田秋茂

我剛開始教學的時候，首先把書看透了，以陳鑫的《太極拳圖說》，沈家楨、顧留馨的《陳式太極拳》兩本書作為教學的理論基礎。因為如果你自己都沒有研究透，你肯定沒法給別人講。有了理論基礎後，每個動作都得吃透了，每一個動作我叔是怎麼練的，他每一個細微的地方都得學到了，我認為自己應該學得很像才能去教學生。所以在一開始教拳的時候，教之前都要備課。

比如今天教單鞭，我就把書裏關於單鞭的論述都看透了，然後明天我才能教這單鞭。從理論上先研究透了，然後參照我叔叔的錄影帶，要練得完全一樣，明天才能教。這是一開始教的時候，現在我教的時間長了，有經驗了，就不用這樣了。

我在教拳的時候，先把拳的來龍去脈給大家作個介紹。陳式太極拳怎麼來的，它的歷史、傳承關係先講清楚了。然後先教一路；再教二路；再教器械，主要是劍、刀、竿，按照這個步驟，從退休一直到現在。

第二，堅持不收費。我想要教給大家一個很好的健身方式，希望大家能夠掌握這個健身方式，對健康有好處，希望更多的人受益。

余功保

陳式太極拳在勁力上的一個基本原則是剛柔相濟。剛柔是一個大的概念，不僅有勁力上的大小，速度上也有剛柔之說。

田秋信

太極拳練的時候慢，用起來就快。這的確也是剛柔問題。我叔叔的力就爆發得很快。

我記得一件事，上世紀 50 年代消滅四害，需要交老鼠尾巴完成任務。叔叔跟我大哥從崇文門外騎車去十三陵，到城外抓老鼠，挖出洞來，老鼠四竄奔逃，結果一個沒跑了，全被叔叔踩死了，他不是站在那靜止等，可見他的速度。

還有一次是 1957 年我爺爺去世的時候，他拿著煙捲，說著話呢，旁邊人想對個火，他不知道，下意識地一抖，給人抖出去，倒退幾步坐地下去了。說明我叔叔是本能反應，是發自內在的功力。

田秋田

陳式太極拳應該是看似柔拳，但有幾個發力的勁，也是鬆活彈抖的勁。現在朝著剛的方向發展值得探討。陳式太極拳有它的特色，我多年來反覆思考，覺得陳鑫的理論應該是陳式太極拳的傳統理論，他總結陳式太極拳無非是圈，大圈、小圈、正圈、斜圈、無形圈、有形圈。他還強調纏絲。

余功保

太極拳的圈是其弧形運動的一種突出體現，圈有大、有

小，有順、有逆，如何練好圈是陳式太極拳的一個技術要點。

田秋田

顧留馨、沈家楨《陳式太極拳》那本書介紹了手型，是很好的練法。

練圈的時候要注意圈要圓滿，不能癟。

纏絲的產生是由骨骼特點來適應圈。一起手就有順纏、逆纏，裏邊都有圈，如太極圖的小陰陽魚。處處是圈，都理解成圈，一環套一環，每個動作都有圈。陳式太極拳練的就是圈。太極拳講導引吐納，要隨著圈，與導引吐納結合起來。以身代手，手始終在胸前，身體自然就有圈了。有的人單練腿的纏絲，不行，應是一個整體，不要單獨練。運動中前臂、上臂旋轉，自然就有纏絲了。纏絲和圈是密不可分的。

田秋信

我叔叔在推手的時候，你不感覺他有愣勁。我現在總結出「摔人容易控人難，打重容易打輕難」。跟叔叔推手總感覺是忽然走空了掉進枯井的那種感覺，不是直接用身體的衝撞，而是一種如落深淵的感受。借用你的勁，四兩撥千斤。借用對方的力量，但對方借不借你，就要看你水準高不高，看你能不能騙倒他。叔叔借勁非常好，嚇人一跳又不傷人，分寸掌握得很好。連綿不斷，勁路通，而且勁別清晰。

余功保

如何練好勁？

田秋信

力從足發，猶如巨蟒出洞，節節貫穿，勁路通。從腳下到手梢節，連綿不斷，支點和落點中間環節銜接得非常好。比如掩手肱捶，哪兒催哪兒應該清楚，講究掩蓋與隱蔽，掩蓋手，用弓步催出手拳來。

田秋信太極拳勢

余功保

纏絲勁是陳式太極拳的一大特色，有人說練好纏絲勁就等於學會了陳式太極拳的一大半。

田秋田

纏絲是陳式太極拳的重要特點。纏絲要貫穿在整個動作中，也貫穿在推手中，而且在推手時最能體會纏絲勁。他推我，如果我用直力就出現頂的狀態，如果我用纏絲勁就化開了。

兩個力，對方的力來了是直的，你用旋轉力迎接對方的力，對方的力自然就化解了。如果你用直力和他相抵觸，這時候就是力大力小的問題了。所以多用纏絲勁、纏絲力，水準自然提高。一開始可能不嫻熟，應經

田秋田太極刀勢

常鍛鍊。

在套路練習時，纏絲勁一開始動作大一些，體會到了，真正發人的時候就是一點兒，一挨著「啪」就發了，是由圈大到圈小的過程。

田秋茂

陳式太極拳的運動形式是螺旋形的，在練拳時要多加注意。另外，平時可多做一些單式螺旋的練習。其次，在推手時運用螺旋力化勁和發勁，練習得多了，功到自然成。

田秋信

其實，一百二十幾個拳種都有纏絲勁，只不過提法不同，強調的重要性不同，陳式拳刻意追求，所以深了些，但不能因此說陳式拳比其他拳優秀。說哪個拳種好，哪個拳種差，這是不科學的，應該全面理性地對待其他拳種。各個拳種都有自己的特點。十全十美的拳是不存在的。

余功保

「四兩撥千斤」是太極拳反覆強調的運勁方法，也是鑒別太極拳技術特色的一個尺規，如何理解？又如何實現？

田秋信

所謂「四兩撥千斤」，是有基礎的。要想撥對方的千斤，你必須以自己的千斤做後盾，而不是說我只有五兩力，拿出四兩去撥千斤，那是不可能的。什麼叫武術？力量是基礎，它是速度、力量、技巧、方向有機的結合，你能有多大力？在於如

何巧妙的使用。說起來容易，真做起來難。沒有「明」師指導很難，我指的是明白的老師。四兩撥千斤就是借用對方的力。人家推我的時候，我由旋轉轉換讓力作用不到我身上，讓它撲空，有時候順勢還擊。所謂順勢，我再舉個例子，如果我把你推出去，你幾個踉蹌，摟住一棵大樹可能不會倒下。如果你摟住的是一根旋轉中的柱子，它不僅不會幫你穩住，卻由旋轉給你一個速度，讓你摔得更狠。

作為人來說，可以更巧妙，讓對方力量作用不到身上，用的什麼？像大禹治水一樣不是封堵而是疏導，不是硬頂。你看咱們擠公車的時候，人多啊，要遲到了，非得擠啊，怎麼辦？直擠不行，旋轉著擠，這也是一種疏導。

四兩撥千斤就是借對方的力來疏導。

余功保

太極拳不光有那種柔的動作，還有比較剛猛的動作。剛猛的動作練不好就容易僵化，達不到變化的目的。就是純剛不柔了。

田秋信

所謂剛，是有彈性，剛而不僵。剛不能像鍋爐房燒過的爐灰渣一樣，摸哪兒都扎手，很硬，但一掰就掉一塊，這屬於僵勁。剛是富有彈性的，剛而不僵，柔而不軟，柔中寓剛，鬆不能散，要保持一個展勁，逐漸達到以天下之至柔馳騁於天下之至剛。有心求柔，無意成剛。剛不是水缸的缸，也不是鋼鐵的鋼，它是富於彈性的剛。所以太極拳本身要透過久練，不是我說明白了勁就能出來的。有句話說：水之流也，瀉而不止，以

成大川；人之學也，學而不止，以成大聰。

田秋茂

陳式太極拳的每一個式子和每一個式子的動作要領都不大一樣，總體來說，我覺得應該注意：鬆、圓、隨、整這四個字。

「鬆、圓、隨」是太極拳普遍的特點，「整」是陳式太極拳的特點。

田秋信太極刀勢

鬆，打拳的時候首先得放鬆，別較勁，別僵硬，別太緊。

圓，它是無數圓的運動，不能打直角，也不要有很多棱角，死的地方不能太多。

隨，要周身相隨，上下相隨，也就是動作的協調性。不能這個動作光是手在動，其他地方不動，要一動無有不動，只要有一個地方動了，其他的地方都得動，這就是強調動作的協調性。還包括呼吸相隨，呼吸和動作相隨。

整，是強調它的技擊性，鬆中求整。整是從鬆中練出來的，陳式太極拳有很強的技擊性，整就是技擊性的體現。鬆中求整的勁，二路中有很多的發力動作都是整勁。比如搬攔肘，先放鬆去勁，然後蓄足了，畫一個圓，抖——體現出整來。如果整勁打不好，技擊性肯定就會差。

余功保

陳式太極拳的速度既然有變化，對於整個套路來說，應該

如何控制速度？什麼樣的速度才是合適的？

田秋信

田秋茂太極拳勢

太極拳比賽有嚴格的時間限定，對速度會有影響。自己平時練，時間不應做很嚴格的要求，而是根據自己的年齡段、自己的身體素質、自己掌握的情況和悟到的東西打出自己的感覺來。如果像集體打太極拳都一般快、一般齊，那功夫永遠也出不來，只是哄自己高興高興。快和慢都是相對的，既不是越快越好，也不是越慢越好，真正太極大家內部有快拳，現在咱們見到的楊式都不是。上世紀 30 年代，吳鑒泉和楊澄甫在天安門外表演太極拳，他們都打了八十幾個式子，用了 8 分鐘，顯然是夠快的，而兩人都說打慢了。現在為了鍛鍊身體都慢慢地打，年齡大的越打越慢。

慢不是太極拳的主要特點，更不是它的全部內容。這時間概念在太極拳裏，一個是不能固化，一個是不能量化。另外，配音樂，那是晨練族的做法，隨音樂的時間和節奏走，沒音樂就沒感覺，沒精神。如果真練功夫的話，那樣你在太極拳中的運動規律和節奏會隨著音樂的節奏飄移，結果你自己要得到的東西都沒有了。所以時間應由自己來掌握。開始要慢，再逐漸加快，掌握的過程就像騎自行車，開始你想快快不了，想慢，慢也要技術，掌握了技術，想多快就多快，想多慢就多慢。但慢不能滯，不能停滯了，所以最後還得自己把握。

有人說看楊式太極拳不是練的很慢嗎？陳式練快了是不是不對？真正的楊式根本不慢，大家看到的是晨練。要是慢能打人嗎？太快太慢都不符合生理運動規律，快慢要以實戰為準。快與慢都是相對的，是相對實戰中的要求，要符合人的生理運動。

三、理法由心

余功保

您們幾位不僅在繼承傳統陳式太極拳上下了很多工夫，同時在傳播推廣上也付出了巨大的心血，都教了很多弟子、學生。在教學中有什麼體會？

田秋茂

太極拳是一個意氣風發的拳術，一個來去無空手的拳術，是一個穩健的拳術。不要神話，也不能簡單化，要學好必須付出一定的努力。太極拳是中國幾千年來厚重的文化積澱，更是一個文化現象。

田秋信

許多年來，在高等學校傳播太極拳是我的重要生活內容之一，特別是在

田秋茂在陶然亭公園教太極拳

清華、北大等大學教拳後，我的確感觸很深，越來越覺得，理性才是發展的基礎，要理性地理解，如果你缺乏理性的理解，練拳就無法深入。

田秋信在清華大學教太極拳

余功保

知識界學拳可能思考的東西多一些。

田秋信

太極拳要科學化，打拳的要領應該具有科學理性，不能太複雜。比如順纏、逆纏，看手心，就是順纏；看手背，就是逆纏，實際很簡單，不用搞得那麼複雜。這就是所謂的「真傳一句話，假傳萬卷書」。要有自己的武術思想。而武學思想是在不斷吸收新知識、新感受的情況下不斷豐富的，充實提高。變是絕對的，不變是相對的。

余功保

太極拳的科學化包括拳術本身的科學化，還有教學方法的科學化。

田秋田

拳術本身科學化的一個要點在於，要準確抓住練拳的關鍵核心。

練好拳，關鍵在勁。太極拳講勁，勁出來才算。動作的比劃相對容易，運用不同的勁做出同樣的動作，風格、品質就不一樣了。

比如陳式太極拳的鬆活彈抖就是它的勁力特點，練不出這種特點，不能算是地道的陳式太極拳。

田秋信掩手肱捶

田秋信

練拳中還要注意支點和落點。我們練的是中間環節，求的是最佳值，要符合力學。

還是說鬆活彈抖，只停留在口頭上不成，應該做到身體上。比如掩手肱捶，開合、下沉，邊梢的勁出來，鬆鬆攏住，一瞬間出去。

田秋田

雖然人們說太極拳是儒雅的拳，但是任何武術都應該有技擊能力、攻防意識、擒拿與反擒拿。太極拳如果流於一般健身，就丟掉了它的本質，丟掉鬆活彈抖，丟掉攻防，就不再是真正意義上的太極拳了。所有名家都應該是技擊高手，否則就是徒有其名。所以，學習太極拳時刻保持技擊意識很重要。

余功保

判斷一個人練拳水準高低的標準是什麼？

田秋信

首先是立身中正不偏不倚。第二是要自然放鬆，自然是最美的。第三是勁路是否通，勁別是否清。勁路要通，勁就像電，勁路通是，這樣各種技術特點才能實現。勁別是用勁的區別，這是鑑別陳式拳水準的問題。例如你用抱大米的勁抱孩子可能就把孩子抱哭了，兩種勁不一樣。勁力適度，幹什麼有什麼勁。如撓癢，勁大了撓破了。評價一個人打拳，初學看架子規整與否；高級看勢，氣勢如虹，還可以看眼神，看對自己做的動作是否理解。做一個動作，看眼神就知道是真理解還是假理解。舉一個例子，一個小孩子在跑，一群老太太在旁邊，誰是親奶奶，孩子摔倒時從眼神中就能看出來。

教練在傳授中，應逐漸展現出太極拳的本來面貌。我們從民間走向大學，出了很多人才。我們從來不要玄虛，只是從科學的角度來解釋，比如超過生理極限的東西，就是假的。

過去因為科學的發展局限，攙雜了一些封建、落後的東西，我們要理性地繼承太極拳的東西，還太極拳一股清泉。

田秋信

初學者看架，高深了看勢，有架無勢，白練了一世。架是演練形式，勢是內在品質的外在表現形式。

所以教拳、學拳都要搞清楚架與勢。

余功保

架相對容易把握，就是練好拳架子，外形的形態要正確。勢的理解與把握相對複雜一些。

田秋信

所謂勢，氣勢如虹、勢不可擋，是內在品質外形的體現，無實際內容就談不上勢。要去掉表演形式，內在品質產生以後自會在外形上表現出來。忘形方能得意。

要用心打拳。人們形容打拳的時候像餓虎撲食，我認為應該把自己想像成母虎，看到其他動物叼著自己的小崽兒，眼睛裏流露出的那種憤怒。這種氣勢得出來。沒用心打出來的拳不會好，應該「拳即是我，我即是拳，拳人合一」。由打拳，闡發內心世界，喜怒哀樂，表現在肢體語言上。落實到肢體上，感到實戰能力很強。

拳的品質是體現在肢體語言上的。

余功保

也就是說「勢」與「架」是相結合的。勢很重要，從哪幾個方面培養？

田秋信

從感情、心理去培養。比如打肘，想像別人把我關起來了，我打的時候動貴短、勁貴長、意貴遠。動作短，勁要打透，意要深入骨髓。

神，體現在眼神有殺傷力，這就是一種勢。

田秋信太極拳勢

為什麼同樣打一套拳，有人慢悠悠像老人拳，有人蹦蹦跳跳像小孩玩鬧？要打出大將風度、打出勢，這就是對拳理解的層次問題。剛柔相濟、快慢調節、節奏變化，從 a 點到 b 點質的充實，這些都與勢相關，所以，勢是多方面綜合實力的體現。

余功保

陳式太極拳的主要特點是什麼？

田秋茂

　　我認為陳式太極拳的特點可以用十六個字來概括：剛柔相濟，快慢相間，螺旋纏繞，鬆活彈抖。

　　剛柔相濟：陳式太極拳有剛的地方，有柔的地方，有發勁的地方，有鬆柔的地方。

　　快慢相間：它的動作並不是勻速運動，有的動作要快一些，有的動作慢一些。一個式子當中，定勢就相對慢一些，啟動的時候可能就快一些，不是自始至終的勻速運動。

　　螺旋纏繞：因為它講究技擊效果，有很多的纏絲勁要體現出來，所以在動作當中不斷地纏繞。比如懶紮衣，就是不斷地在纏繞。

　　鬆活彈抖：彈抖勁是由

田秋茂太極拳勢

鬆活而來的，整勁必須先放鬆，然後再從鬆中求整，這也是重要特點之一。

在整套拳中，要充分體現出這十六個字，這是陳式太極拳所具有的獨特特點。

余功保

陳式太極拳的拳架子在各地流傳的也有差別，同一個人的拳架子在不同階段也有變化。

田秋茂

陳式太極拳流傳越來越廣，這是一件好事。但也出現了一個現象，為什麼同為陳式太極拳，看起來區別特別大？

五十餘年前，陳發科公在世時傳統陳式太極拳大架只有一種練法，其弟子唯恐學之不像。但是由於當時的條件所限，在教學方法上只能是口傳心授，因此學好就是一件尤其難的事。再者，學員的資質、學習的時間長短不一，學習的效果也就不一樣了。據我所知，前輩李經梧、雷慕尼、田秀臣等老師雖然在身體條件上各不相同，但看起來卻無太大區別。

我想起一件往事，1961 年夏天，我剛學拳不久，雷慕尼老師來我家與叔父田秀臣共同探討拳藝，他們所遵循的唯一標準即當初陳發科老師是怎麼練的，自己練走樣了沒有。這一標準也是他們始終遵循的，這也應該是我們遵循的唯一標準。

1983 年陳發科的著名弟子之一李經梧在給北京陳式太極拳研究會成立的祝賀信中也說道：「發明創造要提倡，但是陳發科先師的套路、練法要繼承和珍視……我們要共同努力，將老師的套路和練法盡可能地保持本來面目。」李老師的話真可謂

語重心長、感人肺腑。「盡可能地保持本來面目」，這就是老一輩拳師繼承傳統拳的標準，只有遵循這一標準，才能稱得上是嚴格意義上的傳統陳式太極拳。好在陳發科公為後人留下了240餘幅拳照可以佐證。田秀臣、雷慕尼老師在1978年攝製了錄影，這是前人給我們留下的寶貴遺產，練習傳統陳式太極拳就應以此為據，方為傳統，方能學有所規，學有所成。

須知，練好傳統陳式太極拳不是一蹴可幾的事，更不應有隨意性，想怎麼練就怎麼練，到頭來就只能是非驢非馬的東西。比如說，懶紮衣、單鞭的出腳應是足跟內側貼地鏟出，如今有很多人先畫大圈套腿。再如，左右插腳應是身體直立拍腳，如今卻有很多人先下蹲，再起立拍腳，完全與傳統練法不符。而今，亂髮勁者有之，亂加動作者有之，亂改動作者有之，凡此種種不勝枚舉，這樣拳就容易練亂了。

傳統拳的可貴之處就在傳統二字，在於準確、完整、全面、形神兼備地繼承前人給我們遺留下來的寶貴財產，貴在原汁原味，特別是一些要則的要領，更不應該隨意改。

田秋田

陳式太極拳不同的傳人的架子有些不一樣，這也是一種客觀存在。有的拳家老年、中年、青年的時候也不一樣，這也是正常的。一個人打拳是和他年齡特點、體力特點，甚至性格特點分不開的。年輕時候好打，必然就朝著發勁兒的方向發展；年齡大了，就朝養生方面發展。

陳發科到北京教拳，是有重大歷史貢獻。他不善於講，就是練。顧留馨說他「木訥寡言」，不善於交際接待，沒有文字的東西。陳發科到北京教拳這三十年，他也在變化，83式、72

式、74 式也好，陳鑫是六十幾式，你可以看到其中的變化。

太極拳名家馮志強拳勢

比如馮志強老師，練拳練了六十多年，已經進入了高級階段，非常符合陳式太極拳的拳理。陳鑫說了太極拳「看似柔拳」「有儒雅風度」，太極拳無非是一個圈，馮老師特別注重圈。「不明纏絲就不明拳」，馮老師特別重視纏絲。至於拳架子不一樣有些變化，那是必然的，拳成了套路後，套路本身就是訓練用的，學有定法，打無定規，打起來不用套路，散打哪兒用套路呀。馮老師的拳，如同書法的狂草一樣，境界很高。

余功保

在陳式太極拳的套路中，有 74 式和 83 式的說法，其中有什麼區別嗎？

田秋茂

這裏面有一個歷史的誤解。

一段時間以來，一些人常把陳式太極拳中的大架也稱老架 74 式，與 83 式說成是不相干的兩套拳，致使許多初學者迷茫，其實這是不瞭解其中原由。

陳式大架一、二路自陳長興以來歷經陳耕雲、陳延熙，至其曾孫陳發科已經百餘年，陳發科先生初來北京時教的就是 74 式。他早期弟子，比如陳照丕、陳照旭、楊易辰、洪均生等皆

習此拳，洪均生老師在《陳式太極拳實用拳法》一書中就有記載。

陳發科先生在長時間教學中逐步增加了三個式子：三換掌，退步壓肘，中盤。此三式在整套拳中又重複一次就成了 6 式。另外背折靠與雙震腳有動作而未單列成式。1963 年沈家楨、顧留馨著《陳式太極拳》一書出版時均單列成式，原 74 式金剛搗錐即為收勢，1963 年版本又增加了收勢，因此 74 式就演變為 83 式了。

其實不管是 74 式還是 83 式都是陳發科先生所傳。陳發科的弟子中習練 83 式的很多，如雷慕尼、李經梧、田秀臣、馮志強等。田秀臣老師直到 1978 年在北京體育大學錄影時，三換掌只打了一換掌，這反映了在過渡中的痕跡。三換掌、退步壓肘、中盤三式是陳發科先生對陳式太極拳的重要貢獻，是具有強烈技擊內涵的經驗總結，更加豐富了陳式太極拳。

陳發科先生是陳式太極拳發展史上里程碑式的人物。不愧為「太極一人」。

田秋田

有人說太極拳也叫「太極長拳」，我覺得這名字並不恰當，是太極還是長拳？太極就是太極，長拳就是長拳。有人說「太極拳練得越慢越好」，這也是有問題的，越慢越好，慢到什麼程度？不能沒有度。

原來的長拳、炮捶、太極，幾個拳套是截然分開的，到陳長興，五路太極形成一路，炮捶還有人打，長拳 108 式丟了。我叔叔他們那會兒，炮捶就是炮捶、太極就是太極，後來有些混了。

余功保

傳統陳式太極拳有多少套路？

田秋茂

陳式太極拳自陳王廷創拳以來，共有太極套路五路、炮捶一路以及長拳 108 式等。傳至 14 世陳長興，由博返約，只練習陳式一、二路，即現在的陳式一、二路，被稱為老架，亦叫大架。另外，與陳長興同時人陳有本創造了新架，亦叫小架，動作小巧緊湊。現在西安多有習練者。其代表人物為 19 世紀的陳立清，著有《陳氏小架》一書。陳發科來北京以後，教的就是老架 74 式。其早期傳人陳照丕、陳照旭、洪均生、楊易辰等皆習此。陳照丕於 1936 年著有《陳氏太極拳匯宗》一書即是老架74 式。其後，陳發科前輩在多年教學實踐和自身體認中，在 74式基礎上又增加了三個式子，這三個式子在整趟架子中共重複出現兩次。另外，新增加了背折靠、雙震腳、收勢。因此，在1963 年出版的《陳氏太極拳》一書，一路就成了 83 式。

可以這樣說，當今之世，凡練陳式老架者，大多是陳發科前輩所傳授下來的套路。陳發科前輩是陳式太極拳近代的集大成者，是今人的楷模。

余功保

怎麼理解太極拳的變化問題？

田秋茂

縱觀太極拳的歷史，怎麼發展的？怎麼變化的？從整體上

來說從陳式演變成陳、楊、吳、武、孫流派，一個式子變成了五六個式子，宏觀上看是發展了，但是從陳式來說，只要叫陳式就得這麼打。每一個拳都有它的特點，陳式拳就是剛柔相濟、快慢相見、螺旋纏繞、鬆活彈抖，如果失去了它的特點，也就沒有存在的必要了。雖然有些人有變化，但是陳式拳的特點不能丟，太離譜的話我認為不好。改容易，繼承好了難。

有些加的、改的動作實際上沒有實際意義。比如拍腳、左右叉腳，應該直立拍腳，非得坐一個臥魚兒再拍腳，這個臥魚兒沒有任何實際意義。在技擊攻防上沒意義，講不出道理來。從照片上可以看出來，陳發科、陳照奎這幾位老師沒有一個是這樣的。

現在有些改法就失去了本來的面目，我不贊成。我認為傳統的東西還得原原本本繼承好。

田秋信

拳是一種運動方式，事物是在變化中不斷前進發展的。開始的時候極力模仿，特別是在找形的階段。但內在的勁有時不是簡單模仿能找出來的，就要用腦子。模仿是一個過程，但不是目的。我從來不要求我的弟子始終和我完全一樣，我提倡他們把自己完全體現出來，如果所有的學生和老師都完全一致，就永遠找不到拳的本質的東西。練拳，我們就要把自己的最高水準調節出來，求的是最佳值。

余功保

現在很多人都在說「正宗」問題，什麼是正宗傳人？這個概念如何理解？

田秋茂

所謂「正宗傳人」的問題，我認為，太極拳老師首先應該是傳人，就是你認真學過拳，另外應該是「明」師。

光跟正經的老師學了還不夠，還應完整地繼承老師的拳架、功夫。演練時拳架、拳式、神態要力爭「原汁原味」。不妄加更改動作，否則打起拳來「四不像」，老師再正宗也沒用。這一點很重要。

「入室」只是一個形式，即便由於種種原因沒有遞帖子正式拜師，如能真正做到上面講的要求，別人也會認為你是「正宗傳人」。

四、蓄發相變

余功保

太極拳的所有原則最終是要落實在具體要領上的。可能對一些原則的東西大家有相同的認識，而在一些具體要領上卻又有各自的理解，所以除了對原則的東西進行歸納外，明確一些具體的要領、練法也是學習太極拳的關鍵。

田秋田

拳論是綱要，原則是準繩，要領則是自己的領悟，這裏就會產生區別。看問題的角度不一樣，區別就有了。

余功保

如果把陳式太極拳的練習關竅用幾句話概括起來，應該如何總結？

田秋茂

我寫過幾句話，表達我對陳式太極拳要領的理解：「上下相隨內外一，蓄發相變纏法奇，果然悟得其中味，益壽防身兩相宜。」

田秋信

我也總結了四句話：「腹內如海形如潮，轉換折疊在於腰。進退起伏身要穩，上下貫穿形指梢。」我認為這概括了陳式太極拳的幾個突出的要領。

余功保

如何練好陳式太極拳？有什麼需要注意的？

田秋茂

要練好拳首先是搜集資料，找對了老師。現在有的學員為什麼走樣了，也不知道老師究竟怎麼回事就去學了，定型了也不願意改了、不好改了。一般地說，把老師的拳改得不像話的都是沒學好的，沒好好學。真正

田秋茂太極拳勢

好好學的學好了的不會改。

在拳套上，要踏踏實實地繼承傳統。

在推手上，注意三個方面：提高功力、提高技巧、提高樁步的穩定性。這是推手的三要素。功力，主要是太極勁，掤勁足不足，足了、功力大了自然對對方產生威脅。拿捏的火候合適了，才能體現出技巧，真正能做到引進落空了，就體現出技巧了。技巧就是對對方勁路的一種感知能力，這需要一個長期推的鍛鍊的過程，沒有長期推的鍛鍊過程，這個感知能力自然就差。第三得站樁，要站穩，自己先得穩了才能推手。

余功保

呼吸是一個重要的技術，特別是在初學階段會面臨這樣的問題。太極拳應該如何呼吸？

田秋田

在開始學拳的時候，對呼吸不要多想，要自然呼吸。不要琢磨玄虛的解釋。很多人練拳講正宗，什麼是正宗？正宗無非是鍛鍊合理。

等練到一定時候了，可以再把拳勢結合起來，多些講究。

田秋信

練拳到一定時候了，可以結合拳的動作進行一些呼吸的調節。比如提氣是吸氣，沉氣是呼氣，起吸

田秋田太極拳勢

落呼。氣和動作，氣在先，起跳之前，要先提氣。

田秋茂

呼吸即吐納，是陳王廷造拳時的重要內容之一。初學者應力求自然，在經過一段時間的練習後，呼吸應與動作相隨。田秀臣老師在練拳時即吐氣發聲，並說陳發科前輩也是如此，大概為哼、哈、咳、吸、噓、吹。一般來說，發勁時呼氣，定式時吐氣沉氣，彈抖勁時有哼、哈之聲。

余功保

呼吸自然也不是放任隨便。

田秋茂

所以只說呼吸自然是不夠的，打拳必須把導引術結合起來。打完陳式太極拳以後應該做到汗流而不氣喘，就是因為在打拳的過程中呼吸調節好了。如果不知道把呼吸調節好，不知道呼吸和動作相隨，打完後就容易喘，就是因為吐納二字沒有理解好。

應該吐氣的時候如果吸氣了，那這個動作沒法練，很彆扭。

陳式太極拳在陳王廷創拳的時候就強調它有幾個組成部分：一個是武術；一個是導引；一個是吐納，吐納就是呼吸。

到一定階段一定要把呼吸和武術動作相合。比如陳式太極拳二路比較激烈，呼吸應該和動作相隨，這樣才能協調。

我叔打掩手肱捶的時候就發聲，你離近了都能聽出來。陳發科練的時候也是這樣。凡是發勁的動作基本上都有輕微的發

聲。

余功保

如何理解太極拳的「節節貫穿」？

田秋田

節節貫穿就是把身體所有的部分有機組合起來。太極拳是亂環運動，也是肢體放長運動，在放鬆的過程中，肢體逐漸放長。放長了還不能懈，每部分之間有內在的聯繫。

余功保

太極拳總講懂勁，拳架、懂勁、內功為太極拳三大技術架構。什麼是懂勁？

田秋信

懂勁是一種感覺，有人試圖闡釋清楚，但越說越不清楚。書不盡言，言不盡意。那怎麼辦？就變被動為主動，抓好三個要點：勁力、勁路和勁別。抓好了這三項，就可以說是懂勁了。其中勁路是剛，是勁兒的運行路線，要牢牢抓住這條主線，「綱舉目張」，收放自如，細目任張揚。

勁路打通後，其他各種不同技術特點才能「得以體現」。沒有勁路這個根本，任何技術要求都「難以實現」，因此，應著力注重這一「代表根本性」的要求。看一個人練習水準，勁路是標誌性的，打通了勁路便能使各種技術要求得到充分發揮。如果勁路不通，練好太極拳就成了一句空話。

余功保

「雙重」是在傳統太極拳論中是出現頻率很高的一個詞，但對它的理解也是分歧很大的。應該如何看待「雙重」問題？

田秋茂

「雙重」的概念最早出現在王宗岳《太極拳論》中的「左重則右虛，右重則右杳」。這是說在推手時，對方推我左側，則我左方便虛以化解對方的勁力。對方推我右側，則我右側即把勁力隱去，以化解對方的勁力。反之，左重則左重，右重則右重，便是「雙重」了。

文中又說：「偏沉則隨，雙重則滯。每見數年純功，不能運化者，率皆自為人制，雙重之病未悟耳。」這就是說，對方用力，我則偏沉一端，不與之互頂，又不使其問中重心，否則，互頂便是雙重，從而使勁路阻滯無法變化了。每每見到練了多年功夫的人，推手時不能運化，輕易地因為自己的緣故就被人所制，這是因為沒領會「雙重」這個毛病。

綜上所述，「雙重」者，雙方都重之謂也，即在推手時，雙方互頂而不得運化的一種滯的狀態。

清代太極大家李亦畬在談及推手時也說：「打手，是知人功夫，動靜固是知人，仍是問己……如自己有不得力處，便是雙重未化，要於陰陽開合中求之。」

可見，「雙重」一詞是推手中的專用詞，是推手中的一個互頂的毛病，與其他無涉。

余功保

在陳式太極拳的不同圖書等資料中，對於同一個動作，叫法卻存在差異，這給一些學習者帶來疑惑，這種現象其他流派的太極拳中也存在。

田秋田

的確是這樣，這裏面的原因有些是傳授過程中口傳的誤解，有些是對動作重點強調的內容理解不一樣。

田秋茂

比如現在很多人叫「掩手肱捶」的這個動作，原來叫「掩手紅捶」，是傳統陳式太極拳中最具特色的拳式。它在一、二路中反覆出現了 10 次，是出現次數最多的拳式。它的動作要求是先掩手下沉蓄勢，然後腳蹬地，由腿而腰而脊而臂而捶，拳放彈抖而擊，節節貫穿，力發一點，同時，左肘後擊三分，所謂前進之中必有後撐。這一拳式還作為二路中的聯結動作存在。1963 年《陳式太極拳》一書出版，將掩手紅捶作掩手肱捶。肱，音「工」，即胳膊的由肩到肘的部位，並非破音字。我曾因此問過田秀臣、雷慕尼等前輩，都說當初陳發科先生只說紅捶，從未說過肱捶。

據陳式太極五路拳式所載，掩手紅捶與肱捶均出現多次。另據陳長興太極拳總歌所載：「打一窩裏炮，掩手紅拳」。拳即捶。陳王廷拳經總歌中也有「迎風接步紅炮捶」，都用紅，而不用肱。陳鑫在其圖說中卻多做「演手捶」或演手肱捶。由此可見，紅與肱在過去是混用的。

但就字意而言，「肱」是指肩到肘的部位，是名詞，不能說明動作。而「捶」在陳鑫所著《陳式太極拳圖說》中就解釋說：「捶者不留情面，而盡力擊之。」究其字意，肱是指肩到肘的部位，捶即拳，都不能說明動作，而捶的意思就很清楚地說有了動作。這也符合陳發科前輩的教法。

另外，陳式太極拳第十式前蹚（táng）拗步，田秀臣、雷慕尼等前輩讀「堂」（táng）。而不讀「蹚」，「蹚」是指在有水、草的地方走過稱為蹚，而「堂」是指方位，是正面，是針對上式斜行拗步而言的。這在《圖說》一書中說的十分清楚：「前堂者，足向堂之前面去，上勢斜行步位不正，茲則轉向正面也。」並有七言俚語一則可證：「二次收來不須長，提回兩足在一方。上從下行開三步，下接演手在前堂。前堂拗步類斜行，轉向西北立中央，右下合上精神注，足平踏地似銅牆。」可見「蹚」者「堂」之誤也，「前蹚拗步」應作「前堂拗步」。

再者，第三十一式「運手」，應為「雲手」，前輩田、雷等師皆稱雲手，未有見說運手者。因為運手不能說明這一式的特點，每一式都可說是在運手。而雲手則不然，它是象形。圖說第五十六式解釋說：雲手者，手之來回旋轉，如雲之繞螺髻，象形也。螺髻者形似螺殼的髮髻，也用來比喻峰巒的形狀。辛棄疾詞云「遙岑遠自，獻愁供恨，玉簪螺鬢」。所以說雲手更為貼切。

余功保

「金鋼搗錐」是陳式太極拳的一個典型動作，很多練陳式太極拳的人經常諮詢這個式子，特別是它的震腳，對它的練法也有不同爭議。有人有疑問，經常震腳會不會影響健康？它有

什麼要領？

田秋田

如果不懂得要領，只單純追求跺地的效果，時間長了會有影響。金鋼搗錐的正確練法應該是：

1. 右腳直擊下落，不能太寬；
2. 全腳掌著地，前腳掌和後腳跟同時著地，整個下去；
3. 沉氣震腳；
4. 適度震腳。

不是聲音越大越好，應為震的感覺到舒服即可。達到以上要求，不會影響健康，反而能起到振奮精神的作用。

余功保

好拳還要好好練。胡亂打拳不如不打拳。有的人由於練習方法不對，出現毛病，比如有人打拳後膝蓋疼痛，這應該怎樣預防？

田秋茂

有的人腿部肌肉不發達，同時盤架子較低，使膝部骨骼造成損害，所以疼痛。應根據自己的情況，掌握姿勢的高低。拳是為人服務的，練拳應結合自己的身體情況，酌情調整，但高不可直腿，低不可蕩襠。

田秋信

練太極拳膝蓋疼痛這是指導老師的毛病，一是過慢，另一個是腿彎的過大，大小腿夾角小於 90°，它是彎矩力，使局部

受力，加上過慢的速度，因此受傷。例如睡覺落枕，就是由於角度不適當導致局部受力疼痛。應處處體現軸矩力。具體拳式還應有明白老師的指點。

田秋田太極拳勢

田秋田

任何一個拳種，都有它固有的結構，該高則高，該低則低，高和低都是相對的，都是要符合人體生理規律，過低的架子易使人局部受力，出現運動損傷。因此，一味強調架子越低越好是不正確的，應該糾正。生命在於科學運動，一定要符合人體生理。

余功保

對於拳架子的高低現在一些拳家有爭論，甚至有很激烈的爭論。

田秋茂

我感覺拳架應該高低有度，絕不是越低越好。拳架式子的高低有兩個十分重要的作用，一是步法的靈活性，二是步法的穩定性。高了可能靈活，低了可能穩定，但是過低的話，既不靈活也不穩定，失去了穩定性，也失去了靈活性，拳肯定就打不好了。

傳說有人在八仙桌底下打拳，我覺得不可能，也不科學。八仙桌只有80多公分高，再鑽到底下去，怎麼練？

田秋田

偶爾為之，作為遊戲可以，不可能長時間那樣練。

田秋茂

練拳架，高，不能直腿，直了腿，膝蓋不彎曲了，就違反了太極拳的拳理原則；低，臀不能低於膝，臀低於膝就叫蕩襠，大腿後側肌肉處於鬆弛狀態，蕩襠後腿的整

田秀臣太極拳照

體肌肉就不能發揮作用了，不緊張就沒勁了，穩定性也差，靈活性也差。高的極限不能站著打拳，低的極限不能蕩襠。

太極拳要本身不過不及，低不蕩襠，高不尖襠，在這個範圍內都可以。太高達不到鍛鍊的效果，太低就練出來病了。陳鑫《太極拳圖說》裏就寫：兩足間距，一尺五六寸。不是很大，所以不可能很低，圖說中的圖片也不是很低的。陳發科的200多幅拳照也可以看出不是很高，大小腿75°角左右。

有一種說法，說陳發科當年教拳的時候，在家教陳照奎老師一趟低架子，在外邊教其他學員高架子。我認為這種說法不是實際情況，我還問過馮志強老師，他也說不可能。

拳架應該高低有度，像單鞭、懶紮衣這樣的式子都在135°左右，比較合適、合理。

余功保

每天練拳多長時間合適？

田秋田

因人而異，因需而異。以身體能承受，練完感覺舒服，精神煥發為度。

余功保

什麼情況下不宜練拳？

田秋田

過去說「拳不打乏力」。在自己感覺很不舒服的時候不要打拳，打拳應與自己的身體情況相適應。

余功保

推手是陳式太極拳的重要內容，有的人對拳架有興趣，有的人對推手有興趣，光練推手行不行？

田秋茂

既練拳，又練推手，更為全面。打拳、推手都是技擊的基本功。但如有人酷愛推手，不願練拳架子，只為提高推手能力，光練推手也行。聽說李福壽就只推手不打拳，也是推手的高手。李福壽也是陳發科前輩的弟子。

余功保

怎樣練好陳式太極拳的推手？

田秋茂

俗語說：勤能補拙，多與水準高的人交流演練，克服自己的毛病，熟能生巧，長此以往，藝能上身。推手有三要素，即功力、樁、技巧，三者缺一不可。只有在這三方面多下工夫，才能提高自己的水準。

田秋田

推手是太極拳的技擊方法之一。太極拳技擊與其他武術拳種的技擊目的是相同的，都是制服和戰勝對手。但太極拳技擊以太極拳理論指導，講究以柔克剛，隨曲就伸，後發制人，不硬拼硬闖，不直來直去。

要練好太極拳技擊，首先要練好太極拳基本功，比如站樁等，多練單式。俗話說熟能生巧，練到各種情況下能條件反射地做出正確的動作，符合太極拳拳理的動作。

田秋茂

田秀臣老師、馮志強老師他們都很重視推手。我不會打拳就會推手，當時我跟他們兩位學推手。學的時間比較長。他們認為體現功夫的好壞在推手上。

余功保

提到站樁，打太極拳是否一定要站樁？

田秋茂

站樁是太極拳的基本功之一，主要分養生樁與技擊樁兩大

類。技擊樁中又有動樁、靜樁之分，站法很多。但不論何種站樁，其根本目的在於使樁步穩定，達到腳下生根的效果。站樁時間太短，效果較差；時間太長，對身體不利。我認為應根據每個人的具體情況，短可 3～5 分鐘，但不可超過 20 分鐘。練太極拳不一定非站樁不可，多練拳也可以達到樁步穩定的效果。

田秋田

我叔叔等老一輩拳家經常教導學生們必須注重基本功的練習，強調站樁、套路、單式、推手、理論學習同時開展，悉心體認，不斷提高。對於注重技擊和推手的人來說，特別強調站樁對套路和推手的重要性：「一天不打拳可以，一天不站樁不行。」

田秋茂

馮志強老師也強調站樁。我記得那時候早晨起來 6 點多就得坐公共汽車上學去，沒時間練，馮老師就教我在汽車上站。他說：「你呀，上了汽車後有坐你不坐，就在那兒站著，手輕輕搭在椅背上，雙腳放鬆，不管車開得快慢、拐彎還是直行，都站那兒不動。」我感覺這個方法對站樁、對長功特別有好處。由這些練習後我感覺推手的水準就提高了。

練腳底下的功夫，實際上就是兩條，第一是靈活性，第二是穩定性。靈活了，竄蹦跳躍閃展騰挪，快，站得穩。樁步穩了，打不動你。既要靈活，又要穩定。強調樁功，主要就是要在推手的時候樁步穩定，所以對站樁很重視。

田秋信

站樁是一個好方法，但一定要科學地練。它不是唯一的方

法。多種方法要結合。站樁的練習也要根據自己的情況來調節，不是所有人都一樣，例如時間的長短、姿勢的難度也都要因人而異。中國那麼多拳種，很多拳都站樁，但練法不同。

余功保

站樁有什麼具體要求？

田秋茂

練養生樁時，全身放鬆，很自然地站著，腿稍微彎曲。技擊樁，也叫夾馬樁，手上放勁，沉肩墜肘、含胸拔背，五趾抓地。我主要練的是技擊樁，一般站幾十分鐘，就有很明顯的感覺。站樁又分為活樁、死樁，擰棒子實際上也是樁，是動樁，都是為了達到穩定樁步的作用。

余功保

太極拳中還有一些有特色的練功方法。我聽說田秀臣先生教的有一種短器械「二棒子」，練功力的，很有特色。

田秋茂

1964 年 8 月，叔叔開始教我擰二棒子，就是一根短棒。我擰的時間長，每次五種姿勢各 80 下，一共 400 下。我擰了很長時間，始終堅持。我叔叔很重視棒子，因為是練推手的基本功，我由練習，也感覺到效果非常好。既練了樁功，又練了纏絲勁，又練了擒拿的手力。我始終堅持擰，一直到現在。

他還教我抖大竿。抖大竿是陳發科的傳統，陳發科有名的弟子像李經梧、孫鳳秋、我叔叔、馮老師、陳照奎老師，家裏

都有大竿，都在家裏練抖大竿，這是當初陳發科傳下來的。抖大竿十分見功力，真正把大竿抖好，前邊顫，確實不容易，也很累。年輕的時候我一直練。

60年代的時候我們院還埋了一個專門練操手的木頭樁子。我還小，看他們打、靠、操手、抖大竿。白蠟大竿兩米左右，在房檐底下戳著，經常看見他在院子裏抖。這是為了練整勁，他說不抖大竿整勁出不來。

余功保

如何理解「力發於腳」？

田秋茂

招招勢勢起於足，從腳上發勁，腳對地產生了反作用力，反作用力通過腳、腿、身體、軀幹到手，勁才大。比如掩手肱捶，發勁的時候右腳蹬，從腿到軀幹到手到梢，如果沒有對地的反作用力打不好，只有通過腰、襠轉換到手上，勁才能足。

海底翻花也一樣，只有腰、襠轉化，勁才能發出去。力發於腳和主宰於腰都是同時的。這也需要長時間的鍛鍊過程，自然而然就會這樣了，因為這是合理的，才有振盪力，才會對對方產生威脅。先放鬆、蓄，蓄足了再發，發的時候一點，啪，整了。

余功保

有的人練發勁時有抖動現象，對此也有不同看法。

田秋茂

發勁抖動應該是自然形成的，像急剎車，拳打出去到應該

打的那個點上突然停住，因為急剎車的慣性作用，使手臂產生自然抖動，這是正確的。所謂彈抖勁，就是因為有個急剎車，造成自然彈抖。

海底翻花

放鬆、蓄的時間很長，占七，打的時間很短，占三，有一個振盪力，是由於急剎車造成的。

蓄勁的過程，身體是放鬆的，攢著勁的感覺。就像扛起重東西的感覺一樣，先得吸口氣。沒有蓄就發不好。

為了練好發勁，我叔叔要求我多操單手，二路連珠炮反覆打，一次就打一二百下，要不就練不出那勁來。一路的掩手肱捶也一樣。這些動作都是體現陳式太極拳特點的式子，應該反覆進行單式訓練。勁發不出來，整個拳也打不好。

田秋田

我叔叔他很重視單操，每個動作都可以單操。我看他經常練的有連珠炮、閃通背、海底翻花、掩手肱捶、青龍出水。青龍出水現在是死的，原來是跳起來打，象形，如同青龍從水底竄出來。他的單操很多，不發勁的像雲手、前趟拗步、斜行也經常練。沒事就做，一蓄一發、一蓄一發，坐椅子上也那樣，成習慣性動作了。

余功保

氣沉丹田在太極拳中也講的比較多，如何理解「氣沉丹

田」？

田秋信

丹田是一種意識，一種感覺。練丹田是讓你心靜下來。有的老前輩說過丹田非儲氣之所，不必拘泥。

余功保

有的拳家說練陳式太極要丹田內轉。

田秋信

丹田是很重要，但自然對待它是根本。我們平時說話丹田都會動。丹田內轉是一個自然過程，你依照要領練拳，丹田自然會動。我認為打拳中不用專門去在意丹田，太強調了就不好辦了。

田秋田

丹田如同身體其他部位一樣，是整體的一部分。練拳不能單說腰，腰動，肩動不動？軀幹動不動？它是一個整體，身體在練拳時是一個頂天立地的立柱，所有環節是在這個大的狀態下的動。運動是整體的，哪個地方都重要。

田秋信

所以練拳說以身帶手更合適。

余功保

由於陳式太極拳有發勁的動作，所以它的要領中很多地方強調「整勁兒」。

田秋信

太極拳整而不僵，是周身關節的合力，初學者容易變成一種全身的僵勁。整的前提是鬆，鬆而不散，要保持一種整勁。源於足，傳於腿，力量從支點到落點節節貫穿，最後發出的是整勁。

余功保

在步法上有什麼需要注意的？

田秋田

我對步法要求是嚴格的，出腳的時機、方位都有章法。比如單鞭的出腳橫開步，往哪兒開？開的不對就不舒服。陳式太極拳中有鏟腿，是過渡動作，穩定中心，要細心體會。拳式的變化腳是基礎，腳先變，之後腰什麼時候動，身體什麼時候轉，都有規矩。

余功保

太極拳身法最重要的是什麼？

田秋田

身法上要特別注意立身中正，身法還要和意氣結合。

余功保

陳式太極拳在身法上會有一些高低起伏的變化，做得不好，就會有不穩定的感覺。

田秋田

單純地說起伏是沒有意義的，因為每個動作高低會有差別，有起伏，不能在動作結束時候故意蹲一下。起伏是動作中自然形成的，起落、下沉是有程式的。比如單鞭的出腿、沉肩是自然做的，不要故意做。

余功保

太極拳不僅有養生、技擊功能，也很有表演性，特別是陳式太極拳，有很多適合表演的元素，所以年輕人喜歡的多些。

田秋信

太極拳像詩，詩可言志。拳可以由肢體語言闡發我們的內心世界，抑揚頓挫、喜怒哀樂都由拳的韻律表現出來。它和書法、美術、音樂等都是相通的。

太極拳是個意氣風發的拳術，同時又是一個非常穩健的拳術，它鬆活彈抖，剛柔相濟，快慢相間，快不能亂，慢不能滯，剛不能僵，柔不能軟，處處富有彈性，最大限度地把人的生理機能調整出來、挖掘出來。就是要把我們的 206 塊骨頭、一百多個活動關節、功能各異的肌肉有機結合起來，就是要練我們的整體性、連貫性、動作平衡性，使之有機結合起來。

我想送給習練陳式太極拳的朋友們一首詩，作為共勉吧。

太極陰陽兮互爲根，轉換折疊兮勁宜隱，
終生求索兮意無垠，吾欲獲得兮宇宙魂。

【附錄一】

太極拳是一種狀態
《中華武術》雜誌

余功保先生自 80 年代開始就系統進行太極拳的研究，寫作出版了世界上第一本太極拳辭典等一系列武術專著。2002 年，他編著的《隨曲就伸——中國太極拳名家對話錄》一書，引起國內外太極拳界的廣泛好評，成爲武術的暢銷書，短時間內銷售一空，又迅速再版。許多太極拳家、研究者、愛好者對該書予以高度評價。被認爲是當代太極拳難得的佳作。近期，本刊記者就太極拳的若干問題對余功保先生進行了採訪。

記　者：《隨曲就伸》一書是近年來武術著作的一個亮點，對此您有什麼看法？

余功保：《隨曲就伸》的目的在於盡可能闡述太極拳的部分精華，論述太極拳的理、法、術、功。該書受歡迎首先是因爲太極拳具有深厚的內涵和巨大的魅力。另外，最主要的一點在於，該書中收錄的太極拳名家們高深的太極拳理論和實踐修養，他們數十年的研修，千錘百煉所具有的精功絕技與透徹認識，他們毫無保留的系統闡述，使得本書具有了獨特的價值。

記　者：我看了您許多關於太極拳的研究文章，您對太極拳的文化性好像很感興趣。

余功保：我覺得太極拳首先是一種文化，她裏面蘊含著精神的要素。生活是一種經歷，在這個歷程中，有許多物質的體驗，也有許多精神上的體驗。練太極拳就是一種精神的體驗過

程，非常豐富，有層次，有變化，是一種動態的文化感覺，這種感覺很奇妙。你可以透過非常具體的動作，肢體的運轉，意念的活動，體驗到非常抽象的文化要素。在那種過程中，你對文化有了一種很「實」的把握，那種感覺使你對人、對自然、對社會、對各種關係，以及生存的狀態有了清晰的「和」的感受，使你感到生命狀態的清晰、真切、平和與完整，所以我認為，太極拳是一種狀態。

記　者：「太極拳是一種狀態」，這種提法很有新意。

余功保：但說的卻是一個很傳統的含義。太極拳有許多作用，可以技擊，陰陽交錯，攻守兼備；可以健身，強筋壯骨，養氣和血。和生命緊密相關，人的生命就是由一個個微觀的狀態，組成了宏觀的壽命。人和人之間，人和社會、和環境之間，都組成不同的狀態。狀態是由各種實體和相互之間的關係組成的，有健康的，不健康的，太極拳就是優化生命實體以及編織與生命相關的「和諧」的關係方法。所以研究、習練太極拳就是體驗一種生命的狀態。

記　者：您認為很多人都能體會這種狀態嗎？

余功保：「狀態」你體會不體會它都存在。每個人練太極拳都能自得其樂。「得其樂」就是融入狀態。練太極拳不存在「刻苦」問題，「一舉動，周身俱要輕靈」。輕靈是什麼？自然舒適的狀態。

記　者：很多人不是一開始就會有這種狀態的。

余功保：無論做什麼事，開始是要立規矩的。太極拳也一樣。立規矩就是「自我束縛」，拿你目前還不適應的、你不熟悉的原則來約束自己。這時候你肯定不能「自如」，但最終的目的是要解除束縛，走向更高水準、更高層次的自如，這就是

我們練太極拳要達到的狀態，這種狀態是漸進的，逐步、有序、連貫地達到的。從一開始就必須有這種立意。「文無品不高」，拳無品也不會高，這個品就是你不能拘泥於一點一滴的技術、技巧，練太極拳應該有境界感，有大境界的感覺。

記　者：有的人練太極拳只是想健身，沒有過多的考慮。

余功保：健身就是一種大境界。對於人而言，生存是首要的，健康是一件生命、生活中的大事。解決健康的問題是需要大智慧的。很多人在各方面做得很好，但健康問題卻不能很好解決。太極拳在這方面思考了很多，也有許多有效的解決辦法。它的核心是強調自我的有序與和諧，強調平衡的狀態。這種境界是需要「達到」的，不是簡單地「練」。

記　者：「練」和「達到」有區別嗎？

余功保：練是微觀的東西，是很技術的，「達到」是微觀和宏觀結合的東西，有體悟的成分，有很文化的東西。我始終認為，如果沒有一定的中國傳統文化的修養，很難達到太極拳的高境界。

記　者：中國文化的修養指什麼？

余功保：不是指具體的知識，不是讀了多少篇古文之類的東西，而是和中國優秀傳統文化的「親密接觸」，觸及深處的那種。

記　者：您認為技術在體驗太極拳狀態中起到什麼作用？

余功保：技術是基石。如果把狀態比作一個平臺，技術則是構成平臺的建築材料。空想是一無所有的，太極拳的狀態是要理論和實踐相結合才能實現的生命體驗。太極拳的一招一式都是精華所在，都是盛滿內涵的容器，要領不正確、拳勢不對，你不可能達到良好的狀態，這不僅需要悟性，也需要「功

夫」，需要時間。我曾經聽太極拳前輩講，「太極拳越練心越虛」，心虛了，功夫長了，虛則能容，胸懷大了，人充實了。這是紮紮實實練出來的。

記　者：我們期待您新的太極拳研究著作問世。

余功保：《精選太極拳辭典》和《隨曲就伸》出版後我收到很多太極拳朋友們的來函，給與了很大鼓勵。現在，我正在著手編寫「隨曲就伸」太極名家對話三部曲的第二部《盈虛有象》，第三部《上善若水》，形成一個系列。另外，在《精選太極拳辭典》基礎上進一步豐富、完善後，一本更加系統、完整的《中國太極拳辭典》也即將出版。在此借《中華武術》對海內外朋友們的關係和支持表示感謝。希望大家共同為太極拳的發展多做些工作。

兼收並蓄　海納百川
評《隨曲就伸——中國太極拳名家對話錄》

博武國際武術網　林成

　　太極拳作為中華民族的古老拳種，源遠流長，博大精深，紮根於厚重的傳統文化的土壤之中，不斷結出累累碩果。自太極拳問世以來，太極拳的發展變化創新一直不絕於縷，迄於今日，衍生出陳式、楊式、孫式、吳式、武式等眾多拳式，呈現出眾花齊秀、百家爭鳴的繁榮局面。

　　伴隨著太極拳的發展，修練太極拳的各派高手也是層出不窮，其著述更是各具特色、見仁見智。但是由於舊社會的門戶之見和時代局限，各派的名家很少有機會齊聚一堂，暢所欲言，共同對太極拳的體會進行心得交流，對太極拳的發展和普及發表精闢的見解。然而，這一切都在余功保先生編著的《隨曲就伸——中國太極拳名家對話錄》一書中得以實現。

　　此書的最大特色就是由作者的思路整合，為當今太極拳各派名家提供了一個展示自己心得體會的舞臺，眾多高手「你方唱罷我登場」，用一種平等的對話形式，共同為讀者展示了一軸精彩而豐富的太極拳世界的畫卷。

　　歷史的腳步邁進了 21 世紀，很多有識之士預言：就如同 19 世紀末 20 世紀初西方文化向中國「西學東漸」一樣，在未來中華民族復興的大背景下，21 世紀中當有一次中國文化向西方世界的「中學西漸」，屆時中國文化將大興於世界，熱遍全球。太

極拳作為中國文化的一個縮影，必將成為世人矚目的重心。

中國文化講究「以人為本」，處處體現著人和宇宙之間的和諧和融通。儒家講究「正心、修身、齊家、治國、平天下」，道家和佛家都認為入世需要進行身心兩方面的修練，所以，如果想真正瞭解中國文化需要「體悟」二字，「體」為身體力行，在實踐中貫徹，「悟」為在體用之時用心感悟。太極拳正是鮮明的體現了這種特色，就如同余功保先生在書中提到「對太極拳的研究、習練最確切的二字當以『體悟』待之，」「『體』為實踐，要反覆行拳，『悟』要用心去感受，方法要『養』，要『靜』，靜生慧，『無極生太極』，就是此理」。體悟的主體永遠是人，也只有人才是文化的唯一載體。

太極拳作為一種「體悟文化」，它的資源優勢都集中體現在人的身上。就如同余功保先生在書中講到的武術的三方面資源，文化資源和技術資源都由人才資源顯現出來，人才資源中最可寶貴的資源當然就是武術名家，太極、武術文化正是由這些武術名家們集中的體現出來。

《隨曲就伸——中國太極拳名家對話錄》這本書的最大優勢就是只要你打開它，任何一位讀者都能用心聆聽到當世優秀太極拳名家的聲音。太極拳的修練群體如果用一個金字塔形狀來表達的話，精通太極拳的大師們正是這個金字塔的塔尖，他們確實是「稀有資源」。而如果你想真正窺探到太極拳世界的奧秘，除了自己勤學苦練之外，必須要得到當世的這些名家們的指點。在現實的環境中，由於受到各種條件的限制，這種際遇是可遇而不可求的，但是在這本書中，名家們的言論卻是「知無不言，言無不盡」。

余功保先生正是作為每一個讀者的代言人，和這些武術界

的太極拳高手們「坐壇論禪」，用一種貼近的方式進行全方位的溝通和交流。這正構成了本書的第二大特色，那就是沒有生硬的說教，沒有枯燥的、容易被誤解的抽象理論，有的只是近距離的心與心之間的交流和對話。任何一個太極拳愛好者，只要循著作者的思路，在和名家們的交流中，都能獲得心靈的撞擊和思想上的受益。

楊式太極拳名家楊振鐸、崔仲三、陳式名家陳正雷、馮志強、趙堡太極拳名家趙增福、武式名家鐘震山、喬松茂、孫式名家孫劍雲、吳式名家李秉慈，再加上太極拳名家李德印、門惠豐、夏柏華，12 位武林高手，12 座太極拳高峰，各擅絕學，各有千秋，但同時出現在同一個大課堂上，為我們傳道、授業、解惑答疑，這正構成了這本書的第三大特色。

海納百川，有容乃大；壁立千仞，無欲則剛。這本書正是秉著相容並蓄的精神，打破各門各派的藩籬，摒棄門戶之見，使風格各異的各派太極拳在同一個舞臺上各展風姿，各領風騷。陳式太極拳之剛柔並濟，陽剛大氣；楊式太極拳之柔若無骨，開展大方；吳式太極拳之輕靜柔化，緊湊舒身；趙堡太極拳之形氣相扣，法度森嚴；孫式太極拳之身兼眾長，大巧若拙；武式太極拳之緊湊嚴謹、簡捷有度⋯⋯各派太極拳特色有別，發宏雖異，但是都有一個共同的根，都統一在博大精深的太極文化之中。

作者正是精心營造了這種各式太極拳求同存異、共生共存的氣氛，使各式太極拳修練者不但可以從本派太極名家的諄諄教誨中直接受益，而且還可以縱覽全局，拓開思路，瞭解到各派高手對於太極拳體悟的精妙見解，從中感悟到萬流歸宗的高深意境。

這本書訪問了 12 位大師，進行了 12 次開放而溫和的對話，形成了 12 堂生動精彩的太極拳講解課。書中各章節之間貌似相互隔離，實則其中蘊含著內在不斷的聯繫和規律。這正與太極拳式所表現的「拳斷勁不斷，勁斷意相連」的特點有異曲同工之妙。

透過 12 位名家的輪番現身說法，作者逐步向讀者展示了太極拳各流派的風格特色、太極拳的文化內涵、太極拳事業的發展、太極拳的修練、太極拳實踐教學、人才培養及各式太極拳初學時易犯錯誤等幾方面內容。由對話的形式，名家們由淺入深地闡發了自己的精闢見解，他們高談闊論，縱橫捭闔，並經作者的統一編修，渾然一體。

《隨曲就伸——中國太極拳名家對話錄》一書既適合初學者對太極拳各個方面有一個初步的瞭解，又適合修習者對拳法繼續進一步的體悟和提高，余功保先生作為太極拳世界的導遊，引領著讀者的靈魂遊歷了武林中 12 座高峰秀美雄奇的無限風光，在林林總總的太極拳及武術著述中，此書可謂「善之善者」。

【附錄三】

太極拳網路交流研討實錄
（節選）

應廣大網友的要求，2006 年，博武國際武術網（www.21bowu.com）多次邀請了著名武術文化學者余功保先生進行網路直播，與世界各地的網友進行研討、答疑。就《中國太極拳辭典》「隨曲就伸」系列等著作以及太極拳的各種問題進行了充分交流。直播活動受到熱烈歡迎，引起廣泛反響。以下內容根據直播實錄整理。

主持人

余功保先生為當代具有代表性的武術文化學者，他大力宣導武術的科學化，並做了大量工作，尤其在太極拳的研究、推廣上作出了很大貢獻。他的有關著作被翻譯成多種文字，暢銷於世界上許多國家和地區。《隨曲就伸——太極拳名家對話錄》《中國太極拳辭典》等更是為許多太極拳家和愛好者所推崇。今天我們邀請他來和大家進行網路直播交流。

現在余功保先生已經來到博武網直播室。

余功保

各位網友大家好，歡迎來參加今天的討論，感謝大家對我的一些書的關注。

主持人

最近您的一本新書《中國太極拳辭典》出版，受到了熱烈歡迎。很多網友來信詢問有關情況。請您簡單介紹一下。

余功保

1999 年，我曾經編寫出版了《精選太極拳辭典》，由人民體育出版社出版，那本書在當時是世界上的第一本太極拳辭典，受到了海內外武術拳界的廣泛關注。《精選太極拳辭典》出版後，很多人很熱心，大家在鼓勵的同時，提出了不少建議。因為是精選，所以收錄的範圍就有一定的局限，後來我一直在考慮編寫一本更加全面、系統的。數年來，隨著研究的不斷深入，接觸面的不斷擴大，資料積累的更加系統完整，編寫一本更加全面的太極拳辭典不僅是太極拳發展的需要，本人也將其作為一項責任。於是有了《中國太極拳辭典》的問世。

特別需要說的是，在《中國太極拳辭典》編寫過程中，很多太極拳家、研究者提供了大量珍貴資料，對編寫方法也提出了很多建議。這本書的責任編輯張建林先生也付出了很大的勞心。最近一段時間來，我收到了國內外很多來信，大家就這本書談自己的看法，大家既充分肯定這本書的價值，有些專家還提出了自己的一些觀點來進行研討，我也希望更多的人不斷提供一些觀點、資料，以便今後的擴充與修訂，我認為這都是一種很好的學術風氣。

網友「taji2000」

祝賀余功保先生的《中國太極拳辭典》出版。請問余老師

您還會繼續完善《中國太極拳辭典》這一書嗎？

余功保

《中國太極拳辭典》是一項系統工程，還將會不斷完善。也歡迎大家提供各種資料和建議。

網友「taji2000」

我建議最好能夠配套開發《中國太極拳辭典》電子版，這樣就更能更快地進行及時的更新。

余功保

謝謝您的建議！我會認真考慮。

網友「滄浪之劍」

《隨曲就伸》我看了，是一本很有特色的太極拳書，這樣的武術書以前沒有過。有思想，有文化，還通俗易懂。請問您寫這本書用了多長時間？

余功保

這本書的緣起我在書的前言中曾經說了一些。應該說是一種自然積累結果。從 20 世紀 80 年代初期開始，我接觸了全國各地的一大批武術名家，其中太極拳家有很多。他們對武術的追求，在武術上的修養使我很感動。在和他們交談後，有時在日誌、筆記中做些隨筆記錄。開始並沒有成書的概念，後來一些報刊向我約稿，在寫文章的過程中，大家覺得還是有特色，就提議我整理成書。因為做了些筆記，整理出書也就方便了很

多。所以要算寫這本書用的時間很難說，幾年？十幾年？最後
文字的集中整理應該有幾個月。

網友「太極一陣風」

《隨曲就伸》中收錄了十多位名家，但中國的太極拳名家
還有很多，您有沒有繼續寫的打算？

余功保

《隨曲就伸》出版後，大家給與了很多鼓勵。也有很多人
給我推薦各地的太極拳名家，使我受益良多。加之以前的積
累，我已經整理完成了「隨曲就伸」系列三部曲，後兩部分別
為《盈虛有象》和《上善若水》，體例基本一樣，都是透過太
極拳名家對話形式，來闡發太極拳的有關問題。估計很快就會
出版吧。

網友「柔克剛」

您這套書的選擇名家的標準是什麼？寫作的方法是怎樣
的？

余功保

這三本書收錄的名家都是長期從事太極拳習練、研究、教
學，在太極拳上有精深造詣的名師、專家，還有學者。選取上
也考慮了流派的分佈，年齡層次、地域等因素，這樣能夠涵蓋
太極拳的方方面面。

在對話中要有特色，有代表性，就太極拳的問題談的有自
己的看法，很多觀點不一定作為結論，但應該是自己多年的體

會，言之有物，對大家能夠有啟發。和這些老師談話是一種享受，你能真切感受到太極拳蓬勃的生命力。他們的熱情、追求，功夫是中國文化寶貴的資源。

當然，中國優秀的太極拳家還有很多，因為書的篇幅所限，不可能全都收錄，這也是一個遺憾。這個遺憾以後看看能否由其他的形式進行彌補。

在寫作中有的是根據對話、交流的錄音、錄影整理，有的是根據筆記整理。有些在寫作過程中還不斷進行電話溝通，修訂。力爭能夠比較客觀、有效地呈現這些老師們的思想、思維和體會。如果說「隨曲就伸」系列能夠給大家提供一些有益的幫助，那首先是各位名家們卓越的武學修養和功夫，毫不保守的奉獻精神所致，他們對這套書的創作給予了大力支持。

網友「龍拳」

仔細拜讀了您的《隨曲就伸》，收益很大。對您的工作表示欽佩。我發現您在《隨曲就伸》中和名家對話談的基本上都是理論和方法，沒有怎麼涉及練習方法，您認為練習方法在太極拳中不是最重要的嗎？

余功保

謝謝。

「隨曲就伸」系列的確和技術講解類的圖書有些區別，各自的側重點不同吧。這在後兩部也依然保持了這種風格。就是比較突出太極拳的文化，太極拳的相關思維方法，它的理論構成等。我覺得這在太極拳中是非常重要的，特別是要深入研究太極拳，這些內容是需要瞭解和研究的。

但「隨曲就伸」系列並不忽視技術和方法。實際上，談太極拳是不能拋開技術來講的。在這一系列的圖書中，雖然沒有講一招一式的具體練法，但仍然有大量篇幅是涉及到技術內容的，甚至涉及的很微觀、很細緻，如一些太極拳練習的要領、原則等。只是站在一個更廣闊的背景和更高的層次上來看待技術。技術是基礎，離開技術就沒法談太極拳了。我始終認為，太極拳是一門實證科學，研究太極拳不親身練一練是不行的。

網友「求真」

太極拳中現在也有假的東西，有些做法太功利，比如歷史的研究不太嚴肅，余先生您怎麼看這個問題？

余功保

研究歷史首先要尊重客觀事實。那種為了當前利益輕率從事，甚至杜撰歷史的做法是不負責的，也是讓人看不起的。

歷史要以事實為依據，加上科學的歷史研究方法，是要下工夫，做很多細緻工作的。

對有些歷史問題暫時沒有搞清楚的，就不要匆忙下結論。我覺得應本著對古人負責、對今人負責、對世界負責、對未來負責、對發展負責的態度來進行。

還有就是不同的學術觀點可以爭論，可以探討，但要互相尊重。

網友「白雲悠悠」

我剛剛拜讀了您的《中國太極拳辭典》，您這本書的前言寫得很精彩，這好像也是您書的一個特點。

余功保

一本書的前言是它的綱要，你要表達的意思在這裏要有所反映，要把思路說清楚，這樣讀者會省事一些。

網友「白雲悠悠」

您在這本書的前言裏專門談到了「動靜相生」的問題，您認為它在太極拳體系中地位很特殊嗎？

余功保

這是太極拳的一大特點，也是它的核心原則之一，是一種動態平衡的基準原理，也是太極拳發展的基本規律。我們全面、深刻、客觀地認識太極拳也就應該從「靜」和「動」這兩個方面來切入。我認為認清這一點對認識太極拳很關鍵。

網友「港龍」

我是香港的讀者，感謝余老師在太極拳推廣上所做的工作。我在香港買了您的《精選太極拳辭典》，最近在大陸又買了《中國太極拳辭典》。我也向一些朋友推薦，有些朋友看了書以後有問題向跟您請教，但不是很方便，我建議您能不能利用網路和大家比較容易溝通一些？

余功保

感謝您的支持和建議。《中國太極拳辭典》已經開通了官方網站，這可能也是世界上第一個為一本太極拳書開通的專門網站。網址是 www.e-taiji.net，在這個網上大家可以充分交流。

另外「隨曲就伸」系列圖書的網站也馬上就要建成開通，網址是 www.sqjs.net，歡迎大家登錄。

網友「飛刀」

余功保先生您好，拜讀過您很多書，都很有特點。如果用一句話來概括您的《中國太極拳辭典》的特點，您認為應該是什麼？

余功保

我覺得應該是「客觀」。這本書我想給大家提供一個工具書，所以在所有的辭條收錄中都抱著一種求實、客觀的態度，不帶有任何偏見。我覺得這是我們在武術研究中應該持有的一種態度。

網友「金剛搗錐」

余先生您好。我讀了您的《中國太極拳辭典》和《隨曲就伸》，對於幾個主要流派的太極拳您介紹、收錄得比較全面了，現在各個地方好像冒出來很多新的流派的太極拳，也說是傳統的，您怎麼看？

余功保

太極拳流派的形成是一個自然的、社會化的過程，是一種文化現象，不是是封什麼流派就有的。具有流派至少要有幾個條件，比如習練人數眾多、傳播的地域廣泛、技術要有特色、理論上要完備等，還要大家都承認。流派的問題是對先人的總結，不是自己來隨便封。太極拳流派眾多是好事，但氾濫了就

不好了。我覺得對太極拳流派要抱嚴肅態度，但也不是完全固化、僵化的。實際上在我的書中也涉及了除大家一般說的五大太極拳流派之外的一些太極拳。

網友「飛刀」

余先生您好。您認為當前太極拳發展的最大問題是什麼？

余功保

可能每個人的看法不同，我覺得還是要大力提高太極拳發展的層次，加強太極拳的文化性研究與宣傳。太極拳的文化價值還遠遠沒有發掘充分。文化價值和社會價值是密切相關的。

網友「武藝」

啥時余老師能出一本對太極拳古譜解釋白話文著作？

余功保

看時間安排，可以做一些嘗試。難度會很大。特別是要做到「傳神」很難。

網友「阻擊手」

余老師，太極拳真正的實戰水準究竟如何，您是否能給說說？

余功保

太極拳作為一種武術，在技擊上肯定有他的獨到之處，如果你有興趣，可以拜訪一些太極拳高手，向他們當面進行請教。

網友「站樁的人」

余功保先生您好，您在幾本書中都提到了太極拳是「哲拳」，別的拳不是嗎？

余功保

其實中國武術中的很多拳種都有哲學內涵。太極拳可能這一特點更突出一些。

這也與太極拳參與的人數多，其中文化層次比較高的人也就相對多一些。他們在太極拳的理論建設等方面發揮了重要作用。

太極拳最大限度地吸收了中國古典文化的養料，它的一些拳論與傳統哲學著作有密切關聯，所以在理法實踐上哲學化的韻味更濃重一些。說太極拳是「哲拳」並不排斥其他武術拳種的哲學內涵。

網友「出招不見招」

有人說現在的太極拳家和以前相比功夫差了很多，是這樣嗎？

余功保

每個時代的拳家都有各自特色，衡量的標準也不一樣。從下工夫來說，現在的拳家的確沒有以前的一些拳家下的工夫大。這也要具體看，以前的少數武術家，比如一些職業武術家，專門練武術、教武術，就把很多時間、精力投入到武術上。現在大家都有工作，職業武術家少。另外一個方面，現在的很多太極拳家在推廣上發揮的作用是過去的太極拳家沒法比

上善若水——中國太極拳名家對話錄

的，這也有現代的條件，比如傳播手段，過去沒有這樣先進的方式。所以比較不同時代的拳家要多角度去看。

網友「內勁」

余先生您好。請問您怎麼看傳統太極拳的變化問題？

余功保

變是絕對的，不變是相對的。

要以發展的眼光看待太極拳，有大胸懷才能有大發展。有的時候，變與不變是不以你個人的意志為轉移的。

太極拳不是一成不變的。相反，如果仔細考察太極拳的發展史，其實就是一部變革史。有的變革歷經艱辛，有的變革是水到渠成。

太極拳歷史上出現了很多的革新家，如陳長興、楊露禪、武禹襄、楊澄甫、孫祿堂、吳鑒泉等。正是由於他們充滿勇毅與智慧的變化，才奠定了日後太極拳繁榮發展的基礎。

20世紀簡化太極拳的編訂，就是一次成功的變革。它帶來了太極拳社會傳播的一次飛躍。可以說沒有變化就不會有太極拳今天的普及局面。

我們今天的太極拳也還有一些可以變的地方。但特別要強調的是，不能隨意變，不能輕率地變。

要變，你先要問問自己，你掌握了它的規律了沒有，你把傳統的東西掌握了沒有，沒有掌握，就容易變出格。

主持人

感謝大家的參與，感謝余功保先生的回答。謝謝。

導引養生功

1 疏筋壯骨功+VCD
定價350元

2 導引保健功+VCD
定價350元

3 頤身九段錦+VCD
定價350元

4 九九還童功+VCD
定價350元

5 舒心平血功+VCD
定價350元

6 益氣養肺功+VCD
定價350元

7 養生太極扇+VCD
定價350元

8 養生太極棒+VCD
定價350元

9 導引養生形體詩韻+VCD
定價350元

10 四十九式經絡動功+VCD
定價350元

張廣德養生著作　每冊定價350元

全系列為彩色圖解附教學光碟

輕鬆學武術

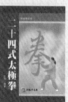

1 二十四式太極拳+VCD
定價250元

2 四十二式太極拳+VCD
定價250元

3 八式十六式太極拳+VCD
定價250元

4 三十二式太極劍+VCD
定價250元

5 四十二式太極劍+VCD
定價250元

6 二十八式木蘭拳+VCD
定價250元

7 三十八式木蘭扇+VCD
定價250元

8 四十八式木蘭劍+VCD
定價250元

彩色圖解太極武術

1 太極功夫扇
定價220元

2 武當太極劍
定價220元

3 楊式太極劍
定價220元

4 楊式太極刀
定價220元

5 二十四式太極拳+VCD
定價350元

6 三十二式太極劍+VCD
定價350元

7 四十二式太極劍
定價350元

8 四十二式太極拳+VCD
定價350元

9 楊式十六式太極劍
定價350元

10 楊氏二十八式太極拳+VCD
定價350元

11 楊式太極拳四十式+VCD
定價350元

12 陳式太極拳五十六式+VCD
定價350元

13 吳式太極拳五十六式+VCD
定價350元

14 精簡陳式太極拳八式十六式
定價220元

15 精簡吳式太極拳三十六式 拳架·推手
定價220元

16 夕陽美功夫扇
定價220元

17 綜合四十八式太極拳+VCD
定價350元

18 三十二式太極拳 四段
定價220元

19 楊式三十七式太極拳+VCD
定價350元

20 楊氏五十一式太極劍+VCD
定價350元

21 嫡傳楊家太極拳精練二十八式
定價220元

22 嫡傳楊家太極劍五十一式
定價220元

23 嫡傳楊家太極刀十三式
定價220元

國家圖書館出版品預行編目資料

上善若水——中國太極拳名家對話錄 / 余功保　編著
——初版，——臺北市，大展，2009〔民98.07〕
面；21公分，——（武術特輯；112）
ISBN　978－957－468－692－6（平裝）
1.太極拳　2.對話　3.文集
528.97207　　　　　　　　　　　　　　　　98007651

上善若水——中國太極拳名家對話錄

編　　著/余功保
責任編輯/張建林
發 行 人/蔡森明
出 版 者/大展出版社有限公司
社　　址/台北市北投區（石牌）致遠一路2段12巷1號
電　　話/（02）28236031・28236033・28233123
傳　　眞/（02）28272069
郵政劃撥/01669551
網　　址/www.dah-jaan.com.tw
E - mail / service@dah-jaan.com.tw
登 記 證/局版臺業字第2171號
承 印 者/傳興印刷有限公司
裝　　訂/建鑫裝訂有限公司
排 版 者/弘益電腦排版有限公司
授 權 者/北京人民體育出版社
初版1刷/2009年（民98年）7月
ISBN 978-957-468-692-6　　　　　　　定　價/600元

●本書若有破損、缺頁請寄回本社更換●

大展好書　好書大展
品嘗好書　冠群可期

大展好書　好書大展
品嘗好書　冠群可期